A luta indígena no coração
do Brasil

FUNDAÇÃO EDITORA DA UNESP

Presidente do Conselho Curador
Herman Jacobus Cornelis Voorwald

Diretor-Presidente
José Castilho Marques Neto

Editor-Executivo
Jézio Hernani Bomfim Gutierre

Conselho Editorial Acadêmico
Alberto Tsuyoshi Ikeda
Célia Aparecida Ferreira Tolentino
Eda Maria Góes
Elisabeth Criscuolo Urbinati
Ildeberto Muniz de Almeida
Luiz Gonzaga Marchezan
Nilson Ghirardello
Paulo César Corrêa Borges
Sérgio Vicente Motta
Vicente Pleitez

Editores-Assistentes
Anderson Nobara
Henrique Zanardi
Jorge Pereira Filho

Seth Garfield

A luta indígena no coração do Brasil

Política indigenista, a Marcha para o Oeste e os índios xavante (1937-1988)

Tradução

Claudia Sant'Ana Martins

© 2001 Duke University Press.
All rights reserved. Used by permission of the publisher.

© 2007 da tradução brasileira
Título original: *Indigenous Struggle at the Heart of Brazil: State Policy, Frontier Expansion, and the Xavante Indians, 1937-1988*

Trechos dos capítulos 1 e 2 foram publicados em "'The Roots of a Plant that Today is Brazil': Indians and the Nation-State under the Brazilian Estado Novo", *Journal of Latin American Studies* 29 (1997): p.747-68, e reimpressos com permissão da Cambridge University Press. Parte do texto da "Introdução" e dos capítulos 6 e 7 foram publicados em "Where the Earth Touches the Sky: The Xavante Indians' Struggle for Land in Brazil, 1951-1979", *Hispanic American Historical Review* 80 (2000), e reimpressos com permissão da Duke University Press.

Fundação Editora da UNESP (FEU)
Praça da Sé, 108
01001-900 – São Paulo – SP
Tel.: (0xx11) 3242-7171
Fax: (0xx11) 3242-7172
www.editoraunesp.com.br
www.livrariaunesp.com.br
feu@editora.unesp.br

CIP – Brasil. Catalogação na fonte
Sindicato Nacional dos Editores de Livros, RJ

G217L

Garfield, Seth, 1967-
    A luta indígena no coração do Brasil : política indigenista, a Marcha para o Oeste e os índios xavante (1937-1988) / Seth Garfield ; tradução Claudia Sant'Ana Martins. – São Paulo : Editora Unesp, 2011.
    416p. : il., mapas

    Tradução de: Indigenous struggle at the heart of Brazil: state policy, frontier expansion, and the xavante indians, 1937-1988
    Inclui bibliografia e índice
    ISBN 978-85-393-0084-6

    1. Índios Xavante – Brasil. 2. Índios Xavante – Relações como governo.
3. Índios do Brasil – Relações com o governo. I. Título.

11-0080.   CDD: 980.41
                                                                          CDU: 94(=87)(81)

Editora afiliada:

A JACK E LYLA GARFIELD, E A VIVIAN FLANZER

Agradecimentos

As bolsas para os vários estágios de pesquisa e preparação deste livro vieram do J. William Fulbright Foreign Scholarship Board, da Mellon Foundation in the Humanities, do Yale Council on Latin American Studies, do Yale Program in Agrarian Studies, do Yale Center for International and Area Studies, da Smith-Richardson Foundation, do Bowdoin College Faculty Research Fund e do National Endowment for the Humanities Summer Institute no Brasil.

Minha profunda gratidão à minha orientadora, Emilia Viotti da Costa. Sua orientação intelectual tornou melhor meu trabalho, e conhecê-la tornou melhor minha vida. A contribuição e o apoio de Gil Joseph para a redação deste livro também foram inestimáveis. Qualquer pesquisa sobre os xavante tem um débito intelectual ao trabalho etnográfico pioneiro de David Maybury-Lewis. Sou grato também a Aracy Lopes da Silva, da Universidade de São Paulo, que compartilhou suas percepções intelectuais e experiências pessoais em relação aos xavante, acolhendo as intermináveis perguntas de um *gringo* desajeitado com paciência e humor. Antonio Carlos de Souza Lima facilitou muito minhas pesquisas no Museu Nacional

VIII   A LUTA INDÍGENA NO CORAÇÃO DO BRASIL

e indicou materiais de referência pertinentes, assim como Maria Lúcia Pires Menezes e Iara Ferraz. Por sua orientação e coleguismo profissional, agradeço a Jeff Lesser, Barbara Weinstein, Mona Lyne, Barbara Sommer, John Manuel Monteiro, Allen Wells, Lídia Santos, Laura Graham, Raquel Casas, Chris Sterba e Marshall Eakin. Pela ajuda na preparação do manuscrito e elaboração dos mapas, agradeço a Charlotte Magnuson, Sylvia Targoff e Kirsten Boettcher. Agradeço a Marco Antônio da Rocha, Nilza Waldeck, Marisa Leal e outros da Fulbright Commission of Brazil por seu auxílio. Obrigado a Henrique e Rosa Flanzer por sua hospitalidade no Rio de Janeiro. Valerie Millholland, da Duke University Press, merece um louvor especial por seu incansável apoio ao projeto.

Meu mergulho na história da política indigenista do Brasil começou no Museu do Índio, e agradeço ao pessoal de lá que veio em meu socorro: José Levinho, Rosely Rondinelli, Penha Ferreira e, em especial, Carlos Augusto da Rocha Freire. No arquivo da Funai, em Brasília, Luiz Otávio Pinheiro da Cunha merece reconhecimento por seus notáveis esforços para reunir e preservar a documentação histórica. Ele fez o máximo para me ajudar nas pesquisas, assim como sua assistente, Cícera dos Santos, que identificou documentos pertinentes em meio a uma montanha de papéis. Os administradores Odenir Pinto de Oliveira, Cláudio Romero, Jaime Mattos e Elias Bigio compartilharam seus conhecimentos generosamente.

No Centro-Oeste, os padres salesianos Bartolomeu Giaccaria e Pedro Sbardelotto ofereceram valiosas informações sobre a história dos xavante, assim como Ismael e Sara Leitão. Gostaria, em especial, de agradecer a Carlos Dumhiwe e Renato Tsiwaradza, da aldeia xavante de Parabubure, por sua colaboração com a documentação da história da comunidade. Eles pediram, entre outras coisas, que sua história fosse contada ao mundo. Espero tê-los atendido.

AGRADECIMENTOS IX

Pelo precioso auxílio na tradução para a língua portuguesa, agradeço a John Manuel Monteiro, Mariângela de Mattos Nogueira, Felipe Cruz, Lucas Legnare, Henrique Flanzer, Laura Graham, James Green, Cláudia Beatriz Heynemann, Henrique Zanardi e ao Office of the Vice President for Research of The University of Texas.

Agradeço a meus pais, Jack e Lyla Garfield, pelas muitas viagens à República Dominicana, origem das minhas mais queridas lembranças de infância e de minha afinidade com a América Latina; serei sempre grato por seu amor, sua generosidade e por seu apoio. Jane Frank tem sido uma inestimável amiga de longa data. Agradeço a Alice Garfield e Bob Garfield por seu encorajamento. Martin Berger ofereceu, com compaixão e humor, infindáveis conselhos e simpatia. Finalmente, agradeço à minha esposa, Vivian Flanzer, por seu amor, dedicação e colaboração. Ela auxiliou em meu trabalho de campo entre os xavante e continuou a ajudar com seus interessantes comentários. Com seu olhar antropológico e espírito de aventura, ela tem feito minha vida muito mais feliz.

Sumário

Lista de mapas, tabelas e ilustrações...... XIII

Introdução – Os índios e o Estado-nação no Brasil... 1

1. "A base de nosso caráter nacional"
   Os índios e o Estado Novo, 1937-1945...... 35

2. A "pacificação" dos xavante, 1941-1966...... 71

3. "O pai de família provocando a oposição de seus filhos"
   Os esforços do Estado para "civilizar" os xavante,
   1946-1961...... 105

4. "Gestos nobres de independência e orgulho"
   Políticas fundiárias no Mato Grosso, 1946-1964...... 141

5. "Brasilíndios"
   Acordo com os waradzu, 1950-1964...... 173

6. "Onde a Terra toca o céu"
   Novos horizontes para a política indigenista no início
   do regime militar, 1964-1973...... 209

XII   A LUTA INDÍGENA NO CORAÇÃO DO BRASIL

7. O retorno dos exilados, 1972-1980 247

8. O Projeto Xavante, 1978-1988 289

Conclusão 331

Referências 343

Índice remissivo 383

Lista de mapas, tabelas e ilustrações

Mapas
1. Centro-Oeste do Brasil e populações indígenas
2. Itinerário da Expedição Roncador-Xingu
3. Migrações xavante
4. Estado de Mato Grosso e município de Barra do Garças, 1958
5. Amazônia
6. Reservas Culuene e Couto Magalhães, 1976
7. Reserva Parabubure, 1980
8. Reservas xavante, 1986

Tabelas
1. Incentivos fiscais da Sudam, 1965-1973 (em Cr$)
2. Estatísticas cadastrais do município de Barra do Garças, 1972
3. Reservas xavante por área e população, 1990

Ilustrações
1. Fotografia aérea de aldeia xavante
2. Getúlio Vargas e Cândido Rondon, 1940
3. Guerreiros xavante

XIV A LUTA INDÍGENA NO CORAÇÃO DO BRASIL

4. Contato entre xavante e equipe de atração do SPI
5. Francisco Meireles e um índio xavante
6. Getúlio Vargas e índios xavante no Palácio do Catete, 1954
7. Índio xavante com faca no Posto Pimentel Barbosa
8. Urubuenã e Walter Velloso no Posto Capitariquara
9. Celestino chegando à sede da Funai em Brasília, 1980

Introdução

Os índios e o Estado-nação no Brasil

Na noite de 17 de julho de 1994, durante uma festa, dei as mãos a índios xavante, formando um grande círculo no centro da aldeia de Parabubure, no Mato Grosso. Os índios dançavam e cantavam harmoniosamente na língua jê. Homens e mulheres batiam os pés no chão em ritmos diferentes, encenando ritualmente a divisão de gênero da sociedade xavante. O isolamento de Parabubure, muito distante de outro povoado, dava um ar sombrio à cerimônia, iluminada apenas pelo céu estrelado do Mato Grosso. Se os antepassados dos índios tivessem ressuscitado e pudessem acompanhar o ritual, por um instante poderiam pensar que pouco havia mudado e que os xavante continuavam indiscutivelmente donos de seu território e fiéis preservadores dos costumes ancestrais.

Mas estariam enganados. Enquanto antigamente o território dos xavante se estendia "até onde a terra toca o céu", agora eles dançavam dentro dos limites de uma reserva demarcada pelo governo brasileiro há uma década e meia. A paisagem natural do cerrado, cenário familiar para o ritual comunitário, hoje está desfigurada pelas ruínas da antiga sede de uma empresa agropecuária. Corpos musculosos, cuja nudez nunca fora motivo de censura ou

2 A LUTA INDÍGENA NO CORAÇÃO DO BRASIL

vergonha, são hoje cobertos com roupas surradas. Além disso, os xavante não estavam honrando a antiga tradição nem encenando um ritual de tempos remotos. Estavam comemorando a vitória do Brasil na Copa do Mundo. No início daquele mesmo dia, os xavante não tinham muito o que celebrar. Estavam lutando, como muitos outros atores históricos, para que as circunstâncias os favorecessem da melhor maneira possível. Como não havia eletricidade na aldeia, os índios esperavam ver a partida final na televisão comunitária na praça central de Campinápolis, a cidade mais próxima, a duas horas de carro. Na estrada poeirenta rumo à cidade, os índios passariam por diversas fazendas de gado cujos pastos cercados antes haviam servido de terreno para a caça de porcos-do-mato, tamanduás, veados e caititus. Com o orgulho estilhaçado, mas com determinação, os descendentes de uma nação outrora guerreira pretendiam ocupar seu lugar de direito na praça de Campinápolis, enfrentando o racismo e o ar superior de fazendeiros e moradores locais.

Cirilo, o motorista xavante, levaria boa parte dos cerca de oitenta membros de sua comunidade no caminhão que a Funai (Fundação Nacional do Índio) havia fornecido há algum tempo. Ele fazia regularmente o transporte do pessoal da aldeia que precisava ir à cidade comprar alimentos, roupas e bens de uso diário, receber tratamento médico e o benefício da previdência social. Mas a cada tentativa de Cirilo de dar partida no caminhão, a frustração aumentava, pois os índios pressentiam que a viagem seria cancelada.

Os xavante poderiam ter entrado em contato com a sede regional da Funai via rádio para que esta lhes mandasse um mecânico. Porém, com base em longa experiência, eles sabiam que a assistência do Estado não viria antes de vários dias ou mesmo semanas. Além disso, o rádio também estava quebrado, informou o xavante Carlos, que era funcionário da Funai e chefiava o posto da aldeia. Para a final da Copa do Mundo, a solução foi acompanhar por um rádio portátil, e

INTRODUÇÃO 3

todos nós nos reunimos em torno dele para esperar o monumental confronto entre Brasil e Itália. O triunfo da nação no futebol entusiasmava a comunidade indígena. Durante aquela celebração noturna, a desconfiança dos xavante (e de outros brasileiros) em relação à capacidade do Estado e ao potencial nacional parecia se dissipar. Menos de meio século antes, os xavante não conheciam futebol, caminhões, rádios, pesquisadores, reservas, políticas estatais e nacionalismo. Em suma, sabiam pouco sobre o Brasil cuja vitória agora comemoravam. Também não tinham muito interesse pelo país, na verdade. Se em sua juventude meu avô tivesse se aventurado a visitar uma aldeia xavante para pesquisar a interação entre políticas de Estado e a cultura política dos índios, teria testemunhado um estilo de vida mais "tradicional". Mas provavelmente não teria sobrevivido para contar a história.

Desde a segunda metade do século XIX até meados do século XX, os xavante defenderam seu enorme território no nordeste do Mato Grosso contra indígenas e não indígenas. Guerreiros matavam intrusos a golpes de borduna, estraçalhando seus corpos nus em demonstração da supremacia xavante, da xenofobia e de virilidade. Uma história de resistência ao expansionismo português e brasileiro, e de defesa da autonomia sociopolítica, alimentava a beligerância xavante.

Os xavante: uma breve visão histórica

Segundo relatos orais xavante, o primeiro contato com não índios ocorreu no litoral, região distante do Brasil central onde vivem hoje. A primeira referência documental aos xavante, um mapa desenhado por Francisco Tossi Colombina em 1751, situava o território xavante entre os rios Araguaia e Tocantins, região norte da então capitania de Goiás, hoje Estado do Tocantins (Silva, 1992,

4 A LUTA INDÍGENA NO CORAÇÃO DO BRASIL

p.362). Além dos xavante, outros povos indígenas estavam fixados em Goiás, como os caiapó, carajá, craô e canoeiro.

Como outras regiões do Brasil central sob o regime colonial português, a capitania de Goiás viveu o *boom* da mineração na década de 1720, decorrente da descoberta de ouro pelos bandeirantes paulistas.[1] À medida que os fazendeiros traziam rebanhos do sertão do Nordeste para alimentar os crescentes centros de mineração, o norte de Goiás também se transformava em uma região de pastagens. A fronteira goiana, como mostrou Mary Karasch, era formada por uma população multiétnica, composta por padres e aventureiros luso-brasileiros, negros escravizados ou libertos, mestiços e índios assimilados ao lado de falantes do tupi que haviam fugido da exploração portuguesa no litoral (Karasch, 1998, p.118-23). Dados de recenseamentos do final do século XVIII indicam que os luso-brasileiros brancos compreendiam apenas 17,4% da população de Goiás. Mulheres brancas – e mulheres livres em geral – eram especialmente escassas.

A Coroa portuguesa visava a converter os índios em leais vassalos cristãos e trabalhadores fixos, além de impedir que sabotassem a extração do ouro. A legislação colonial, inspirada nas campanhas jesuítas, proibiu, em 1655, a escravização indígena, reconheceu em 1680, os direitos dos índios à terra (como "primários e naturais senhores [das terras]") e regulamentou a contratação e remune-

---

[1] Para um estudo mais detalhado dos bandeirantes, ver Morse, R. M. (Ed.). *The Bandeirantes*. New York: Knopf, 1965; Hemming, J. *Red Gold:* The Conquest of the Brazilian Indians. Cambridge: Harvard University Press, 1978, p.238-53. Para uma visão geral da expansão em Goiás e no Mato Grosso no século XVIII, ver Hemming, J., op. cit., p.377-408; Abreu, J. C. de. *Chapters of Brazil's Colonial History, 1500-1800*. Trad. Arthur Brakel. New York: Oxford University Press, 1997, p.128-36; Davidson, D. M. How the Brazilian West Was Won: Freelance and State on the Mato Grosso Frontier, 1737-1752. In: Alden, D. (Ed.). *Colonial Roots of Modern Brazil*. Berkeley: University of California Press, 1973, p.61-106.

INTRODUÇÃO 5

ração do trabalho indígena. No entanto, a oposição dos colonos, os ataques indígenas e a divisão interna da monarquia portuguesa minaram os esforços para humanizar o tratamento dado ao índios. Os colonizadores, dependentes do trabalho forçado dos nativos para sua subsistência, assim como para a defesa contra grupos indígenas hostis, revoltaram-se contra os jesuítas que aplicavam a legislação protecionista. Acuada, a Coroa portuguesa reintroduziu às pressas a legalização da escravidão dos índios sob o pretexto de "resgatar" prisioneiros indígenas condenados à morte em guerras tribais, ou "guerras justas", em que houvesse uma ameaça "indiscutível" ao domínio português. Na verdade, expedições escravagistas continuaram de modo indiscriminado (Hemming, 1991, p.176-9; MacLachlan, 1973, p.199-230).

No século XVIII, os bandeirantes saqueavam aldeias indígenas em busca de escravos e ouro, acirrando o conflito na fronteira goiana. A competição pelo trabalho feminino e a busca de parceiras sexuais foi uma constante fonte de violência, com expedições luso-brasileiras capturando mulheres e crianças indígenas para servirem de escravas ou criadas (Karasch, 1998, p.121-2). Os xavante tentavam expulsar os colonos, tendo, em quatro ocasiões, destruído o centro de mineração de Pontal, fundado em 1738 em seu território. Em 1762, o capitão-geral João Manoel de Mello organizou uma missão de retaliação com quinhentos homens e, duas décadas depois, recebeu autorização real para travar "guerra ofensiva" contra os xavante (Silva, 1992, p.131).

Ao longo da década de 1770, como parte das reformas pombalinas para revitalizar a combalida economia colonial, a Coroa portuguesa buscou promover o comércio no rio Araguaia e concentrar os grupos indígenas locais em aldeias oficiais, para que estas pudessem fornecer mão de obra e alimentos para os colonos ribeirinhos e viajantes (Graham, 1995, p.28). Em 1788, o capitão--geral Tristão da Cunha reassentou 2 mil xavantes sobreviventes

6 A LUTA INDÍGENA NO CORAÇÃO DO BRASIL

de expedições bandeirantes e do ataque de colonos na aldeia de Pedro III (ou Carretão). Contingentes menores de índios xavante foram agrupados em outros assentamentos, embora muitos nunca tivessem se submetido às aldeias. As aldeias, administradas por oficiais militares e assistidas por missionários, falharam em seu intento de converter os xavante em trabalhadores agrícolas e vassalos leais. Cunha Mattos, em visita a Carretão em 1823, observou:

> Os índios que aqui habitam montam a 200, em lugar dos 5000 que já estiveram neste lugar. Há um capitão-mor e quase todos os seus comandados pertencem à Nação Xavante e uns poucos Caiapó [...] Esses índios são pacíficos, falam um mau português, são batizados, preguiçosos, bêbados e, atualmente, inúteis para todo o mundo. (Mattos, apud Silva, 1992, p.364.)

De fato, diversos fatores prejudicavam as aldeias, tornando os índios "inúteis para todo o mundo". Epidemias como varíola e sarampo dizimavam os assentamentos e levavam os sobreviventes a fugir. As verbas para as aldeias, nunca abundantes, extinguiram-se com a depressão econômica na região após o declínio das minas na década de 1780 (Mattos, apud Silva, 1992, p.364).[2] Os índios, presos a correntes e chicoteados, abandonaram as aldeias e retomaram os ataques violentos – uma vez que agora tinham conhecimento das armas europeias e maior familiaridade com os costumes dos colonos (Karasch, 1998, p.131). O destino dos xavante reflete

---

[2] Sobre o fracasso dos aldeamentos do século XIX em Goiás, ver também Karasch, Mary. Catequese e cativeiro, política indigenista em Goiás, 1780-1889. In: Cunha, M. (Ed.). *História dos índios no Brasil*. São Paulo: Companhia das Letras/Fundação de Amparo à Pesquisa no Estado de São Paulo/Secretaria Municipal de Cultura, 1992, p.409-10.

INTRODUÇÃO   7

o de outros grupos indígenas sob domínio colonial português: entre 1500 e 1800, a população nativa brasileira, composta por pelo menos 2,5 milhões de pessoas, foi reduzida em cerca de três quartos (Hemming, 1991, p.189). Em 1811, a corte do Rio de Janeiro autorizou outra "guerra justa" contra as tribos xavante, carajá, apinajé e canoeiro. No ano seguinte, os xavante e os carajá juntaram forças para destruir o presídio de Santa Maria do Araguaia (Silva, 1992, p.364). Em 1849, restavam apenas setenta ou oitenta índios xavante em Carretão (Karasch, 1992, p.408). O primeiro esforço oficial de "civilizar" os xavante havia fracassado.

No entanto, as guerras, as doenças, a escravidão, a migração forçada ou a coexistência tensa com os colonos transformaram e dividiram a sociedade xavante. A divisão definitiva do grupo ocorreu provavelmente nas primeiras décadas do século XIX.[3] Um contingente, que veio a ser conhecido como xerente, estabeleceu-se nas vizinhanças do rio Tocantins (no atual estado do Tocantins) e manteve contato "pacífico" com pessoas de fora da tribo. Aqueles que rejeitavam a aproximação, que mais tarde vieram a ser conhecidos como xavante, migraram para oeste, rumo ao rio Araguaia. O rio, uma importante hidrovia para o comércio norte-sul, era visto pelos colonos de Goiás como o limite entre a "civilização" do leste e o "mundo selvagem" de Mato Grosso a oeste (Karasch, 1998, p.117-21). Os xavante continuaram recuando por conta do avanço dos colonos e, antes de 1862, já haviam atravessado o Araguaia para o Mato Grosso. (Maybury-Lewis, 1974, p.2).

---

[3] David Maybury-Lewis especula que a divisão tenha ocorrido na década de 1840, embora outros intelectuais tenham argumentado que ocorreu mais para o início do século XIX. Ver discussão em Graham, L. *Performing Dreams:* Discourses of Immortality among the Xavante of Central Brazil. Austin: University of Texas Press, 1995, p.25-6.

8 A LUTA INDÍGENA NO CORAÇÃO DO BRASIL

Como em outras sociedades jês, a capacidade dos xavante para a fissão e a fusão pode ter se originado no período pré-colombiano, quando se mobilizavam para travar guerras com os povos tupis em disputa por territórios na costa Atlântica. Desde a conquista portuguesa, essa estrutura social se mostrou muito mais resistente ao impacto do colonialismo, às guerras crônicas e às epidemias do que a estrutura das populações costeiras sedentárias (Moran, 1993, p.124-5; Flowers, 1994b, p.260-1). Ao longo dos três quartos de século seguintes, os xavante encontraram refúgio no cerrado, no nordeste de Mato Grosso. Ao expulsar os índios carajá e bororo, os xavante conquistaram um extenso domínio. A unidade que marcou sua incursão em Mato Grosso resultava mais das circunstâncias que da tradição e, portanto, logo se dissolveu. Os xavante, valorizando a autonomia política e o acesso aos recursos naturais, espalharam-se para ocupar o território conquistado.

Uma vez que a acumulação do capital em Mato Grosso estava concentrada principalmente no sul e no oeste do Estado – o mate, na região fronteira paraguaia; a borracha, no vale do Guaporé; e o gado, no Pantanal –, os xavante continuaram relativamente livres em seus domínios (Lopes, 1988, p.33). Mas, nas primeiras décadas do século XX, à medida que os colonos avançavam lentamente da fronteira de Goiás ou do sul do Pará em território xavante em busca de pastagens para o gado e de terras para cultivar, conflitos violentos tornaram-se cada vez mais frequentes. No início da década de 1940, o Estado brasileiro, empenhado em povoar e desenvolver a região Centro-Oeste do país, concentrou esforços para estabelecer contato pacífico com os xavante e reestruturar seu modo de vida. Durante o meio século seguinte, como este livro documenta, a economia política e a identidade cultural dos indígenas seria drasticamente alterada – assim como o curso da formação do Estado brasileiro.

INTRODUÇÃO 9

Na década de 1990, os xavante estavam reduzidos a seis reservas no estado de Mato Grosso, com uma população de aproximadamente seis mil indivíduos. Como faziam no passado, os índios continuam a caçar para obter seu sustento, mas seus alvos são bem diversificados. Os índios agora cercam burocratas, políticos, missionários e visitantes com pedidos de caminhões, tratores, antenas parabólicas e doações em dinheiro. Seus padrões culturais e seu público também se ampliaram. As canções xavante são cantadas nas aldeias, mas também são vendidas em CDs nas lojas de discos brasileiras. As tradições orais são recontadas pelos mais velhos aos jovens na língua xavante e publicadas em livros escritos por índios xavante em português. Hoje, os xavante reverenciam não só seus ancestrais, mas também os ídolos brasileiros do futebol.

Revendo a história das relações entre povos indígenas e Estado no Brasil

Este livro levanta diversas questões relativas à incorporação dos povos indígenas ao Estado-nação brasileiro. Como os processos de formação do Estado e da expansão para o oeste no Brasil do século XX desencadearam uma mudança tão dramática entre os povos indígenas? E de que forma os povos indígenas, como os xavante, tentaram mediar tal mudança? Como, apesar da crônica de sua morte anunciada, os xavante adaptaram-se à sociedade dominante ao mesmo tempo que honravam os costumes ancestrais? Qual foi a natureza da luta indígena no coração geográfico, cultural e político do Brasil?

Este estudo trata das intervenções políticas, legais e ideológicas efetuadas pelo Estado capitalista brasileiro para subjugar e reconstituir um povo indígena. São analisados os fatores materiais e culturais envolvidos na subordinação dos xavante, bem como o

10 A LUTA INDÍGENA NO CORAÇÃO DO BRASIL

protocolo e os símbolos pelos quais as relações sociais de poder foram articuladas e vivenciadas. Ao examinar a formação do Estado no Brasil do século XX, a acumulação de capital e as construções sociais da etnicidade, este livro narra os padrões da adaptação sociocultural e da mobilização política dos xavante, e investiga o modo pelo qual os signos dominantes e as práticas materiais foram contestados e abraçados, solapados e revisados pelos indígenas.

A incorporação de populações e territórios indígenas ao Estado--nação foi fundamental para o crescimento regional e para a economia nacional, assim como para sua emergência como uma potência continental. Os povos indígenas, além disso, tiveram grande importância simbólica na construção da identidade nacional brasileira. E o governo brasileiro tem sido alvo de acusações de violações dos direitos indígenas, prejudicando sua imagem no exterior. Entretanto, apesar de antropólogos e sociólogos terem produzido estudos esclarecedores acerca das relações entre indígenas e Estado no Brasil, a pesquisa histórica continua em fase preliminar (Ribeiro, 1970; Davis, 1986; Ramos, 1998; Lima, 1995; Oliveira Filho, 1988). A marginalização dos índios nas narrativas históricas posteriores ao início do período colonial tem origem em diversas fontes. A exclusão dos índios da história brasileira ou sua presença estereotipada insere-se em um contexto mais amplo, no qual os nativos do continente americano são retratados como curiosidades folclóricas em vez de produtores e produtos de processos históricos.[4] A sombra do darwinismo social e do positivismo, que

---

[4] Ver Berkhofer JR., R. F. *The White Man's Indian:* Images of the American Indian from Columbus to the Present. New York: Knopf, 1978. Como um dos mais renomados historiadores brasileiros afirmou a respeito dos povos indígenas da Brasil: "A mesma ausência de cooperação, a mesma incapacidade de ação incorporada e inteligente, limitada apenas pela divisão do trabalho e suas consequências, parece ter os indígenas legado aos seus sucessores". (Abreu, op. cit., p.13)

INTRODUÇÃO **11**

pregava o iminente ou inevitável fim dos povos indígenas, estendia--se além do admissível. Mas a lacuna também deriva de tendências mais específicas da historiografia brasileira. O mito da democracia racial, celebrando a pacífica mistura de raças na formação sociocultural da nação – embora repudiada pelos pesquisadores –, sem dúvida conseguiu obscurecer a realidade indígena (como em outras partes da América Latina).[5] Além disso, no período pós-colonial, a pesquisa histórica concentrou-se de maneira esmagadora nas regiões Sudeste e Nordeste do Brasil, em virtude de sua preponderância política, econômica, demográfica e intelectual no desenvolvimento nacional. As regiões Centro-Oeste e Norte – onde se concentra mais da metade da pequena população indígena brasileira, de aproximadamente 235 mil indivíduos em 1990 – receberam pouca atenção, diminuindo a visibilidade da história indígena (Cedi, 1991, p.64).

Apenas recentemente os historiadores começaram a resgatar a experiência indígena brasileira, recorrendo aos arquivos históricos para inserir os desaparecidos nas narrativas históricas regionais e nacionais (Monteiro, 1994; Farage, 1991; Hemming, 1987; Metcalf, 1999, p.1531-59; Vainfas, 1995; Barickman, 1995, p.325-68).[6] Certamente, essas incursões seguem a trilha das contribuições recentes da historiografia hispano-americana, que têm ressaltado as intrincadas e conflituosas relações entre povos indígenas e Estado (Mallon, 1995; Thurner, 1997; Gould, 1998; Hale, 1994; Rappaport, 1994; Abercrombie, 1998; Grandin, 2000). Este livro procura centrar ainda mais o foco no nebuloso passado indígena no Brasil.

---

[5] O mito da democracia racial no Brasil como aplicado aos povos indígenas foi desmentido por Ribeiro, D. *Os índios e a civilização.* Rio de Janeiro: Civilização Brasileira, 1970, p.200.

[6] Sobre o período nacional, ver Langfur, H. Myths of Pacification: Brazilian Frontier Settlement and the Subjugation of the Bororo Indians. *Journal of Social History*, n.32, p.879-905, 1999.

12 A LUTA INDÍGENA NO CORAÇÃO DO BRASIL

Sobre a formação do Estado, expansão de fronteiras, raça e etnicidade

Várias linhas narrativas percorrem este estudo. A principal explora como o governo brasileiro, a partir do Estado Novo de Getúlio Vargas (1937-1945), criou um projeto político e um discurso cultural para dominar os grupos indígenas e seus territórios. Os governantes do Brasil, durante muito tempo, enfrentaram o desafio de governar um país de dimensões continentais e populações diversas e multiétnicas. O Estado Novo – marcado por centralização política, acentuada intervenção na sociedade civil, crescimento econômico industrial e tendências nacionalistas – foi um importante divisor de águas nas relações entre o Estado e os povos indígenas, e entre o centro político e a periferia. O regime Vargas implantou uma política de acumulação de capital, povoamento e integração nacional da região Centro-Oeste, que transformaria a vida dos xavante no interior do Mato Grosso.

Com efeito, mesmo muito tempo após o Estado Novo, o "desenvolvimento" do Centro-Oeste e do interior da Amazônia permaneceria um projeto político de poderosa simbologia nacionalista. Desde a construção da nova capital, Brasília, em pleno Centro-Oeste, sob a administração de Juscelino Kubitschek (1956-1961), até os faraônicos projetos dos governos militares (1964-1985) de construção de estradas e povoamento da Amazônia, as imagens da região Centro-Oeste e de suas populações ficaram indelevelmente gravadas no imaginário político e cultural do país. Da mesma forma, os recursos naturais do Centro-Oeste continuaram ligados aos planejadores burocráticos e aos portfólios dos investidores.

As fronteiras no Brasil não foram demarcadas nem por linhas geográficas nem por limites culturais. Na verdade, foram salpicadas por zonas de múltiplas, intermitentes e complexas interpe-

INTRODUÇÃO **13**

netrações entre grupos sociais dotados de um poder de conquista desigual sobre o espaço territorial, a distribuição de recursos e a primazia cultural.[7] Embora construídas em termos binários como um contraste ideológico para áreas centrais ("civilização" *versus* "barbárie"), as fronteiras podem ser mais bem-definidas em termos de redes de ligações e entendimentos sociais, sendo que uma grande proporção dessas relações, experiências e significados transcende as noções delimitadas de lugar (Massey, 1994, p.154).

De um ponto de vista crítico, as regiões fronteiriças foram marcadas pela fraca habilidade do Estado de exercer hegemonia por meio de mecanismos de consenso e consentimento, e por monopolizar o uso da violência. A desarticulação política da burguesia, a acumulação desproporcional de capital, as barreiras ambientais, as restrições tecnológicas e a resistência sociocultural contribuíram para tal fragmentação.

A expansão de fronteiras no Brasil é um processo historicamente específico de ocupação (e contestação) de terras e da integração destas à economia nacional (Foweraker, 1981, p.3-12). Desde a

---

[7] Sobre as fronteiras como "zonas de contato", ver Pratt, M. L. *Imperial Eyes:* Travel Writing and Transculturation. New York: Routledge, 1992. Para outras conceituações acerca das fronteiras do Brasil e da América Latina, ver Morse, op. cit, p.30-1; Guy, D. J.; Sheridan, T. E. (Ed.). *Contested Ground:* Comparative Frontiers on the Northern and Southern Edges of the Spanish Empire. Tucson: University of Arizona Press, 1998, p.3-15; Weber, D. J.; Rausch, J. M. (Ed.). *Where Cultures Meet:* Frontiers in Latin American History. Wilmington: Scholarly Resources, 1994, p.XIII-XLI; Baretta, S. R. D.; Markoff, J. Civilization and Barbarism: Cattle Frontiers in Latin America. *Comparative Studies in Society and History,* n.20, p.587-620, 1978; Alonso, A. M. *Thread of Blood:* Colonialism, Revolution, and Gender on Mexico's Northern Frontier. Tucson: University of Arizona Press, 1995, p.15-20; Lombardi, M. The Frontier in Brazilian History: An Historiographical Essay. *Pacific Historic Review,* n.44, p.441-2, 1975.

14   A LUTA INDÍGENA NO CORAÇÃO DO BRASIL

década de 1930, quando o Brasil passou por um rápido processo de industrialização e urbanização e excesso de mão de obra, a fronteira expandiu-se em resposta à acumulação e às demandas de capital nacional. À medida que a economia brasileira se aprofundava nos centros industriais e financeiros, ela se expandiu por meio da referida acumulação e apropriação de amplas áreas no interior e da integração de regiões "não exploradas". As terras do Centro--Oeste e da Amazônia serviram para expandir a produção agrícola para uma população urbana e economia industrial crescentes; a mão de obra excedente, privada da posse de terra por conta de um sistema de latifúndio e desalojada pela mecanização agrícola, mudou-se para as regiões do Brasil Central para atender a essa demanda. (Tal tendência, então, não é redutível a modelos econômicos anteriores orientados para a exportação cujas atividades econômicas eram dirigidas ao mercado mundial.)[8]

Joe Foweraker (1981, p.3-12, 58-69) comenta acertadamente sobre o papel central do Estado brasileiro, no século XX, de assegurar a acumulação de capital no interior e sua reprodução das relações sociais capitalistas por meio do uso de mecanismos legais, de organizações burocráticas e da violência. No entanto, as instituições do Estado também são formas culturais cujas atividades, rotinas e rituais servem para constituir e regular identidades sociais (Corrigan e Sayer, 1985, p.1-13). Para analisar como o poder público brasileiro e as elites empreenderam esforços para estabelecer hegemonia sobre os povos indígenas, não podemos deixar de mencionar brevemente os componentes estruturais e ideológicos da

---

[8]   Sobre as regiões orientadas para exportação, ver Katzman, M. T. The Brazilian Frontier in Comparative Perspective. *Comparative Studies in Society and History*, n.17, p.266-85, 1975; Normano, J. F. *Brazil: A Study of Economics Types*. Chapel Hill: University of North Carolina Press, 1935, p.1-17.

INTRODUÇÃO 15

construção da nação: o culto ao desenvolvimentismo nacionalista, a retificação do Estado e a construção da "indianidade".[9] Desde a era Vargas, o Estado brasileiro definiu e legitimou seu compromisso com a "nação", dirigindo um projeto desenvolvimentista que visava transformar uma economia neocolonial voltada à exportação agrícola em potência industrial. À medida que mudanças na economia capitalista internacional tornaram o processo de industrialização latino-americano distinto daquele do Atlântico Norte, o planejamento de Estado foi considerado indispensável para gerenciar indústrias e infraestrutura básicas, regular importações e controlar salários para nutrir o setor privado doméstico (Baer, 1989; Furtado, 1976, p.242-50; Fishlow, 1972; Lauerhass Jr., 1986). O crescimento geral do poder estatal no período em estudo é impressionante. A política desenvolvimentista de industrialização por substituição de importações, que engendrou um longo período de crescimento econômico e transformação estrutural da década de 1930 até o final da década de 1970, exigiu pesado investimento do Estado em planejamento econômico, regulação e financiamento. A Marcha para o Oeste foi defendida pelo poder público como um meio de expandir a produção agrícola e fornecer alimentos básicos à crescente população urbana, assim como uma forma de corrigir os desequilíbrios regionais, a desigualdade social e os problemas de defesa nacional.

O desenvolvimentismo estatal brasileiro também serviu, adaptando as reflexões de Partha Chatterjee sobre a Índia pós-colonial, como uma ferramenta eficaz para conter e resolver os conflitos de

---

[9] Sobre o entrelaçamento dos processos material e cultural embutidos na formação do Estado, ver Comaroff, J.; Comaroff, J. *Ethnography and the Historical Imagination*. Boulder: Westview Press, 1992. Para o contexto latino-americano, ver Joseph, G. M.; Nugent, D. (Ed.). *Everyday Forms of State Formation*: Revolution and the Negotiation of Rule in Modern Mexico. Durham: Duke University Press, 1994, p.3-23.

16 A LUTA INDÍGENA NO CORAÇÃO DO BRASIL

classes em uma economia ampla e heterogênea, bem como para controlar relações de poder dispersas, com o intuito de aumentar a acumulação de capital. As estruturas corporativas que ligavam os trabalhadores ao Estado e as formas de representação e consultas de grupo autorizadas pelo governo serviram para moldar e dar significado à própria noção de "política" (Skocpol, 1985, p.22-3). O desenvolvimento foi invocado como uma progressão linear, com base em uma vontade coletiva e que transcendia interesses regionais e particulares, beneficiando todos os membros da "nação" (Chatterjee, 1993, p.204-14). Os representantes do Estado apresentavam a nacionalidade brasileira como uma entidade constituída ameaçada por modos "feudais" de produção e separatismo étnico; na verdade, a própria emergência dessa identidade nacional dependia da reprodução das relações sociais capitalistas e da eliminação das diferenças culturais (Schwartzman et al., 1984, p.146).

Como Eric Hobsbawm (1990, p.10) afirma sucintamente, "nações não fazem Estados e nacionalismos – o contrário é verdadeiro".[10] A reinvenção da "nação" brasileira a partir de uma massa social amorfa representou um dos sucessos, em longo prazo, da estratégia estatal. Outra herança da era Vargas foi a promoção da *ideia* de Estado como uma entidade consolidada e unificada. Isso porque a imagem do Estado nacionalista mascarou mais que as realidades do poder de classe no Brasil:[11] como observou Philip Abrams, o próprio Estado serve como uma máscara, uma mensagem de dominação cujo símbolo unificado camufla a profunda divisão e a falta de coesão dentro da esfera política (Abrams, 1988, p.81).

---

[10] Sobre nação como uma "comunidade imaginada", ver Anderson, B. *Imagined Communities:* Reflections on the Origin and Spread of Nationalism. London: Verso, 1991.

[11] Sobre a disjunção entre imagem e realidade da reforma social sob Vargas, ver Levine, R. M. *Father of the Poor?* Vargas and his Era. Cambridge: Cambridge University Press, 1998.

INTRODUÇÃO 17

O culto ao Estado e ao desenvolvimento nacionalista resultou na elaboração de políticas e pronunciamentos sobre os povos indígenas. Para promover a acumulação de capital, o Estado desenvolvimentista mapeou os recursos físicos, as capacidades e as propensões de seus agentes econômicos (Chatterjee, 1993, p.207). O Estado procurou definir e regular os limites territoriais, os modos de produção e a faculdade cívica dos indígenas. Entretanto, como James Scott aponta, os "mapas" do Estado, ao tentar tornar as sociedades mais manipuláveis, simplificam e representam de maneira equívoca complexas práticas sociais locais, retratando apenas os aspectos que interessam aos observadores e monitores oficiais (Scott, 1998, p.2-3). Assim, terras que os xavante usavam para caça, coleta e plantio eram avaliadas pelo Estado por seu potencial comercial para a agropecuária. Terras que eram referência cultural e histórica foram assinaladas pelos estrategistas militares como zonas de segurança nacional ou como soluções para os conflitos de posse de terra. Modos complexos de produção e redes de parentesco que estruturavam comunidades eram desconsiderados ou simplificados, na tentativa de "racionalizar" a produção e a organização social dos indígenas.

Obrigando os povos indígenas a entregar o controle territorial e a autonomia política em nome do interesse "nacional", o Estado afirmava possuir conhecimento e capacidade exclusivos para engendrar índios *melhores*: agricultores sedentários, trabalhadores rurais disciplinados, consumidores do mercado e cidadãos patriotas. O Estado brasileiro, como outros países das Américas em meados do século XX, pregava a "civilização" dos indígenas por meio de métodos não coercitivos e esclarecidos – métodos "respeitosos" das culturas indígenas, ainda que adequadamente propulsores de uma jornada transformadora e sem retorno para dentro das correntes socioeconômicas dominantes. Como um eixo nessa agenda de dominação, as elites empregaram noções deterministas de "indianidade", dos pontos de vista biológico e cultural, para legitimar o poder e justificar as desigualdades sociais.

18   A LUTA INDÍGENA NO CORAÇÃO DO BRASIL

Muito tempo antes de o Estado ter chegado às portas dos xavante, os ideólogos confinaram os povos indígenas em um campo de poder demarcando direitos, *status* e identidade social. Para um Estado modernizador, que promovia a acumulação de capital e a homogeneização nacional, o domínio territorial e as diferenças culturais indígenas eram um anátema. Entretanto, para o autoritário e nacionalista Estado Novo, contemporâneo de regimes chauvinistas e nativistas então presentes no mundo todo, os povos indígenas também detinham um forte simbolismo como primeiros cidadãos e marcos de uma excepcionalidade nacional. Os índios eram, assim, classificados como matéria-prima, não como produtos acabados: nobres selvagens e/ou deficientes mentais que necessitavam de "proteção" e remodelagem pelo Estado; seres socialmente isolados que se fundiriam biológica e culturalmente a outros brasileiros.

Diversas contradições arranhavam essas imagens. Como progenitores da nacionalidade brasileira, oferecia-se aos índios um lugar de honra no panteão nacional; entretanto, como se fossem crianças de pouca capacidade mental, eles eram repreendidos. Como patrimônios culturais, os índios representavam um trunfo para a construção da nação; mas, como vagabundos e rebeldes, constituíam um empecilho. Como contribuintes passados e futuros do processo de mestiçagem no Brasil, os índios eram vistos como parceiros na construção de um projeto nacional; no entanto, como tutelados pelo Estado, eram relegados a um papel secundário. As elites haviam definido os povos indígenas como "outro" étnico: paradigmas da moralidade, bravura e generosidade, ou de pouca inteligência, desvio e preguiça.

Toda identidade social coletiva, seja indígena ou não, é fundada em oposição aos "outros". A etnicidade, contudo, como definida por John Comaroff, consiste na atribuição estereotipada e hierárquica de agrupamentos sociais a nichos dentro da divisão de trabalho, oriundos de processos históricos que cercam "a incorporação *assi-*

INTRODUÇÃO 19

métrica de agrupamentos estruturalmente diferentes a uma única economia política". No ápice dessa hierarquia socialmente construída de identidades étnicas opostas está a "raça" cuja identificação pela ascendência ou pela aparência física é desvirtuada pelas bases inconclusivas de diferenciação genética e pela falta de compreensão universal das variações fenotípicas (Knight, 1990, p.72-3; Wade, 1995, p.3-4). Entretanto, embora as forças estruturais formem a raiz da etnicidade, as ideologias são aspectos irredutíveis e mutuamente constitutivos de realidade material, com capacidade de reproduzir e/ou alterar o caráter da ordem social (Comaroff, 1992, p.52-62). Assim, as construções culturais a respeito dos índios representavam e encenavam desigualdades estruturais na sociedade brasileira por meio de signos e símbolos da prática cotidiana, e adquiriram relativa autonomia para impactar essas estruturas.

O regime Vargas não inventou, evidentemente, essas imagens duais dos índios. O que ele fez foi mobilizar certas variantes de sentimentos já existentes e que, em escala macropolítica, atenderiam aos interesses de um novo Estado-nação (Hobsbawm, 1990, p.46). Entretanto, ao impor, recompensar ou "encorajar" certas práticas socioculturais e formas de expressão, ao mesmo tempo que suprimia, marginalizava ou solapava outras, o poder estatal brasileiro servia para restringir ação e representação indígenas (Corrigan e Sayer, 1985, p.3).

As implicações do discurso do Estado eram claras. Os índios, como os primeiros brasileiros, iriam (ou deveriam) acolher a expansão para o Centro-Oeste; o comunitarismo indígena sustentaria a economia política no interior; a bravura indígena fortaleceria a nação; a mistura racial eliminaria o conflito social; o Estado benevolente regeneraria o potencial inato dos índios; e a benevolência inata dos índios regeneraria o potencial nacional. Por meio da mistura biológica e da assimilação cultural, os indígenas ampliariam a mestiçagem nacional. Segundo a visão de Gerald Sider, "a trajetória histórica dos povos étnicos pode [assim] ser mais bem

20 A LUTA INDÍGENA NO CORAÇÃO DO BRASIL

entendida no contexto de forças que geram um povo e, ao mesmo tempo, procuram tirar-lhe a vida" (Sider, 1987, p.3). A ideologia de duas faces opostas que articulava raça, miscigenação e nacionalidade não é exclusiva do Brasil. Na Colômbia, por exemplo, a mistura racial é celebrada como a convergência de três raças em terreno neutro, mas a ideologia de *blanqueamiento* vislumbra um futuro em que negros e índios são eliminados, dando surgimento a uma nação mestiça *embranquecida* (Wade, 1995, p.19; Alva, 1995, p.241-75). Ao traçar as emaranhadas redes econômicas e ideológicas que envolvem os povos indígenas desde o regime Vargas, este estudo busca ampliar nosso entendimento do nexo entre formação do Estado, expansão das fronteiras de desenvolvimento e identidade étnica no Brasil do século XX.

A hegemonia e os descontentes: a política do Estado brasileiro e as reivindicações indígenas

A capacidade e a autonomia do Estado para implementar políticas não são apenas variáveis historicamente, mas também costumam ser desiguais conforme os setores, além de dependentes de fatores como o controle administrativo-militar sobre o território; os meios e equipes financeiras; a organização, os interesses e as vantagens de grupos socioeconômicos; e as estruturas transnacionais (Skocpol, 1985, p.16-7). De fato, o processo pelo qual as estruturas e ideologias se tornam hegemônicas ou aceitas como a ordem social natural, universal e verdadeira nunca é total.[12] Dessa

---

[12] Antonio Gramsci observou que a hegemonia acarretava tanto o consentimento "espontâneo" dado pela massa da população aos ideais dominantes como a força coerciva do Estado para impor disciplina sobre os grupos que deixassem de "consentir". (Gramsci, A. *Selections from the Prison Notebooks*. Trad. e ed. Quintin Hoare e Geoffrey Nowell-Smith. New York: International Publishers, 1971, p.12.)

INTRODUÇÃO 21

forma, a hegemonia é um processo que precisa ser reconstruído constantemente e que pode ser desfeito, e cuja capacidade de recuperação varia de um regime para outro (Comaroff e Comaroff, 1992, p.28-30).

O Estado desenvolvimentista brasileiro – que do ponto de vista histórico privilegiou a indústria em detrimento da agricultura, a cidade em detrimento do campo e o Sudeste em detrimento do Centro-Oeste – penou para exercer a política indigenista e reestruturar a dinâmica social política e econômica do Centro-Oeste. Como a política indigenista era ao mesmo tempo ambiciosa e ambígua – "pacificando" e "protegendo" grupos hostis; ensinando português e educação cívica ao mesmo tempo que preservava as "virtudes" indígenas; impondo novos modos de produção e demarcando reservas indígenas –, ela se chocava não apenas com os índios, mas com os interesses de oligarcas regionais, missionários, investidores e organizações nacionais e internacionais de defesa dos direitos humanos. Em consequência, vários grupos sociais mobilizaram-se para influenciar tais políticas e reformulá-las. Conflitos entre políticos federais e regionais, ou entre burocracias federais, reflexos desses interesses em jogo, complicaram ainda mais a implementação da política indigenista oficial. Como este estudo documenta, o "Estado" não determinou de maneira unilateral nem uniforme o destino de comunidades, terras e identidades indígenas no Centro-Oeste brasileiro. Na verdade, o desenlace também foi influenciado por conflitos e negociações entre dirigentes do governo, povos indígenas, elites locais, missionários e líderes da Igreja, além de camponeses e posseiros, jornalistas e intelectuais, governos estrangeiros e organizações de direitos humanos, em uma interação dinâmica que variou ao longo do tempo e de um regime para outro. Enquanto as análises celebratórias e revisionistas se concentram no poder do Estado, eu exploro a

22   A LUTA INDÍGENA NO CORAÇÃO DO BRASIL

questão das estruturas estatais brasileiras para entender o curso das políticas indigenistas.[13]

Meu foco é o envolvimento xavante nas estruturas socioeconômicas e nos mecanismos culturais que buscavam redefinir sua economia e identidade políticas. A história dos xavante pós-contato – assombrada por morte, exílio, perda territorial e violência cultural – não é exceção à maioria das experiências pós-conquista dos nativos americanos. Entretanto, embora condenando tal vitimização, não devemos reduzir os índios a cifras. Tendo em conta a crítica de Marshall Sahlins contra o mero igualamento da história colonial à história dos colonizadores, precisamos pesquisar como as normas do Estado são internalizadas e combatidas (Sahlins, 1993, p.13). Minha linha secundária de pesquisa, portanto, procura investigar de que forma um grupo indígena atravessou os caminhos da integração no Estado-nação brasileiro e o legado deixado pelos índios, pelo Estado e pela sociedade.

Durante muito tempo, o estudo de povos indígenas na América Latina reduziu-se a um catálogo de mudanças culturais ou de continuidade que incorporava noções essencialistas de etnicidade e ofereciam poucas explicações sobre a história dos índios. Uma tradição acadêmica, influenciada pelas teorias da modernização, definiu a integração indígena como um jogo de bilhar em que traços ou estágios culturais eram eliminados, um atrás do outro, pela expansão capitalista, em vez de passar por um processo

---

[13] Para relatos celebratórios acerca das origens e ideais do SPI (Serviço de Proteção aos Índios), ver Gagliardi, J. M. *O indígena e a República*. São Paulo: Hucitec, 1989; Ribeiro, D., op. cit. Para relatos revisionistas e críticos do Estado de dominação, ver Lima, A. C. *Um grande cerco de paz:* Poder tutelar, indianidade e formação do Estado no Brasil. Petrópolis: Vozes, 1995; Ramos, A. R. *Indigenism:* Ethnic Politics in Brazil. Madison: University of Wisconsin Press, 1998.

INTRODUÇÃO   23

desigual, multifacetado e contraditório.[14] É evidente que muitos povos indígenas e suas culturas realmente pereceram no Brasil e em outras partes da América Latina – como resultado de genocídio, epidemias, usurpação territorial e assimilação social (Ribeiro, 1970, p.434-5). No entanto, estudos acadêmicos recentes têm revelado de que forma o envolvimento dos indígenas com a sociedade dominante engendrou desenlaces históricos variados.[15]

Uma abordagem oposta tem encarado a política subalterna como um domínio "autônomo", um casulo cultural que permitiu, nas palavras de Ranajit Guha, a "dominância sem hegemonia" (Guha, 1997, p.IX-XXI). Entre latino-americanistas, tal conceito é mais bem representado pela noção de "o andino", já que as histórias dos povos andinos são avaliadas e validadas por supostas continuidades com o domínio pré-colonial inca e a resistência à ocidentalização.[16] Embora tal visão ressalte a importância de crenças e práticas endógenas na resistência ao controle hegemônico, ela aprisiona a autenticidade cultural dos indígenas no manto da continuidade e restringe a história pós-contato a um exercício de negação. Com efeito, ao obscurecer os processos criativos e contraditórios pelos quais os símbolos e significados dominantes são filtrados, absorvidos e retrabalhados pelos povos indígenas, tal

---

[14] Para uma crítica da mudança cultural como um "jogo de bilhar", ver Roseberry, W. *Anthropologies and Histories:* Essays in Culture, History, and Political Economy. New Brunswick: Rutgers University Press, 1989, p.84. Para uma análise dos índios brasileiros utilizando tal modelo, ver Ribeiro, D., op cit.

[15] Para uma boa crítica bibliográfica dos livros recentes sobre povos indígenas, ver Field, L. W. Who Are the Indians? Reconceptualizing Indigenous Identity, Resistance, and the Role of Social Science in Latin America. *Latin American Research Review* 29, n.3, p.237-56, 1994.

[16] Para uma crítica contundente, ver Thurner, M. *From Two Republics to One Divided.* Durham: Duke University Press, 1997, p.13-5.

24 A LUTA INDÍGENA NO CORAÇÃO DO BRASIL

enfoque metodológico empobrece nossa compreensão da história das relações entre indígenas e Estado.[17] Culturas étnicas, nascidas da resistência e da adaptação à dominação, devem ser vistas como transformativas e relacionais, não como essências atemporais (Warren, 1992, p.205). Não estou sugerindo que os povos indígenas não tivessem consciência ou identidade de grupo com base em diferenças socioculturais antes da incorporação à sociedade brasileira, mas que tais identidades mudaram à medida que os limites sociais e materiais que marcavam essa oposição se deslocaram no curso dos processos econômicos e políticos.[18] Por exemplo, uma coisa era ser um xavante vivendo no interior pouco povoado de Mato Grosso no início da década de 1940, defendendo com a força bruta um extenso território e lidando com um governo central cambaleante disposto a efetuar mudanças. Outra coisa bem diferente era ser xavante no final da década de 1970, cercado por brancos, subordinado ao poder do Estado, arrastado para um agitado debate nacional e internacional sobre os direitos dos índios brasileiros e envolto pelos meios de comunicação de massa. Com efeito, o que precisa ser investigado é o violento e intrincado processo pelo qual os xavante, privados de autonomia, *aprenderam* e expressaram que sua etnicidade era um marcador político que restringia ou lhes conferia direitos e obrigações como povos indígenas e cidadãos brasileiros. É certo que a formação do Estado cria obstáculos, mas também cria possibilidades, com as formas políticas e culturais capitalistas restringindo

---

[17] Argumento semelhante é proposto para analisar a cultura popular em Joseph, G. M.; Nugent, D., op. cit., p.21-2.

[18] Como John Comaroff observa, "é a *marcação* das relações – de identidades em oposição um ao outro – que é 'primordial', não a substância dessas identidades". Ver Comaroff, J.; Comaroff, J. Of Totemism and Ethnicity. In: Comaroff, J.; Comaroff, J. *Ethnography and the Historical Imagination*. Boulder: Westview Press, 1992, p.51.

INTRODUÇÃO 25

certas capacidades ao mesmo tempo que desenvolvem outras (Corrigan e Sayer, 1985, p.4, 205).

Nas escolas, cerimônias cívicas e discursos públicos, representantes do governo e missionários transmitiam aos xavante noções de poder de Estado, direitos indígenas e representação política. Essas armas ideológicas não foram fornecidas prontas aos índios; ao contrário, os xavante as adaptaram a partir de uma vertiginosa montagem composta pelos atores dominantes para exemplificar formas normativas de comportamento e identidade. Assim, precisamos verificar de que maneira as táticas indígenas de resistência à dominação externa derivam das próprias instituições e doutrinas que os colonizadores impuseram para garantir a subordinação desses povos (Abercrombie, 1991, p.105). Resistindo ao poder do Estado, os xavante selecionaram, remoldaram e jogaram de volta o entulho que lhes havia sido lançado, tudo em defesa própria. Os líderes xavante invadiram a arena política, um bastião da elite, reforçando e ao mesmo tempo realinhando as estruturas do poder. A língua portuguesa, um veículo da subjugação cultural-linguística, foi retrabalhada pelos indígenas e transformada em um idioma de protesto. A "indianidade", uma classificação subordinativa, foi remoldada pelos xavante em uma identidade social e meio organizativo para a mobilização.

É evidente que os xavante também utilizaram padrões sociais endógenos e experiências históricas na batalha: uma cultura política que prezava a agressividade e a ousadia em sua liderança, uma organização comunal propícia à dispersão estratégica e uma memória coletiva de episódios de confronto violento, assim como o envolvimento "pacífico" com a sociedade brasileira. Utilizando "tradições" como afirmações de dissidência política e afirmação de direitos, as comunidades xavante procuraram moderar e contornar padrões de dominação socioeconômica. O passado indígena servia, então, para mediar um modo de mudança culturalmente específico (Sahlins, 1993, p.18-9).

26 A LUTA INDÍGENA NO CORAÇÃO DO BRASIL

Em sua busca por mais autonomia *e* acesso aos mecanismos do poder, as aldeias xavante empregaram estratégias polivalentes: submetendo-se aos agentes da sociedade dominante ao mesmo tempo que valorizavam – ou descartavam – visões alternativas; medindo as forças e fraquezas do Estado (que evoluía em seus próprios estágios de "integração"); forjando alianças interculturais para fins políticos; revelando ressentimentos ou "discursos ocultos"[19] apenas em momentos propícios. Essas táticas envolveram as elites na própria teia legal, política e cultural que havia sido tramada para a subordinação indígena.

Metodologia e plano de pesquisa

Como este livro examina a relação entre a formação do Estado brasileiro e o envolvimento político indígena, algumas advertências se fazem necessárias. Ao examinar as políticas estatais voltadas aos povos indígenas, este trabalho não oferece uma história política tradicional, centrada em partidos, debates no Congresso e processos judiciais, nem uma história institucional do SPI (Serviço de Proteção aos Índios).[20] O que este livro procura fornecer é um quadro mais amplo da interface material e cultural entre a política indigenista do Estado e a política dos indígenas. Embora tenha uma visão crítica das políticas do Estado brasileiro para os povos indígenas, este trabalho não pretende ser uma acusação geral ao poder e ao planejamento de Estado, nem uma apologia

---

[19] O termo "discursos ocultos" (*hidden transcripts*) é emprestado de Scott, J. C. *Domination and the Arts of Resistance: Hidden Transcripts*. New Haven: Yale University Press, 1990.

[20] Para uma história tradicional do SPI, ver Stauffer, D. H. *The Origin and Establishment of Brazil's Indian Service, 1889-1910*. Austin, 1955. Tese (Doutorado) – University of Texas.

INTRODUÇÃO   27

ao neoliberalismo. Ele critica, seguindo James Scott, os projetos hegemônicos do Estado que desconsideraram os valores, as aspirações e as objeções dos povos indígenas e que marginalizaram o conhecimento dos nativos e suas contribuições ao processo de expansão das fronteiras e construção da nação (Scott, 1998, p.1-8).

Porém, este trabalho não oferece "densa" etnografia ou etno-história detalhada dos xavante nem exaure todas as facetas da consciência e da representação indígena, quer histórica e mítica quer uma combinação de ambas.[21] Ao traçar as forças materiais e culturais mais amplas que exerceram impacto sobre os xavante, este estudo tenta documentar os diferentes matizes de experiências dentro das comunidades e entre elas.

Meu foco sobre os xavante como um estudo de caso para analisar a política indigenista do Estado brasileiro deriva de vários fatores. Os xavante simbolizam, de muitas formas, "o índio" focado pelos governantes e pelos intelectuais brasileiros do século XX e invocado no imaginário da população: valente, nômade, "não corrompido" e amazônico. Além disso, a adaptação dos xavante às instituições políticas e às normas culturais dominantes e sua subversão em relação a elas revelam o envolvimento estratégico de

---

[21] Para um estudo etnográfico dos xavante no início do período pós-contato, ver Maybury-Lewis, D. *Akwë-Shavante Society*. 2. ed. New York: Oxford University Press, 1974. Para uma abordagem que enfatize a compreensão dos xavante de sua experiência histórica, ver Graham, op. cit.; Sereburã et al. *Wamrêmé za'ra-nossa palavra: mito e história do povo xavante*. Trad. Paulo Supretaprã Xavante e Jurandir Siridiwê Xavante. São Paulo: Senac, 1998; Silva, A. L. da. *Nomes e amigos: da prática xavante a uma reflexão sobre os jê*. São Paulo: Universidade de São Paulo, 1986; Giaccaria, B.; Heide, A. *Jerônimo Xavante conta*. Campo Grande: Casa da Cultura, 1975. Para uma abordagem metodológica ressaltando uma compreensão da história centrada nos indígenas, ver Hill, J. D. (Ed.). *Rethinking History and Myth:* Indigenous South American Perspectives on the Past. Urbana: University of Illinois Press, 1988.

28 A LUTA INDÍGENA NO CORAÇÃO DO BRASIL

um povo indígena com a sociedade brasileira. Em 1998, a população indígena brasileira foi estimada em não mais que 0,2% do total de mais de 160 milhões de habitantes do país. Embora numericamente poucos, os xavante são um dos maiores grupos indígenas do Brasil e o maior do Mato Grosso. Dos 206 diferentes povos indígenas do Brasil, falando aproximadamente 170 línguas diferentes, quase metade possui apenas entre duzentos e quinhentos membros; apenas dez grupos, inclusive os xavante, têm uma população que ultrapassa cinco mil membros (Ramos, 1998, p.3-4). Minha pesquisa sobre os xavante não abrange a trajetória de todos os indígenas brasileiros cujos variados padrões de integração socioeconômica, práticas culturais, distribuição geográfica e experiência histórica desafiam os esquemas simplistas. Esta obra pretende fornecer um ponto de referência comparativo para investigações históricas sobre as relações entre indígenas e Estado no Brasil e na América espanhola no século XX, assim como questões mais amplas sobre etnicidade e construção das nações pós-coloniais.

Este livro ressalta não apenas as implicações das políticas do Estado brasileiro para os grupos indígenas, mas as implicações dos grupos indígenas para as políticas de Estado, pois, embora distorcidas por um grave desequilíbrio, as dinâmicas de poder entre os índios e o Estado brasileiro devem ser vistas em termos dialéticos. As fundações históricas dessa relação são exploradas no Capítulo 1, que estuda a construção do índio sob o Estado Novo (1937-1945). Como um vestígio do Brasil primordial – uma relíquia arqueológica viva –, os índios destacavam-se como um valioso símbolo para um Estado cuja legitimidade política se assentava sob uma base desenvolvimentista nacionalista. Os povos indígenas e o Oeste brasileiro simbolizavam a "brasilidade": a redenção da nação de um papel tradicionalmente subordinado no mundo Atlântico como exportador de matéria-prima e importador de bens industriais e culturais. Os índios eram louvados como um precioso recurso

INTRODUÇÃO 29

nacional que havia enriquecido de forma inestimável a composição sociocultural brasileira desde a chegada dos portugueses. Variações do tema mostravam o intrépido homem indígena que havia ajudado os portugueses a domar o ambiente natural, e a mulher indígena sexualmente acessível que gerara amorosamente a população mestiça. Esses semideuses ainda podiam ser encontrados, "não corrompidos", no Oeste, hábitat dos "autênticos" índios da nação. O enaltecimento dos índios também servia para rebater as teorias racistas engendradas nos países desenvolvidos, que contestavam o potencial de uma nação com uma grande população não branca.

Entretanto, ao mesmo tempo, os líderes do Estado brasileiro retratavam os indígenas como preguiçosos e incompetentes, que necessitavam ser disciplinados para aprender o significado do "trabalho", a importância do gerenciamento "racional" dos recursos e os males do "nomadismo". O bom selvagem, acusavam as elites, era socialmente atrasado e economicamente improdutivo. Assim, para seu aperfeiçoamento, os índios precisavam da tutela do Estado para administrar suas terras e recursos, e para organizar seu trabalho. No contexto da Marcha para o Oeste, o discurso e as políticas do Estado, que definiam os índios não só como "outros", mas também como "irmãos", podiam tornar natural a expropriação de territórios indígenas e a subordinação socioeconômica deles.[22]

O Capítulo 2 mostra os esforços do Estado para "pacificar", ou contatar de modo pacífico, os xavante, a fim de controlar o processo de acumulação de capital e colonização na região Centro-Oeste. Os planos do Estado foram atrapalhados pela resistência violenta dos índios, bem como pela oposição dos fazendeiros e

---

[22] Stephen Greenblatt observa que, desde a conquista, os europeus definiram os povos indígenas nesses termos contraditórios. Ver Greenblatt, S. *Marvelous Possessions:* The Wonder of the New World. Oxford: Oxford University Press, 1991, p.109.

30 A LUTA INDÍGENA NO CORAÇÃO DO BRASIL

colonos e concorrência dos missionários. As conquistas estatais foram parciais e fragmentárias, servindo para provocar uma divisão entre setores integracionistas do governo e da elite e aqueles que defendiam a preservação dos grupos indígenas ainda não contatados (ou recentemente contatados).

O Capítulo 3 trata das deficiências da política indigenista em relação aos xavante no período inicial do pós-contato. São estudadas a economia política e a estrutura social desse povo, sistematicamente desvalorizada ou ignorada pelo planejamento estatal. A economia de subsistência mista dos índios, baseada na caça, na coleta e na agricultura, havia sido adaptada a um meio ambiente difícil, e a política nas aldeias era marcada pela disputa de facções. Os representantes de Estado, decididos a se livrar do nomadismo e aproveitar-se do trabalho indígena, aliciaram os líderes xavante com bens de consumo. Contudo, esses líderes viam o acesso às dádivas do Estado como um mecanismo para alcançar a supremacia entre outras facções indígenas, não como uma recompensa por abandonar a coleta e a caça. A desconexão entre as expectativas do Estado e as dos indígenas, e entre os objetivos e as capacidades do Estado, explodiram em conflitos internos no interior do Mato Grosso.

O desafio do governo federal em criar reservas para os xavante, dada a sólida oposição das elites de Mato Grosso, é examinado no Capítulo 4. A política fundiária no Mato Grosso, marcada por violência, fraude e clientelismo, pavimentou o caminho para a transformação do território xavante em mercadoria, bem como para o ataque às suas comunidades. O SPI, enfraquecido por limites jurídicos, administrativos e fiscais, além do clientelismo e da corrupção, oferecia poucas defesas. Com efeito, o capítulo mostra que as políticas fundiárias no Mato Grosso, as quais serviram como um espaço tanto de contestação quanto de negociação entre o governo federal e os governos estaduais, que marcavam o sistema democrático brasileiro do pós-guerra (1946-1964).

INTRODUÇÃO **31**

O Capítulo 5 explora as dificuldades que as comunidades xavante experimentaram com a subordinação forçada à sociedade dominante. Em postos indígenas e missões religiosas, os índios eram pressionados a modificar sua economia política, suas normas sociais e seus hábitos culturais. As comunidades xavante reagiram de forma discrepante à intervenção externa, com reações que variavam conforme a idade e o gênero. Embora mantendo diferenças socioculturais, os xavante mostraram-se ansiosos em dominar as estruturas políticas e econômicas e os códigos simbólicos que serviram para subjugar suas comunidades. Esse conhecimento permitiu que eles pusessem à prova o valor político de sua cultura étnica como um estandarte de seus direitos e adquirissem habilidade linguística e armas retóricas para brandir essas reivindicações com calculado sucesso.

Os capítulos 6 e 7 examinam a dramática concentração do poder de Estado, a acumulação de capital, o crescimento infraestrutural e demográfico, e a destruição ambiental na Amazônia, precipitada pelas duas décadas de governo autoritário pós-1964. Para atrair investimentos para a Amazônia, o governo militar ofereceu aos investidores incentivos fiscais e isenções de impostos, além de expandir as redes de transportes e comunicações. Os governos militares viam o desenvolvimento econômico, a colonização e a integração do norte do Mato Grosso e de outras regiões da Amazônia Legal como imperativos de segurança nacional. A política indigenista receberia a atenção do governo federal – dotado de muito mais recursos durante a ditadura militar –, ávido por promover o desenvolvimento econômico, a modernização agrícola e a supremacia sobre as oligarquias regionais.

Embora os militares tenham tentado confinar os índios em pequenas reservas, os xavante mobilizaram-se para desafiar os limites territoriais e políticos impostos pelo governo autoritário. Com o intuito de recuperar os territórios usurpados, os xavante persistiram no *lobby* político e recorreram a setores-chave da sociedade civil,

32 A LUTA INDÍGENA NO CORAÇÃO DO BRASIL

bem como a medidas extralegais e simulações de violência, além
da hábil manipulação do discurso indigenista, da lei e dos meios
de comunicação de massa. Em sua luta, os índios beneficiaram-se
e forçaram os limites da abertura do fim do governo militar.

O Capítulo 8 explora o impacto de um projeto de desenvolvimento comunitário patrocinado pelo Estado e implantado nas
aldeias xavante com vários objetivos: forjar autossuficiência por
meio da modernização agrícola, consolidar o poder do Estado
e reprimir a militância indígena. Os planejadores em Brasília
conceberam o projeto agrícola de altos insumos sem consultar os
índios ou preocupar-se com os conhecimentos, as capacidades e as
realidades locais. O projeto, titubeante desde o início, degenerou
em um lamaçal de clientelismo e corrupção quando os representantes da Funai e os líderes xavante se juntaram em uma aliança
indecorosa e desigual. A partir dessa tensa relação clientelista,
emergiram um órgão estatal desorganizado e um povo indígena
dependente, e os limites entre a política indigenista do Estado e a
política dos indígenas tornaram-se ainda mais tênues.

Na Conclusão, discuto as mudanças na situação legal dos povos
indígenas trazidas com a redemocratização e a Constituição de
1988. Além disso, reflito sobre a herança das relações entre indígenas e Estado no Brasil do século XX, e proponho uma redefinição
do papel do Estado e de seus laços com os povos indígenas e com
outros membros da sociedade civil.

É preciso observar que uso o termo "índio" – que não tem
conotação pejorativa no Brasil –, como definido pela legislação
brasileira, para me referir a um indivíduo que é descendente dos
povos pré-colombianos e que se identifica e é identificado como
pertencente a um grupo étnico cujas características culturais são
distintas da sociedade nacional. Essas "características culturais",
como mostra este livro, não são fixas, mas relacionais e maleáveis.
Em contextos interétnicos, os termos *civilizado* e *branco* muitas

INTRODUÇÃO   **33**

vezes são empregados alternadamente tanto por índios como por não índios. Esse uso popular é conservado no texto, embora tais classificações, é claro, sejam construções sociais. Também sigo o costume brasileiro de se referir aos líderes indígenas pelo primeiro nome (quer em português, quer em língua xavante). A grafia da língua xavante sofre variações tanto nas transliterações brasileiras quanto nas feitas em língua inglesa; utilizo a versão portuguesa atual, mas conservo as grafias alternativas em citações. A ortografia das palavras em língua xavante, cuja notação fonética foi desenvolvida pelos missionários do Summer Institute of Linguistics na década de 1970, possui variantes históricas. Assim sendo, neste estudo, empreguei a grafia mais comumente encontrada nas fontes primárias.

A relação entre o Estado brasileiro e os xavante desde o contato ilustra a observação de William Roseberry, de que

> o que a hegemonia constrói, então, não é uma ideologia compartilhada, mas um material comum e um modelo significativo com o qual se pode viver em ordens sociais caracterizadas pela dominação, falar a respeito dessas ordens sociais e atuar sobre elas. (Roseberry, 1994, p.361.)

Este estudo, destacando as lutas dos dirigentes do governo brasileiro, de índios, missionários, elites, políticos, intelectuais e ativistas sociais, observa o modo como homens e mulheres viveram as políticas de Estado em relação aos povos indígenas, e também de que forma falaram e atuaram sobre elas. O que segue é um relato multidimensional da história política brasileira que revela as fundações materiais e culturais do Estado e suas fragilidades, bem como o terreno em disputa e o terreno comum sobre o qual esse Estado se assenta. Trata-se de um relato no qual os povos indígenas emergem tanto como agentes quanto como vítimas da construção da nação brasileira.

1

"A base de nosso caráter nacional"

Os índios e o Estado Novo, 1937-1945

Em agosto de 1940, Getúlio Vargas voou quase dois mil quilômetros, partindo do palácio do Catete, no Rio de Janeiro, para visitar os índios carajá no Brasil central. Os carajá, tutelados pelo SPI, receberam a delegação presidencial com pompa e cerimônia em sua aldeia na Ilha do Bananal. Representaram rituais "tradicionais" e, com grande entusiasmo patriótico, cantaram o Hino à Bandeira brasileira. Vargas, por sua vez, distribuiu facas, machados e outras ferramentas aos índios. Fazendo jus a sua imagem de "Pai dos Pobres", o presidente segurou ternamente nos braços um bebê carajá (Brasil, Departamento de Imprensa e Propaganda, [s.d.]).[1] Observando o "estilo de vida simples" dos carajá, Vargas ponderou a respeito de como seu governo poderia "usar" os índios (Vargas, 1995, p.330).

Com um espírito desbravador, o presidente cavalgou ao redor da Ilha do Bananal, atravessou o Rio Araguaia e acampou

---

[1] Sobre a suposta imagem de Vargas como paternalista, ver Lenharo, A. *Sacralização da política*. Campinas: Papirus, 1986, p.48-50.

36 A LUTA INDÍGENA NO CORAÇÃO DO BRASIL

ao longo de suas margens. Não tendo ainda saciado sua sede de aventuras, Vargas anunciou o desejo de explorar o território dos "ferocíssimos xavante". Nos arredores do Araguaia e do Rio das Mortes, no nordeste do Mato Grosso, os xavante, desde meados do século XIX, haviam matado invasores e saqueado seus bens, aterrorizado viajantes, lavradores e outros povos indígenas, como os carajá e os bororo. No entanto, Vargas, o "bandeirante" do século XX, não tinha por que se preocupar. Da segurança de seu avião militar bimotor, o presidente, de binóculos nas mãos, viu as grandes malocas de palha da aldeia xavante não contatada. As facilidades do transporte aéreo permitiam o acesso a lugares outrora inacessíveis ao centro do poder – embora Vargas afirmasse que os índios haviam saudado os visitantes inoportunos com uma resposta familiar: disparando flechas e brandindo bordunas (Brasil, Departamento de Imprensa e Propaganda, [s.d.]).

Não se detendo diante da "ferocidade" dos xavante nem do "estilo de vida simples" dos carajá, o presidente esboçou seus ambiciosos planos de transformar o Centro-Oeste e seus habitantes. Prometeu demarcar reservas indígenas como regia a Constituição de 1937, repartir as terras entre os caboclos e criar colônias agrárias. Os povos indígenas, definidos pelo Código Civil de 1916 como "relativamente incapazes" em questões civis, seriam protegidos da exploração pelo Estado. O SPI exerceria escrupulosamente sua tutela sobre os índios (administrada desde 1928), garantindo-lhes defesa territorial e termos justos de trabalho e troca.[2] Ao ensinar índios e caboclos a "compreender a necessidade do trabalho" e "de fixar o homem à terra", o Estado extirparia as raízes do nomadismo, convertendo índios e sertanejos em cidadãos produtivos (Brasil, Departamento de Imprensa e Propaganda, [s.d.]). Afinal,

---

[2] Mais sobre a questão das origens da tutela em Cunha, M. C. da. *Os direitos do índio*. São Paulo: Brasiliense, 1987, p.28-30, 103-17.

"problemas" de isolamento, indisciplina e falta de mentalidade cívica afligiam não apenas os índios, mas todos os que viviam no interior do país.[3]

Mapa 1. Centro-Oeste do Brasil e populações indígenas.

---

[3] Aqui, Vargas reproduziu a imagem do caipira abandonado à espera de programas de bem-estar social, imagem esta popularizada pelo escritor Monteiro Lobato com seu famoso personagem Jeca Tatu. Ver Lima, N. T.; Hochman, G. Condenado pela raça, absolvido pela medicina: o Brasil descoberto pelo movimento sanitarista da Primeira República. In: Maio, M. C.; Santos, R. V. (Eds.). *Raça, ciência, sociedade*. Rio de Janeiro: Fiocruz, 1996, p.23-40.

38   A LUTA INDÍGENA NO CORAÇÃO DO BRASIL

Vargas foi o primeiro presidente brasileiro a visitar não só uma área indígena, mas a própria região Centro-Oeste. Três anos antes, em 1937, ele fechara o Congresso Nacional, dissolvera todos os partidos políticos e proclamara um Estado Novo comprometido com a integração nacional e sob a mão firme de seu governo.[4] Para minar os interesses regionais e as elites opositoras, Vargas nomeou *interventores* nos estados dotados de poderes legislativos. Em 1938, instituiu o Dasp (Departamento Administrativo do Serviço Público), órgão central do serviço civil federal que procurava eliminar o apadrinhamento por meio de exames de admissão competitivos que deram a Vargas maior controle pessoal sobre a administração federal.[5] No ano seguinte, criou o DIP (Departamento de Imprensa e Propaganda), ao qual confiou a disseminação das diretivas ideológicas de seu regime por meio da produção cultural e da censura.[6]

Mestre da encenação política, Vargas organizou sua incursão nos territórios indígenas com o intuito de simbolizar a emergência de um governo federal todo-poderoso, da mesma forma que presidira um cerimonial público em que todas as bandeiras dos estados brasileiros foram queimadas. Como parte de seu projeto multifacetado de construção de uma nova nação – mais independente do ponto de vista econômico, consolidada em termos políticos e unificada socialmente, além de militarmente reforçada

---

[4]   Sobre o Estado Novo, ver Carone, E. *O Estado Novo (1937-1945)*. Rio de Janeiro: Difel, 1977; Skidmore, T. E. *Politics in Brazil, 1930-1964*. New York: Oxford University Press, 1986, p.30-47; Levine, R. M. *The Vargas Regime:* The Critical Years, 1934-1938. New York: Columbia University Press, 1970; Levine, R. M. *Father of the Poor?* Vargas and his Era. Cambridge: Cambridge University Press, 1998; Loewenstein, K. *Brazil Under Vargas.* New York: Macmillan, 1942.

[5]   Sobre o Dasp, ver Graham, L. S. *Civil Service Reform in Brazil:* Principles versus Practice. Austin: University of Texas Press, 1968, p.28-30.

[6]   Sobre o DIP, ver Carone, E., op. cit., p.169-72.

"A BASE DE NOSSO CARÁTER NACIONAL" 39

e geograficamente integrada —, Vargas voltou os olhos para os habitantes aborígenes da nação. Um cinegrafista do DIP acompanhou o presidente em sua excursão ao Centro-Oeste, gravando imagens que seriam amplamente usadas pelo regime autoritário: o assistencialismo do Estado se estendendo para o sertão a fim de promover o desenvolvimento econômico e assegurar a justiça social; índios robustos, emblemáticos do vigor do nativo brasileiro, amparados pelos bens industriais e, ainda assim, mantendo suas tradições; a camaradagem entre índios e brancos no Centro-Oeste (com Vargas como o paradigma do *homem cordial* brasileiro).[7]

O fato de os índios terem sido chamados à arena política pelo Estado Novo mostrava sua importância simbólica para o regime. Os povos indígenas representavam uma porcentagem minúscula da população do Brasil: embora as estatísticas do recenseamento brasileiro fossem notoriamente falhas, de uma população total de 41 milhões em 1940, apenas 58 mil indivíduos afirmavam falar uma língua indígena em casa (Oliveira Filho, 1997, p.60-83).[8] Além disso, eles viviam predominantemente no Centro-Oeste e no interior da Amazônia – para onde muitos partiram a fim de fugir da dominação. Este capítulo examina alguns dos fatores que levaram a essa inserção dos índios na cena política: o esforço do Estado Novo em consolidar o poder do Estado, explorar economicamente a região Centro-Oeste e promover a unidade nacional; a intenção da elite de mapear a narrativa histórica das origens e do destino da nação;

---

[7] Sobre a cordialidade como marca do chamado caráter nacional brasileiro, ver Hollanda, S. B. de. *Raízes do Brasil*. Rio de Janeiro: José Olympio, 1989, p.106-7.

[8] O censo de 1940 não incluiu populações indígenas não contatadas nem índios não assistidos pelo SPI. Também não podemos presumir que a língua falada em casa seja a única marca de identidade étnica. Em 1957, Darcy Ribeiro estimou que a população indígena girava entre cerca de 68 e 99 mil indivíduos.

40 A LUTA INDÍGENA NO CORAÇÃO DO BRASIL

e as preocupações, na época, com a composição racial e o preparo militar do Brasil. Tudo isso se relacionava à formulação, por parte do governo federal, de uma identidade cultural e de uma política de integração para os índios, uma vez que o Estado atribuíra a eles uma monumental tarefa: tornar o interior produtivo, proteger as fronteiras e salvaguardar a "formação étnica" do Brasil.

Os atrativos do Centro-Oeste

O destaque dado aos xavante e a seu território fazia parte do esforço do regime Vargas para popularizar a Marcha para o Oeste, um projeto dirigido pelo governo federal para povoar e desenvolver as regiões Centro-Oeste e amazônica. Lançada às vésperas de 1938, a referida marcha refletia outros programas do Estado Novo que visavam à construção da nação. Apesar do território nacional imenso, a população do Brasil estava fortemente concentrada no litoral, com mais de 90% dos brasileiros ocupando cerca de um terço do país. O vasto interior, principalmente das regiões Norte (compreendendo os estados do Amazonas e do Pará, além de vários territórios federais na região amazônica) e Centro-Oeste (Mato Grosso e Goiás), permanecia escassamente povoado. Nas palavras de Vargas, a marcha representava "o verdadeiro sentido de brasilidade", uma solução para os desequilíbrios na distribuição demográfica e no desenvolvimento econômico da nação (Vargas, 1938, p.124).

Vários fatores eram responsáveis pelos desequilíbrios regionais do país. Para começar, a falta de rios navegáveis e de estradas transitáveis, somada às taxas exorbitantes de transporte por terra, isolava o Centro-Oeste das áreas economicamente mais dinâmicas e mantinha a região estagnada. As montanhas do litoral, que se estendiam do Nordeste ao Sul, representavam um sério obstáculo às comunicações por terra com o interior. De fato, as poucas áreas

"A BASE DE NOSSO CARÁTER NACIONAL" **41**

importantes povoadas no interior ficavam em regiões relativamente acessíveis, localizadas na intersecção de rotas de comércio ou em áreas que possuíam bens facilmente comercializáveis, com uma relação valor-peso bastante elevada, como as regiões mineradoras. As condições insalubres no Centro-Oeste também eram desencorajadoras (Summerhill, 1997, p.96-7).

Mas a estagnação econômica do Centro-Oeste se devia à falta de generosidade, tanto humana quanto da natureza. Os portugueses, ao contrário dos espanhóis no México ou no Peru, não herdaram uma rede de transporte terrestre nativa, e poucos passos foram dados durante o período colonial para construir um conjunto trafegável de estradas (Summerhill, 1997, p.96). O sistema mercantilista português, uma aliança entre o capital comercial e a Coroa, implantou um sistema de monopólio e privilégios comerciais ligando o Brasil à metrópole, que priorizava a exportação de mercadorias tropicais em detrimento do mercado interno. As cidades coloniais, localizadas sobretudo ao longo da costa, funcionavam como centros exportadores de produtos primários e importadores de bens manufaturados, além de postos militares para defesa e sedes de autoridades civis e religiosas (Costa, 1985, p.173-4). No século XVIII, um *boom* de mineração no Centro-Oeste contribuiu para o crescimento demográfico e a urbanização da região, mas, com a exaustão das minas, sua importância econômica e política se enfraqueceu.

A independência, em 1822, mudou pouco a estrutura social do Brasil. Sob o Império (1822-1889), a nação continuou a ser controlada por grupos ligados à economia de exportação-importação: latifundiários, comerciantes, traficantes de escravos e seus clientes. Trabalho escravo, sistema de patronato, pequenas populações urbanas concentradas nos principais portos e população predominantemente rural, todas características da sociedade colonial tradicional, continuavam firmes. Com a abolição do comércio de escravos em 1850, uma lei de terras foi promulgada para assegurar

42   A LUTA INDÍGENA NO CORAÇÃO DO BRASIL

aos latifundiários o acesso futuro à mão de obra. As terras públicas passaram a ser adquiridas apenas por meio de compra – em vez das formas tradicionais, como ocupação e concessões reais, restringindo, assim, a posse legal da terra no Centro-Oeste (Costa, 1985, p.173-4). A hostilidade por parte de grupos indígenas não contatados também impediu a colonização da região.

O sistema federalista e a economia liberal da República (1889-1930), que substituiu o Império, aumentaram ainda mais as desigualdades regionais. Com a descentralização política da República, os estados detinham o controle absoluto sobre as taxas de exportação, contratavam empréstimos no exterior sem a aprovação federal e tinham jurisdição sobre todas as terras públicas (exceto as julgadas necessárias à defesa nacional), além de direitos sobre o subsolo. Esse sistema permitiu que os estados produtores de café, como São Paulo e Minas Gerais, tirassem proveito das taxas de exportação e alcançassem grande prosperidade. Por volta de 1930, São Paulo, Minas Gerais e Rio Grande do Sul contribuíam com quase 70% de toda a renda nacional e tinham uma arrecadação de impostos sobre a renda *per capita* mais de três vezes maior que a do restante do país (Topik, 1987, p.15-6). Mato Grosso e Goiás, cujo volume de comércio era bem inferior e cuja população era escassa demais para ter peso eleitoral nos acordos políticos da República, ressentiam-se de seu papel de primos pobres. Em 1930, por exemplo, as estradas de ferro que saíam do Sudeste, polo econômico do país, chegavam apenas até a região sul do Mato Grosso, enquanto a vasta área norte do estado era praticamente inacessível.

No período da Primeira Guerra Mundial e ao longo da década de 1920, diversos setores da sociedade brasileira se desiludiram com a República. A fraqueza do Estado, a excessiva dependência da exportação de café, o desequilíbrio no desenvolvimento econômico, a onipresença da fraude eleitoral e do clientelismo, a ausência ou ineficácia de legislação social, a falta de preparo do

"A BASE DE NOSSO CARÁTER NACIONAL" 43

Exército nacional e a imitação dos estilos europeus engendraram uma crescente insatisfação entre os mais diversos grupos sociais. Com o início da Grande Depressão, o modelo de crescimento orientado para a exportação e fundamentado no princípio liberal da vantagem comparativa fracassou no Brasil e em outros países da América Latina. A República chegou ao fim com a Revolução de 1930, liderada por Getúlio Vargas e efetuada por uma coalizão ampla de elites regionais ressentidas com a dominância de São Paulo na política nacional, produtores de café insatisfeitos com a falta de compensação do governo pelos preços em queda e jovens oficiais do Exército descontentes com a limitada capacidade militar-industrial da nação.[9]

No curso da década de 1930, o Estado brasileiro, sob o governo Vargas, buscou centralizar o poder político, assumiu maior responsabilidade pelo desenvolvimento econômico do país e bem-estar social da população, e reforçou o controle sobre as elites regionais (Camargo, 1989). A partir da crise da hegemonia oligárquica e da divisão da classe dominante, desencadeadas em 1930, um Estado mais poderoso emergiria, aliando-se à burguesia e, em particular, à burguesia industrial, a fim de garantir e expandir as relações de acumulação de capital e combater o marxismo e o liberalismo. A instituição do Estado Novo, em 1937, acelerou os processos de centralização política e da industrialização promovida pelo Estado. Por meio de uma legislação corporativista e de repressão, bem como da intervenção federal em assuntos locais, além da promoção da industrialização em substituição às importações e da negociação com os grandes proprietários rurais, o regime autoritário procurou

---

[9] Sobre a Revolução de 1930, ver Fausto, B. *A Revolução de 1930:* historiografia e história. 13. ed. São Paulo: Brasiliense, 1991; Skidmore, T. E. *Brazil:* Five Centuries of Change. New York: Oxford University Press, 1999, p.98-108.

44 A LUTA INDÍGENA NO CORAÇÃO DO BRASIL

impor prioridades e políticas em todo o território nacional (Foweraker, 1981, p.223-4). A Marcha para o Oeste simbolizava o impulso do Estado Novo rumo ao "desenvolvimento nacionalista". É claro que Vargas não foi o primeiro líder político brasileiro a se preocupar com a expansão para o Oeste e a integração nacional. Na época da independência do Brasil, José Bonifácio de Andrada e Silva defendera a transferência da capital do país para o interior, a fim de estimular a ampliação de estradas, redes de comunicação e comércio no interior do país. A Constituição republicana de 1891 destinou terras no Planalto Central para a implantação de uma nova capital federal. Contudo, a distância geográfica, o capital e a tecnologia inadequados, além das divisões políticas, fizeram que o projeto hibernasse durante quase sete décadas (Joffily, 1977, p.22-31). Ainda que malsucedida na transferência da capital federal, a República podia se vangloriar de ter ligado o Rio de Janeiro, por telégrafo, aos cantos mais distantes da nação. De 1890 a 1915, a Comissão das Linhas Telegráficas Estratégicas, sob chefia do engenheiro do Exército Cândido Mariano da Silva Rondon, estenderia linhas conectando a então capital do país ao Mato Grosso e à Amazônia (Coutinho, 1969, p.51-87). Durante a Primeira Guerra Mundial, em uma efusão patriótica, ligas de defesa nacional foram organizadas para proteger o interior do país de ataques externos (Skidmore, 1993, p.157-9).

O Estado Novo ultrapassou as tentativas republicanas de expansão para o Centro-Oeste. A industrialização e a extensão da legislação trabalhista provocaram um aumento da urbanização, uma vez que os trabalhadores rurais que não tinham acesso à terra migraram para as cidades. Diante do desafio de fornecer bens de consumo agrícolas, direcionar a mão de obra excedente e acalmar os conflitos urbanos, o regime Vargas promoveu a povoação do interior da região Centro-Oeste. Desde a Revolução de 1930, o Estado buscara incentivar a colonização agrícola por meio de várias inter-

"A BASE DE NOSSO CARÁTER NACIONAL" 45

venções políticas que objetivavam assistir os "trabalhadores nacionais" e redefinir as políticas de imigração (Gomes, 1994, p.224-5). Assim, duas medidas da época garantiram tratamento preferencial aos agricultores (Lesser, 1995, p.66-7): criado em 1930, o Departamento Nacional de Povoamento buscou transferir trabalhadores urbanos desempregados para o interior, e a Constituição de 1934, por meio de cotas de origem nacional, restringiu a entrada de estrangeiros no país. Além dessas, em 1938 foi criada a Divisão de Terras e Colonização do Ministério da Agricultura cuja finalidade era promover a colonização agrícola por "trabalhadores nacionais".

Como Vargas afirmou, o Brasil não precisava olhar além "dos vales férteis e vastos" do Centro-Oeste para forjar "os instrumentos da nossa defesa e do nosso progresso industrial" (Vargas, 1989, p.124). Para Mato Grosso e Goiás, o Estado Novo planejava a criação de cooperativas agropecuárias formadas pelos "comprovadamente pobres" (Brasil, Ministério da Agricultura, 1939-1943, p.237; Lenharo, 1985, p.7-19). A concessão, por parte do Estado, de crédito, educação, saúde e transporte sustentaria a colonização do Centro-Oeste, conteria o êxodo rural e consolidaria a nação. A presença do Estado moldaria trabalhadores e patriotas "disciplinados" (Lenharo, 1986b, p.14). O colono, cujo trabalho produtivo contribuía para o crescimento econômico, tornaria-se um verdadeiro cidadão, dotado de direitos sociais em vez de políticos, e um estimado membro da comunidade nacional (Gomes, 1994, p.182-94). Fundamentado em bases sociais mais igualitárias, o povoamento do Centro-Oeste serviria para contrabalançar o mandonismo da tradicional elite latifundiária (Lenharo, 1986a, p.34-57).[10]

---

[10]   Na América espanhola, o indigenismo muitas vezes serviu de arma na luta do governo federal contra dirigentes locais. Ver Knight, A. Racism, Revolution and *Indigenismo*: Mexico, 1910-1940. In: Graham, R. (Ed.). *The Idea of Race in Latin America, 1870-1940*. Austin: University of Texas, 1990, p.83.

46 A LUTA INDÍGENA NO CORAÇÃO DO BRASIL

Ao retornar da Ilha do Bananal, Vargas encontrou-se com o ministro da Agricultura a fim de tomar as medidas necessárias para um projeto de colonização em Goiás, uma das seis colônias agrárias nacionais fundadas nas regiões Centro-Oeste, Norte e Nordeste durante o Estado Novo (Vargas, 1995, p.330, 418). Com mensagens divulgadas em programas de rádio, o regime Vargas encorajava a migração para o Centro-Oeste (Carneiro, 1986, p.80). Em 1943, Vargas criou o Instituto Agronômico do Oeste, dedicado a aperfeiçoar técnicas agrícolas nos estados de Mato Grosso, Goiás e Minas Gerais por meio da pesquisa e da educação (Brasil, Ministério da Agricultura, 1943).[11]

A colonização do interior escassamente povoado atendia às aspirações dos militares, um dos principais grupos apoiadores do regime Vargas. A Revolução de 1930, apoiada por jovens militares insatisfeitos com a baixa capacidade militar-industrial da República e com o fraco poder do Estado, desencadeara uma reviravolta no Exército, com a rápida ampliação do número de oficiais simpatizantes do regime Vargas. Influenciados por oficiais treinados na Europa e pela experiência da Primeira Guerra Mundial, os militares brasileiros defendiam que as guerras modernas seriam "guerras totais", travadas entre nações em vez de entre exércitos, e exigindo a mobilização de toda a população (Carvalho, 1982, p.203). O expansionismo do Eixo levou os militares a prever a eclosão de outra grande guerra internacional, enquanto, bem mais perto de casa, a Guerra do Chaco, entre Bolívia e Paraguai (1932-1935), a disputa de fronteiras entre Peru e Colômbia (1932-1933) e os conflitos entre Equador e Peru (1941) levavam os chefes militares a temer invasões no desprotegido interior do Brasil (Hilton, 1973, p.74).

---

[11] Sobre outras instituições criadas por Vargas, ver Skidmore, T. E., op. cit., p.34.

"A BASE DE NOSSO CARÁTER NACIONAL" **47**

O general João Pessoa aplaudiu a Marcha para o Oeste, defendendo maior presença militar no Mato Grosso cujas fronteiras "indefesas" com a Bolívia e o Paraguai tornavam a região vulnerável em caso de guerra. E insistiu com Vargas para que ele enviasse engenheiros do Exército e oficiais da Força Aérea para a região, a fim de construir quartéis militares e estradas ligando o comando do Exército às fronteiras, além de escolas e clínicas (Sodré, 1944, p.83-98).[12] Em *Projeção continental do Brasil*, Mario Travassos destacou a importância geopolítica da expansão para o oeste no intuito de assegurar o acesso a áreas estratégicas na Bacia Amazônica e no Rio da Prata (Travassos, 1938). Com o Estado Novo, as relações entre as Forças Armadas e o governo Vargas fortaleceram-se ainda mais, pois os militares apoiaram o regime ditatorial e assumiram um papel crescente nas comissões de planejamento, burocracias e outros órgãos de Estado (Conca, 1997, p.25-8).

A Marcha para o Oeste, como afirmou Alcir Lenharo, forjou a imagem de uma nação unida, transcendendo conflitos de raça, classe e região. No entanto, a realidade era muito menos festiva. Para começar, a participação popular na marcha, como em outras iniciativas do regime Vargas, era restrita e normatizada pelo governo (Lenharo, 1986b, p.73-4). Além disso, ao apoiar a colonização do Oeste em vez de uma reforma agrária e uma sindicalização rural, a marcha eximia-se de um ataque frontal às estruturas de poder arraigadas no campo. Porém, embora Vargas tentasse subordinar a oligarquia rural ao governo federal, ele reconhecia a importância da agroexportação para o financiamento da industrialização e do controle social exercido pelos proprietários de terras durante um

---

[12] General João Pessoa para Vargas, 29 de agosto de 1938. Arquivo Nacional (AN), Rio de Janeiro, Fundo Secretaria da Presidência da República (SPE), 025, lata 98.

48   A LUTA INDÍGENA NO CORAÇÃO DO BRASIL

período de constantes mudanças socioeconômicas. Os trabalhadores rurais ganharam, durante o Estado Novo, o direito de receber um salário mínimo por mês, além do pagamento anual de férias, contratos de trabalho e sindicalização, mas a limitada capacidade de impor a aplicação da legislação trabalhista e os parâmetros restritivos para a organização de sindicatos prejudicou tais avanços legais (Welch, 1999, p.84-98; Hagopian, 1996, p.90; Cehelsky, 1979, p.26-8). Além disso, apesar da profusão de discursos do regime sobre a expansão para o oeste, o investimento fiscal era escasso, pois grande parte dos gastos estatais era destinada a desenvolver o setor industrial urbano do Sudeste. Esses aspectos menos glamurosos da Marcha – imunidade para a oligarquia rural em relação às mudanças estruturais, controle autoritário, verbas mínimas e apropriação das terras de índios e posseiros – eram mantidos longe dos holofotes.[13] Embora a Marcha para o Oeste se conformasse à meta geral do Estado Novo de centralizar o poder para promover a acumulação de capital enquanto conciliava os conflitos sociais, sua singularidade estava nas populações e territórios que eram alvo de estudos, discursos e controle. Vargas incorporou o Brasil central e sua população ao repertório ideológico de seu regime – em um espetáculo ao som de música que ia desde uma composição de Villa-Lobos até uma marchinha carnavalesca de 1939, *Marcha para o Oeste*.[14]

---

[13]   Para uma crítica aguda sobre a Marcha para o Oeste, ver Velho, O. G. *Capitalismo autoritário e campesinato*. Rio de Janeiro: Difel, 1976; Lenharo, A. *Colonização e trabalho no Brasil*: Amazônia, Nordeste e Centro-Oeste – Os anos 30. Campinas: Unicamp, 1986; Esterci, N. *O mito da democracia no país das bandeiras*. Rio de Janeiro, 1972. Tese (Mestrado) – Universidade Federal do Rio de Janeiro.

[14]   As letras das canções foram publicadas em Lenharo, A., op. cit., p.53-73.

"A BASE DE NOSSO CARÁTER NACIONAL" **49**

A fabricação de mitos e da nação: imagens dos índios e do Oeste

A invenção de tradições históricas forneceu as bases para os esforços do Estado em popularizar a Marcha para o Oeste e forjar, entre os brasileiros, a memória compartilhada de um passado heroico. Em grande estilo teatral, a marcha mobilizou uma equipe de talentosos roteiristas, como Cassiano Ricardo, diretor do DIP em São Paulo. Em sua principal obra, *Marcha para o Oeste*, publicada em 1940 com grande repercussão, ele resgatou lendas populares sobre o desbravamento do interior, criou outras, e marcou todas com o selo de um governo autoritário disposto a desencavar mitos da origem para seu projeto nacionalista. Ricardo exaltou os bandeirantes paulistas cujo expansionismo territorial rumo ao interior – em busca de ouro e escravos índios – representava a única "ideologia" brasileira autêntica. Em contraste com a sociedade rígida e "feudal" dos engenhos litorâneos, afirmava Ricardo, os bandeirantes ajudaram a construir uma sociedade racialmente harmoniosa, baseada em pequenas propriedades e no cooperativismo (Ricardo, 1959, p.278-9).[15] Ricardo derramava-se em elogios aos índios por ajudarem a assentar as fundações da nação. Ao ensinar como sobreviver no sertão, os povos indígenas asseguraram o êxito dos bandeirantes. Além disso, segundo Ricardo, as mulheres indígenas ajudaram a romper as "distâncias raciais e sociais" ao manter relações sexuais com luso-brasileiros (Ricardo, 1959, p.95-126).

Ao idealizar a contribuição indígena para a formação sociopolítica do Brasil, Ricardo exibia os índios como um valioso componente da herança nacional. Entretanto, ao colocar os

---

[15] Gilberto Freyre, ecoando Cassiano Ricardo, apresentou o mesmo argumento em *New World in the Tropics: The Culture of Modern Brazil*. New York: Knopf, 1971, p.72-3.

50 A LUTA INDÍGENA NO CORAÇÃO DO BRASIL

bandeirantes como um modelo a inspirar a nova expansão para o Oeste, o ideólogo do DIP não ocultava suas tendências autoritárias e racistas. Embora celebrasse a mistura racial e cultural, Ricardo insistia que o sucesso dos bandeirantes se deu em virtude da hierarquia mantida pelo homem branco cujo "espírito de aventura e comando" impedia seus companheiros de cair na anarquia (Ricardo, 1959, p.50-1).[16] Refletindo o projeto político do Estado Novo, ele criticava o separatismo das aldeias indígenas não contatadas (e dos quilombos), classificando-as de "quistos raciais" que ameaçavam a saúde socioeconômica da nação (Ricardo, 1959, p.50-51, 277).

O impulso do Estado de romantizar e subordinar os índios encontrou outro forte apoiador em Cândido Rondon, engenheiro do Exército que chefiava a Comissão das Linhas Estratégicas e que atuou como primeiro diretor do SPI quando de sua criação, em 1910.[17] Em 1939, Vargas nomeou Rondon chefe do CNPI (Conselho Nacional de Proteção aos Índios), órgão encarregado de promover e divulgar a cultura indígena e as políticas de Estado, e que servia de elo intergovernamental para assuntos indígenas.[18]

Em um discurso de 1940, intitulado "Rumo ao Oeste" e divulgado pelo DIP, Rondon enalteceu os índios e o inestimável papel que o Estado brasileiro desempenhava em sua integração. Na avaliação de Rondon: "No conjunto de preciosidades que deparamos nessa nova marcha para o Oeste, todas elas concer-

---

[16] Para uma esclarecedora comparação entre os mitos de fronteira brasileiros e norte-americanos, ver Velho, O. G., op. cit., p.143.

[17] Sobre a origem do SPI, ver Lima, A. C. S. *Um grande cerco de paz:* poder tutelar, indianidade e formação do Estado no Brasil. Petrópolis: Vozes, 1995, p.95-153.

[18] Sobre o CNPI, ver Freire, C. A. da R. *Indigenismo e antropologia:* o Conselho Nacional de Proteção aos Índios na gestão Rondon, 1939-1955. Rio de Janeiro, 1990. Tese (Mestrado) – Universidade Federal do Rio de Janeiro.

"A BASE DE NOSSO CARÁTER NACIONAL" 51

nentes à grandeza do Brasil, nenhuma sobreleva o índio". Amigo, amante, guia e guerreiro, o índio fornecera auxílio vital para os portugueses na povoação e no desenvolvimento do Brasil. Por exemplo, lembrando a guerra do século XVII contra os holandeses no Nordeste do Brasil, Rondon ressaltou que os índios e os mestiços se defrontaram não apenas com os invasores, mas com uma Coroa portuguesa vacilante para defender o solo brasileiro. "Eles [os índios] nos deram a base de nosso caráter nacional", exultava Rondon. "Foi, e é, pelo contingente de resistência, bravura, generosidade e pundonor trazido pelo índio à formação de nosso povo que o consideramos precioso, tanto no passado como ainda no presente" (Rondon, 1942, p.21-2). A Marcha para o Oeste permitiria à sociedade brasileira extrair dos índios não contatados (portanto, não corrompidos) suas essências culturais: tolerância, cavalheirismo, orgulho e cooperativismo.

Em sua época, tanto Rondon quanto Ricardo entremearam mito e história em suas grandes narrativas para justificar padrões de acumulação de capital, hierarquia e controle social. As bandeiras *foram* etnicamente mistas, mas havia poucas evidências históricas de que fossem sempre comandadas por "brancos". Alguns povos indígenas *lutaram* na guerra contra a invasão dos holandeses, entretanto, outros haviam ficado do lado dos invasores e lamentaram a retirada deles (Hemming, 1978, p.292-311). Os índios *forneceram* inestimável auxílio aos luso-brasileiros como rastreadores, caçadores, carregadores, remadores, exploradores e parceiros sexuais, mas isso foi apenas um aspecto da história interétnica brasileira.[19] Ambos,

---

[19] Para uma análise dos diferentes padrões de relações entre índios e brancos no Brasil colonial expondo tensões e violência, além de outras formas de troca desigual governando relações interétnicas, ver Holanda, S. B. de. *Caminhos e fronteiras*. 3.ed. São Paulo: Companhia das Letras, 1994; Monteiro, J. M. *Negros da terra*: índios e bandeirantes nas origens de São Paulo. São Paulo: Companhia das Letras, 1994; Metcalf, A. C. *Family and Frontier*

52 A LUTA INDÍGENA NO CORAÇÃO DO BRASIL

Ricardo e Rondon, partidários do Estado Novo, desconsideraram ou atenuaram a violência que impregnara a conquista do sertão. Ricardo minimizou a importância da escravidão e do descimento dos povos indígenas, alardeando os benefícios da "incorporação" social (Ricardo, 1959, p.108-10). Ambos consideraram como amor inter-racial o que, na realidade, muitas vezes foi o estupro de mulheres indígenas.[20] Ambos ignoraram os diferentes padrões de interação entre indígenas e brancos ao longo da história. Tais verdades foram varridas para baixo do tapete: elas eram inadequadas à imagem do nobre selvagem, do Estado benevolente e da harmonia social.

Eric Hobsbawm define "tradição inventada" como um conjunto de práticas que procuram inculcar valores e normas de comportamento por repetição e continuidade implicada em relação a um passado histórico conveniente. Ele observa que a invenção da tradição ocorre mais frequentemente quando uma rápida transformação da sociedade enfraquece ou destrói os padrões sociais para os quais as "velhas" tradições haviam sido projetadas (Hobsbawm, 1983, p.1-4). A era Vargas, marcada pela industrialização por substituição das importações, centralização política, populismo, legislação trabalhista, migração rural-urbana, expansão para Oeste e mobilização para a Segunda Guerra Mundial, ofereceu um terreno fértil para a invenção de tradições históricas.[21] Assim sendo, a fim

---

in Colonial Brazil: Santana de Parnaíba. Berkeley: University of California Press, 1992.

[20] Cassiano Ricardo, por exemplo, comparou a suposta boa vontade dos homens portugueses em suas relações sexuais com as índias brasileiras com a crueldade do tratamento cossaco dado às mulheres camponesas. Ver Ricardo, C. *Marcha para o Oeste:* a influência da "bandeira" na formação social e política do Brasil. Rio de Janeiro: José Olympio, 1959, p.124.

[21] Sobre os esforços do regime Vargas para definir e preservar o "patrimônio histórico" brasileiro, ver Williams, D. Ad perpetuam rei memoriam: The Vargas Regime and Brazil's National Historical Patrimony, 1930-1945. *Luso-Brazilian Review,* n.31, p.45-75, 1994.

"A BASE DE NOSSO CARÁTER NACIONAL" **53**

de legitimar o cerco às comunidades e aos territórios indígenas, o Estado Novo empregou o artifício da romantização da história indígena – uma história de luta e colaboração, acomodação e resistência.

A produção cultural da indianidade: o retorno do nativo

Por meio de formalidades e cerimoniais, políticos e intelectuais do Estado Novo representaram as identidades culturais tanto dos índios quanto do Estado. Novos rituais e dispositivos foram inventados, enquanto imagens mais antigas eram ampliadas ou adaptadas a novos propósitos. Em 1943, consagrando um ícone nacional, Vargas decretou o dia 19 de abril como o Dia do Índio. Nos anos que se seguiram, o Dia do Índio gerou inúmeros eventos cívicos e cerimônias públicas. Em uma *blitz* cultural, o DIP organizou exibições em museus, programas de rádio, discursos e filmes sobre os índios (CNPI, 1946). Já o SPI criou um departamento de filmes para documentar as tradições e transformações indígenas. E o CNPI (fundado por Vargas em 1939) reuniu uma equipe etnográfica para coletar artefatos para um futuro museu do índio (Freire, 1990, p.209; Velloso, [s.d.], p.5). O entusiasmo etnográfico em relação à cultura indígena era notável, dado seu fraco precedente histórico no Brasil colonial e em grande parte do século XIX (Hemming, 1991, p.189). A pesquisa "antropológica" de João Batista Lacerda, chefe do Museu Nacional do Rio de Janeiro de 1895 a 1915, limitara-se a medir crânios de índios botocudo, medições estas que afirmavam a então alegada inferioridade intelectual e as limitadas aptidões dos nativos brasileiros (Schwarcz, 1999, p.75-84; Monteiro, 1996, p.15-21). É claro que, com as maravilhas da cultura indígena, o Estado Novo exibia a "benevolência" e a habilidade do Estado na aculturação dos nativos.

54 A LUTA INDÍGENA NO CORAÇÃO DO BRASIL

O Estado brasileiro não estava, de modo algum, sozinho nesses esforços. Governos de toda a América Latina promoviam o *indigenismo*, movimento político e cultural que visava estimular a compreensão etnográfica dos povos indígenas e o desenvolvimento de projetos não coercitivos para sua integração socioeconômica ao Estado-nação. O Dia do Índio, por exemplo, fora promovido em uma convenção internacional patrocinada pelo governo mexicano em 1940, o Congresso de Pátzcuaro. Com efeito, o imponente monumento do líder asteca Cuauhtémoc, dado à cidade do Rio de Janeiro pelo governo mexicano em 1922, inspirou as festividades do Dia do Índio no Brasil. Mas se o México liderava o movimento indigenista continental, mais notavelmente com a organização do Instituto Indigenista Interamericano, em solo brasileiro, o movimento encontrou tanto adeptos quanto inovadores.[22]

Uma série de textos indianistas publicados no Brasil durante a era Vargas reflete o vigoroso interesse nos povos indígenas. Tal produção intelectual era facilitada pela reduzida capacidade de importação provocada pelas progressivas desvalorizações da moeda e pela descontinuidade do comércio internacional, que incentivou a expansão do mercado editorial nacional (Miceli, 1979, p.77; Johnson, 1994, p.11-3). A publicação de textos indianistas teve apoio político e econômico em um período de intervenção estatal em todos os aspectos da produção e conservação cultural.

Em 1943, Angyone Costa, professor de Arqueologia do Museu Histórico Nacional, publicou *Indiologia*, um louvor aos povos indígenas. Os índios, segundo Costa, doaram aos brasileiros

a mansidão, a delicadeza no trato, certa ironia que dispensamos às pessoas, a meiguice para com os animais, a acuidade para todas as

---

[22] Sobre os elos culturais e institucionais entre o indigenismo mexicano e o brasileiro, ver Freire, C. A. da R., op. cit., p.57-68.

"A BASE DE NOSSO CARÁTER NACIONAL"   55

coisas. Veio-nos também a força no sofrimento, a ternura contemplativa pela terra, o apego excessivo às crianças, a sensibilidade com que envolvemos em nossa simpatia o mundo que nos cerca. (Costa, 1943, p.13.)

Mas as alegações históricas iam além, pois os intelectuais defendiam a identidade nacional, questionando a subordinação histórica à economia e à cultura do Atlântico Norte, e lutando para extrair o "Brasil real" das estruturas econômicas e políticas impostas de fora.[23] Zoroastro Artiaga, diretor do Museu Histórico de Goiás, defendia que os índios brasileiros eram originários do Novo Mundo, não do Velho (Artiaga, [s.d.], p.13-26). Affonso Arinos de Mello Franco afirmava que o igualitarismo dos índios brasileiros contribuíra para o nascimento do liberalismo político do qual os europeus reivindicavam a paternidade exclusiva (Franco, 1937). No Brasil, como em outros países da América Latina, os intelectuais urbanos atribuíam identidades aos índios e influenciavam a formação de posições políticas a respeito deles.[24]

Uma ironia histórica tingia tais retratos: os índios – assim denominados pelos europeus, que os acreditavam asiáticos – eram agora celebrados por sua americanidade. Ao celebrar o nativo americano, os intelectuais do Estado Novo subverteram as concepções

---

[23] Para uma visão geral da busca dos intelectuais pelo "Brasil real" na década de 1930, ver Camargo, A. et al. *O golpe silencioso:* as origens da República corporativa. Rio de Janeiro: Rio Fundo, 1989, p.253-4.

[24] Para outros textos publicados sobre índios e o oeste brasileiro durante a era Vargas, ver Garfield, S. The Roots of a Plant That Today is Brazil: Indians and the Nation-State under the Brazilian Estado Novo. *Journal of Latin American Studies*, n.29, p.747-68. Sobre a América espanhola, ver Kristal, E. *The Andes Viewed from the City:* Literary and Political Discourse on the Indian in Peru, 1848-1930. New York: Peter Lang, 1987; Alcântara, C. H. de. *Anthropological Perspectives on Rural Mexico.* London: Routledge e Kegan Paul, 1984.

56 A LUTA INDÍGENA NO CORAÇÃO DO BRASIL

eurocêntricas de história e cultura brasileiras tradicionalmente mantidas pelas elites. A essência da brasilidade fora redefinida: não era mais proveniente do outro lado do Atlântico, mas brotava de solo nacional, de sua flora, fauna e de seus primeiros habitantes – e dos híbridos biológicos e culturais ali gerados.

Esse pensamento não era, de modo algum, original. No século XIX, os autores José de Alencar e Antônio Gonçalves Dias celebraram o nascimento de uma cultura tipicamente nacional, com relatos altamente romantizados dos índios e de seus acasalamentos com os brancos (Brookshaw, 1988, p.75). Da mesma forma, o premiado ensaio apresentado pelo naturalista alemão Karl von Martius ao Instituto Histórico e Geográfico em 1844 ressaltara a fusão de brancos, índios e negros como a fundação da nacionalidade brasileira (Monteiro, 1996, p.16).

Em outro momento, na esteira da Primeira Guerra Mundial e da Semana da Arte Moderna em São Paulo em 1922, os artistas modernistas haviam redescoberto os índios, embora de um tipo diferente. Tarsila do Amaral abraçara o índio canibal em seu quadro *Abaporu* (1928), e o poeta Oswald de Andrade lançara seu "Manifesto Antropofágico" naquele mesmo ano, criticando a imitação dos estilos europeus na arte brasileira e propugnando uma síntese do autóctone e do estrangeiro (Gonzales e Treece, 1992, p.96-101).[25] Os intelectuais do movimento direitista Verde-Amarelo, como Plínio Salgado (futuro líder do Partido Integralista), Menotti del Picchia e Cassiano Ricardo "rejeitavam" completamente o passado europeu, compondo textos nativistas que glorificavam as sociedades pré-conquista, defendendo o estudo da língua tupi e

---

[25] Para uma discussão sobre o abraço ao "primitivismo" durante a Semana da Arte Moderna pelos intelectuais brasileiros – e suas influências europeias –, ver Jackson, K. D. *A prosa vanguardista na literatura brasileira:* Oswald de Andrade. São Paulo: Perspectiva, 1978, p.9-18.

"A BASE DE NOSSO CARÁTER NACIONAL" **57**

exaltando o índio como um símbolo nacional.[26] Em 1933, Gilberto Freyre destacou a contribuição indígena para a formação cultural e a democracia racial brasileira em seu célebre livro *Casa grande & senzala* (Freyre, 1986, p.81-184).

O Brasil, então, já tinha uma tradição de idealização dos índios que os líderes políticos e pensadores nacionalistas puderam adaptar durante o Estado Novo para formular a ideia de nação (Oliveira et al., 1982, p.10-1). Com efeito, o próprio sucesso de qualquer governo em forjar uma agenda patriótica deriva de sua habilidade em se aproveitar de sentimentos nacionalistas não oficiais já existentes (Hobsbawm, 1990, p.92). O governo Vargas, de fato, incorporaria ou cooptaria muitos intelectuais – como Cassiano Ricardo, Menotti del Picchia e Affonso Arinos de Mello Franco – que conferiam ao regime autoritário uma aura de legitimidade ideológica, e em troca o Estado lhes garantiu estabilidade financeira e respaldo político (Miceli, 1979, p.129-87; Oliveira, 1980; Johnson, 1994, p.7-11).

Não obstante, a que propósito nacionalista específico serviu a retórica do Estado Novo ao enaltecer a população indígena do Brasil e suas contribuições para o "caráter nacional" brasileiro? Com certeza, os motivos por trás das celebrações ao índio variaram ao longo do tempo, assim como seu tom e timbre. O nativismo do século XIX reafirmava o separatismo de Portugal, e a literatura romântica indianista mantinha a escravidão africana longe do foco.[27] Durante o Estado Novo, imagens dos índios serviam para justificar a apropriação de terras indígenas e a subordinação sociocultural no contexto da expansão a Oeste. Além disso, tais

---

[26] O símbolo do Movimento Verde-Amarelo era o curupira, o mítico protetor tupi-guarani das matas. Ver Vasconcellos, G. *A ideologia curupira:* análise do discurso integralista. São Paulo: Brasiliense,1979, p.20.

[27] Para uma discussão acerca dos poetas românticos e da mensagem ideológica da literatura indianista, ver Leite, D. M. *O caráter nacional brasileiro:* história de uma ideologia. São Paulo: Ática, 1992, p.171-3.

58 A LUTA INDÍGENA NO CORAÇÃO DO BRASIL

imagens atenuavam os temores da elite em relação à composição racial da nação e ao despreparo dos militares durante um período de guerra mundial, na qual o Brasil entraria formalmente em 1942.

Situando o Brasil fora dos "modelos externos": celebração dos índios e da mestiçagem

Ao construir imagens do índio, os ideólogos e intelectuais do Estado Novo combateram o legado do racismo científico, que fora amplamente aceito pelas elites com leves atenuações entre 1888 e 1914.[28] Durante a Primeira Guerra Mundial e o período imediatamente posterior, uma onda patriótica levou muitos a questionar ou repudiar crenças pregando a inferioridade dos não brancos e o caráter degenerado dos mestiços. Confrontados com o virulento racismo científico da Alemanha nazista, os pensadores brasileiros atacaram seus compatriotas que ainda divulgavam ideias supremacistas brancas.[29] Em 1935, 12 proeminentes intelectuais

---

[28] Sobre o racismo científico no Brasil, ver Skidmore, T. E. *Black into White: Race and Nationality in Brazilian Thought*. Durham: Duke University Press, 1993, p.48-77.

[29] Francisco José Oliveira Viana, ministro do Tribunal de Contas durante o Estado Novo, foi um proeminente intelectual que abraçou ideias acerca da supremacia branca em seus textos da década de 1920. Não estou afirmando aqui que o racismo tenha desaparecido do Estado brasileiro sob o governo Vargas. O que estou sugerindo é que sua propagação foi silenciada ou remodelada. É revelador, por exemplo, que, depois de 1938, Oliveira Viana não tenha publicado nenhum estudo longo sobre raça a ponto de ser transformado em livro, apesar de haver anunciado vários anos antes sua intenção de fazê-lo. Sobre o legado de Oliveira Viana, ver Needell, J. D. History, Race, and the State in the Thought of Oliveira Viana. *Hispanic American Historical Review*, n.75, p.1-30, 1995. Para uma visão geral do pensamento social brasileiro na década de 1930, ver Borges, D. Brazilian Social Thought of the 1930s. *Luso-Brazilian Review*, n.31, p.137-49, 1994.

"A BASE DE NOSSO CARÁTER NACIONAL" **59**

brasileiros lançaram um manifesto contra o racismo, manifesto este que foi divulgado pela Sociedade Brasileira de Antropologia e Etnologia em 1942 (Skidmore, 1993, p.205-7).

Com a população esmagadoramente multirracial do Brasil, o Estado Novo não poderia abraçar uma ideologia que depreciasse os não brancos em seu projeto de construção da nação – especialmente quando muitas famílias influentes não possuíam ascendência puramente branca. Angyone Costa dizia, com ironia, que, apesar da obsequiosidade e das pretensões de toda a elite, os brasileiros eram considerados pelos europeus "povo situado pouco acima dos negroides, abaixo dos amarelos e infinitamente distanciados dos brancos". Costa conclamava a nação a renunciar a "modelos externos" e valorizar suas raízes indígenas (Costa, 1943, p.11).

Os brasileiros não brancos eram defendidos, a imutabilidade da raça era rejeitada e o processo de miscigenação era celebrado. Defendendo o caráter (e a possibilidade de aperfeiçoamento) do índio brasileiro, o SPI afirmava: "A alma indígena está sujeita às mesmas paixões a que está sujeita a alma europeia, mostrando, porém, superioridade na temperança, na energia paciente e até, digamos a verdade, na justiça e na caridade" (SPI, 1940).[30]

Os tributos aos homens indígenas louvavam sua "rigidez física, comparável à beleza masculina dos helenos das Olimpíadas" (Barros, 1940, p.15-26).[31] Da mistura dos indígenas à composição biocultural do Brasil emergiu uma nação mais forte. Como o antropólogo Roquette-Pinto afirmava:

---

[30] Funai, Brasília, Documentação (DOC), SPI/Documentos Diversos, 1-2.

[31] Para uma discussão sobre os esforços do Estado Novo em forjar cidadãos robustos por meio da educação física, ver Carneiro, M. L. T. *O antissemitismo na era Vargas:* fantasmas de uma geração (1930-1945). São Paulo: Brasiliense, 1988, p.139-42.

60 A LUTA INDÍGENA NO CORAÇÃO DO BRASIL

Para contradizer a opinião daqueles que creem na má influência do cruzamento sobre a vitalidade da raça, devemos apontar, entre muitos outros exemplos, a população do Nordeste do Brasil (Ceará etc.), que é a região de grandes e fortes famílias de homens corajosos e ativos, conquistadores das florestas da Amazônia, quase todas com algum sangue índio e branco. (Roquette-Pinto, 1940, p.440.)

Ou, como em *Cultura Política*, o porta-voz do Estado Novo afirmava: "os traços constitutivos de nosso caráter nos ajudam: temos as marcas de todos os povos e não nos confundimos com nenhum deles. É possível que no Brasil um homem novo emerja e, com ele, uma nova era".[32]

Apesar da exaltação à autenticidade autóctone, o discurso racial do Estado Novo revelava praticamente o oposto, devendo muito a "modelos externos". Da mesma forma que o regime se inspirara fortemente no modelo corporativista fascista, o Estado Novo também conservava um paradigma racialista que atribuía características inatas a grupos sociais com base em descendência biológica. Mas, em uma velha prática, as elites brasileiras ajustaram os "modelos externos" à realidade local.[33] Reconfigurando doutrinas de racismo científico, os dirigentes do Estado Novo redefiniram quais grupos raciais e étnicos eram inaceitáveis. A ameaça ao progresso e à defesa nacional estava oculta nos "imi-

---

[32] Figueiredo, P. de. O Estado Novo e o homem novo. *Cultura Política*, v.1, n.1, março de 1941, republicado em Figueiredo, P. de. *Aspectos ideológicos do Estado Novo*. Brasília: Senado Federal: Centro Gráfico, 1983, p.20.

[33] Para uma discussão acerca da adesão seletiva das elites brasileiras do século XIX às ideias liberais europeias, ver Costa, E. V. da. *The Brazilian Empire: Myths and Histories*. Chicago: University of Chicago Press, 1985, p.53-77; Schwarz, R. *Misplaced Ideas: Essays on Brazilian Culture*. London: Verso, 1992, p.19-31. Sobre a manipulação brasileira das doutrinas raciais europeias, ver Skidmore, T. E., op. cit., p.77.

"A BASE DE NOSSO CARÁTER NACIONAL" **61**

grantes inassimiláveis" que residiam (ou tentavam residir) no Brasil, "presos às suas tradições de origem, com suas bandeiras, seus hinos e seus costumes [...], perturbando a harmonia étnica [da nação]".[34] Ou se voltavam contra as "nações famintas" em busca de um depósito de lixo para sua "população em excesso" no interior do Brasil (Marques, 1940, p.205). Os povos indígenas, porém, haviam fortificado o Brasil desde a conquista portuguesa por meio de alianças sexuais e militares (SPI, 1940, p.9). Com efeito, Rondon e outros oficiais do Exército que dirigiram o SPI defendiam o serviço militar como um meio "ideal" de transformar os índios em "cidadãos produtivos".[35] Dado o "amor do índio a seu território", o amor ao Brasil seria "uma simples extensão".[36]

Era essa a visão do Estado Novo na incorporação dos indígenas dentro do contexto da expansão de fronteiras e construção da nação. Os índios proporcionavam um arsenal sociocultural, um trunfo nacional em uma época em que os oficiais militares brasileiros

---

[34] Marques, J. de O. "Colonização e povoamento", *Revista de Imigração e Colonização*, n.1, abril de 1940, p.207. Essa revista era a publicação oficial do Conselho de Imigração e Colonização do governo. Para uma amostra dos ataques nativistas sobre os "quistos" de imigrantes incrustados no corpo político brasileiro, ver Padilha, L. *O Brasil na posse de si mesmo*. Rio de Janeiro: Olímpica, 1941, p.63-7. Para uma discussão acerca da repressão do regime Vargas às escolas e às organizações culturais alemãs no Brasil como parte de seu impulso de nacionalização, ver Schwartzman et al. *Tempos de Capanema*. Rio de Janeiro: Paz e Terra, 1984, p.142-8; Loewenstein, op. cit., p.187-204. Sobre a política de imigração antissemita sob o governo Vargas, ver Lesser, J. *Welcoming the Undesirables:* Brazil and the Jewish Question. Berkeley: University of California Press, 1995; Carneiro, M. L. T., op. cit.

[35] Rondon, citado em *O Radical*, n.30, março de 1940. Ver também Juarez Távora ao Chefe do Governo Provisório, 30 de outubro de 1933, Museu do Índio (MI), Setor de Documentação (Sedoc), filme 380, fot. 864-8.

[36] Relato do diretor do SPI, coronel Vicente de Paula Teixeira da Fonseca Vasconcelos (1940?), MI, Rio de Janeiro, Sedoc, filme 337, fot. 1237-73.

62 A LUTA INDÍGENA NO CORAÇÃO DO BRASIL

falavam da força da nação determinada pela "proporção de homens dotados de maior energia" (Lyra, 1941, p.32). Mas o índio "aperfeiçoado", almejado pelos governantes, compartilharia sua essência com outros brasileiros por meio da mistura biológica e cultural, enquanto receberia de bom grado a influência branqueadora do poder do Estado – inclusive a usurpação territorial. O plano do Estado para as populações indígenas era, portanto, segmentário. Para proteger os povos indígenas do extermínio, o SPI queria

> impedir o desaparecimento anormal [prematuro] dos índios pela morte, de modo que a sociedade brasileira, além da obrigação que tem de cuidar deles, possa receber em seu seio a preciosa e integral contribuição do sangue indígena. (Brasil, Departamento Administrativo de Serviço Público, 1939, p.35.)

Isso permitiria ao SPI alcançar seu objetivo final: "Não queremos que o índio permaneça índio. Nosso trabalho tem por destino sua incorporação à nacionalidade brasileira, tão íntima e completa quanto possível" (SPI, 1940, p.2).

O "problema" indígena e a solução

Apesar de todo o seu prestígio nacionalista, os índios representavam um espinhoso problema para o Estado e as elites. Grupos hostis, como os xavante, prejudicavam a acumulação de capital no interior. Os grupos isolados dificultavam a consolidação do poder estatal e a transformação da sociedade por meio de controle territorial, tributação, serviço militar obrigatório e prevenção à rebelião (Scott, 1998, p.3). Os índios pilhavam o Estado-nação e, quer na teoria quer na prática, desafiavam suas instituições e tradições com alternativas às estruturas socioeconômicas e valores

"A BASE DE NOSSO CARÁTER NACIONAL" 63

culturais dominantes.[37] Para mercantilizar a terra e regular o estilo de vida dos índios, o Estado procurou tornar natural a usurpação territorial e a subordinação indígena, abraçando os índios como protopatriotas. Outro mecanismo ideológico da dominação consistiu em definir os povos indígenas como crianças indolentes ou potenciais traidores, que exigiam supervisão.

Os índios possuíam o "cérebro pouco evoluído", assegurava o coronel do Exército Themístocles Paes de Souza Brazil, "não estando em condições satisfatórias para assimilar de modo completo a educação e as outras exigências da nossa civilização" (Brazil, 1937, p.65-9). De fato, as preocupações militares com a regulação das comunidades indígenas nas delicadas áreas de fronteira provavelmente precipitaram a transferência do SPI para o Ministério da Guerra entre 1934 e 1939 (quando foi devolvido à jurisdição administrativa do Ministério da Agricultura).[38] Em uma observação semelhante, Ildefonso Escobar, antigo membro do Conselho Nacional de Geografia, queixava-se de que os índios permaneciam "ingênuos e contemplando a natureza, enquanto todos os outros brasileiros trabalhavam para o progresso da Nação" (Escobar, 1941, p.116). O retrato dos índios como preguiçosos era especialmente condenatório sob um regime que valorizava o trabalhismo como constitutivo e determinante da cidadania (Gomes, 1994, p.228-9).

O Código Civil de 1916 definira os povos indígenas como "relativamente incapazes", sob o pretexto de fornecer proteção legal

---

[37] Sobre a relação conflituosa entre os índios e o Estado-nação, ver Urban, G.; Sherzer, J. (Ed.). *Nation-States and Indians in Latin America*. Austin: University of Texas Press, 1991, p.1-18; Durham, E. R. O lugar do índio. In: Comissão Pró-Índio/SP. *O índio e a cidadania*. São Paulo: Brasiliense, 1983, p.11-9.

[38] Para outras discussões sobre a preocupação militar com a nacionalização do índio e a defesa das fronteiras brasileiras, ver Lima A. C., op. cit., p.54-7.

64 A LUTA INDÍGENA NO CORAÇÃO DO BRASIL

constante contra a fraude e a exploração. No entanto, o paternalismo converte-se facilmente em arrogância e abuso. Os pronunciamentos do governo durante o Estado Novo reforçavam o suposto infantilismo dos índios, que só alcançariam a plena maturidade por meio da instrução cívica e vocacional. Conside, por exemplo, o pronunciamento do SPI em 1939:

> O índio, dado seu estado mental, é como uma grande criança que precisa ser educada, muito sensível a conselhos, elogios, presentes e outros estímulos, para viver e praticar o bem e modificar hábitos nocivos. Como em geral eles têm bom-senso e são muito razoáveis com as pessoas em quem confiam, é quase sempre possível convencê-los e aperfeiçoá-los. (SPI, Relatório, 1939, anexo, p.3.)

A imagem do índio infantilizado também fez parte da literatura popular e de textos pedagógicos publicados durante o Estado Novo (Seth, 1943; Fleury, 1944, p.8).

A transformação do índio de "uma grande criança" em cidadão-modelo foi proclamada pelo positivismo cujos princípios influenciaram muitos militares e dirigentes não militares do SPI. Defendendo uma ordem social hierárquica e paternalista – simbolizada pela máxima "dedicação dos fortes aos fracos, veneração dos fracos aos fortes" –, o positivismo propugnava autoridade "científica", liberdade espiritual e elevação dos subalternos pela educação.[39] Na ótica positivista, as sociedades inevitavelmente evoluiriam do estágio de primitivismo "fetichista" para o racionalismo "científico". Como Rondon, um positivista ortodoxo, afirmou:

---

[39] Sobre o positivismo no Brasil, ver Cruz Costa, J. *A History of Ideas in Brazil*. Berkeley: University of California Press, 1964, p.82-175; Carvalho, J. M. de. *A formação das almas*: o imaginário da República no Brasil. São Paulo: Companhia das Letras, 1990.

"A BASE DE NOSSO CARÁTER NACIONAL" 65

A transformação do selvagem é muito lenta [...] porque tempo e dedicação são necessários para não violar as leis naturais que regulam a vida humana. A transformação da mentalidade fetichista em teológica e desta última em positivista exige um meio ambiente moral e social capaz de agir sobre a alma do catequizado com moderação, sem um choque profundo. (Rondon, 1939, p.882.)

O SPI se propunha a guiar a evolução dos índios, empregando persuasão em vez de coerção, e vigilância em vez de indiferença para evitar o "choque profundo". Defendia, ainda, a reserva de terras ancestrais, pois consideravam as políticas de aldeamento colonial traumáticas para a "alma" indígena. Com suas tendências gradualistas e pseudocientíficas, o SPI concebia a reserva indígena como uma estufa: os bens e conhecimentos industriais seriam filtrados gradualmente, o índio floresceria e se cruzaria com outros brasileiros, e uma mais honrada e vigorosa safra de humanidade seria, assim, produzida.

Entretanto, a paciência e o "respeito" do SPI pelos costumes indígenas tinham seus limites. As reivindicações territoriais e a autonomia dos índios teriam de ser limitadas, sacrificadas em nome do interesse nacional. As práticas de caça e coleta precisavam dar lugar a atividades "racionais" orientadas para o mercado, como a agropecuária, e a violência indígena tinha de ser contida. Ao considerar a identidade e a cultura indígenas como imaturas e ainda não evoluídas, o SPI podia prescindir de reservas adequadas para sustentar de modo eficaz o estilo de vida dos índios e mercantilizar as áreas mais afastadas (Lima, 1989, p.139-97).

Rondon previa que, em seu futuro glorioso, "índios emancipados" dividiriam as terras de suas reservas em lotes individuais ou até mesmo viveriam com não índios nas colônias agrárias que o governo estabeleceria como parte da Marcha para o Oeste (Rondon, 1942, p.30-1). Boaventura Ribeiro da Cunha, membro do CNPI, levou essa visão adiante em *Educação para os selvícolas*,

66 A LUTA INDÍGENA NO CORAÇÃO DO BRASIL

em que afirmou que a colonização e a defesa do interior do Brasil exigiriam o esforço colaborativo dos trabalhadores nacionais e dos povos indígenas (Cunha, 1946[?], p.102).[40] Cunha defendia a criação de colônias agrícolas compostas por assentamentos separados, mas adjacentes, por "brasilíndios" e camponeses. Os jovens índios, "tomados do espírito de imitação e curiosidade", naturalmente procurariam imitar seus colegas, enquanto os colonos seriam impregnados pela suposta coesão social indígena (Cunha, 1946[?], p.53-61).[41] Em última análise, o "caldeamento natural" dos índios e dos "elementos étnicos nacionais" contribuiria para a "solidificação do edifício social brasileiro" (Cunha, 1946[?], p.102).

O legado dual de Vargas

O regime Vargas, alegavam seus defensores, resgatou os oprimidos do sertão. Sendo assim, mereceu grandes elogios por seu compromisso com a produtividade rural, o bem-estar social e a integração nacional (Brasil, Ministério da Agricultura, 1939-1943, p.47, 90). Finalmente os índios – "os modestos mas dedicados trabalhadores da floresta, a verdadeira sentinela da fronteira, os vigilantes soldados da Nação" – seriam "compreendidos e utilizados" e "incorporados definitivamente como trabalhadores para a glória nacional" (Rondon, 1949, p.34). O governo prometeu uma nova era de assistência social para "os mais genuínos brasileiros", anunciou o diretor do SPI, José Maria de Paula, em 1944 (Paula, 1944, p.90-1). Para lembrá-los diariamente, uma fotografia de Var-

---

[40] Sobre o plano para transformar os índios em defensores do interior, ver Rondon, J. *O índio como sentinela das nossas fronteiras*. Rio de Janeiro: Departamento de Imprensa Nacional, 1946, p.37-9.

[41] Ainda sobre o tema aldeias indígenas como modelos de comunidade, ver SPI. *Boletim*, n.14, janeiro de 1943, p.5.

"A BASE DE NOSSO CARÁTER NACIONAL" 67

gas segurando no colo o bebê carajá figurava em todos os postos indígenas do Brasil (SPI, Boletim 20, 1943, p.196). Tal imagem protetora refletia a tendência do Estado Novo de outorgar cidadania e direitos a grupos sociais marginalizados.[42] Nesse espírito paternalista, o regime Vargas enobreceu os tutelados do Estado, conferindo prestígio social e cultural aos grupos indígenas ao consagrá-los como os primeiros brasileiros. No entanto, ao promover a Marcha para o Oeste, o regime de Vargas intensificou a invasão de terras indígenas, e os gastos do Estado com educação, saúde e demarcação de terras ficaram muito aquém do apregoado. Sufocados pela retórica governamental, os índios lutaram para articular e expressar suas necessidades materiais e culturais. Na verdade, o espectro do autoritarismo do governo espreitava do outro lado da tutela e de outras políticas paternalistas endossadas pelo regime Vargas. A redenção dos povos indígenas, pressupondo seu infantilismo e preguiça, justificou a apropriação de seus territórios e de seu trabalho. O sistema de tutela, elaborado para defender os direitos da população nativa, facilmente era subvertido em descaso sistemático pelos índios na formulação e implementação de políticas de Estado, e vinculava a eles o estigma social de imaturidade e incompetência. Esse humilhante *status* só podia ser legalmente removido quando os índios se "adaptassem à civilização nacional".[43]

---

[42] Sobre a corte do regime Vargas à classe trabalhadora urbana e à promoção simbólica da cultura popular, ver Gomes, A. de C. *A invenção do trabalhismo.* 2.ed. Rio de Janeiro: Relume Dumará, 1994, p.159-248; French, J. D. *The Brazilian Workers' ABC:* Class Conflict and Alliance in Modern São Paulo. Chapel Hill: University of North Carolina Press, 1992. Sobre o trabalho rural, ver Welch, C. *The Seed Was Planted:* The São Paulo Roots of Brazil's Rural Labor Movement, 1924-1964. University Park: The Pennsylvania State University Press, 1999, p.63-98.

[43] Trecho do art. 6 do Código Civil, republicado em Ramos, A. R. *Indigenism:* Ethnic Politics in Brazil. Madison: University of Wisconsin Press, 1998, p.18.

68 A LUTA INDÍGENA NO CORAÇÃO DO BRASIL

Apesar da existência de mais de duzentos grupos indígenas no Brasil, com diferentes histórias, línguas, culturas, economias políticas e relações com a sociedade dominante, o Estado havia atribuído a todos a identidade política e cultural de "índios". Ao atribuir qualidades inatas aos povos indígenas com base no determinismo biológico e no essencialismo cultural, os dirigentes do Estado Novo continuaram a promover a raça (ou igualá-la à etnicidade) como um fator independente operando ao lado de diferentes fatores históricos para moldar as capacidades humanas.[44] Ao conservar a raça como um paradigma e determinante autônomo do comportamento sociocultural, o próprio regime, teoricamente comprometido com a mistura racial e étnica, concretizou uma identidade diferencial e estereotipada de "indianidade". A história das relações entre índios e Estado sob o governo Vargas confirma, então, a incisiva observação de Gerald Sider: embora em geral se acredite que a expansão e a consolidação do poder do Estado moderno destroem ou minam as distinções culturais anteriores ou geram distinções no contexto da busca por dividir e conquistar, na verdade a formação de grupos étnicos muitas vezes é produto de "um processo muito mais complexo, menos especificamente planejado e muito mais permeado por resistências do que o que poderíamos chamar de 'criar e incorporar'" (Sider, 1987, p.17).

Os povos indígenas enfrentariam as imagens e políticas ambíguas do Estado Novo, momento da consolidação do Estado nacional brasileiro, durante as décadas subsequentes. Embora ricas em simbolismo e contradições ideológicas, tais construções foram desmentidas pelas realidades históricas e contemporâneas da maioria dos povos indígenas. Da mesma forma, a imagem do Leviatã dirigindo a Marcha para o Oeste foi exagerada. A forma-

---

[44] Em nota comparativa, ver a penetrante análise sobre o indigenismo no México pós-revolucionário em Knight, op. cit., p.71-113.

"A BASE DE NOSSO CARÁTER NACIONAL" 69

ção do Estado brasileiro na região Centro-Oeste foi um processo cheio de percalços e conflitos em razão da limitada capacidade do Estado, da oposição da elite local, da rivalidade com os missionários e da resistência indígena. De fato, contatar os "ferozes" xavante foi apenas um entre os vários desafios enfrentados pelo Estado desenvolvimentista em seu projeto de reordenação do cenário sociopolítico do Centro-Oeste.

2

A "pacificação" dos xavante, 1941-1966

Os esforços do governo para contatar os xavante tornaram-se urgentes com a Expedição Roncador-Xingu, ponto central da Marcha para o Oeste. Lançada por Vargas em junho de 1943, essa expedição tinha como metas abrir linhas de comunicação com a Amazônia pelo Brasil central, construir pistas de pouso e estradas e estabelecer povoamentos ao longo das cabeceiras do Rio Xingu. Vargas decretou que essa expedição, organizada pela Coordenação da Mobilização Econômica, um conselho formado durante a Segunda Guerra Mundial, era de "interesse militar" para a nação (Oliveira, 1976[?], p.175-7).

A Expedição Roncador-Xingu foi comandada pelo coronel Flaviano de Mattos Vanique, chefe da guarda presidencial, e por Antônio Basílio, capitão da FAB (Força Aérea Brasileira). Criada em 1941 com o Ministério da Aeronáutica, a FAB procurava estabelecer uma rota aérea ligando o Rio de Janeiro a Manaus e a Miami (Meireles, 1960, p.29-30). A expedição planejava percorrer 1.800 quilômetros a partir da fronteira noroeste de Goiás-Mato Grosso até Santarém (PA). Nesse percurso, previa-se um acam-

72 A LUTA INDÍGENA NO CORAÇÃO DO BRASIL

pamento às margens do Rio das Mortes e uma incursão pela Serra do Roncador, região habitada por índios xavante.[1] Em outubro de 1943, a Expedição Roncador-Xingu foi subordinada à recém-criada FBC (Fundação Brasil Central), um órgão federal semiautônomo cuja missão era construir escolas, hospitais, estradas e pistas de pouso naquela região. Como uma autarquia, a FBC dispunha de recursos independentes e capacidade de tomada de decisões, além de jurisdição sobre a terra que lhe havia sido cedida por até dez anos pelos governos estaduais. A FBC procurou persuadir os industriais de São Paulo a criar empresas privadas no Brasil central para desenvolver os recursos locais e promover a imigração. Quatro empresas, inclusive uma de transporte fluvial pelo leste da Amazônia, acabaram se estabelecendo na área com o apoio da fundação (Galey, 1977, p.100-1). O orçamento da FBC em 1945 era de 23 milhões de cruzeiros (Menezes, 1990, p.15-21).[2] Vargas nomeou João Alberto Lins de Barros presidente da FBC. Duas décadas antes, o tenente João Alberto marchara pelo Brasil central em circunstâncias diferentes: como membro da Coluna Prestes, em meio a outros militares que se rebelaram contra as forças republicanas após um levante em São Paulo em 1924.[3] João Alberto ficara impressionado com o potencial de Goiás e Mato Grosso, lamentando que sua "terra barata e abundante" permanecesse ociosa porque a região carecia de "homens de ini-

---

[1] Para um relato em primeira mão sobre a Expedição Roncador-Xingu, ver Oliveira, A. de P. *Roncador-Xingu:* roteiro de uma expedição. Goiânia: [s.n.], 1976, e Villas Bôas, O.; Villas Bôas, C. *A Marcha para o Oeste.* São Paulo: Globo, 1994.

[2] Para denúncias sobre corrupção na FBC, ver Telles, C. *História secreta da Fundação Brasil Central.* Rio de Janeiro: Chavantes, 1946.

[3] Sobre a revolta dos tenentes e suas ramificações, ver Wirth, J. D. *Tenentismo* in the Brazilian Revolution of 1930. *Hispanic American Historical Review*, n.44, p.161-79, 1964; Macaulay, N. *The Prestes Column:* Revolution in Brazil. New York: New Viewpoints, 1974.

A "PACIFICAÇÃO" DOS XAVANTE, 1941-1966   **73**

ciativa" (Barros, 1953, p.101-6). Agora, como presidente da FBC, ele estava decidido a mudar o destino da região.

Em grande estilo, a pequena equipe de cinquenta homens da Expedição Roncador-Xingu – recrutada em São Paulo, no Rio de Janeiro e no Centro-Oeste – partiu para o interior "mais distante que a África" (Ferreira apud Villas Bôas e Villas Bôas, 1994, p.24). Na solenidade que marcou sua partida de São Paulo, os expedicionários receberam generosas doações em carne enlatada, combustível e material de acampamento. Receberam ainda, em nome das mulheres paulistas, a bandeira nacional, costurada à mão e debruada a ouro, que eles deveriam fincar no topo da "lendária Serra do Roncador", em uma espécie de cerimônia de posse do território indígena (Ferreira apud Villas Bôas e Villas Bôas, 1994, p.25; Oliveira, 1976[?], p.14).[4] Em setembro de 1943, a expedição montou acampamento em Barra Goiana, pequeno povoado de garimpeiros na junção do Rio Araguaia com o Rio das Garças, na divisa Goiás-Mato Grosso, e, em um gesto simbólico, representativo do esforço do Estado para redefinir a cartografia do Brasil central, João Alberto rebatizou o local como Aragarças (Villas Bôas e Villas Bôas, 1994, p.34). De Aragarças, a expedição prosseguiu para o Rio das Mortes (ver Mapa 2).

Enfrentaram muitos dos problemas já vividos pelos bandeirantes no Brasil colonial: fome, doenças, insetos e desentendimentos internos. Exortações patrióticas animaram a equipe a prosseguir, mas muitos desertaram (Oliveira, 1976[?], p.137). Para levantar o moral, os aventureiros entoavam: "Ao cruzar a Serra do Roncador/Se eu encontrar os xavante/Mostrarei o meu valor".[5] A oportunidade para isso logo chegaria. Em fevereiro de 1944, depois

---

[4] Sobre as cerimônias de posse europeias no Novo Mundo, ver Seed, P. *Ceremonies of Possession in Europe's Conquest of the New World, 1492-1640*. Cambridge: Cambridge University Press, 1995.

[5] Excerto de Nas margens do Araguaia. In: Varjão, V. *Aragarças: portal da Marcha para o Oeste.* Brasília: Senado Federal/Centro Gráfico, 1989, p.78.

74 A LUTA INDÍGENA NO CORAÇÃO DO BRASIL

de abrir cerca de trezentos quilômetros de trilhas no cerrado do Mato Grosso, os expedicionários chegaram ao Rio das Mortes. O acampamento recebeu o nome de Xavantina, em homenagem aos temíveis índios que espreitavam do outro lado do rio, no entorno da Serra do Roncador – uma região que eles logo iriam atravessar (Menezes, 1990, p.11).

A reputação local dos xavante era lendária. Como os índios armavam emboscadas para os intrusos, as pessoas temiam acampar à noite na margem oeste do Araguaia que ia da Ilha do Bananal até o Rio das Garças (Maybury-Lewis, 1974, p.3). Segundo os registros da década de 1920 de um missionário protestante que descia o Araguaia:

> Eles são uma ameaça constante aos viajantes no Araguaia e recentemente um homem e uma mulher foram espancados até a morte com bordunas quando colhiam mel do seu lado do rio. Eles se voltam contra todos os homens e ninguém que jamais caiu em seu poder voltou para contar a história. (MacIntyre, 1924[?].)

Em 1930, Alencarliense Fernandes da Costa, inspetor do SPI em Goiás, falou sobre o grave perigo para os viajantes no Araguaia e também para os "nossos carajá", atacados perto do posto da Ilha do Bananal. O inspetor lamentou a escassez de verbas, que impedia o SPI de resolver o "problema angustiante da pacificação dos xavante" (Costa, 1931).

Mas, se a hostilidade indígena atrapalhara o desenvolvimento do Brasil central, a nação não precisava mais se preocupar. O Estado Novo, cujos funcionários audaciosamente acorriam a locais temidos por outras pessoas, chegava agora com a solução para os problemas locais. Além disso, lá no fundo, os índios "ferozes", como os xavante, não eram assim tão ferozes (afinal, não foram eles que "deram a base para o nosso caráter nacional", como afirmou

A "PACIFICAÇÃO" DOS XAVANTE, 1941-1966 75

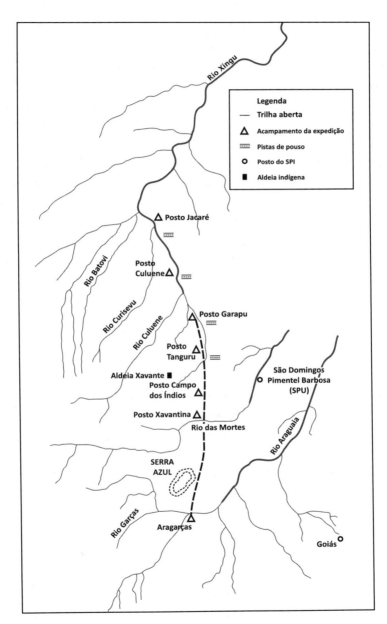

Mapa 2. Itinerário da Expedição Roncador-Xingu

76 A LUTA INDÍGENA NO CORAÇÃO DO BRASIL

Rondon?), pois haviam sido transformados pela crueldade "branca". Como observou João Alberto: "provavelmente é culpa dos brancos que os xavante tenham fugido da civilização, para a qual jamais retornaram até hoje".[6] Com o devido polimento ("branco") aplicado pelos dirigentes de Estado, a essência imaculada dos índios brilharia de novo. O primeiro passo era a delicada tarefa de "pacificação", termo usado pelo SPI para denotar o estabelecimento de um contato pacífico com um grupo indígena hostil.

Este capítulo explora o contexto histórico da "pacificação" dos xavante, que projetou os índios da fama local ao renome nacional e mesmo internacional. Como os objetivos da intervenção federal no Centro-Oeste eram múltiplos – eliminação da violência interétnica, mercantilização das terras indígenas, centralização do poder do Estado –, o veredicto histórico sobre as políticas públicas permanece dividido. Relatos oficiais mostram os funcionários do SPI como mártires da causa indígena, que sacrificaram seu conforto e até mesmo suas vidas para defender os índios dos ataques dos brancos; os revisionistas condenam a subordinação da terra e do estilo de vida indígena à dominação do Estado, insidiosamente disfarçada sob o manto da proteção.[7] Este capítulo também avalia os méritos dos relatos tradicionais e revisionistas, ao mesmo tempo que questiona a monumentalização do Estado presente em ambos

---

[6] Relatório de João Alberto Lins de Barros, presidente da FBC, 1944, MI, Sedoc, filme 389, fot. 598.

[7] Para um relato triunfal sobre as origens e objetivos do SPI – embora não necessariamente sobre suas conquistas –, ver Ribeiro, D. *Os índios e a civilização*. Rio de Janeiro: Civilização Brasileira, 1970. Para um relato celebratório de Rondon e do SPI, ver Johnson, J. J. *The Military and Society in Latin America*. Stanford: Stanford University Press, 1964, p.198-9. Para uma análise revisionista, ver Lima, A. C. *Um grande cerco de paz:* poder tutelar, indianidade e formação do Estado no Brasil. Petrópolis: Vozes, 1995; Ramos, A. R. *Indigenism:* Ethnic Politics in Brazil. Madison: University of Wisconsin Press, 1998, p.147-67.

A "PACIFICAÇÃO" DOS XAVANTE, 1941-1966   **77**

e explora os múltiplos locais de disputa no sertão do Mato Grosso e nos corredores do poder de Estado.

O Estado centralizado alardeado por Vargas mascarava mais que a falta de coordenação entre as agências federais: escondia o cerne das políticas locais. O esforço do SPI para consolidar o poder no nordeste do Mato Grosso se revelaria intermitente, desafiado por índios xavante, colonos e missionários. Embora o Estado tenha obtido algum sucesso, as dificuldades ameaçavam suas aspirações hegemônicas. De fato, a própria coesão do projeto integracionista do SPI se desgastaria à medida que os críticos lamentavam o impacto sociocultural da Marcha para o Oeste sobre os povos indígenas e se colocavam a favor da preservação cultural desses povos.

A "pacificação" e o sertão do Mato Grosso

O SPI orgulhava-se de dominar a arte da "pacificação" sem violência, mesmo que isso ocorresse à custa de autossacrifício. O lema do órgão, frequentemente proclamado, era "morrer, se necessário for; matar, nunca". A "pacificação" dos xavante seguiria procedimentos-padrão. Primeiro, o SPI instalaria postos de "atração" nas vizinhanças dos xavante para contatar os índios e barrar ou remover da região os civilizados com "vícios e hábitos antissociais".[8] Tais intrusos, segundo o SPI, sabotavam o delicado processo de atração, já que os índios, incapazes de distinguir entre malfeitores e benfeitores, iriam repelir todas as formas de contato. A seguir, vinha o prolongando "namoro" com os índios. O SPI fornecia produtos agrícolas e distribuía ferramentas, facas,

---

[8]   Vicente de Paula Teixeira da Fonseca Vasconcelos, diretor do SPI, ao Ministério da Agricultura. Rio de Janeiro, 9 de fevereiro de 1943, Funai, DOC, Funai/Of. 014/SPI.

78 A LUTA INDÍGENA NO CORAÇÃO DO BRASIL

pentes, espelhos e outros presentes, "facilitando a vida da tribo e proporcionando-lhes conforto".[9] Diante da boa vontade do Estado, das vantagens de pertencer à sociedade brasileira e das recompensas pela renúncia à violência, os índios decretariam paz. Sem dúvida, a insistência do SPI no contato pacífico e na integração gradual diferia das políticas oficiais para os indígenas empregadas por outras nações latino-americanas no final do século XIX e no início do século XX. O Exército argentino, por exemplo, durante a "Conquista do Deserto", entre 1879 e 1880, destruiu as comunidades indígenas, dispersando os habitantes e fazendo prisioneiros para servir de criados em Buenos Aires (Scobie, 1971, p.115). A "pacificação" dos yaqui pelo governo mexicano chegaria ao auge sob a ditadura de Porfirio Díaz, com a deportação de milhares de índios de Sonora – a maioria terminaria escravizada nas plantações de sisal (*henequen*) do Yucatán (Hu-Dehart, 1984, p.155-200). Apesar disso, o compromisso oficial do Estado brasileiro com a não violência e a integração gradual baseou-se em controle dos recursos, autoridade e consenso político. Na verdade, os funcionários do SPI, trabalhando em áreas remotas com uma infraestrutura ruim e verbas limitadas, enfrentaram a hostilidade de pequenos agricultores e fazendeiros, a rivalidade com os missionários e a resistência indígena.

Muito tempo antes de Getúlio Vargas lançar a Marcha para Oeste como uma cruzada nacionalista, outros já haviam marchado para o Mato Grosso ao ritmo de diferentes tambores. De fato, as iniciativas políticas do Estado nunca foram indispensáveis para promover a migração para o Centro-Oeste, dadas as desigualdades presentes na divisão do trabalho e da posse de terras no Brasil

---

[9] Vicente de Paula Teixeira da Fonseca Vasconcelos a Ciro Goes, diretor do SPI em Goiás. Rio de Janeiro, 22 de novembro de 1941, MI, Sedoc, filme 263, fot. 934-9.

A "PACIFICAÇÃO" DOS XAVANTE, 1941-1966   79

(Foweraker, 1981, p.65-6). Desde o século XVIII, os lavradores estabeleciam-se na região em busca de ouro e pastos para gado, além de refúgio contra a escravidão. Em um passado mais recente, porém, após uma longa crise econômica desde o final do período colonial, o nordeste do Mato Grosso iniciou uma lenta recuperação nas primeiras décadas do século XX, com a descoberta de diamante no Rio das Garças. Em 1924, um grupo de garimpeiros estabeleceu-se em Barra do Garças, ao sul e a leste do território xavante, e, mais tarde, nesse mesmo ano, chegou à região a primeira empresa comercial (Instituto Brasileiro de Geografia e Estatística, 1958, p.35-84). Em 1936, o governo estadual elevou o povoado à categoria de vila, nomeando seu primeiro juiz e escrivão (Varjão, 1980, p.22). A verdade é que Barra do Garças era um lugar violento, onde muitos chegavam com as esperanças infladas e saíam com os sonhos – e os membros – despedaçados.

Em 1935, Armando de Arruda Pereira, engenheiro industrial paulista e membro do Rotary Club do Brasil, desceu o Araguaia de barco para avaliar seu potencial econômico, registrando suas impressões sobre a área. Povoados esparsos pontuavam as margens do rio no norte do Mato Grosso, formados predominantemente por migrantes do Nordeste e dos estados vizinhos, Pará e Goiás. Alguns plantavam e criavam gado, mas a maioria vivia principalmente da pesca e da caça de animais selvagens; a todos faltava acesso à educação e à saúde. Em troca de peles de animais, os sertanejos adquiriam de viajantes e ambulantes ribeirinhos produtos como sal, açúcar, cigarro, café, balas, anzóis e roupas (Pereira, 1935, p.7-8). Embora Pereira visualizasse a região do Araguaia transformada pelo comércio fluvial e pela comunicação, a região não era nada promissora.

Em meio ao território reivindicado pelos xavante, um assentamento foi criado junto ao Rio Araguaia, no nordeste do Mato Grosso. Em 1934, um grupo de onze homens, liderado por Lúcio

80 A LUTA INDÍGENA NO CORAÇÃO DO BRASIL

da Luz, navegou rio acima vindo do Pará em busca de pastagens, estabelecendo-se em Mato Verde, a oeste da Ilha do Bananal. Vinte e três famílias de criadores de gado chegaram logo em seguida (Varjão, 1985, p.194-6). Os ataques dos xavante, contudo, perturbavam a população dispersa de camponeses, fazendeiros, garimpeiros e missionários, bem como outros grupos indígenas. Em 1935, os xavante mataram o filho de 11 anos de um trabalhador na missão salesiana de Merure (Chovelon et al., 1996, p.48-9). Em retaliação, o pai e o avô da criança, acompanhados de um bando de dezoito homens, mataram três índios e incendiaram sua aldeia (Ravagnani, 1978, p.172-3). De forma similar, o SPI acusou Lúcio da Luz de matar os xavante e outros posseiros cujas mortes ele havia atribuído aos índios. Era óbvio que essas pessoas tinham suas próprias ideias sobre como "pacificar" os índios.

A fim de estabelecer contato pacífico com os xavante, o SPI ordenou a expulsão de Luz da região, sob a acusação de incitar violência interétnica e usurpar terras indígenas. A entidade afirmou que Luz se apoderara de terras que "talvez os índios preferissem para sua futura concentração".[10] Em 1942, o SPI conseguiu remover Luz provisoriamente da área. Embora ele houvesse telegrafado apelando a Vargas, queixando-se de perseguição por parte dos dirigentes do SPI, seu pedido foi negado.[11]

Esses esforços do SPI demonstram sua intenção de proteger as comunidades indígenas de ataques. Os revisionistas atêm-se tão somente à natureza repressora do Estado brasileiro e ignoram ou minimizam a importância da proteção para tais comunidades.

---

[10] A. Estigarríbia para o diretor do SPI, Vasconcelos. 1º de abril de 1942, MI, Sedoc, filme 263, fot. 1437-8.

[11] A. Estigarríbia para o diretor do SPI, Vasconcelos. 1º de abril de 1942, MI, Sedoc, filme 263, fot. 1437-8; Vasconcelos ao ministro da Agricultura. Rio de Janeiro, 9 de fevereiro de 1943, Funai, DOC, Funai/Of. 014/SPI.

A "PACIFICAÇÃO" DOS XAVANTE, 1941-1966   **81**

No entanto, não obstante o compromisso com a segurança física e a integridade das populações nativas, a defesa do Estado estava longe de ser ilimitada. A acusação feita a Luz é reveladora: seu grupo violara o processo organizado de expansão da fronteira e acumulação de capital planejado pelo Estado, pois somente *depois* que os xavante tivessem recebido "áreas reservadas e seguras para lavoura" é que o Estado e os civilizados "se tornariam proprietários das terras excedentes de extrema riqueza que eles [os índios] haviam dominado e defendido com bravura" (Brasil, 1934). A "preferência" dos índios ditaria a "futura concentração" de comunidades em suas regiões ancestrais, um símbolo do "respeito" do Estado pelos povos indígenas. Entretanto, ao "concentrar" os índios em pequenas reservas e mercantilizar o restante de seu território, o Estado desconsiderava reivindicações mais amplas sobre a terra, assim como a importância do domínio sobre extensos territórios – ou, como os antropólogos denominaram, um hábitat – para manter o bem-estar das comunidades indígenas. A "pacificação" implicava, assim, mais que o monopólio do Estado sobre a violência na fronteira; significava também o repúdio ao estilo de vida e às reivindicações territoriais dos índios (Lima, 1995, p.166-77).

Rivais na luta: o fascínio da "pacificação"

A violência interétnica colocou o SPI diante de um dilema: embora as disputas legitimassem a existência da entidade, a persistência da violência manchava sua imagem. Em consequência, o sucesso na resolução dos conflitos preocupava bastante o SPI, uma vez que sua reputação dependia disso. Cronicamente carente de verbas, a instituição lidava com problemas em todas as frentes: além dos índios hostis, havia elites locais não propensas a colaborar, missionários criadores de problemas e céticos ruidosos.

82   A LUTA INDÍGENA NO CORAÇÃO DO BRASIL

Liderado por oficiais e engenheiros militares, o SPI reivindicava o conhecimento exclusivo "do sertão e das operações de defesa militares" que a "pacificação dos índios exigia" (SPI, Relatório, 1939, p.9). Esses métodos "científicos" para estabelecer contato com os nativos não eram criações do SPI. Na verdade, desde o período colonial, missionários e funcionários, primeiro da Coroa portuguesa, depois da República, recorriam a métodos pacíficos para contatá-los e subordiná-los (Lima, apud Urban e Shegzer, 1991, p.253; Kiemen, 1973, p.45, 68; Erthal, 1992). Mas a autocongratulação do SPI servia a vários propósitos: reforçava a imagem de um Estado onipotente e benevolente, único detentor do conhecimento e da capacidade de garantir o bem-estar dos índios, bem como o processo organizado de expansão das fronteiras. Diante de "pacificações" bem-sucedidas, o SPI rebatia as acusações de ineficácia feitas pelos seus detratores.[12] Além disso, para os sertanistas do SPI, essas conquistas valorizavam sua masculinidade e aumentavam seu "capital simbólico".[13] Estava implícito na postura dos sertanistas que a "pacificação" representava uma arte viril e que o sertão era um domínio masculino, em que homens de verdade podiam provar sua coragem.[14] Os índios – feminilizados pela linguagem do SPI de amor cortês, assim como pelo Código Civil, que os enquadra-

---

[12] Quando um projeto apresentado ao Congresso Nacional em 1954 pediu a extinção do SPI, o órgão lembrou ao público as dez "espetaculares pacificações" (inclusive a dos xavante) efetuadas durante os quarenta anos anteriores. SPI. *Relatório*, 1954, p.23-14. O decreto jamais foi aprovado.

[13] Sobre "capital simbólico", ver Bourdieu, P. *Outline of a Theory of Practice*. Trad. Richard Nice. Cambridge: Cambridge University Press, 1977, p.171-83.

[14] Sobre o gênero como o principal sítio da militarização dos sujeitos, a produção das relações de poder e a conquista da honra na fronteira, ver Alonso, A. M. *Thread of Blood:* Colonialism, Revolution and Gender on Mexico's Northern Frontier. Tucson: University of Arizona Press, 1995, p.73-111.

A "PACIFICAÇÃO" DOS XAVANTE, 1941-1966 **83**

va, ao lado das mulheres casadas, na categoria de "relativamente incapazes" –, evidentemente acabariam por se entregar diante dos insistentes avanços.

Após a Revolução de 1930, que levara Vargas ao poder, o orçamento do SPI foi cortado a menos da metade. Entretanto, com a Marcha para o Oeste, o órgão assumiu maior importância para o regime Vargas. Em 1944, o orçamento anual da entidade era de 3,7 milhões de cruzeiros, o segundo maior em seus 35 anos de história (SPI, Relatório, 1954, p.117). As constituições de 1934 e 1937 geraram aumento na arrecadação que cabia ao governo federal, passando de 51,2% em 1930 para 55,7% em 1945.[15]

Contudo, o espaço conquistado pelo SPI era constantemente ameaçado pela concorrência de aventureiros e missionários, que também tentavam contatar os xavante. Na década de 1930, Hermano Ribeiro da Silva e Willy Aureli lideraram várias expedições paulistas até a região dos xavante em busca de fama, publicando vários livros sensacionalistas sobre suas incursões. (Silva, 1936; Aureli, 1939).[16] Mas os desafios mais constantes ao SPI vinham dos missionários salesianos.

Os salesianos tinham, desde 1894, aprovação do governo do Mato Grosso para catequizar os índios bororo e haviam recebido

---

[15] Por decisão das oligarquias regionais sob a Velha República, a parcela de rendas públicas do governo central caiu de 65,8% para 51,2%, e o governo central apresentou déficits orçamentários em todos os anos, de 1910 a 1926. Ver Hagopian, F. *Traditional Politics and Regime Change in Brazil*. New York: Cambridge University Press, 1996, p.142.

[16] Hermano Ribeiro da Silva e Willy Aureli seguiram os passos de Percy Fawcett, aventureiro britânico que partiu em 1925 para encontrar uma "civilização perdida" no Brasil central e jamais retornou. Sobre a expedição de Fawcett, ver Dyott, G. M. *Man Hunting in the Jungle:* Being the Story of a Search for Three Explorers Lost in the Brazilian Wilds. Indianapolis: Bobbis-Merrill, 1930.

84   A LUTA INDÍGENA NO CORAÇÃO DO BRASIL

grandes extensões de terras públicas em Merure e Sangradouro, no sudoeste do território xavante, e adquirido considerável influência no estado. Além da perspectiva de converterem os xavante, os salesianos tinham interesse pelo potencial econômico daquele território indígena (SPI, Relatório, 1939, anexo, p.6).[17] Ainda pesava o fato de os xavante terem lutado contra os bororo e atacado a missão em Merure (Maybury-Lewis, 1974, p.3).

Em 1933, dois salesianos – João Fuchs, suíço, e Pedro Sacilotti, brasileiro – estabeleceram-se em Santa Terezinha, dentro de território xavante, para contatar "a tribo guerreira e sanguinária". Separando-se dos "parentes, amigos e da nação para obedecer à manifesta vontade de Deus", Fuchs e Sacilotti passaram fome e sede para contatar "os pagãos".[18] Percorrendo as imediações do Rio das Mortes, os missionários erguiam cruzes de madeira e espalhavam presentes para transmitir sua mensagem de salvação e boa vontade. Durante mais de um ano, os xavante esquivaram-se deles, até que um dia, em novembro de 1934, os padres avistaram, de seu barco, dois indígenas bebendo água à beira do rio. Quando os índios fugiram para dentro do mato, Fuchs e Sacilotti correram atrás deles. Jamais retornaram. No dia seguinte, os assistentes dos missionários encontraram seus corpos nus; os crânios haviam sido esmagados. Essa comunidade xavante enviara uma dura mensagem para os intrusos, mas os salesianos se regozijaram com o martírio. "Seu sangue", declarou a ordem, "será semente fecunda" para a "conversão desses mesmos xavante".[19]

Hipólito Chovelon, um salesiano francês, assumiu a missão de seus companheiros assassinados, erguendo uma cabana em um sítio que denominou São Domingos, na margem leste do Rio das

---

[17]   *Boletim Salesiano*, n.1, 1935, p.55-6.
[18]   *Boletim Salesiano*, n.8, 1947, p.1.
[19]   *Boletim Salesiano*, n.1, 1935, p.57-9.

A "PACIFICAÇÃO" DOS XAVANTE, 1941-1966   85

Mortes. Apelando à ajuda dos governos estadual e federal para "tornar os índios xavante amigos e bons brasileiros", Chovelon ressaltou sua contribuição à Marcha para o Oeste (SPI, Relatório 1939, anexo, p.6). Em 1940, o Ministério da Educação e Saúde deu aos salesianos uma subvenção de vinte contos de réis para que contatassem e educassem os xavante.[20] No ano seguinte, o estado de Mato Grosso cedeu terras à missão na região do Rio das Mortes, com isenção de impostos por dez anos. Em 1941, o ministro do Exterior, Oswaldo Aranha, apresentou a Vargas a proposta de um acordo entre o governo brasileiro e o Vaticano, garantindo às missões religiosas isenção de impostos, autorização para adquirir terras em regiões fronteiriças e papel ampliado no processo de integração dos indígenas (Freire, 1990, p.146-55).

O estreitamento das relações entre Igreja e Estado, após décadas de divergências entre ambos durante a República, foi um dos marcos da era Vargas. Enquanto a Constituição de 1891 arrancou oficialmente da Igreja Católica privilégios políticos, autoridade sociocultural e subvenção do Estado, Vargas buscou uma aliança estratégica com os líderes religiosos, além de manipular a iconografia católica e se beneficiar do anticomunismo pregado pela Igreja para sustentar sua legitimidade política. Embora a Constituição de 1934 mantivesse uma divisão entre Igreja e Estado, ela garantiu uma influência clerical maior sobre o casamento, a educação e as Forças Armadas, e permitiu a subvenção do Estado à Igreja "em prol do interesse coletivo". Sob o Estado Novo, o regime Vargas continuou a formalizar e estreitar a relação entre Igreja e Estado (Bruneau, 1974, p.30-51).

O avanço missionário, contudo, era um problema para o SPI. A lei brasileira não impedia os missionários de catequizar os índios,

---

[20] Chovelon ao Ministério da Educação e Saúde. Rio de Janeiro, 25 de abril de 1941, MI, Sedoc, filme 263, fot. 1444.

86 A LUTA INDÍGENA NO CORAÇÃO DO BRASIL

mas a entidade detinha controle estrito sobre o acesso às populações indígenas. A presença dos missionários salesianos – muitos dos quais estrangeiros – entre os povos indígenas nunca tinha sido vista com bom olhos pelos dirigentes do SPI, que eram adeptos do nacionalismo e do anticlericalismo positivista.[21] (Outros órgãos do governo mostravam menos antagonismo em relação aos missionários, o que desmentia a unidade do "Estado" na formulação da política indigenista.) Com acusações de afronta à soberania nacional, o SPI persuadiu o Ministério do Exterior a desistir da proposta de acordo com a Santa Sé. Mas o incômodo provocado pela presença dos salesianos, cercando os xavante e pedindo verbas a outros ministérios do governo Vargas, ainda precisava ser eliminado.

Os dirigentes do SPI se aproveitaram dos fracassos dos salesianos em "pacificar" os xavante para desacreditá-los. Questionando a masculinidade e a sinceridade dos missionários, um relato do SPI observou: "Quaisquer viagens por estradas trilhadas até por mulheres, os salesianos transformam em expedições ['de pacificação'] e descrevem emocionalmente o sofrimento dos 'missionários' que ousam efetuá-las" (SPI, Relatório, 1939, p.8). Atribuindo a morte de Sacilotti e Fuchs à sua "imprudência, negligência e falta de tato", Alberto Jacobina, inspetor do SPI em Goiás, afirmou que faltava aos salesianos a "necessária disposição moral, que é a precaução e a humildade que qualquer funcionário do Serviço de Proteção aos Índios emprega costumeiramente". Jacobina reclamou também que os esforços do SPI seriam agora prejudicados porque os xavante, temendo retaliações, fugiriam ao contato com os civilizados (SPI, Relatório, 1934).

---

[21] Para uma discussão sobre a rivalidade entre SPI e missionários, ver Gomes, M. P. *Os índios e o Brasil*. Petrópolis: Vozes, 1988, p.191-3; Freire, C. A. da R. *Indigenismo e antropologia*: o Conselho Nacional de Proteção aos Índios na gestão Rondon, 1939-1955. Rio de Janeiro, 1990. p.123-30. Tese (Mestrado) – Universidade Federal do Rio de Janeiro.

A "PACIFICAÇÃO" DOS XAVANTE, 1941-1966   87

As acusações contra os salesianos cresceram. O SPI questionou a capacidade dos missionários estrangeiros, com seus "preconceitos raciais contra índios e contra o Brasil" e sua crença na "superioridade de sua nação", para instilar nos índios "sentimentos de nacionalidade brasileira" (SPI, Relatório, 1939, p.11). Assim como o Estado Novo questionava o patriotismo do clero alemão no Sul do Brasil, os dirigentes do SPI afirmavam que não se poderia jamais confiar a esses missionários a "nacionalização" dos índios brasileiros.[22] Na verdade, a história do compromisso salesiano com a catequização dos índios sugeria o contrário. O padre Antonio Malan, inspetor da Missão Salesiana no Brasil no início do século XX, ansiava por ver os índios fortalecerem "a nação, da qual eles são os verdadeiros donos, e que virão a amar, defender e iluminar" (Malan, apud Novaes, 1993, p.171).

O SPI também acusou os salesianos de se apropriarem de terras indígenas. A acusação não era infundada, já que frequentemente as missões recebiam, dos governos estaduais, concessões de terras localizadas em território indígena, embora o SPI mostrasse igual desconsideração pelas reivindicações de território por parte dos índios.[23] Mas as conclusões do SPI eram alarmistas e incendiárias: "o ataque do Padre Chovelon" fazia parte do "plano do Vaticano para tomar posse do Brasil, executado pelos jesuítas, salesianos e outras ordens religiosas especialmente ligadas ao Papa".[24] Alegando

---

[22] Segundo Carlos Augusto da Rocha Freire, na década de 1940, quase um terço dos clérigos católicos no Brasil havia nascido no exterior. Ver Freire, C. A. da R., op. cit., p.183. Para outras discussões sobre as políticas do Estado Novo em relação ao clero de origem europeia presente no Sul do Brasil, ver Schwartzman et al. *Tempos de Capanema*. Rio de Janeiro: Paz e Terra, 1984, p.154-70.

[23] A. Estigarríbia para o diretor do SPI, Vasconcelos, 27 de janeiro de 1942, MI, Sedoc, filme 263, fot. 1507-11.

[24] A. Estigarríbia para Álvaro Duarte Monteiro. Rio de Janeiro, 20 de abril de 1942, MI, Sedoc, filme 263, fot. 1441; Vasconcelos ao Ministério da Agricultura, 9 de fevereiro de 1943, Funai, DOC, Funai/Of. 014/SPI.

88 A LUTA INDÍGENA NO CORAÇÃO DO BRASIL

que os salesianos atrapalhavam o contato com os nativos, incitavam a violência e usurpavam terras indígenas, o SPI conseguiu excluí-los do processo oficial de "pacificação" no Rio das Mortes. Na verdade, o SPI superestimava a capacidade do Estado e subestimava a determinação dos missionários, e nem concebia o protagonismo dos indígenas. Uma década depois, o SPI admitiria suas limitações no controle da violência interétnica e fomento à acumulação de capital no sertão do Mato Grosso, delegando aos missionários (católicos e evangélicos) um papel de maior destaque na "civilização" dos xavante. Com efeito, mais tarde os xavante pediriam o apoio dos missionários na defesa do bem-estar de suas comunidades e explorariam a rivalidade entre burocratas e clérigos para obter bens de consumo e maior autonomia.

Índios nobres, estadistas nobres

Em 1941, uma pequena equipe do SPI, chefiada por Genésio Pimentel Barbosa, partiu para "pacificar" os xavante. O contingente, que incluía dois índios xerente para servir de intérpretes, estabeleceu sua base na cabana abandonada de Chovelon em São Domingos. Atravessando o Rio das Mortes rumo à Serra do Roncador, a equipe foi deixando regularmente ferramentas, roupas e outros presentes para os índios (Maybury-Lewis, 1974, p.4). Com certeza eles se animaram quando os xavante começaram a recolher as oferendas, mas a glória de "pacificar" essa nação indígena também não caberia a Pimentel Barbosa. Em novembro de 1941, ele e cinco de seus assistentes foram mortos a bordunadas por índios (SPI, Boletim 2, 1941, p.1). Com essa violenta resposta, os xavante haviam assinalado sua oposição à intrusão do Estado em seus territórios e a antipatia em relação aos "irmãos" brasileiros.

Como os salesianos, o SPI beatificou seus mortos. Pimentel Barbosa havia morrido seguindo o credo de não violência da insti-

A "PACIFICAÇÃO" DOS XAVANTE, 1941-1966   89

tuição, vitimado em uma missão humanitária (SPI, Boletim 2, 1941, p.1). Sob nenhuma circunstância foram autorizadas quaisquer represálias contra os índios. No entanto, como os representantes do governo que falavam da afabilidade indígena e da harmonia interétnica explicavam tal beligerância? Da mesma forma que o bom selvagem, o mau selvagem também possuía uma longa história no Brasil, que datava da conquista portuguesa.[25] A dicotomia tinha origem na ambivalência europeia em relação às próprias sociedades, que eles projetavam nas populações indígenas – assim como na reação variada dos povos indígenas perante os europeus (Berkhofer, 1978).[26] Ambas as imagens coexistiam entre a população brasileira (Ribeiro, 1970, p.128-9).[27] O regime Vargas, ao moldar a imagem do índio como o cidadão brasileiro primordial esperando a redenção do Estado, adaptava essa dualidade a seu projeto político.

---

[25] Sobre o período colonial, ver Perrone-Moisés, B. Índios livres e índios escravos: os princípios da legislação indigenista do período colonial (séculos XVI-XVIII). In: Cunha, M. C. da (Ed.). *História dos índios no Brasil.* São Paulo: Companhia das Letras/Fundação de Amparo à Pesquisa no Estado de São Paulo, Secretaria Municipal de Cultura, 1992, p.115-32. No final do século XIX, os brasileiros também classificavam os grupos indígenas em termos binários: o "tupi", o índio nobre, heroico, do passado, que contribuíra para a formação social e cultural da nação; e o "tapuia", o violento saqueador, que impedia o avanço dos colonos. Ver mais sobre esse tema em Monteiro, J. M. As "raças" indígenas no pensamento brasileiro do Império. In: Maio, M. C.; Santos, R. V. (Ed.). *Raça, ciência e sociedade.* Rio de Janeiro: Fiocruz, 1996, p.15-21. Sobre a dicotomia do século XIX entre "tupi" e "tapuia", ver Cunha, M. C. da (Ed.). *Legislação indigenista no século XIX:* uma compilação – 1808-1889. São Paulo: Comissão Pró-Índio de São Paulo/Editora da Universidade de São Paulo, 1992, p.7-8.

[26] Sobre a construção do "nobre selvagem" como um desafio aos privilégios sociais europeus, ver White, H. *Tropics of Discourse:* Essays in Cultural Criticism. Baltimore: Johns Hopkins University Press, 1985, p.183-95.

[27] Darcy Ribeiro observa que uma das motivações por trás da criação do Museu do Índio, na década de 1950, foi a eliminação do estereótipo do índio sanguinário conservada por muitos brasileiros. Ver Ribeiro, D. *Confissões.* São Paulo: Companhia das Letras, 1997, p.196.

90 A LUTA INDÍGENA NO CORAÇÃO DO BRASIL

Quando o SPI reconheceu a "ferocidade dos nossos índios", como os xavante, ele culpou os civilizados por provocar a agressão dos indígenas. Como Rondon afirmou após o assassinato de Pimentel Barbosa:

> O índio é uma criatura dócil, de inteligência primária, que só necessita de meios brandos para se render aos nossos apelos. Só posso, por isso, atribuir o gesto impensado dos xavante a alguma represália [...] que os fez declarar guerra aos civilizados.[28]

Tal ponto de vista protegia a imagem santificada do nobre selvagem. De natureza "dócil e afetuosa", os índios não toleravam o que "em seu entendimento constitui uma afronta ou uma falta de respeito".[29] Entretanto, ao reduzir o clima de violência no sertão a uma questão de choque de culturas, o Estado não reconhecia as complexas diretrizes socioeconômicas e políticas que marcavam a interação dos índios com as pessoas de fora. Os índios eram cifras, quer quando ensandecidos pela ação malévola dos "civilizados", quer quando redimidos por sua bondade.

A Marcha para o Oeste enfrenta a barricada xavante

Em 1944, o SPI nomeou um experiente sertanista, Francisco ("Chico") Meireles, para supervisionar a "pacificação" dos xavante na região do Rio das Mortes.[30] Estabelecendo um posto de atração em São Domingos (rebatizado como Pimentel Barbosa em memória de seu desafortunado predecessor), Meireles estava acompanhado

---

[28] Rondon, apud *A Noite*, 16 de novembro de 1941.

[29] Sobre o tema do índio corrompido pelo mal dos brancos, ver Marçal, H. *Moral ameríndia*. Rio de Janeiro: Ministério da Educação e Saúde, 1946.

[30] Sobre a biografia de Francisco Meireles, ver Vida e ideias de Meireles. *Revista de atualidade indígena*, n.21, jul.-ago. de 1981, p.54-9.

A "PACIFICAÇÃO" DOS XAVANTE, 1941-1966 **91**

de uma pequena equipe, que, mais uma vez, incluía índios xerente. Para que os xavante vissem que não se tratava de uma retaliação, Meireles escolheu o próprio local do massacre para deixar os bens industrializados ofertados. O trabalho da equipe, contudo, não foi fácil: as vias de transporte eram precárias e os suprimentos, transportados por barco, muitas vezes se perdiam ou atrasavam, além de ser, invariavelmente, caros. Desamparados no cerrado, enfrentando a falta de verba e um grupo indígena hostil, a equipe de "pacificação" do SPI estava longe de qualquer feito heroico.

O SPI ainda não havia estabelecido contato com os índios, enquanto, em Xavantina, às margens do Rio das Mortes, a Expedição Roncador-Xingu preparava-se para abrir uma trilha que atravessava o território xavante. A ansiedade tomou conta da expedição. O coronel Vanique proibiu que seus homens andassem sozinhos pela região. Um cronista da expedição, Acary de Passos Oliveira, atribuiu a primeira fatalidade da empreitada a um ferimento à bala causado pelo disparo precipitado por conta de uma acalorada discussão entre membros nervosos da equipe sobre a probabilidade de um ataque xavante (Oliveira, 1976[?], p.105).

A instabilidade da situação preocupou o SPI. Um grupo de uma expedição bastante divulgada e de cunho nacionalista iria penetrar em território xavante sem conhecer as táticas de "pacificação" da entidade.[31] O SPI estava sob intensa pressão para estabelecer contato pacífico com os xavante, e muitas pessoas mantinham constante vigilância sob suas atividades. Em junho de 1945, Vargas voltaria ao Centro-Oeste em visita a bases da FBC em Aragarças e Xavantina, na companhia de importantes representantes do governo e da imprensa. O presidente elogiou os "destemidos patriotas, que cortavam impenetráveis sertões,

---

[31] Instruções ao inspetor especializado Francisco F. Soares de Meireles para os trabalhos de pacificação dos índios xavante. *Memorandum*, 6 de outubro de 1944, MI, Sedoc, filme 381, fot. 277-9.

92 A LUTA INDÍGENA NO CORAÇÃO DO BRASIL

mineiros e sertanistas, que conquistavam regiões selvagens, transformando-as em núcleos promissores" (Vargas, apud Varjão, 1989, p.118). Mas, apesar da retórica chauvinista, os "núcleos promissores" não seriam assegurados enquanto o SPI falhasse em alcançar sua meta de "pacificar" os xavante.

Portanto, em um acordo mútuo, o SPI recebeu assistência técnica da FBC para contatar os índios, enquanto a Expedição Roncador-Xingu prometeu seguir a política do SPI de não violência (Meireles, 1960, p.29). Os membros da expedição passaram por momentos tensos em julho de 1945, ao abrir caminho por território xavante. Em um incidente narrado por Cláudio e Orlando Villas Bôas, os participantes mais famosos da expedição, dois homens assustados dispararam tiros para o alto ao encontrar um bando de guerreiros xavante; os índios contra-atacaram com uma chuva de flechas. Três dias depois, o contingente novamente disparou tiros para o alto para repelir um ataque surpresa de vinte a trinta índios (Villas Bôas e Villas Bôas, 1994, p.75-7).

O apoio logístico fornecido pela FAB permitia ao SPI localizar com mais precisão as aldeias xavante, evitar incidentes e elaborar uma estratégia de contato. Os reconhecimentos aéreos eram fundamentais para a escolha de locais para instalar equipes, o que diferenciava a Marcha para o Oeste dos modelos anteriores de expansão na região (Villas Bôas e Villas Bôas, 1994, p.34; Villas Bôas e Villas Bôas, 1997, p.286). Desde 1930, três fábricas de montagem de aviões haviam sido implantadas no Brasil, e o Correio Aéreo Militar fora fundado em 1931 (consolidando-se como Correio Aéreo Nacional em 1941).[32] Além disso, a FAB

---

[32] Sobre as origens do Correio Aéreo Nacional, ver Siqueira, D. L. de. *Caminhada com Eduardo Gomes*. Rio de Janeiro: Novas Direções, 1989, p.51-3. Sobre fábricas de montagem de aviões, ver Conca, K. *Manufacturing Insecurity:* The Rise and Fall of Brazil's Military-Industrial Complex. Boulder: Westview, 1997, p.28.

A "PACIFICAÇÃO" DOS XAVANTE, 1941-1966   **93**

receberia mais de trezentos aviões dos Estados Unidos por meio do programa de Empréstimos e Arrendamentos Recíprocos (*Lend-Lease*), que funcionara durante a Segunda Guerra Mundial (Lavenére-Wanderley, 1975, p.220-3).

O transporte aéreo também oferecia novas possibilidades para os meios de comunicação que acompanharam a Expedição Roncador-Xingu em sua incursão em território xavante e projetaram os índios de lenda local a nacional.[33] As imagens mais impressionantes eram as coberturas fotojornalísticas de David Nasser, jornalista brasileiro, e de Jean Manzon, fotógrafo francês, publicadas na revista *O Cruzeiro* e no mundo todo (Nasser e Manzon, 1945, p.312-3). As fotografias de Manzon, tiradas de um avião da FAB, capturavam as imagens perfeitas: intrépidos funcionários do governo atravessando as regiões selvagens do Mato Grosso e guerreiros xavante – descritos como "gigantes de bronze", "demônios vermelhos" e "a última tribo selvagem desconhecida do Brasil" – lançando projéteis nos invasores aéreos (Nasser e Manzon, apud Varjão, 1989, p.296-8). Sem dúvida, o poder aéreo inquietou os índios, que posteriormente testemunharam: "Quando vimos o avião pela primeira vez, as crianças ficaram assustadas e se esconderam no mato [...] fugindo também para o rio. Elas ficaram assustadas. Assustadas mesmo" (Sereburã et al., 1998, p.144).

"A pacificação" e suas consequências

Em seu relato de 1945, Meireles observou que os xavante haviam recolhido a mandioca deixada pelo SPI e mantida livre de vegetação

---

[33] Manoel Rodrigues Ferreira, repórter paulista, publicou uma série de artigos centrados na paisagem e nos habitantes do Brasil central, inclusive "os ferozes xavante". Ver, por exemplo, *A Gazeta de São Paulo*, 14 de setembro de 1945.

94 A LUTA INDÍGENA NO CORAÇÃO DO BRASIL

a área em que os presentes haviam sido depositados.[34] Em agosto de 1946, após quase dois anos de "namoro" do SPI, os homens xavante, de porte "extraordinariamente atlético", gesticularam para a equipe de Meireles. Os fotógrafos da entidade estavam por perto para imortalizar o emblemático momento em que "os guerreiros índios" contemplaram face a face "o destemido pacificador", uma prova da harmonia interétnica e da supremacia do Estado brasileiro.[35] Um "pajé" salpicou a equipe do SPI com um estranho pó branco e "o chefe" Apoena ofereceu a Meireles três flechas e colares de algodão como símbolo de amizade. Meireles, aproximando-se dos índios, prometeu "qualquer assistência de que eles pudessem precisar", enquanto os xavante começaram a "brigar entre si por nossas facas, machados, foices, caldeirões, panelas e outros objetos que despertaram sua atenção, como câmeras, revólveres, relógios de pulso, chapéus e fósforos".[36]

O primeiro contato pacífico entre o SPI e os xavante deu origem a uma onda sem precedentes de livros sobre esses indígenas. O jornalista Lincoln de Souza, que acompanhou os encontros iniciais com os xavante, escreveu dois livros relatando suas experiências; seu colega Sylvio da Fonseca publicou outro livro; e o cineasta Genil Vasconcelos produziu um documentário de uma hora de duração em homenagem a Chico Meireles e outros "bandeirantes do século XX", contendo filmagens da "pacificação" e interações subsequentes (Souza, 1953, p.40-2; Souza, 1952; Fonseca, 1948).[37]

---

[34] Meireles, F. Relatório dos trabalhos das turmas de atração dos índios xavante durante o ano de 1945, MI, Sedoc, filme 381, fot. 308.
[35] SPI. Nota da Seção de Estudos do SPI. Janeiro de 1947, Funai, DOC, Funai/ Of. 014/SPI.
[36] Sobre o histórico encontro entre Meireles e os xavante, ver Souza, L. de. *Os xavante e a civilização*. Rio de Janeiro: Instituto Brasileiro de Geografia e Estatística, 1953, p.40-2.
[37] Sobre documentários, ver dois filmes feitos por Genil Vasconcelos: *Sertão: entre os índios do Brasil central* (1949) e *Frente a frente com os xavante* (1948).

A "PACIFICAÇÃO" DOS XAVANTE, 1941-1966   **95**

Os xavante haviam se tornado o primeiro grupo indígena brasileiro a ser destaque nos meios de comunicação em massa.

Embora Vargas tivesse sido deposto pelos militares em outubro de 1945 em meio a clamores pela redemocratização, ele ainda pôde se orgulhar das transformações forjadas pelo Estado Novo. Um artigo publicado na revista *Time* observou que, depois de um século de guerra, os xavante haviam sido conquistados pela "paciência, sofrimento e amor" do governo, não ficando mais "no caminho do grande sonho do Brasil: 'a Marcha para o Oeste'".[38] Em um ensaio publicado na revista *América Indígena*, do Instituto Indigenista Interamericano, o veterano do SPI, Amilcar Botelho de Magalhães, regozijava-se porque a "gloriosa vitória" da "pacificação" ecoava por todo o Brasil e o mundo, ao provar "a eficácia de métodos de persuasão para atrair os índios para viver conosco, sem violências inúteis e desumanas" (Magalhães, 1947, p.333-9). Entusiasmados com a vitória, o SPI previu que

mais cedo ou mais tarde, em um mastro alto e estreito, plantado em terras xavante, a bandeira verde e amarela será içada, ao som do hino nacional cantado por dignas e orgulhosas crianças xavante, no dia da celebração nacional.[39]

Depois de anos de intervenção federal e propaganda oficial, as comemorações em torno da "pacificação" superestimaram as realizações e o potencial do Estado. Para começar, ao classificar o encontro entre Apoena e Meireles como a "pacificação" dos xavante, o governo brasileiro reforçou a ideia de que os índios careciam de iniciativas próprias para contatar os "brancos" – fossem burocratas, missionários ou sertanejos (Silva, 1992, p.68-9; Graham,

---

[38] *Time*, 2 de setembro de 1946.
[39] Excerto de A pacificação dos xavantes, de H. Serpa, Seção de Estudos do Serviço de Proteção aos Índios, agosto de 1947(?), Funai, DOC, Funai/Of. 014/SPI.

96 A LUTA INDÍGENA NO CORAÇÃO DO BRASIL

1995, p.33-5). A comunidade de Apoena certamente via as coisas de modo diferente: os índios acreditavam que *eles* haviam pacificado os brancos (Graham, 1995, p.33-4; Sereburã et al., 1998, p.137-8; Ribeiro, 1970, p.184-6). Que outra explicação poderia haver para aquela reviravolta pela qual, depois de décadas de hostilidade incontida dos *waradzu* (como os não xavante são chamados pelos xavante), alguns deles de repente lhes ofereciam presentes? Com certeza havia sido a *rómhuri* (magia) dos xavante que despertara tal boa vontade nos *waradzu* (Sereburã et al., 1998, p.104). A interação entre os xavante e os *waradzu* pressagiava futuros desentendimentos culturais e divergências políticas (ver Capítulo 3).

A propaganda do Estado era enganosa, pois Meireles não havia estabelecido contato pacífico com "os xavante". Isso porque, embora compartilhando a mesma língua e práticas culturais, os xavante não constituíam uma unidade política. Divididos em comunidades autônomas, muitas vezes rivais, dispersas pelo nordeste do Mato Grosso, os xavante não possuíam uma estrutura política centralizada.

Segundo as histórias orais xavante, após atravessar o Rio Araguaia e entrar no Mato Grosso no século XIX, os índios fundaram uma grande aldeia na área do Rio das Mortes, chamada Isõrepré. Mas, ao longo da década de 1930, brigas internas provocaram cisão nessa aldeia. Uma facção migrou para a região perto do Rio Couto Magalhães ("Lagoa"), mais de duzentos quilômetros a sudoeste; outro grupo migrou para cerca de cem quilômetros ao norte, até a região de Marãiwatsede. Essas novas aldeias também se subdividiram (ver Mapa 3). Ainda outro grupo saído da aldeia de Isõrepré fundou a aldeia de Arõbõnipó, na região do Rio das Mortes; foi essa comunidade, chefiada por Apoena, que o SPI contatou em 1946 (Silva, 1992, p.367-71; Graham, 1995, p.29-31).[40]

---

[40] Aracy Lopes da Silva e Laura Graham observam os diferentes relatos entre os xavante com relação à história dessas várias comunidades – uma extensão lógica das rivalidades entre elas.

Meireles, então, havia "pacificado" apenas uma comunidade xavante que morava na região do Rio das Mortes. A bandeira brasileira não seria hasteada ainda por vários anos na região xavante de Norõtsu'rã, localizada entre os rios Couto Magalhães e Culuene (Chovelon et al., 1996, p.94). A comunidade de Marãiwatsede, onde os salesianos haviam sido assassinados, só seria pacificada em 1966. O processo de contato seria caótico, violento e irregularmente mediado pelo Estado, que se mostrou incapaz de proteger todas as comunidades xavante e de demarcar reservas para sua "futura concentração".

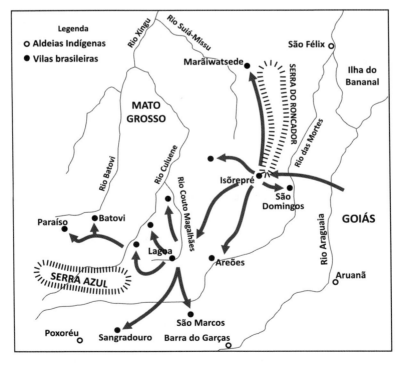

Mapa 3. Migrações xavante.

98 A LUTA INDÍGENA NO CORAÇÃO DO BRASIL

Indigenismo dividido

A "pacificação" inicial dos xavante desencadeou uma reviravolta: à medida que o apoio ao projeto de integração do SPI se desgastava, surgia uma cisão na política indigenista. Na verdade, sempre houvera críticos acerca do objetivo da Marcha para o Oeste de contatar os xavante. Logo após a morte de Pimentel Barbosa, o escritor Austregésilo de Athayde afirmou: "Precisamos adotar, diante desses brasileiros, uma política diferente, que consiste em deixá-los em suas ocas, sem qualquer iniciativa de proteção ou entendimento". Outros não conseguiam esconder sua admiração pelo espírito indomável dos índios, "uma virtude que, nesses tempos, devia ser imitada por todos nós".[41] Os céticos se perguntavam se "civilizar" os xavante era desejável ou factível, dada a miséria dos índios "contatados" e da população do sertão em geral.[42]

Depois da "pacificação" da aldeia de Apoena, quando irromperam violentas lutas entre lavradores e índios xavante, o ceticismo aumentou. Os críticos alegaram que a Marcha para o Oeste, em vez de estancar a violência interétnica na região, acirrava-a, desencadeando a invasão do território indígena. O governador de Goiás, Jerônimo Coimbra Bueno, atacou a missão e a competência do Estado em uma carta ao diretor do SPI e ao ministro da Agricultura. Depois de testemunhar o massacre de centenas de índios craô em 1941 em seu próprio estado, Coimbra Bueno questionou a capacidade do SPI de cumprir sua obrigação de proteger os xavante. O governador goiano alertou:

---

[41] Reações dos jornais ao massacre de Pimentel Barbosa são encontradas em MI, Sedoc, filme 325, fot. 672-743.

[42] Ver *A Notícia*, 24 de junho de 1947; Fonseca, S. da. *Frente a frente com os xavantes*. Rio de Janeiro: Pongetti, 1948, p.123, 132.

A "PACIFICAÇÃO" DOS XAVANTE, 1941-1966   99

> Não é possível policiar as zonas virgens ocupadas pelos Xavante, que vivem segregados de nossa civilização [...] O serviço de atração, teoricamente elogiável, na prática será inútil, como aconteceu com tribos menores, se [os Xavante forem] mantidos acessíveis às hordas de aventureiros cuja existência contamina os índios, principalmente as mulheres, com doenças, e reduz os índios a uma situação de miséria física, dizimando-os em poucos meses.

Coimbra Bueno argumentou que uma medida mais adequada seria

> deixá-los como estão, limitados aos territórios que ocupam, até que o país, após a reabilitação de brancos analfabetos e improdutivos no sertão [...] possa dispor de recursos não apenas para atrair os índios, mas, acima de tudo, para lhes dar a devida assistência.[43]

Suas preocupações foram endossadas por Herbert Baldus, chefe da Seção de Etnologia do Museu Paulista e professor da Escola Livre de Sociologia e Política em São Paulo (Baldus, 1948, p.154). Baldus afirmou que o governo brasileiro não tinha capacidade para incorporar os índios por meio de um processo "científico" adequado e posicionou-se a favor do isolamento temporário dos xavante e de outros grupos indígenas, com pouco ou nenhum contato com pessoas de fora (Baldus, 1951, p.125-6). O papel do SPI – que Baldus reprovava por suas bases positivistas – devia consistir principalmente em defender os índios contra todos os agressores de fora, quer brancos quer pertencentes a tribos vizinhas (Baldus, 1948, p.162-8).

---

[43] O apelo de Coimbra Bueno ao ministro da Agricultura foi publicado no jornal *Folha da Manhã*, em 7 de maio de 1949, e um trecho dele é citado em Baldus, H. É belicoso o xavante?. *Revista do Arquivo Municipal*, n.142, p.131-2, 1951.

100 A LUTA INDÍGENA NO CORAÇÃO DO BRASIL

Em 1949, Vasconcelos Costa, deputado federal por Minas Gerais, fez um discurso no Congresso Nacional em que pedia a criação de um "parque nacional" na região xavante:

> A região do Brasil central em que os xavante estão localizados, entre os rios das Mortes e Culuene, que compreende a Serra do Roncador, é uma das mais bonitas neste país e, até agora, uma das mais desconhecidas [...] Tem-se a impressão de que lá é um paraíso, tal a beleza da terra, a robusteza do homem que lá vive, e sua felicidade nunca será maior com uma troca pela civilização.

Seu discurso saudava a imagem do índio imaculado que fazia parte da propaganda do Estado Novo – mas cuja preservação não estava nos planos do governo. Em questão de anos, temia Vasconcelos Costa, as estradas facilitariam o transporte para a região, estilhaçando aquele frágil hábitat. A criação de um parque nacional, contudo, preservaria a terra, "com seus senhores primitivos e a variedade de caça e pesca tão abundante lá", e garantiria o "patrimônio histórico e geográfico para gerações futuras".[44] Não eram os xavante, afinal, "as entranhas de seu país nativo", o último vestígio do mundo pré-Colombo, "o último índio brasileiro"?[45]

A campanha dos representantes do Estado e de intelectuais brasileiros para preservar a "autêntica" cultura indígena revelou o que o antropólogo Renato Rosaldo chamou de "nostalgia imperialista": os agentes da dominação colonial sentiam saudade das próprias formas de vida que haviam alterado ou destruído (Rosaldo, 1993, p.69). É digna de nota a forma como a retórica oficial ajudou a assentar as bases para seu deslocamento preservacionista.

---

[44] Costa, V. Problemas do Brasil central. 1949, MI, Sedoc, filme 389, fot. 759-60.

[45] Os epítetos foram dados por Chateaubriand, A. *O Jornal*, 29 de maio de 1949.

A "PACIFICAÇÃO" DOS XAVANTE, 1941-1966   **101**

O SPI havia louvado o valor, a dignidade e a virtude dos índios. Havia fetichizado o bravo guerreiro, o habitante comunitário e o brasileiro primevo. É claro que essas imagens forneciam mitos da origem para a nação brasileira, narrativas de "progresso" e noções de democracia racial – se não de superioridade. Mas as imagens exóticas dos índios alimentaram visões românticas que se recusaram a desaparecer só porque o SPI havia decretado a inevitabilidade da marcha da "civilização". Talvez esse ser corajoso, nobre e valente, tão idealizado pelo governo como um elemento para a construção do país, fosse um material precioso demais para ser petrificado no processo. Talvez o Estado tivesse negligenciado seus deveres ou errado de foco. Talvez os índios devessem ser preservados em seu hábitat natural e a Marcha para o Oeste devesse ter sua rota alterada.

Uma "nova redenção" para os xavante?

A proposta de Vasconcelos Costa de estabelecer um parque nacional abrangendo o território xavante não vingou, mas, simultaneamente, um movimento com maior apoio de diversas facções da elite concentrou-se em torno da criação de um parque nacional na região do Xingu, ao norte do Mato Grosso. Lançado por ampla aliança – acadêmicos e cientistas, magnatas da imprensa, dirigentes do SPI, CNPI e FAB, e os sertanistas Cláudio e Orlando Villas Bôas –, a proposta do parque do Xingu defendia a criação de uma grande área de proteção para os grupos indígenas.[46] "Representantes do

---

[46] Para uma discussão sobre a evolução do projeto do Parque Nacional do Xingu, ver Freire, C. A. da R., op. cit., p.223-46; Davis, S. H. *Victims of the Miracle:* Development and the Indians of Brazil. Cambridge: Cambridge University Press, 1986, p.47-52. Para um exame acerca da disputa territorial entre o governo central e o estado do Mato Grosso, ver Mendes, G. F. *Domínio da União sobre as terras indígenas:* o Parque Nacional do Xingu. Brasília: Ministério Público Federal, 1988.

102 A LUTA INDÍGENA NO CORAÇÃO DO BRASIL

Brasil imaculado", os vários grupos das quatro maiores famílias linguísticas aborígenes (tupi, arauaque, caribe, jê), morando na região do Xingu, seriam protegidos em seu hábitat – e serviriam para exemplificar as condições "em que a primeira sociedade de tradição europeia foi implantada com sucesso nos trópicos: a sociedade brasileira". O plano original do parque, apresentado no Congresso Nacional em 1952, incluía parte do território habitado pelos xavante então não contatados.[47]

Embora as elites continuassem a ver os índios como sujeitos a-históricos, a proposta do Parque Nacional do Xingu foi inovadora na história legislativa brasileira. Em vez de conceber as terras indígenas só em termos de ocupação física, o parque visava a um hábitat integrado, capaz de sustentar o bem-estar tanto físico quanto cultural da comunidade (Rocha, 1992, p.21-3). A integração à sociedade brasileira seria gradual e limitada.

Surgiu, então, uma divisão na política indigenista brasileira (como no restante da América Latina) entre os integracionistas e os preservacionistas – embora nenhum dos lados fosse caracterizado pelo purismo.[48] Enquanto o diretor do SPI, José Maria da Gama Malcher, apoiava a criação do parque, Chico Meireles fazia oposição.[49] Segundo Meireles, os índios, na verdade, ansiavam por

---

[47] Ver o anteprojeto de lei que cria o parque indígena e dispõe sobre sua organização, reimpresso em Lea, V. R. *Parque Indígena do Xingu:* laudo antropológico. Campinas: Unicamp/Instituto de Filosofia e Ciências Humanas, 1997, p.153.

[48] Para uma visão comparativa sobre as diversas posições dentro do indigenismo mexicano, ver Knight, A. Racism, Revolution and *Indigenismo*: Mexico, 1910-1940. In: Graham, R. (Ed). *The Idea of Race in Latin America, 1870-1940.* Austin: University of Texas, 1990, p.80-1.

[49] Sobre a reticência de Meireles, por conta do medo de isolar as elites mato--grossenses, denunciando suas ações no Congresso Nacional, ver Menezes, M. L. P. *Parque Indígena do Xingu:* a construção de um território estatal. Rio de Janeiro, 1990. p.182. Tese (Mestrado) – Universidade Federal do Rio de Janeiro.

A "PACIFICAÇÃO" DOS XAVANTE, 1941-1966   **103**

viver como os brancos; depois de anos de coexistência pacífica, eles compreenderiam que os brancos viviam com maior conforto e desejariam viver da mesma maneira. Era dever do Estado, portanto, assistir aos índios "em seu justo desejo, e facilitar tudo para eles [...] porque se não fizermos assim, estaremos sendo desumanos e praticando uma clamorosa discriminação racial".[50]

Quando o Congresso Nacional aprovou, por fim, a criação do Parque Nacional do Xingu – nove anos após o primeiro projeto ter sido apresentado –, a reduzida área não incluía mais o território xavante (ver Capítulo 4) (Davis, 1986, p.50-2; Maybury-Lewis, 1974, p.8). O Estado não delimitou as áreas dos xavante no Xingu, mas procurou demarcar diminutas reservas nas quais os índios seriam transformados em pequenos agricultores. Esperava-se que, atraídos pelos bens industriais, os índios renunciassem não apenas à violência, mas também às reivindicações pela terra ancestral.[51]

A Marcha para o Oeste havia deixado suas marcas no sertão do Mato Grosso. O Estado, dinamizado pela força centrípeta do regime Vargas, estabelecera contato pacífico com um contingente xavante após quase um século de hostilidades. Desarmando índios e camponeses, o Estado brasileiro assegurava para si o monopólio do uso da força. Além disso, ao excluir os salesianos do processo de "pacificação" oficial, o SPI afirmara a supremacia do Estado sobre a Igreja em assuntos indígenas.

Entretanto, um conjunto de fatores complicaria as tentativas do Estado em controlar os xavante e seu território. Assim como o processo de "pacificação" havia sido intermitente, contestado e incompleto, o mesmo ocorreu com os esforços de limitar os xa-

---

50   *Revista de Atualidade Indígena*, n.21, 1981, p.57.
51   A. Estigarríbia para Vasconcelos, diretor do SPI, 1º de abril de 1942, MI, Sedoc, filme 263, fot. 474-5; Vasconcelos ao ministro da Agricultura, 9 de fevereiro de 1943, Funai, DOC, Funai/Of. 014/SPI.

104 A LUTA INDÍGENA NO CORAÇÃO DO BRASIL

vante em reservas e transformá-los em agricultores a serviço da nação. Como os próximos dois capítulos mostrarão, os esforços do governo central para reordenar as relações sociais e públicas no Centro-Oeste foram minados não só pelas iniciativas dos xavante, mas também pela oposição das elites mato-grossenses e pela sabotagem dos funcionários do SPI. O contato pacífico entre os xavante e os oficiais do SPI não significou, como a entidade declarou, "uma nova redenção" para o Estado-nação e os índios.[52] Significou novos tipos de conflitos e ajustes.

---

[52] SPI. Nota da Seção de Estudos do SPI. Janeiro de 1947, Funai, DOC, Funai/ Of. 014/SPI.

3

"O pai de família provocando a oposição de seus filhos"

Os esforços do Estado para "civilizar" os xavante, 1946-1961

Em janeiro de 1954, chegavam ao Rio de Janeiro oito ilustres visitantes: um grupo de índios xavante acompanhado por Chico Meireles. A excursão-relâmpago à capital da nação incluiu encontros com o presidente Getúlio Vargas (eleito em 1950), Cândido Rondon e o ministro da Agricultura, além de um passeio pela praia de Copacabana e de uma partida de futebol no estádio do Maracanã. Sempre um tema em alta na mídia, os xavante foram acompanhados por um repórter do jornal *O Globo*. Finalmente, observou um cronista, os cariocas veriam pela primeira vez índios autênticos – "como os tupis que Cabral viu" quando chegou ao Brasil em 1500 – em vez dos "decadentes" que costumavam andar pela cidade (Meireles, 1960, p.99).

Não faltaram especulações a respeito dos motivos da visita dos índios ao Rio. Alguns afirmavam que os nativos, enfurecidos pela invasão de suas terras, estavam prestes a entrar em guerra quando Meireles os convenceu a se encontrar com o "grande chefe dos civilizados"[1] para buscar uma solução legal. Outros consideravam

---

[1] *O Globo*, 11 de janeiro de 1954.

106   A LUTA INDÍGENA NO CORAÇÃO DO BRASIL

a viagem um espetáculo arquitetado pela mídia para satisfazer a megalomania de Meireles.[2] Embora tais explicações fossem plausíveis, a visita provavelmente também serviu a outros propósitos, não só para mostrar aos índios onde estava o centro do poder no Brasil, mas também para exibir os benefícios da "civilização". Como outros grupos indígenas que mantinham contato apenas esporádico com pessoas de fora, os xavante sabiam pouco a respeito do mundo além de sua região. No início da década de 1950, a demografia da dispersa população do sertão do Mato Grosso, onde moravam os estimados milhares de xavante, dava aos índios uma noção diferente de quem era a minoria étnica e os marginalizados no Brasil. Na realidade, os índios sequer se referiam a si próprios como xavante, nome de origem desconhecida, cunhado por brancos e aparentemente aplicado de maneira indiscriminada a grupos indígenas no sertão brasileiro. Eles chamavam a si mesmos de A'uwẽ, que, em sua língua, um ramo da família linguística jê, significava "o povo". Outros grupos não podiam reivindicar tal denominação. O etnocentrismo dos dirigentes do SPI encontrara um rival à altura. Uma viagem à capital brasileira curaria os índios de seu complexo de superioridade. Se o "grande chefe dos civilizados" falhasse em dissuadir os xavante da violência (e "nomadismo"), a visão da cidade grande os persuadiria.

É improvável, contudo, que os xavante tivessem sido arrastados a essa odisseia. Segundo Silo Meireles, irmão de Chico Meireles, eles imploraram aos funcionários do governo permissão para visitar "a aldeia deles" (Meireles, 1960, p.95-8). A perspectiva de explorar novos territórios, de adquirir bens de seus protetores e descobrir mais a respeito da cultura waradzu tinha seus atrativos. Como um

---

2   Com relação à vinda de índios xavante a esta capital, declarou-nos o diretor do SPI..., Conselho Nacional de Proteção aos Índios, 1954, MI, Sedoc, filme 356, fot. 49-50.

"O PAI DE FAMÍLIA PROVOCANDO A OPOSIÇÃO DE SEUS FILHOS" 107

dirigente do SPI comentou a respeito das visitas de outros índios a cidades grandes:

> Ao retornar, os índios se divertem reunindo, todas as noites, as pessoas da tribo para contar o que viram e o que não viram. E, às vezes, continuam narrando suas aventuras, bastante fantásticas, durante meses.[3]

A admiração – e inveja – provocada em seus companheiros por tais excursões ao mundo desconhecido dos waradzu era semelhante à dos aventureiros, missionários e sertanistas que faziam a jornada oposta. Um notável visitante xavante no Rio naquele janeiro foi o "chefe" Urubuenã. Musculoso, deslumbrante em suas roupas ocidentais apenas sete anos após a "pacificação", Urubuenã era uma figura impressionante. Em entrevista para a imprensa, sua fala era traduzida – e, sem dúvida alguma, embelezada – por Meireles:

> Queremos viver em paz e colaborar com os brancos. Sabemos que entre nós há muitos maus elementos, que desrespeitam a lei de seus chefes, mas entre os brancos acontecem as mesmas coisas.[4]

O implacável inimigo do homem branco desaparecera – graças aos esforços do SPI – e, em seu lugar, surgira o índio pacífico cujos valores, ao que parecia, não eram muito diferentes dos valores do restante dos brasileiros.

---

[3] Dirigente do SPI citado na *Tribuna da Imprensa*, 4 de janeiro de 1958. Sobre interesse similar entre os ianomâmi em uma das descrições de seus companheiros de tribo de Caracas, ver Chagnon, N. A. *Yanomamö: The Fierce People*. 3. ed. New York: Holt, Rinehart e Winston, 1983, p.196.

[4] *O Globo*, 11 de janeiro de 1954.

108   A LUTA INDÍGENA NO CORAÇÃO DO BRASIL

O SPI via nos chefes nativos um caminho para o processo de integração indígena. Esperava-se que eles arregimentassem o trabalho indígena e ajudassem a combater o nomadismo; assim, o Estado, que se negava a reservar extensos territórios para os xavante, poderia comercializar grande parte de suas terras. Como pregava o SPI, "o respeito, a autoridade e o prestígio dos chefes entre as tribos deve ser mantido, fazendo que os benefícios da civilização sejam distribuídos entre eles pelo chefe" (SPI, Boletim 5, 1961, p.5-6). Aparentemente, o SPI encontrara em Urubuenã seu representante.

A visita de Urubuenã à capital em 1954 foi tão bem-sucedida que, três anos depois, ele retornou. Nessa segunda viagem, foi acompanhado por Walter Velloso, chefe do posto do SPI de sua comunidade. Velloso vangloriava-se das medidas adotadas para converter os índios de caçadores-coletores em agricultores, e do bom relacionamento que estabelecera com Urubuenã. Na sede do SPI, o chefe indígena foi devidamente recompensado com presentes antes de voltar para casa (SPI, Boletim 1, 1957, p.3). Para o governo, o processo de integração dos índios brasileiros parecia em curso: nativos outrora hostis se entendiam com chefes de postos; os xavante haviam sido seduzidos pelos bens industriais e pelo estilo de vida brasileiro (mas voltavam contentes a suas comunidades); o público continuava informado sobre as grandes transformações realizadas pelo SPI e tudo estava calmo no interior do Centro-Oeste. Não obstante, construída sobre bases frágeis, a política do governo federal para os xavante logo desmoronou.

Durante a visita ao Rio de Janeiro, a comitiva xavante dera indícios de que haveria mais conflitos e reveses no processo de integração indígena do que o esperado. Os repórteres ficaram surpresos quando Urubuenã empurrara outro índio para o lado quando fotógrafos tentaram reunir o grupo para uma fotografia conjunta. Quatro anos depois, em maio de 1958, ao visitar uma comunidade xavante dissidente, seria Urubuenã o alvo de agressão. Só

"O PAI DE FAMÍLIA PROVOCANDO A OPOSIÇÃO DE SEUS FILHOS" 109

que dessa vez a provocação tomava dimensão maior: Urubuenã foi espancado com bordunas até a morte. O caos instalou-se: batalhas fratricidas foram travadas entre as comunidades xavante, o posto do SPI foi abandonado e refugiados indígenas invadiram Xavantina e ameaçaram destruí-la (Maybury-Lewis, 1974, p.23-4). A imprensa foi à loucura, publicando notícias de caos no sertão do Mato Grosso, e os críticos atacaram o Estado pelo fracasso em garantir o bem-estar de seus tutelados.

Este capítulo explora alguns dos fatores que prejudicaram os esforços do SPI para construir índios "melhores" – pequenos agricultores e cidadãos obedientes, mas que conservavam suas "virtudes" indígenas. Por um lado, as falhas do SPI originavam-se da divergência entre as expectativas do Estado e os objetivos dos xavante. Os dirigentes da entidade esperavam persuadir, com a colaboração dos chefes indígenas, as comunidades xavante a renunciar ao nomadismo e a praticar agricultura intensiva. Na avaliação do SPI, a transformação seria bastante simples: os índios ansiavam por viver como brancos, precisando apenas de instruções adequadas; os chefes indígenas serviriam como emissários e seriam devidamente recompensados. Da perspectiva indígena, contudo, as coisas não eram bem assim. Embora ávidos pelos bens industriais, os xavante temiam abandonar seus meios de subsistência, garantidos por uma longa história de adaptação ao ambiente natural do cerrado. Os líderes indígenas tentavam lidar com as divisões internas dentro de sua própria aldeia, explorando os favores do SPI para recompensar amigos e punir adversários, e não podiam assegurar unanimidade na comunidade. Surgiram conflitos internos, divisões e dispersões nas comunidades, desorganizando o processo de integração indígena e expansão para oeste arquitetados pelo Estado.

Da parte do SPI, as principais falhas ocorriam em decorrência da disparidade entre os objetivos e as capacidades estatais. Poucos recursos, baixa infraestrutura e funcionários insatisfeitos ou rebel-

110 A LUTA INDÍGENA NO CORAÇÃO DO BRASIL

des diminuíam as chances do SPI de alcançar as transformações desejadas na sociedade xavante. E os xavante, que negociavam e exigiam um retorno por parte dos chefes de posto (e dos missionários), ressentiam-se com a suspensão da assistência. Os xavante e os funcionários públicos encontravam-se no que Richard White chamou de *middle ground*: um lugar entre culturas em que os povos ajustam suas diferenças por meio de mal-entendidos criativos, um processo do qual surgem novos significados e novas práticas; nem os xavante nem os waradzu podiam mais ignorar um ao outro, mas também não podiam impor sua vontade ao outro (White, 1995, p.X). Para iniciar nossa análise, precisamos examinar aspectos da economia política xavante no início do período pós-contato. Ao se envolver com o mundo dos waradzu, os xavante tinham como modelo sua própria cultura para a permanência e a mudança, a acomodação e a resistência, a adaptação e a redefinição. Pois, como observou Sherry Ortner, "pedaços da realidade, ainda que emprestados ou impostos por outros, são entrelaçados por meio da lógica da própria bricolagem de um grupo desenvolvida local e historicamente" (Ortner, 1995, p.176).

A ecologia do cerrado

O cerrado habitado pelos xavante caracteriza-se por variação sazonal e irregularidade geográfica. Cobrindo um quinto da superfície do Brasil, o cerrado é marcado por uma estação seca relativamente curta, de maio a agosto, seguida por uma estação de fortes chuvas. Mas podem ocorrer flutuações sazonais significativas: a média de precipitações de ano a ano pode variar de 15% a 20%, com curtos períodos de seca durante a estação chuvosa. A vegetação densa de arbustos com troncos e ramos retorcidos predomina na região, mas sua vegetação varia consideravelmente, da floresta cerrada em

"O PAI DE FAMÍLIA PROVOCANDO A OPOSIÇÃO DE SEUS FILHOS" 111

abóbada (ou galeria) até a grama com ou sem árvores e arbustos. A maioria dos solos do cerrado varia de moderada a altamente ácidos, com baixos nutrientes, muito alumínio e tóxicos para a maioria dos cultivos – muito longe do Éden retratado na propaganda da Marcha para o Oeste. Sem o uso de tratores, calcário e fertilizantes químicos, ou de métodos sofisticados de agricultura orgânica, apenas estreitas faixas das florestas de galeria, localizadas próximas aos rios, possuem boas condições para o cultivo agrícola.[5]

Consequentemente, a técnica de derrubada-queimada continuava sendo um recurso sazonal para os xavante, uma estratégia de subsistência de importância secundária. Os xavante plantavam milho, feijão e abóbora na floresta de galeria, em geral a mais de um dia de caminhada de suas aldeias no cerrado. Tais cultivos, que podiam ser colhidos rapidamente, eram convenientes porque não prendiam os índios à aldeia. Com efeito, os xavante costumavam dedicar não mais que entre três semanas e um mês por ano à agricultura: uma semana, após as primeiras chuvas, para plantar as sementes; uma segunda semana para colher o milho; e uma terceira semana para colher o feijão e as abóboras (Maybury-Lewis, 1974, p.48). Esses alimentos eram valorizados pelo uso cerimonial, como o bolo de milho, consumido durante a celebração do ritual de iniciação masculino (Maybury-Lewis, 1974, p.48).

Para sua subsistência, os xavante, como outros povos indígenas do Brasil central, colhiam e caçavam animais selvagens. As

---

[5] Sobre a ecologia do cerrado, ver Flowers, N. *Forager-Farmers:* The Xavante Indians of Central Brazil. New York, 1983. Tese (Doutorado) – City University of New York; Moran, E. F. *Through Amazonian Eyes:* The Human Ecology of Amazonian Population. Iowa City: University of Iowa Press, 1993, p.118-39; Gross, D. et al. Ecology and Acculturation among Native Peoples of Central Brazil. *Science*, n.206, setembro de 1979, p.234.

112 A LUTA INDÍGENA NO CORAÇÃO DO BRASIL

mulheres indígenas saíam em caminhadas para colher tubérculos, palmitos, o fruto do buriti e do babaçu, vagens de alfarroba, pequi, mangas, jenipapo e raízes selvagens (Maybury-Lewis, 1974, p.43-7). A coleta proporcionava a maior parte do sustento dos índios, mas rendia mais que alimento. As cabaças serviam para armazenar água ou sementes; a cortiça, para fazer curativos; o algodão e alguns tipos de semente, para confeccionar colares; o urucum, para decoração corporal (acreditava-se que seu uso antes do intercurso sexual favorecia a concepção); as raízes, para tratar picada de cobra e doenças gastrointestinais; a palha, para fazer cestos; o capim afiado, para cortar cabelo.

A caça, executada pelos homens xavante, era feita tanto individual quanto coletivamente. Algumas caçadas eram empreendidas por todos os membros de um grupo etário, e a carne era dividida entre as várias famílias; outras eram efetuadas por caçadores solitários ou pequenos grupos (Maybury-Lewis, 1974, p.41-2). Os homens xavante que voltavam com catitus, porcos-do-mato, tapires, tamanduás ou veados eram recebidos na aldeia com muitos festejos (Maybury-Lewis, 1974, p.35-43). Certamente, a boa visibilidade e a sazonalidade definida do cerrado (facilitando a previsão do comportamento dos animais) tornavam-o muito mais vantajoso para a caça que as florestas tropicais (Moran, 1993, p.118). Para evitar o esgotamento do solo e da caça, os xavante abandonavam suas aldeias-sede depois de vários anos, muitas vezes retornando apenas uma década depois.[6] Mesmo quando estavam na aldeia-sede, onde a concentração garantia melhor

---

6 Realmente, como diz Nancy Flowers, tal foi o caso da aldeia-sede de Apoena, que fora ocupada nas décadas de 1930, 1950 e 1970 – cada ocupação durando cerca de cinco anos –, e deixada sem cultivo por intervalos de cerca de quinze anos para permitir que o solo se regenerasse. Para mais informações sobre o tema, ver Nancy, F., op. cit., p.295.

"O PAI DE FAMÍLIA PROVOCANDO A OPOSIÇÃO DE SEUS FILHOS" 113

defesa e o sucesso da caçada coletiva, os xavante efetuavam várias caminhadas anualmente para manter o equilíbrio socioeconômico (Flowers, 1983, p.289). Embora as caminhadas fossem longas, nunca eram aleatórias, sem rumo ou casuais. As rotas, sítios e destinos dos xavante eram organizados e orientados por um agudo conhecimento do meio ambiente e senso do domínio territorial.[7] David Maybury-Lewis observou sobre os xavante:

> Eles eram nômades, mas não no sentido de que seu lar era onde acontecia de estarem em um dado momento. Eles tinham suas aldeias, que consideravam assentamentos semipermanentes. Tais assentamentos podiam ser abandonados sem muita dificuldade e semicírculos similares de ocas eram erigidos em um novo local; mas eles geralmente não os abandonavam sem uma boa razão, e faziam isso com a menor frequência possível, a fim de se pouparem o trabalho de construir novas ocas. Ainda assim, passavam pouco tempo em suas aldeias-sede. A maior parte do ano era passada em caminhadas. Uma caminhada começa na aldeia-sede e pode durar entre um mínimo de seis semanas e um máximo de três ou quatro meses. É deliberadamente planejada pelos mais velhos no círculo de homens de modo que a comunidade possa se deslocar por uma determinada região a fim de explorar recursos específicos. (Maybury-Lewis, 1974, p.53.)

Evidentemente, o estilo de vida xavante exigia amplo território, versatilidade e grande resistência física. Demandava também intervenções no meio ambiente: os xavante ateavam fogo no cerrado,

---

[7] A mobilidade indígena muitas vezes é vista como vadiagem. Para uma análise profunda a respeito dessa questão, ver Ramos, A. R. *Indigenism:* Ethnic Politics in Brazil. Madison: University of Wisconsin Press, 1998, p.33-40.

114 A LUTA INDÍGENA NO CORAÇÃO DO BRASIL

para atrair a caça, e na floresta de galeria para seus cultivos (sistema de derrubada-queimada). A ideia de índios inerentemente preservacionistas, em voga na política ambiental contemporânea, é complexa do ponto de vista etnográfico e historicamente contingente.[8] Os grupos jê, como os xavante, eram estigmatizados como vadios e "verdadeiros animais, em constante guerra por seu alimento diário constituído por frutos selvagens e carne crua" (Figueiredo, 1939, p.184). Como o jurista Rodrigo Otávio afirmou, os índios brasileiros viviam "sem hábitos normais de trabalho, dos frutos que coletavam, da caça e da pesca" (Otávio, 1946, p.159). O Estado brasileiro (como quase todos os outros) condenava historicamente o nomadismo – independentemente da identidade de seus praticantes – porque a mobilidade dificulta a dominação política e o controle social.[9] No contexto da Marcha para o Oeste, o "nomadismo" indígena atrapalhava o processo organizado de mercantilização da terra e acumulação de capital defendido pelo governo. No entanto, para os xavante, a economia mista de subsistência baseada na caça, na coleta e na agricultura era uma adaptação criativa a um meio ambiente hostil e imprevisível de que eles não estavam dispostos a abrir mão após a "pacificação".

---

[8] Para uma discussão sobre os índios amazônicos como gestores ambientais, ver Posey, D. A.; Balée, W. (Ed.). *Resource Management in Amazonia:* Indigenous and Folk Strategies. Bronx: New York Botanical Garden, 1989. Sobre o impacto negativo da população tupi sobre a floresta atlântica no Brasil, ver Dean, W. *With Broadax and Firebrand:* The Destruction of the Brazilian Atlantic Forest. Berkeley: University of California Press, 1995, p.20-40. Para uma crítica acerca da imagem do nativo americano como essencialmente ecologista, ver Krech III, S. *The Ecological Indian:* Myth and History. New York: Norton, 1999.

[9] A política de imigração durante o Estado Novo barrava a entrada de "vadios" e "ciganos" no país. Ver Carneiro, M. L. T. *O antissemitismo na era Vargas.* São Paulo: Brasiliense, 1988, p.180.

"O PAI DE FAMÍLIA PROVOCANDO A OPOSIÇÃO DE SEUS FILHOS" 115

Gênero, idade e modo de produção ordenado por parentesco

Para a sobrevivência diária no cerrado, o conhecimento e os recursos naturais eram compartilhados entre os habitantes da aldeia; o trabalho também era dividido (Silva, 1986, p.47). A sobrevivência das economias baseadas nas relações de parentesco dependiam da habilidade de lidar com os conflitos por meio do consenso e de sanções informais.[10] A sociedade xavante também era marcada por uma estrita divisão de trabalho baseada em gênero e idade, com os grupos etários dispostos em ordem hierárquica. A política formal da aldeia era domínio exclusivo dos *predu*, ou homens maduros (homens casados vivendo com suas esposas) e, portanto, excluía homens mais jovens, não iniciados ou recentemente iniciados, e todas as mulheres. O universo das mulheres estava firmemente assentado na vida doméstica (Maybury-Lewis, 1974, p.143). Não obstante, como as discussões políticas ocorriam fora da arena formal, incluindo o ambiente doméstico, as mulheres tinham influência indireta sobre as decisões (Graham, 1995, p.147).

O protocolo que regulava a caça e a distribuição da carne evidenciava os mecanismos destinados a impor cooperação e generosidade, e reforçava, ao mesmo tempo, a divisão de gênero e idade que estrutura a sociedade xavante. Todos os homens fisicamente capazes participavam das caçadas comunitárias, que, em geral, ocorriam durante a estação seca. Encarnando os ideais masculinos de resistência física, vigilância, velocidade e agilidade, a caçada reforçava a divisão do trabalho por gênero. Os homens xavante se reuniam para queimar a vegetação do cerrado e abater a caça em

---

10 Sobre a política econômica de outros "bandos" coletores de alimentos, ver Wolf, E. *Europe and the People Without History*. Berkeley: University of California Press, 1982, p.91-2.

116 A LUTA INDÍGENA NO CORAÇÃO DO BRASIL

fuga com bordunas e flechas. A carne era, então, dividida igualmente entre todas as famílias, com a supervisão dos mais velhos. Nas caçadas efetuadas por grupos menores, as regras variavam, mas ainda se buscava exaltar a virilidade, a colaboração e a deferência com os mais velhos. A carne pertencia ao caçador que primeiro avistara a caça (e não ao homem que matara o animal), porém ele não poderia dispor dela segundo lhe conviesse. Ao voltar para sua casa (a casa da família de sua esposa, já que a sociedade xavante é uxorilocal), ele entregava a carne à esposa, que, por sua vez, a entregava à mãe para ser distribuída entre os familiares. A carne restante era dada aos pais do caçador (Giaccaria, 1972, p.62-4). A idade, então, conferia prerrogativa dentro da sociedade xavante, uma vez que os mais velhos tinham direito ao fruto do trabalho dos mais jovens e prioridade na distribuição de alimentos (Turner, 1979, p.168).

Embora o território fosse controlado e defendido coletivamente, os xavante tinham um conceito de propriedade familiar (Silva, 1986, p.47-8). As áreas destinadas à agricultura, por exemplo, ficavam sob os cuidados de cada unidade familiar – os homens desmatavam a área, as mulheres a cultivavam, e o produto era distribuído pelas mulheres mais velhas para o consumo. Entre os xavante, a mulher tecia algodão e fazia as próprias cestas de fibra de buriti, enquanto o homem produzia os próprios arcos, flechas e esteiras. Entretanto, a existência de noções de propriedade não promovia a acumulação de bens, que era limitada pelo ambiente natural e condenada pela moral xavante.

Pertences eram enterrados com os mortos, o que eliminava a possibilidade de herança. Com efeito, a desconsideração dos xavante pela quantificação de bens se refletia em sua língua nativa, na qual não existiam números maiores que cinco; qualquer coisa acima disso era simplesmente chamada "muito". Os sistemas de troca também desestimulavam a acumulação por conta de critérios fundamentais: bens oferecidos para escambo deveriam ser

"O PAI DE FAMÍLIA PROVOCANDO A OPOSIÇÃO DE SEUS FILHOS" **117**

proporcionais aos recursos dos envolvidos na troca; um pedido nunca devia ser recusado; e a compensação não precisava acontecer de imediato. A contravenção aos princípios de reciprocidade estigmatizava o transgressor como *tsotidi*, ou uma pessoa "socialmente perigosa", e isso era motivo capaz de impedir o casamento na sociedade xavante (Giaccaria, 1972, p.66-71).

Como outras comunidades rurais de subsistência – indígenas e não indígenas –, os xavante moldavam seu estilo de vida aos contornos geográficos e fluviais, à flora e à fauna, e a variações sazonais do meio ambiente. Esse estilo de vida era desaprovado pelo governo brasileiro, pois desafiava o planejamento "racional" e contrariava a lógica capitalista (Shanin, 1971, p.246-7). Assim como para outros povos indígenas, para os xavante a paisagem natural estava impregnada de memórias históricas, e dela eram extraídos os recursos para decoração corporal e rituais. E, como outros povos indígenas, os xavante enfrentariam um Estado que definia as diferenças culturais como "quistos étnicos", considerava comunidade em termos nacionais ignorando as relações de parentesco, e espreitava as terras ancestrais pelo seu valor econômico e estratégico.

Dinâmica política nas aldeias xavante

A estratégia do SPI de cooptar os chefes indígenas na tentativa de "fixar" as comunidades xavante esbarraria em outros obstáculos. As comunidades xavante eram arranjos temporários sujeitos a constantes divisões e reconfigurações, nucleações e dispersões. Eram abaladas por guerras que tinham origem na política das aldeias e nas relações de parentesco, bem como em crenças e atitudes próprias de sua cultura, competição pelos recursos naturais e interação com os não índios (Ferguson, 1990, p.26-55). Como em muitas sociedades pré-capitalistas, a violência e o conflito atingiam

118 A LUTA INDÍGENA NO CORAÇÃO DO BRASIL

as comunidades xavante – como aconteceria, com modificações, durante o processo de integração com a economia nacional brasileira.[11] As comunidades xavante estavam longe de ser o que os dirigentes e intelectuais do governo alardeavam: comunidades facilmente convertidas em utópicas cooperativas agrícolas.

Marcada por dualismos e facções, a sociedade xavante é patrilinear e dividida em metades agâmicas e exógamas, *poridza'õno* e *õwawé*, e descendentes em linhagens (Graham, 1995, p.67). Teoricamente, os membros de uma metade confiavam na solidariedade e no apoio uns dos outros, e eram hostilizados pelos indivíduos da outra metade. Na realidade, a política na aldeia era organizada com base na linhagem, demandando estrita fidelidade de seus membros; todavia, os dissidentes podiam buscar alianças com outra linhagem ou ser adotados por ela. As linhagens formavam o núcleo das facções, o eixo da política xavante. O faccionalismo reinava desde o conselho de idosos – o fórum político central dos xavante –, até a família – a unidade básica da economia da aldeia, formada pelo casamento entre membros de metades exógamas opostas (Maybury-Lewis, 1974, p.167-70).

As brigas, muitas vezes iniciadas por acusações de feitiçaria, frequentemente precipitavam as divisões das aldeias e a dispersão das facções das comunidades xavante pelo nordeste do Mato Grosso (Silva, 1992, p.365-7; Giaccari, 1972, 36-43). Muitas vezes, a morte de um indivíduo era atribuída a um feitiço lançado por um membro de facção rival dentro da comunidade, não raro um parente do cônjuge do falecido. A feitiçaria, uma atribuição masculina, era motivo

---

[11] Para um estudo comparativo das sociedades pré-capitalistas e capitalistas, ver Roseberry, W. *Anthropologies and Histories*: Essays in Culture, History, and Political Economy. New Brunswick: Rutgers University Press, 1989, p.55-8; O'Brien, J.; Roseberry, W. (Ed.) *Golden Ages, Dark Ages*: Imagining the Past in Anthropology and History. Berkeley: University of California Press, 1991.

"O PAI DE FAMÍLIA PROVOCANDO A OPOSIÇÃO DE SEUS FILHOS" 119

de tensão entre os homens xavante, com intrínsecas implicações políticas (Maybury-Lewis, 1974, p.275). Como resultado, toda a aldeia podia se envolver no conflito, já que as acusações contra um indivíduo envolviam, inevitavelmente, sua facção, a não ser que ele fosse repudiado pelo próprio grupo. Os xavante da reserva indígena Pimentel Barbosa, por exemplo, relembram uma briga ancestral na qual dois xavante foram mortos em retaliação ao assassinato de um habitante da aldeia de Isõrepré. A comunidade mobilizou-se para a guerra. "Havia aqueles que eram a favor da vingança... Foi um combate corpo a corpo." No fim, aqueles que partiram migraram para o Norte, para Marãiwatsede (Sereburã et al., 1998, p.97-101). A sociedade xavante continha mecanismos para prevenir conflitos e cisões. O agrupamento por faixa etária dividia a sociedade xavante lateralmente, reunindo homens de metades exógamas opostas para cooperar em tarefas e rituais (Maybury-Lewis, 1974, p.147-8). Além disso, certos indivíduos, os *wamaritede'wa*, serviam como pacificadores da comunidade, oferecendo bolos de milho e outros presentes para aplacar a facção do falecido (Giaccari, 1972, p.69). Porém, se a conciliação falhasse e o acusado insistisse em permanecer na aldeia, ele se arriscava a ser morto por aqueles que clamavam por vingança. Uma solução, então, era buscar refúgio em uma aldeia dissidente ou, com seus aliados, fundar uma nova (Giaccari, 1972, p.69). Porém, a lembrança de injustiças passadas, preservada pelas histórias dos refugiados, aliada à sede de vingança dos dissidentes, podia manter os conflitos vivos durante anos (Maybury-Lewis, 1974, p.212-3).

Os xavante mantinham laços com comunidades hostis, pois, em virtude de seus padrões de casamento, homens jovens deixavam suas aldeias para encontrar uma esposa pertencente a uma metade exógama oposta; além disso, uma facção mais fraca dentro de dada comunidade podia manter alianças com outra aldeia, onde seus membros podiam se refugiar em caso de perseguição pela facção

120 A LUTA INDÍGENA NO CORAÇÃO DO BRASIL

dominante. Não obstante, a grande distância entre as aldeias xavante (no mínimo um dia de caminhada entre uma e outra) garantia uma relativa paz – embora conflitos pudessem surgir como resultado de contatos ocorridos em caminhadas ou incursões no território de outra comunidade (Maybury-Lewis, 1974, p.205-6). A competição pelos recursos naturais sem dúvida desencadeou conflitos intra e intercomunais. De fato, a violência, em vez de ser um valor cultural autônomo, provavelmente servia como elemento tático para defender o território e repelir ataques (Ferguson, 1990, p.45). Com as crescentes invasões de waradzu em seu território ao longo das décadas de 1950 e 1960, os conflitos intraétnicos provavelmente intensificaram-se à medida que os xavante entraram em contato uns com os outros ao competir pelos recursos naturais em diminuição, pelo acesso aos bens industriais e por conta dos esforços para excluir rivais das redes de troca com a sociedade englobante (Flowers, 1994b, p.261; Ferguson, 1990, p.53-4). Certamente, o contato com pessoas de fora imprimiu novos padrões à liderança política dos xavante.

O papel do chefe

No contexto dos conflitos e negociações intra e interétnicos, podemos estudar a evolução do papel do "chefe" na sociedade xavante. Como outros grupos indígenas do Brasil central, a sociedade xavante não tinha um líder político ou religioso supremo.[12] A liderança não era hereditária, marcada por uma cerimônia de posse, nem

---

[12] Sobre a liderança indígena no Brasil central, ver Lévi-Strauss, C. The Social and Psychological Aspects of Chieftainship in a Primitive Tribe: The Nambikwara of Northwestern Mato Grosso. In: Cohen, R.; Middleton, J. (Ed.). *Comparative Political Systems:* Studies in the Politics of Pre-Industrial Societies. Garden City: National History Press, 1967, p.52.

"O PAI DE FAMÍLIA PROVOCANDO A OPOSIÇÃO DE SEUS FILHOS" **121**

dotada de prerrogativas ou tributos especiais (Maybury-Lewis, 1974, p.190). Os chefes eram, na verdade, líderes de facções, unidos pelas mesmas relações de parentesco com respeito à distribuição e acumulação de bens que os outros membros da comunidade. Como existiam várias facções dentro de uma aldeia, vários chefes podiam concorrer pelo poder.

As decisões políticas nas aldeias xavante não vinham de um chefe, mas das discussões no *warã*, o conselho de idosos, que servia como a mais importante arena política pública. No warã, um líder, buscando influenciar a opinião pública e ampliar sua autoridade, exibia suas habilidades oratórias e estratégicas, com o apoio de sua facção. A concordância não era, contudo, garantida. O warã podia apoiar uma sugestão particular (em geral após modificações), mas também podia repelir as exortações de um líder. Até que o conselho ratificasse a proposta de um influente líder de facção, ela não passava de uma sugestão (Maybury-Lewis, 1974, p.200).

Os aspirantes à liderança precisavam mostrar carisma, generosidade, valor e bravura. Um líder podia obter a supremacia sobre outros em decorrência de vários fatores: habilidades; preponderância da descendência e de sua ascensão à liderança dentro dos respectivos conjuntos etários; eliminação de rivais por meio de execução ou migração. E o mais importante: o chefe necessitava de apoio constante de sua facção, a real fonte de seu poder. Para manter o poder, contudo, um líder xavante precisava encarnar e cumprir as aspirações da comunidade: presidir as caçadas coletivas e a distribuição da carne; supervisionar o desmatamento da terra para cultivo; e servir como mestre de cerimônias da aldeia (sob a atenta direção dos idosos). Embora o exercício de poder do chefe variasse de uma aldeia para outra – dependendo, entre outros fatores, da força das diversas facções –, uma coisa era certa: se ele desrespeitasse os interesses de membros de facções opostas, arriscava-se a uma divisão da comunidade e à concomitante desestabilização socioeconômica de todo o grupo (Maybury-Lewis, 1974, p.190-204).

122 A LUTA INDÍGENA NO CORAÇÃO DO BRASIL

A posição do chefe era, portanto, marcada por contradições. Sua imediata fonte de poder emanava de sua facção, mas ele precisava demonstrar neutralidade ao representar simbolicamente os interesses de toda a comunidade. E, embora seu prestígio derivasse de sua personificação da ordem de parentesco, ele também estava preso às suas regras (Wolf, 1982, p.99). Com o contato com os brancos, essa dinâmica de poder podia facilmente ser distorcida, em especial porque os funcionários do SPI procuraram redefinir o papel do chefe. Ao obter acesso ao assistencialismo do governo, um líder xavante podia reforçar seu prestígio (e o do SPI) distribuindo alimentos e bens industriais entre os membros de sua comunidade. Mas, se mantivesse a maior parte para si mesmo e sua facção, podia minar o tradicional modo de produção baseado em parentesco e causar ressentimentos na comunidade.

Vários etnógrafos ressaltaram o papel do SPI de eleger chefes ("caciques" ou "tuxauas") de comunidades indígenas (Wagley, 1977, p.48; Oliveira Filho, 1988, p.31). Os brasileiros com certeza não foram pioneiros nessa tática: como Eric Wolf observou, os europeus conferiam historicamente o título de chefe a pessoas nativas consideradas capazes de favorecer ou minar objetivos coloniais (Wolf, 1982, p.96). Assim, a prática do clientelismo como estratégia de transformação da economia política dos xavante pode ser avaliada comparativamente nas trajetórias de dois chefes, Urubuenã e Apoena, e de suas respectivas comunidades.

O cerrado de Mato Grosso revisitado após a "pacificação"

Urubuenã e Apoena eram líderes de facções rivais (Chovelon et al., 1996, p.96-9). Ambos viviam na região do Rio das Mortes, mas seus destinos divergiram radicalmente. O grupo de Apoena

"O PAI DE FAMÍLIA PROVOCANDO A OPOSIÇÃO DE SEUS FILHOS" 123

mudou de Isõrepré para Arõbõnipó e estabeleceu contato com o governo brasileiro em 1946. A comunidade de Apoena beneficiou--se do posto do SPI em Pimentel Barbosa, uma vez que este lhe fornecia mercadorias e atendimento médico. O fornecimento regular, pelo posto, de bens industriais relativamente inacessíveis antes do contato (a não ser por meio de ataques) facilitava o cumprimento das tarefas cotidianas. Testemunhos dos xavante, por exemplo, relatam a dificuldade em derrubar árvores sem machados (Sereburã et al., 1998, p.105). Os fósforos facilitavam a tarefa de pôr fogo nos arbustos para o desmatamento; as armas e as facas ofereciam novas possibilidades para os caçadores. O posto do SPI também recebia um afluxo constante de visitantes generosos. Um avião da FAB supria o posto com bens que, muitas vezes, incluíam ferramentas e equipamentos de caça. Em ocasiões especiais, os altos oficiais das Forças Armadas visitavam Pimentel Barbosa para tirar fotografias com os índios recentemente "pacificados", distribuindo presentes em troca (Maybury-Lewis, 1988, p.170). Chegavam também cineastas e jornalistas ávidos por documentar os rituais dos índios que ainda não tinham sido "aculturados demais", dos quais os xavante podiam esperar – e exigir – pagamento em espécie (Blomberg, 1961, p.22, 79). Os índios da aldeia de Apoena instavam os visitantes a retornar logo – e a trazer mais munição, anzóis de pesca, roupas e outros presentes (Maybury-Lewis, 1988, p.266).

Sem a assistência do SPI, o grupo de Urubuenã, que Lopes da Silva supõe haver permanecido em Isõrepré, não recebeu nenhum desses benefícios (Silva, 1992, p.370-1). Em virtude de sua inimizade com Apoena, Urubuenã não podia retornar ao posto de Pimentel Barbosa em busca de assistência; além disso, por conta da limitação das verbas do SPI a serem distribuídas entre as comunidades indígenas, não foi fundado outro posto além do já existente. Em 1951, Urubuenã e sua comunidade de aproximadamente

124 A LUTA INDÍGENA NO CORAÇÃO DO BRASIL

duzentos índios migraram para as cercanias da base da FBC em Xavantina em busca de doações, alimentos e assistência médica. Durante os cinco anos seguintes, os índios permaneceram nesse local, recebendo a assistência intermitente da FBC. No entanto, depois de brigar com as comunidades xavante rivais expulsas por fazendeiros da região de Couto Magalhães, o grupo de Urubuenã buscou refúgio mais perto da cidade (Chovelon et al., 1996, p.81, 98). Quando o grupo de Urubuenã chegou a Xavantina buscando mercadorias e alimentos, os moradores se desesperaram. Um habitante de Xavantina lembrou:

> Os xavante roubavam muito. Eles diziam, me dá esses óculos, essa pulseira, essas roupas [...] Mas a gente não podia dar, porque se desse pra um, então dez queriam. Eles não gostavam disso. Ficavam zangados e nos xingavam.[13]

Essa inversão de papéis chocou os moradores: os civilizados é que podiam invadir os territórios indígenas, apropriar-se de seus recursos e remodelar suas vidas, não o contrário. Nas vilas, mesmo naquelas cujos nomes prestavam homenagem a povos indígenas, nem sempre eles eram bem-vindos.

O caos ameaçava Xavantina, um dos símbolos da Marcha para o Oeste, fundada com grandes festividades em 1944 durante a Expedição Roncador-Xingu. A base aérea de Xavantina, administrada pela FAB, servia como um importante ponto na grande diagonal aérea ligando o Rio de Janeiro a Miami. Habitada até meados da década de 1950 principalmente por funcionários públicos, Xavantina fracassara em alcançar a autossuficiência agrícola. Para alimentos básicos, dependia do suprimento aéreo – limitado e espaçado demais durante a estação chuvosa. A apropriação de

---

[13] Entrevista com João Gomes, Nova Xavantina, julho de 1994.

"O PAI DE FAMÍLIA PROVOCANDO A OPOSIÇÃO DE SEUS FILHOS" 125

seus escassos recursos alarmou os moradores, que apelaram ao SPI para expulsar os índios da cidade (Maybury-Lewis, 1974, p.22). Foi preciso a irrupção de uma crise para mobilizar o órgão encarregado de proteger os índios – uma crise que, possivelmente, incomodava mais os não índios que os índios. Em 1956, o SPI fundou um posto em Capitariquara – a 120 quilômetros de Xavantina, descendo o Rio das Mortes – e convenceu Urubuenã e seu povo a se estabelecerem lá. Pouco tempo depois da transferência para Capitariquara, aproximadamente metade dos xavante, liderados por Zé Tropeiro, desertaram; os dissidentes acabaram sob a proteção de um missionário protestante evangélico norte-americano, Robert Butler, que fundou um assentamento em Areões, no Rio das Mortes. Vários anos antes, quando os xavante chegaram às imediações de Xavantina, outra facção de 65 índios, liderados por Jorure, se separara de Urubuenã, mudando-se para a missão salesiana fundada em Santa Teresinha.

Essas divisões na sociedade xavante talvez nunca venham a ser completamente compreendidas. Teria Jorure acusado Urubuenã de feitiçaria pela morte de algum parente? David Maybury-Lewis, por exemplo, descobriu que o chefe da comunidade de Santa Teresinha em 1958, Tomõtsu, hostilizara parentes de duas de suas esposas que morreram em curto espaço de tempo de uma para outra. Os acusados optaram por mudar-se para Capitariquara, possivelmente porque sabiam que Tomõtsu era apoiado pelos salesianos (Maybury-Lewis 1974, p.185). O que parece mais provável é que a intervenção externa envolveu, redefiniu e recanalizou as disputas faccionais xavante. Além disso, as observações dos missionários salesianos revelam um forte motivo para a inimizade em relação a Urubuenã:

Nós víamos, no comportamento de Urubuenã, que ele era muito egoísta, porque sempre guardava para si mesmo e sua família os melhores presentes, e dava o que não queria para os outros, deixando alguns sem nada. (Chovelon et al., 1996, p.80, 97-8.).

126 A LUTA INDÍGENA NO CORAÇÃO DO BRASIL

A história de dois postos: Capitariquara e Pimentel Barbosa

Walter Velloso era o chefe, ou encarregado, do posto do SPI em Capitariquara. A diretoria do SPI tinha grande fé na capacidade de sua equipe para transformar os índios em agricultores e criadores de gado (SPI, Boletim 22, 1943, p.3). Os memorandos da agência mandavam os chefes "ensinar os índios a trabalhar", uma vez que eles careciam de "hábitos sistemáticos" para "tirar vantagem de sua terra".[14] Apesar disso, a maioria dos encarregados era mal preparada para o trabalho. Walter Velloso, filho do fotógrafo do SPI Nilo Velloso, fizera um curso patrocinado pela Unesco sobre educação de base para comunidades rurais, mas tinha pouco interesse – ou preocupação – pela cultura xavante (Maybury-Lewis, 1974, p.24). Com certeza, o trabalho de chefe de posto não era muito animador: lidava com a inclemência da natureza, a escassez de verbas, a falta de suprimentos, a deficiência das comunicações e redes de transporte, população local hostil, oposição dos índios, falta de treinamento etnográfico e uma solidão insuportável. Por mais bem intencionados que fossem, não podiam fazer milagres.

Os relatos dos encarregados do SPI – uma das poucas fontes escritas existentes detalhando a vida cotidiana do posto – são campos minados de imprecisões históricas, repletos de autopromoção, distorções, más interpretações e omissões. Ainda assim, os relatos de Velloso, comparados com os feitos no posto de Pimentel Barbosa, lançam alguma luz sobre uma série de questões: os diversos métodos dos chefes de postos para transformar a economia de subsistência mista dos índios em agricultura sedentária; as lutas entre funcionários do SPI, missionários e xavante a respeito

---

[14] B. D. Monteiro, chefe da 6ª Inspetoria do SPI, a funcionários de postos indígenas. Cuiabá, 24 de agosto de 1951, MI, Sedoc, filme 233, fot. 1391.

"O PAI DE FAMÍLIA PROVOCANDO A OPOSIÇÃO DE SEUS FILHOS" **127**

do ritmo e da natureza da "integração" indígena; e os diferentes acordos efetuados entre os xavante e os waradzu.

O projeto de Walter Velloso de converter a comunidade de Urubuenã em agricultores e criadores de gado era ambicioso. Para "fixar definitivamente" os índios à terra, ele instituiu uma rotina de nove horas de trabalho diário para os índios – quatro horas pela manhã e cinco à tarde –, exceto aos sábados e nos feriados nacionais e religiosos.[15] A valiosa "organização interna, hábitos e instituições" dos xavante, que Velloso definia como cooperativismo, seria direcionada para a produção agrícola. Quando a persuasão e o respeito não funcionavam, valiam-se do medo da fome: o posto ameaçava fornecer alimentos apenas aos xavante que se estabeleciam e trabalhavam em seus lotes.[16]

Não importava que os planos agrícolas do SPI desprezassem as ideias e o ritmo dos indígenas, ou que a criação de gado, historicamente não praticada pelos xavante, exigisse capital e dedicação. Tampouco importava que tal imposição de carga horária fizesse pouco sentido para os índios, ou que seu consumo nutricional despencasse com a redução da caça e a escassez de frutos selvagens na região. Não importava sequer que o SPI tivesse instalado o posto em uma região marcada por elevações geográficas (diferentemente do típico terreno plano que os índios escolhiam para suas aldeias), onde não havia o buriti que os homens xavante usavam para confeccionar esteiras para dormir e que as mulheres usavam para fazer cestas para transportar bebês, alimentos e madeira. Nem que os índios se enfurecessem com a presença de garimpeiros por

---

[15] Nobue Miazaki, Relatório sobre os Índios do P. I. Chavante Capitariquara. Rio das Mortes (MT), outubro de 1957, MI, Sedoc, filme 381, fot. 428-41.

[16] Walter Velloso a Lincoln Pope, chefe da Seção de Orientação e Assistência, Posto Indígena Xavante, 18 de outubro de 1957, MI, Sedoc, filme 381, fot. 411-5. Os documentos não dizem nada sobre o grau de interferência na divisão sexual de trabalho dos xavante.

128 A LUTA INDÍGENA NO CORAÇÃO DO BRASIL

perto.[17] O SPI manteve-se firme em seu papel de "pai de família provocando a oposição de seus filhos por tentar, em seu interesse, impor restrições sobre eles que eles não entendem" (SPI, Boletim 11, 1942, p.27).

A experiência agrícola de Capitariquara teve um preço. Em 1957, o custo de manter o posto em funcionamento chegou a 550 mil cruzeiros. Velloso, contudo, encarava isso como um gasto provisório para garantir a autossuficiência dos indígenas. Ele insistia que, no ano seguinte, os xavante poderiam vender seu excedente e, com os lucros, comprar roupas e outras mercadorias.

As ideias de Velloso não eram delírios de um burocrata do sertão do Mato Grosso. Ele estava implementando a política indigenista oficial, com todos seus preconceitos e contradições. Os esforços para erradicar a caça e a coleta do dia a dia dos índios condiziam com as diretrizes do SPI, que combatia a "perambulação" indígena (SPI, Boletim 10, 1942, p.2). De fato, tais medidas aculturacionistas seguiam as orientações estabelecidas em 1957 na Convenção 107 da Organização Internacional do Trabalho das Nações Unidas, que apelava aos governos para introduzir "métodos modernos" de produção entre as populações indígenas e tribais a fim de assegurar, desse modo, o desenvolvimento econômico e a "integração progressiva".[18]

Velloso estava seguindo tais orientações também por causa de sua preocupação com as margens de lucro do órgão. Em virtude de sua insolvência financeira, o SPI buscava transformar os postos indígenas em empresas comerciais, por meio da arregimentação de trabalho nativo e da "exploração racional dos recursos naturais" (SPI, Relatório, 1953, p.16-7). Em 1957, durante a gestão de Velloso como chefe do posto de Capitariquara, o SPI insti-

---

[17] Nobue Miazaki, Relatório sobre os Índios do P. I. Chavante Capitariquara. Rio das Mortes (MT), outubro de 1957, MI, Sedoc, filme 381, fot. 428-41.

[18] Para uma discussão sobre a Convenção 107 da OIT, oficialmente ratificada pelo governo brasileiro em 1966, ver Cunha, M. C. da. *Os direitos do índio*. São Paulo: Brasiliense, 1987, p.127-32.

"O PAI DE FAMÍLIA PROVOCANDO A OPOSIÇÃO DE SEUS FILHOS" 129

tuíra uma política de renda indígena, por meio da qual toda a renda gerada em determinado posto local seria repassada para a administração central e aplicada, a critério da entidade, a comunidades indígenas em todo o Brasil.[19] Por fim, a insistência sentimental de Velloso em manter os "hábitos" e "instituições" xavante (apesar de revolucionar sua rotina diária) refletia a validação arbitrária, por parte da agência, de "tradições" dignas de preservação (SPI, Boletim 10, 1942, p.2).

Segundo Velloso, seus métodos contrastavam com as políticas "paternalistas" e "obsoletas" de Ismael Leitão, chefe do posto de Pimentel Barbosa. Enquanto Velloso trocava bens por serviços, Leitão alimentava a dependência dos xavante, distribuindo roupas, remédios e outras mercadorias. Enquanto Velloso adotava medidas para treinar os índios para a agricultura, Leitão permitia que "a tribo continuasse naquela rotina de caça e coleta, cada vez mais difícil de manter". Como prova das falhas de seu colega, Velloso apontou a migração de índios de Pimentel Barbosa para Capitariquara, "em busca de um tipo de vida diferente, mais de acordo com seus interesses e necessidades reais".[20]

A situação de Pimentel Barbosa certamente contradizia as diretrizes do SPI contra a "perambulação" e a dependência indígenas. Embora o posto fornecesse aos xavante ferramentas em troca de artesanatos, Ismael Leitão falhou em convencer os índios a permanecer fixos, a renunciar à caça e à coleta, e a diversificar o cultivo de seus plantios. Em 1954, a aldeia de Apoena, com

---

[19] Coronel José Luis Guedes, diretor do SPI, "Da renda indígena", circular n.808. Rio de Janeiro, novembro de 1957, MI, Sedoc, filme 265, fot. 1185. Para outras discussões acerca da renda indígena, ver Oliveira, R. C. de. *A sociologia do Brasil indígena*. Rio de Janeiro: Tempo Brasileiro, 1972, p.63-4, 136-7.

[20] Walter Velloso a Lincoln Pope, chefe da Seção de Orientação e Assistência, Posto Indígena Xavante, 18 de outubro de 1957, MI, Sedoc, filme 381, fot. 411-5.

130 A LUTA INDÍGENA NO CORAÇÃO DO BRASIL

mais de seiscentos índios e localizada a sessenta quilômetros do posto, carecia de tudo o que a agência esperava implantar em uma comunidade indígena: agricultura intensiva, gado e comércio. Em 1958, o inspetor regional do SPI ordenou que Leitão assegurasse o "retorno imediato" dos xavante que perambulavam pela região do Araguaia, causando aborrecimentos e deixando de respeitar a propriedade alheia.[21]

Ismael Leitão, que dirigia o posto desde 1950, usou "várias insinuações" para convencer a comunidade de Apoena a intensificar a produção agrícola para sua autossuficiência futura, lamentando seu "avançado estado de primitivismo".[22] Entretanto, um relatório de Amaury Sadock, médico enviado pelo SPI à comunidade de Apoena em 1954, esclarece a difícil situação de Leitão. Sadock observou que o estilo de vida seminômade dos índios, propiciando "tudo aquilo de que eles necessitam para seu consumo", contribuía para a ausência de "deficiência nutricional", tanto entre os homens quanto entre as mulheres. Embora ele apoiasse a meta do SPI de "transformar os índios em índios melhores", como médico ele não podia deixar de admirar a "bela aparência física" dos xavante e a dieta bem equilibrada, rica em proteínas, carboidratos, gorduras, sais minerais e vitaminas. Na verdade, ele defendia a saúde física dos xavante como um padrão ideal para todos os brasileiros.[23]

Quando David Maybury-Lewis efetuou uma pesquisa de campo em Pimentel Barbosa em 1958, poucas mudanças haviam

---

[21] Marinoni Almiro Gutenberg, chefe da 8ª Inspetoria do SPI, determina ao encarregado do Posto Pimentel Barbosa atrair os xavantes, que se encontram perambulando, a voltar para suas aldeias, ordem de serviço n.8. Goiânia, 21 de dezembro de 1958, MI, Sedoc, filme 273, fot. 1598.

[22] Ismael Leitão ao chefe da 8ª Inspetoria do SPI, 15 de outubro de 1959, arquivo pessoal de Ismael Leitão (Goiânia).

[23] Amaury Sadock de Freitas Filho. Inquérito médico-sanitário entre os índios xavante. SPI, *Relatório*, p.145-71, 1954.

"O PAI DE FAMÍLIA PROVOCANDO A OPOSIÇÃO DE SEUS FILHOS" 131

ocorrido. Os índios haviam se mudado de sua aldeia-sede para mais perto do posto, mas, ainda assim, passavam apenas algumas semanas do ano lá. Apesar dos esforços do SPI para que permanecessem sedentários, a comunidade saía em caminhadas, dividindo-se para maximizar o acesso aos recursos naturais. As tentativas do posto para promover a diversificação de cultivos, na esperança de diminuir a extensão do território indígena, fracassaram. As bananeiras plantadas pelos funcionários do SPI eram negligenciadas até secar, ou eram inadvertidamente queimadas nos desmatamentos de vegetação rasteira. Embora os xavante tivessem adquirido o gosto pela mandioca, recusavam-se a cultivá-la, porque impediria suas caminhadas: em vez disso, preferiam esmolar ou roubar (Maybury-Lewis, 1974, p.48-9).

A capacidade de resistência da comunidade de Apoena se devia ao controle territorial, às boas condições de saúde e ao amparo do posto do SPI e de seus ilustres convidados. De sua posição vantajosa, o grupo de Apoena podia controlar seu processo de integração, recebendo mercadorias dos postos oficiais e de visitantes, ao mesmo tempo que mantinha seu estilo de vida seminômade. Ismael Leitão era ineficaz na tarefa de "fixar" os índios a seus lotes de terra (Maybury-Lewis, 1974, p.27-8).

Isso não quer dizer que o posto do SPI deixasse de influenciar a dinâmica de poder dentro da comunidade de Apoena ou vice-versa. Leitão dependia do chefe xavante para persuadir os membros da comunidade indígena a executar as tarefas necessárias – digamos, desmatar os arbustos para preservar a pista de pouso do posto – em troca de "pagamento". Por sua vez, Apoena contava com Leitão para reforçar a posição de sua facção em relação às outras, contornando os modos de produção e distribuição baseados nas relações de parentesco. Segundo Maybury-Lewis, Leitão mimava Apoena, garantindo que ele nunca saísse de mãos vazias quando ia visitá-lo no posto. (Da mesma forma, Apoena e seus parentes

132 A LUTA INDÍGENA NO CORAÇÃO DO BRASIL

repartiram entre si as melhores facas, anzóis noruegueses e munição que Maybury-Lewis ofereceu em troca de sua estada, distribuindo o restante entre os outros membros da aldeia.) (Maybury-Lewis, 1974, p.169-77.)

A partir dessa negociação, novos sistemas de troca surgiram, com significados diferentes para cada um dos lados. Os funcionários do SPI ofereciam mercadorias para estancar a violência interétnica e persuadir Apoena a sujeitar sua comunidade ao trabalho agrícola e de manutenção do posto. Apoena, por sua vez, usava o assistencialismo para resolver disputas internas da comunidade. O ajuste que então se desenvolveu certamente se desviava das alegadas intenções e objetivos da agência. Por exemplo, a primeira vez que funcionários do SPI foram convidados a entrar na aldeia de Apoena – em 1950, quatro anos depois da "pacificação" oficial – foi para intermediar uma disputa interna (Souza, 1953, p.44). Mais tarde nesse mesmo ano, certa noite, Apoena e seus aliados assassinaram, dentro da aldeia, oito membros de uma facção oposta, a quem acusaram de lançar um feitiço que causara a morte do irmão do chefe indígena. Embora a violência não fosse novidade entre eles, os xavante ficaram chocados com a carnificina, incomum em sua escala e método. Muitos afirmaram que Apoena usara os rifles calibre 22 recebidos do SPI para executar a matança (Maybury--Lewis, 1974, p.187-9). Leitão, por incapacidade ou desinteresse, não interferiu na briga fratricida dos xavante, embora a modificação de hábitos "antissociais" (SPI, Relatório, 1939, p.9) fosse um dos poucos casos em que o SPI sancionava oficialmente a interferência em assuntos culturais indígenas ("por meios persuasivos"). Com a fuga para outras aldeias de muitos dos parentes dos assassinados, a facção de Apoena foi fortalecida.

Em suma, os membros da aldeia de Apoena chegaram a Capitariquara por outros motivos além do desejo de viver uma vida melhor, como Velloso alegou. De fato, Velloso logo verificaria os

"O PAI DE FAMÍLIA PROVOCANDO A OPOSIÇÃO DE SEUS FILHOS"   133

perigos do clientelismo, a instabilidade das facções xavante e as dificuldades de impedir a "perambulação" dos indígenas.

Os problemas de Capitariquara

A comunidade de Urubuenã era, sem dúvida, mais vulnerável à mão de ferro do SPI que a de Apoena: sua superioridade numérica fora reduzida pela deserção dos contingentes de Jorure e Zé Tropeiro. Além disso, sofrera diversos ataques dos xavante em Couto Magalhães; suportara uma interação mais conflituosa com os waradzu durante os muitos anos em que permanecera nas vizinhanças de Xavantina; e os arredores de Capitariquara eram menos favoráveis à coleta. A aldeia de Urubuenã também sofreu com a malária, a desnutrição e a sarna. Menos de um ano depois da fundação do posto, doze crianças xavante, todas com menos de três anos, haviam morrido. É claro que o chefe do posto não era o único culpado por tais calamidades (embora as escondesse convenientemente de seus superiores).[24]

Velloso, contudo, também não foi bem-sucedido em "fixar" os índios em seus lotes, arregimentar trabalho ou conter comportamentos "antissociais". Nobue Miazaki, antropóloga do Museu Paulista que passou dois meses em Capitariquara em 1957, relatou as dificuldades do posto. A barreira linguística prejudicava as comunicações, pois apenas um dos funcionários do posto falava a língua xavante, e somente alguns dos jovens índios falavam português; entretanto, os problemas não eram apenas de comunicação. Os xavante executavam suas tarefas "de má vontade", ela observou, e "nunca estavam dispostos a pegar em seus instru-

---

24   Nobue Miazaki, Relatório sobre os Índios do P. I. Chavante Capitariquara. Rio das Mortes (MT), outubro de 1957, MI, Sedoc, filme 381, fot. 428-41.

134 A LUTA INDÍGENA NO CORAÇÃO DO BRASIL

mentos de metal e se dedicar diariamente ao trabalho agrícola". Como João Gomes, que ajudava os funcionários do SPI, colocou: "Velloso tinha de plantar para os índios. Precisava fazer isso por eles. Se lhes déssemos uma foice, eles a quebravam quando não estávamos olhando".[25] Com efeito, o "cooperativismo" xavante manifestava-se em formas não previstas por Velloso: enquanto alguns índios dormiam no trabalho, outros montavam guarda, atentos à aproximação de algum funcionário do posto. Além disso, os xavante abandonavam suas tarefas sempre que o alarme de caça soava.[26]

Para exercer influência sobre a comunidade, Walter Velloso, com o encorajamento do SPI, concedia privilégios ao chefe indígena. Miazaki observou que Urubuenã frequentemente requisitava bens de Velloso e, com base no que foi encontrado em sua posse – dois rifles, um relógio de pulso, várias malas, roupas elegantes e uma lanterna portátil –, provavelmente era atendido. Na hora da refeição, Velloso levava Urubuenã para sentar-se com os funcionários do posto, enquanto o restante dos índios comia em outra mesa.[27] O próprio Velloso se queixava de que alguns dos índios em Areões – o grupo dissidente liderado por Zé Tropeiro – "sentiam uma forte aversão por mim", sentimento que ele atribuía ao tratamento preferencial dado a Urubuenã e a outros índios, especialmente aos jovens.[28] Em 1957, Urubuenã fez sua segunda viagem ao Rio de Janeiro, na qual ele foi pessoalmente

---

[25] Entrevista com João Gomes, Nova Xavantina, julho de 1994.
[26] Nobue Miazaki. Relatório sobre os Índios do P. I. Chavante Capitariquara. Rio das Mortes (MT), outubro de 1957, MI, Sedoc, filme 381, fot. 428-41.
[27] Nobue Miazaki. Relatório sobre os Índios do P. I. Chavante Capitariquara. Rio das Mortes (MT), outubro de 1957, MI, Sedoc, filme 381, fot. 428-41.
[28] Walter Velloso a Lincoln Pope, chefe da Seção de Orientação e Assistência, Posto Indígena Xavante, 18 de outubro de 1957, MI, Sedoc, filme 381, fot. 411-5.

"O PAI DE FAMÍLIA PROVOCANDO A OPOSIÇÃO DE SEUS FILHOS" 135

acompanhado por Velloso. Mas a visita podia ter sido uma última tentativa desesperada de ambos de manter o relacionamento vivo. O fornecimento de alimentos e materiais aos índios tinha alto custo para o posto. Como a letargia burocrática e o descaso da administração emperravam a distribuição das verbas vindas da sede do SPI, Velloso recorria aos comerciantes de Xavantina para abastecer os índios e pagar seus funcionários (Maybury-Lewis, 1974, p.24-5). Velloso não era o único a sofrer: por exemplo, em 1961, visitantes do posto de Pimentel Barbosa notaram que Leitão não havia sido pago nos cinco meses anteriores e que tinha pouco a oferecer aos índios (Prado, 1968, p.23). Os comerciantes acabaram por suspender o crédito a Velloso, o que significava um desastre para os índios e para os funcionários do posto. Vários destes abandonaram o local depois de meses sem pagamento.

Para Urubuenã, a insolvência do posto significava que os bens não eram entregues – ou que não eram entregues da forma prometida. Maybury-Lewis conta, por exemplo, que Velloso prometera a Urubuenã balas – que eram bastante caras no Brasil central – para seu rifle. Quando o líder indígena começou a cobrar a promessa de Velloso, o chefe do posto recorreu a um subterfúgio: deu-lhe um saquinho de balas (doces). Urubuenã não achou graça nenhuma (Maybury--Lewis, 1974, p.209-10). Walter Velloso acabou sendo transferido para o setor educativo do SPI, onde escreveu artigos encorajando a prática de dar "presentes" aos chefes nativos e a seus parentes como forma de acelerar a integração indígena! (Vclloso, apud SPI, Boletim 33, 1959, p.17-23). Seu sucessor, Alberico Soares Pereira, resolveu se estabelecer em Xavantina em vez de morar no posto (razão pela qual o SPI suspendeu-lhe o pagamento por dez dias) (SPI, Boletim 21, 1958, p.18).

Dada a resistência dos índios à agricultura intensiva e ao sedentarismo, o fracasso de Capitariquara em fornecer bens e serviços minou qualquer legitimidade que o posto houvesse alcançado. A situação da comunidade de Zé Tropeiro em Areões, atendida pelo

136 A LUTA INDÍGENA NO CORAÇÃO DO BRASIL

missionário protestante norte-americano Robert Butler, fornece um contraponto interessante. Em sua visita a Areões, Miazaki observou que Butler também procurava restringir a caça e a coleta, instituindo horas de trabalho rigorosas e trocando alimentos por trabalho. Como Velloso, Butler enfrentou grande resistência, já que os xavante "paravam de trabalhar por qualquer insatisfação". Mas os xavante de Areões eram "bem equipados" e desfrutavam de boa saúde, sendo os doentes atendidos por uma enfermeira. Ela também notou a participação pessoal do missionário nas atividades diárias dos índios.[29] Além disso, Butler contava com os recursos de sua missão, algo que Velloso não obtinha do SPI.[30]

Os xavante de Capitariquara, que passaram a esperar benefícios e assistência médica por parte do governo, ficaram irritados quando se viram abandonados. Como Terence Turner observou sobre os caiapó, uma vez "pacificadas" e assentadas no posto, os únicos meios para as nações guerreiras estimularem o SPI a fornecer-lhes apoio consistiam em ameaças de violência contra funcionários e instalações da entidade, ou ameaças de abandono completo do posto (Turner, 1991, p.292). Com certeza, não restara muito para manter os índios satisfeitos em Capitariquara.

A volta da crise

Em 1958, Urubuenã partiu para conversar com líderes rivais da comunidade de Areões. Segundo David Maybury-Lewis, Uru-buenã procurava recrutar a ajuda de Zé Tropeiro para atacar o

---

[29] Nobue Miazaki, Relatório sobre os Índios do P. I. Chavante Capitariquara. Rio das Mortes (MT), outubro de 1957, MI, Sedoc, filme 381, fot. 428-41.

[30] Entrevista com João Gomes, Nova Xavantina, julho de 1994. Gomes observou que Butler fizera várias viagens aos Estados Unidos e voltara com suprimentos para os índios.

"O PAI DE FAMÍLIA PROVOCANDO A OPOSIÇÃO DE SEUS FILHOS" 137

posto do SPI em Capitariquara (Maybury-Lewis, 1974, p.209-10). Pedro Sbardelotto, missionário salesiano, afirmou que Urubuenã esperava apenas convencer os dissidentes a se juntar novamente a seu grupo, em uma tentativa de obter mais apoio (Chovelon et al., 1996, p.99). De qualquer forma, entrar em campo inimigo era um gesto arriscado. Os esforços de Urubuenã para restaurar a unidade étnica foram fortemente rejeitados. Sua abordagem pan-xavante, e sua vida, foram ceifadas por seus inimigos, que o espancaram até a morte. A guerra entre facções xavante explodiu. Quando os índios de Capitariquara souberam da morte de Urubuenã, seu irmão, Sebastião, mobilizou a comunidade para o ataque, matando vários xavante em Areões. Em um ataque seguinte, forçaram membros da comunidade de Zé Tropeiro a abandonar Areões e fugir para a missão salesiana em Santa Teresinha. As duas facções entraram em conflito outra vez. Os xavante de Capitariquara reagruparam suas forças perto de Pimentel Barbosa, aliando-se a Apoena, e lançaram-se ao ataque a Santa Teresinha em 1959. Nesse ataque, um índio xavante morreu e vários ficaram feridos. Sob a ameaça de mais ataques, o grupo de Zé Tropeiro abandonou Santa Teresinha e seguiu para Xavantina; os salesianos, sem seu rebanho, foram forçados a fechar a missão. O grupo de Sebastião acabaria se dispersando nas missões salesianas de Sangradouro e São Marcos (Chovelon et al., 1996, p.98-100; Maybury-Lewis, 1974, p.22-7, 209-13). Em resumo, o posto de Capitariquara, assim como as missões de Santa Teresinha e Areões, foi abandonado pelos xavante.

A liderança do SPI mostrou desconhecimento, se não insinceridade, após o morticínio xavante. O diretor José Luis Guedes afirmou:

> Nós recebemos as notícias da morte do cacique Urubuenã com muita surpresa, porque é sabido que os índios só matam pessoas de outras tribos, e mesmo assim só quando estão em guerra [...]

138 A LUTA INDÍGENA NO CORAÇÃO DO BRASIL

Dentro do mesmo grupo, eles nunca discutem ordens nem brigam pelo poder.[31]

Em outra entrevista à imprensa, José Luis Guedes negou categoricamente que o SPI pudesse ter contribuído para o conflito "tomando partido entre os índios", não mencionando o fato de que o assistencialismo da entidade contribuíra para distorcer os papéis das lideranças indígenas.[32] A busca de bodes expiatórios mostrou-se uma tática mais eficaz. Assim sendo, Guedes culpou os missionários protestantes em Areões, acusando-os de armar os índios com rifles (Maybury-Lewis, 1974, p.23).

Uma década depois que a comunidade de Urubuenã chegou a Xavantina pela primeira vez, um bando de índios xavante esfarrapados retornava ao local, provocando a reação dos críticos. O sertanista Orlando Villas Bôas, que se opunha ao integracionismo, culpou o SPI pela situação dos xavante:

> Eles vivem agora, mais de uma centena deles, de esmolas, nas vizinhanças de Xavantina. Em farrapos, porque os homens ["brancos"] exigiram que se vestissem e não lhes deram roupas; famintos, porque os homens ["brancos"] insistiram que seus métodos de cultivo eram primários e não lhes forneceram nem instrução nem sementes ou ferramentas. Abandonados ao próprio destino, infectados por doenças que lhes causam danos irreparáveis, os xavante vão desaparecer. (Villas Bôas apud SPI, Boletim 17, 1961, p.6-7.)

No final de 1961, o SPI transportou os índios de Xavantina para Areões, transformando a missão abandonada em um posto do governo.

---

[31] José Luis Guedes, citado em *O Jornal*, 23 de maio de 1958.
[32] *Última Hora*, 26 de maio de 1958.

"O PAI DE FAMÍLIA PROVOCANDO A OPOSIÇÃO DE SEUS FILHOS" 139

Ruíram os esforços do governo federal de transformar os xavante em trabalhadores "disciplinados" e agricultores. Os líderes indígenas haviam aceitado as mercadorias oferecidas no processo de "pacificação", mas rejeitaram os esforços para remodelar seus padrões de subsistência. A resistência indígena, somada aos recursos inadequados e mal aplicados do Estado, condenaram ao fracasso os esforços iniciais do SPI em reordenar a economia política dos índios. O clientelismo na relação com os chefes indígenas, praticado pelos funcionários do SPI para facilitar o controle social, dera resultados controversos. Chefes como Apoena podiam acatar as orientações do SPI, mas internamente, nas suas aldeias, valiam-se dessas relações para defender interesses próprios. Por meio dessas alianças, eles podiam recompensar sua facção ou ganhar vantagens sobre os oponentes. Discórdias, cisões, violência e dispersão se seguiram, para a consternação da equipe do SPI, que ansiava pela estabilidade e pela ordem. O *middle ground* em que os índios e os funcionários do governo se encontravam era, na verdade, um terreno pedregoso.

O fracasso do SPI em transformar os xavante de coletores em agricultores não foi o único obstáculo no projeto de expansão para o Oeste. A entidade teria seu mandato constitucional de demarcar as terras indígenas colocado em xeque, o "pai de família" seria desafiado pelo governo do Mato Grosso.

4

"Gestos nobres de independência e orgulho"

Políticas fundiárias no Mato Grosso, 1946-1964

A Marcha para o Oeste gerou um aumento do interesse comercial pelas terras ao norte do Mato Grosso. Em 1960, o SPI observou que as terras xavante,

> que, em 1940, não tinham preço, eram adquiridas por 43 cruzeiros por alqueire em 1943, e hoje valem quase quatrocentos. E com a concordância da polícia de Mato Grosso, os xavante estão sendo assassinados por grileiros, negociantes de terras.[1]

Embora o SPI fosse contrário à demarcação de extensos territórios para os índios – apenas "áreas suficientes para fixar e manter a nação xavante" –, era marcante o fato de não terem conseguido reservar nem mesmo uma pequena extensão de terra para os indígenas após a "pacificação".[2] Como lamentava o SPI,

---

[1] Tasso Villas de Aquino, Plano diretor de trabalho do SPI, 1961/1965, 10 de junho de 1961, MI, Sedoc.

[2] Ismael Leitão para o chefe da 8ª Inspetoria do SPI, 19 de dezembro de 1960, arquivo pessoal de Ismael Leitão.

142 A LUTA INDÍGENA NO CORAÇÃO DO BRASIL

o órgão "continua a cumprir seu triste destino, engordar o sapo para a cobra comer!" (SPI, Boletim 39, 1960, p.18). De fato, os insucessos em relação aos índios eram recorrentes na história do SPI. Desde os primórdios, em 1910, a instituição esbarrava em limites jurídicos e políticos no tocante à demarcação das terras indígenas. A Constituição Republicana de 1891, que descentralizou a estrutura política do Império e transferiu o domínio sobre a terra devoluta para os governos estaduais (Cunha, 1987, p.74-8), não fez nenhuma menção a terras indígenas.

Houve poucos progressos quanto à definição da situação dos direitos territoriais dos índios na legislação subsequente. As constituições de 1934, 1937 e 1946 reconheciam o direito dos povos indígenas à terra na qual suas comunidades fossem "permanentemente localizadas". Não obstante, disputas de jurisdição, interpretações tendenciosas da lei e a falta de aplicação delas minaram a proteção jurídica (Paula, 1944, p.78). Por exemplo, se os índios tinham o direito apenas às terras onde estivessem "permanentemente localizados", como seriam atendidas as reivindicações territoriais de grupos nômades? Quais critérios seriam usados para fixar os limites das reservas indígenas? Além disso, conflitos de jurisdição entre os governos estaduais e federal impediam o SPI de defender o território indígena, pois, embora desde o século XVII os índios tivessem direitos legais sobre suas terras, o território que ocupavam antes da demarcação muitas vezes era classificado *de facto* pelos governos estaduais como terra devoluta, que permanecia, portanto, desde a Constituição de 1891, sob sua jurisdição. A delimitação das reservas indígenas era postergada enquanto os governos estaduais violavam as leis brasileiras, deixando de distinguir, quer de forma consciente quer de forma inconsciente, em sua avidez por mercantilizar a terra "pública", entre território indígena e terra devoluta. O SPI apelou aos governadores para que o direito constitucional dos índios à terra fosse respeitado, mas foi praticamente ignorado pelas elites regionais (Bastos, 1985, p.87-90; Tourinho Neto, apud Santilli, 1993, p.18-9).

"GESTOS NOBRES DE INDEPENDÊNCIA E ORGULHO" 143

Houve diversas tentativas em nível federal de resolver alguns desses problemas. Em 1944, por exemplo, o diretor do SPI, José Maria de Paula, redigiu um projeto para regulamentar o direito constitucional às terras indígenas e, uma década depois, Darcy Ribeiro, então funcionário do SPI, encaminhou projeto de lei semelhante ao Congresso Nacional. Ambas as propostas definiam terras indígenas como as habitadas no presente, historicamente habitadas ou ocupadas ininterruptamente durante vinte anos pelos índios – mesmo que adquiridas por outros. No projeto de Darcy Ribeiro, o SPI determinaria os limites das reservas indígenas com base na situação, nos recursos, nas necessidades de subsistência e no potencial de desenvolvimento de cada grupo. Sem apoio no Congresso, porém, nenhum desses projetos foi transformado em lei (Arnaud, 1973, p.28-9).

Este capítulo aborda, portanto, as tentativas das autoridades e elite mato-grossenses de mercantilizar terras públicas e indígenas, bem como os esforços fracassados do SPI para delimitar as reservas xavante durante o período democrático no pós-guerra. Em estados pobres como Mato Grosso, a terra era fonte de poder e prestígio, um meio de cimentar os acordos políticos e o apoio eleitoral, além de ser uma garantia contra a inflação. Em reação ao crescimento e à demanda da economia nacional, as terras do Centro-Oeste ofereciam novos cenários para a acumulação e a expansão de capital. O sistema jurídico brasileiro produziu uma complexidade insolúvel nos processos de conflitos de terra, incentivando, assim, práticas ilegais e soluções extrajudiciais.[3]

O desempenho desastroso do SPI na demarcação de terras pode ser explicado pela falta de infraestrutura, bem como pelos obstáculos jurídicos e pela sobrecarga administrativa. No entanto,

---

[3] Para uma perspicaz análise das leis de terra no Brasil como um "instrumento de desordem calculada", ver Holston, J. The Misrule of Law: Land and Usurpation in Brazil. *Comparative Studies in Society and History*, n.33, p.695-725, 1991.

144 A LUTA INDÍGENA NO CORAÇÃO DO BRASIL

como este capítulo pretende mostrar, a instituição era conduzida pelas relações de compadrio, corrupção e empreguismo que assolava muitos setores do serviço público brasileiro. Na verdade, clientelismo, alianças e transações partidárias, além de barganhas entre o governo federal e os governos estaduais eram os sustentáculos no novo sistema democrático brasileiro. Para os xavante, a "experiência democrática" brasileira de 1946 a 1964 seria fatídica.

Mato Grosso: o gigante que desperta

Arquimedes Lima, editor do jornal *O Estado de Mato Grosso*, era um representante dos ideais e das frustrações compartilhados pela elite mato-grossense. Em seu livro de 1941, *Problemas matogrossenses*, Lima incentivava os "homens de negócios e iniciativa" de seu Estado a comercializar "seus recursos naturais" em ouro, madeira, borracha, babaçu, ipecacuanha e terras de pastagem (Lima, 1941, p.21). Com 1.477.041 km², Mato Grosso era, na época, o segundo maior estado do Brasil. Seu território (que incluía o atual estado do Mato Grosso do Sul) era maior que todas as outras nações sul-americanas, exceto a Argentina, e maior que França, Polônia, Itália, Dinamarca, Portugal e Hungria juntos (Lima, 1941, p.72). Dividido em 28 municípios, cinco dos quais estendendo-se por mais de 100 mil km² cada, o estado tinha uma população, segundo estimativas de 1939, de apenas 403 mil habitantes (excluindo-se a população indígena), ou 0,3 habitante por quilômetro quadrado.[4]

---

[4] Secretaria da Presidência da República, Informações sobre Mato Grosso, 1941, AN, SPE, 025, lata 325. Em 1950, a população mato-grossense era estimada em 522.044 habitantes, o que correspondia a apenas 1% da população nacional. Ver Campanha Nacional de Aperfeiçoamento Pessoal de Nível Superior (CAPES). *Estudos de desenvolvimento regional (Mato Grosso)*. Rio de Janeiro: Capes, 1958, p.25.

"GESTOS NOBRES DE INDEPENDÊNCIA E ORGULHO" 145

Infelizmente, a população esparsa, observou Lima, era apenas um dos graves problemas que conspiravam para "retardar e impedir nosso progresso" (Lima, 1941, p.142). Outro problema era a quase ausência de redes de transportes terrestres, o que prejudicava o comércio e as comunicações.[5] A capital, Cuiabá, localizada na região norte do estado, estava abandonada desde o declínio da corrida do ouro, no século XVIII. Ligada ao sul do estado por estradas precárias, a capital era inacessível por ferrovias e navegável desde o sul da cidade de Corumbá apenas quando as condições do Rio Paraguai permitiam (Galvão e Galvão, 1955, p.52-3).

De fato, em 1950, uma considerável parte da população não índigena de Mato Grosso (66%) vivia em áreas rurais e subsistia por meio de "processos antiquados", com pouca participação na economia de mercado (Capes, 1958, p.28, 59-60). Como Raymundo Santos, prefeito de um município mato-grossense, queixou-se em uma carta a Getúlio Vargas em 1942:

Estamos praticamente isolados de nosso estado e de nossa nação [...] e tudo o mais porque não temos estradas. Devido ao isolamento aqui nós levamos, Sua Excelência Senhor Presidente, sem exagero, uma qualidade de vida um pouco acima de nossos irmãos [índios] cabixi, pareci e nambiquara.[6]

Surtos epidêmicos também assolavam o estado. Um relatório de 1941 revelou que a lepra, a tuberculose, a malária e a febre amarela afligiam boa parte da população.[7]

---

[5] Sobre a precariedade das redes viárias em Mato Grosso, ver Correa Filho, V. *Mato Grosso*. Rio de Janeiro: Brasílica, 1939, p.232-3.

[6] Raymundo Santos, prefeito do município de Mato Grosso, para Getúlio Vargas, 11 de abril de 1942, AN, SPE, 025, lata 390.

[7] Secretaria da Presidência da República, Informações sobre Mato Grosso, 1941, AN, SPE, 025, lata 325.

146   A LUTA INDÍGENA NO CORAÇÃO DO BRASIL

Em 1955, pouco havia melhorado. A rede de estradas de Mato Grosso tinha apenas 14.734 quilômetros de extensão e, como não eram pavimentadas, muitas vezes as estradas tornavam-se intransitáveis durante a estação chuvosa (Galvão e Galvão, 1955, p.49-50). As companhias de transporte cobravam taxas exorbitantes para levar cargas em trajetos tortuosos. Embora mais dinâmico, o comércio fluvial sofria com embarcações inadequadas às peculiaridades dos rios mato-grossenses, que variavam em volume de água e correnteza (Galvão e Galvão, 1955, p.50-2). As enormes distâncias entre os municípios, sem mencionar a distância dos centros financeiros e industriais do Brasil, inviabilizavam o crescimento da economia local (Campos, 1969, p.268). Os males perenes de uma região subdesenvolvida, que iam da baixa renda do estado e da falta de capital local até a fuga de mão de obra capacitada, colocavam Mato Grosso em um beco sem saída (Capes, 1958, p.27, 64).

Essa situação periférica fez que as elites do Mato Grosso criassem uma forte identidade regional e mitologia política. Abandonados pelo governo federal, os mato-grossenses permaneciam, ainda assim, inabaláveis em seu espírito patriótico enquanto esperavam a redenção. Com orgulho, as elites contavam histórias de como seus ancestrais desbravaram a terra selvagem para defender o território nacional e de que forma resistiram e sofreram sob ocupação inimiga durante a Guerra do Paraguai (1864-1870) – a única invasão estrangeira em solo brasileiro desde a Independência. "Filha das bandeiras", dizia o mato-grossense José de Mesquita, "minha gente gravou a fogo e sangue na história de nossa nação as mais belas e nobres páginas de ardente civismo e brasilidade".[8] As elites sentiam-se negligenciadas pelo governo republicano e lamentavam

---

[8]   Discurso de José de Mesquita pronunciado no Instituto Histórico e Geográfico Brasileiro em 1939, e republicado na *Revista do Instituto Histórico de Mato Grosso*, v.11, n.41-2, p.17-8.

"GESTOS NOBRES DE INDEPENDÊNCIA E ORGULHO" 147

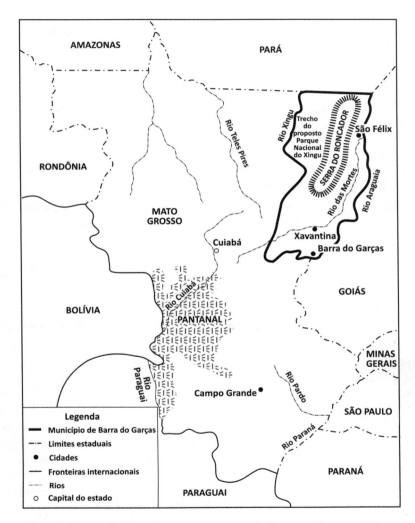

Mapa 4. Estado de Mato Grosso e município de Barra do Garças, 1958.

148   A LUTA INDÍGENA NO CORAÇÃO DO BRASIL

o desmembramento dos territórios de Guaporé (atual estado de Rondônia) e Ponta Porã durante o governo de Getúlio Vargas.[9] Apesar de golpes tão duros, orgulhavam-se da imagem de cidadãos patriotas e obedientes à lei. Como Mesquita observou acerca do "espírito mato-grossense": "É intolerante ao autoritarismo, ao poder não amparado pela lei e pela razão. Aplaude todos os gestos nobres de independência e orgulho" (Mesquita, 1943, p.90).

Na verdade, Mato Grosso tinha pouco a aplaudir, uma vez que seus "gestos nobres de independência e orgulho" consistiam em revoltas separatistas, disputas de elites, banditismo, violência e desrespeito à lei.[10] Entre 1930 e 1937, em meio a tumultos políticos, Mato Grosso mudara de governador nove vezes (Correa Filho, 1939, p.97). Os clãs políticos disputavam o poder, enquanto coronéis lutavam pelo controle territorial e pela supremacia regional por meio de violência, fraude e alianças entre facções.[11] Por exemplo, as minas da região de Garças-Araguaia, localizadas ao sul do território xavante, foram assoladas na década de 1920 por batalhas armadas entre dois coronéis, José Morbeck e Manuel Balbino de Carvalho, e sua clientela de migrantes nordestinos (Correa Filho, 1939, p.141-3).

---

[9]   Ponta Porã foi devolvida a Mato Grosso em 1946. Guaporé passou, em 1956, a denominar-se Território Federal de Rondônia, e só em 1981 foi transformado no estado de Rondônia.

[10]   A historiografia do Mato Grosso no final do século XIX e início do século XX, celebrando as realizações das elites (e muitas vezes escrita pelas próprias elites), lamentavelmente peca pela ausência de história social e análise teórica. Para estudos mais rigorosos do ponto de vista metodológico, ver Correa, V. B. *Coronéis e bandidos em Mato Grosso (1889-1943)*. São Paulo, 1981. Tese (Doutorado) – Universidade de São Paulo. Siqueira, E. M. et al. *O processo histórico de Mato Grosso*. Cuiabá: Universidade Federal de Mato Grosso, 1990.

[11]   Sobre o coronelismo, ver Leal, V. N. *Coronelismo: The Municipality and Representative Government in Brazil*. Trad. June Henfrey. New York: Cambridge University Press, 1977.

"GESTOS NOBRES DE INDEPENDÊNCIA E ORGULHO" 149

Movimentos separatistas eclodiram no sul do estado cujo crescimento demográfico e econômico, derivado principalmente da criação de gado e do cultivo de erva-mate, superava o do norte, baseado em açúcar e borracha (Correa Filho, 1939, p.129-31). O ressentimento dos sulistas em relação à dominação política de Cuiabá irrompeu em uma série de revoltas: por exemplo, em 1932, rebeldes do sul de Mato Grosso, querendo se separar do norte, colaboraram com as forças de São Paulo na Revolução Constitucionalista.[12] Não era de admirar que as elites do estado, perturbadas pelas dificuldades econômicas e pela instabilidade política, se vissem limitadas em sua capacidade de explorar os recursos naturais do estado. Como eram tentadoras as "terras opulentas" do município de Barra do Garças, habitadas pelos xavante e outros grupos indígenas (ver Mapa 4).

Em 1936, Virgílio Corrêa Filho, historiador mato-grossense, falou sobre o rico potencial do município em pastagens e extração de madeira, atividades inexploradas por sua minúscula população não indígena, que ele estimava ser de 3.787 indivíduos (Correa Filho, 1939, p.97, 150). Na verdade, independentemente de localização geográfica, convicção ideológica ou filiação política, as elites mato-grossenses compartilhavam a ideia de que a terra era uma das principais vias para a obtenção de riqueza e poder.[13] Em suas políticas fundiárias, os "gestos nobres de independência e orgulho" de Mato Grosso levariam a flagrantes violações da Constituição, que protegia as terras indígenas, proibia a venda

---

[12] Sobre as origens dos movimentos separatistas no sul do Mato Grosso, ver Neves, M. M. R. de N. *Elites políticas:* competição e dinâmica partidário--eleitoral. Caso de Mato Grosso. Rio de Janeiro: IUPERJ, 1988, p.92-127.

[13] Ver, por exemplo, o discurso do governador de Mato Grosso, Arnaldo E. de Figueiredo (1946-1951), em Ribeiro, L. R. E. de F. *O homem e a terra*, [s.l.], [s.d.], p.357-8.

150 A LUTA INDÍGENA NO CORAÇÃO DO BRASIL

de terras perto de fronteiras internacionais (domínio do governo federal) e exigia a ratificação do Senado Federal para a venda de lotes maiores que dez mil hectares.

A política fundiária em Mato Grosso: a Marcha para o Oeste e suas consequências

Em 1938, o interventor federal de Mato Grosso, Júlio Müller, proclamara com otimismo: "A Marcha para o Oeste é a nossa salvação".[14] Finalmente, o governo federal não só faria do desenvolvimento econômico da região uma cruzada nacional como chamara seus habitantes de heróis nacionais. Aos seus gritos de socorro acorriam os órgãos federais, como a FBC, para construir estradas, escolas, hospitais, pistas de pouso e colônias agrícolas; a FAB, para fornecer transporte aéreo; e um SPI fortalecido para "pacificar" os índios.

A Marcha para o Oeste traria muitos benefícios ao estado do Mato Grosso e, em particular, para as elites apoiadas por Vargas. Os Müllers, uma oligarquia sediada em Cuiabá, foram mais beneficiados que as elites rivais; como interventor, Júlio desfrutava de plenos poderes executivos e legislativos; seu irmão, Filinto, fora nomeado chefe da polícia no Rio de Janeiro. Ao "federalizar" as elites locais, Getúlio Vargas procurava ganhar mais influência sobre os assuntos mato-grossenses.[15] Sob a gestão de Müller, o estado do Mato Grosso cedeu terras para o SPI fundar postos de "pacificação" para os xavante, assim como todas as terras a cinquenta

---

[14] Discurso de Júlio Müller publicado na *Revista do Instituto Histórico de Mato Grosso*, v.20, n.39-40, 1938, p.69.

[15] Sobre o uso por Getúlio Vargas de interventores como um meio de consolidar o poder federal, ver Skidmore, T. E. *Politics in Brazil, 1930-1964*. New York: Oxford University Press, 1986, p.37.

"GESTOS NOBRES DE INDEPENDÊNCIA E ORGULHO" 151

quilômetros de cada lado do percurso da Expedição Roncador-
-Xingu. Além disso, em 1945, o interventor emitiu um decreto-
-lei cedendo extensos territórios ao norte de Mato Grosso à FBC,
para a implantação de colônias agrícolas (Menezes, 1990, p.144).
Com o fim do Estado Novo, tanto Getúlio Vargas quanto
Júlio Müller foram afastados de seus postos. A eleição do presidente Eurico Gaspar Dutra e a promulgação de uma nova
Constituição em 1946 assinalaram a restauração da democracia e
da liberdade política, bem como a diminuição do poder federal
e o retorno dos princípios econômicos do *laissez-faire* (Skidmore,
1986, p.69). Em 1947, o governo do Mato Grosso, para impedir
que grandes extensões de terra ficassem sob controle federal, re-
vogou o decreto-lei de Müller (Menezes, 1990, p.146) e recorreu
à iniciativa privada para promover a colonização. A disputa territorial com a FBC era um mau presságio para outro órgão federal:
o SPI. A entidade de defesa dos índios teria grandes dificuldades
em convencer o governo de Mato Grosso a proteger o território
indígena em meio ao grande volume de terras públicas cobiçadas
pelas elites mato-grossenses. Estas buscavam autonomia na política
de terras, diminuindo a intervenção federal, o que consideravam
fundamental para sua "sobrevivência política".[16]

Em 1949, a Assembleia Legislativa de Mato Grosso aprovou
um novo Código de Terras, que delineava procedimentos para a
privatização de terras públicas. O código atribuía preços às terras

---

[16] Barry Ames observa que alguns estados, como o Maranhão, opuseram-se
historicamente aos programas federais porque estes poderiam levá-los a
maiores diversidade social e competição política, o que escaparia ao controle
da elite. Embora Ames não discuta especificamente o caso do Mato Grosso,
ao que tudo indica ele segue o mesmo padrão em termos de políticas de terra
durante o período pós-Segunda Guerra Mundial. Ames, B. *Political Survival:* Politicians and Public Policy in Latin America. Berkeley: University
of California Press, 1987, p.135.

152 A LUTA INDÍGENA NO CORAÇÃO DO BRASIL

públicas por categoria – pastagens, lavoura ou extrativismo –, mas, em todos os casos, o custo era baixo em comparação ao das terras em São Paulo ou mesmo em Goiás.[17] Havia boas perspectivas para a especulação fundiária, graças às peculiaridades da economia brasileira. A ausência de registros de propriedade – outra responsabilidade do governo do Mato Grosso – facilitava ainda mais a desenfreada mercantilização de terras públicas e indígenas, bem como a fraude e a violência.

Segundo o Código de Terras, os territórios deveriam ser cedidos "quando necessário" para "aldeias indígenas"; entretanto, o governo estadual não se empenharia em cumpri-lo. Por exemplo, em março de 1950, o governador Arnaldo de Figueiredo lançou um decreto reservando uma área de 2,4 milhões de hectares no município de Barra do Garças para os xavante com base em uma inspeção aérea do território indígena efetuada em conjunto com o SPI. Contudo, havia uma condição para isso: o SPI teria apenas dois anos para demarcar a extensa reserva antes que as terras voltassem ao poder do estado do Mato Grosso.[18] A entidade deixou de cumprir esse e outros prazos subsequentes fixados pelo governo mato-grossense (por razões que serão discutidas mais à frente). No entanto, dado que a Constituição protegia o direito à terra indígena, ele não deveria depender de imposições de prazos. (Além disso, a esperada reserva teria abrangido apenas as comunidades xavante na região do Rio das Mortes e excluído as povoações indígenas da região de Couto-Magalhães-Culuene.)(Chovelon et al., 1996, p.95.)

A negociação desenfreada de terras durante os governos dos sucessores de Figueiredo demonstrou a vulnerabilidade do terri-

---

[17] *Diário Oficial do Estado de Mato Grosso*, Ato do Poder Legislativo, Lei n.336, dezembro de 1949, MI, Sedoc, filme 245.

[18] B. D. Monteiro, inspetor do SPI, ao diretor do SPI. Cuiabá, 23 e 29 de dezembro de 1950, MI, Sedoc, filme 265, fot. 17-18, p.9-10.

"GESTOS NOBRES DE INDEPENDÊNCIA E ORGULHO" 153

tório xavante diante das disputas políticas mato-grossenses e da especulação de terras. Em 1950, com a eleição para governador do estado de Fernando Correa da Costa, chefe de uma facção política rival marginalizada desde o Estado Novo, seguiu-se uma venda desenfreada de terras públicas e indígenas. Durante os cinco anos de mandato de Correa da Costa, o governo do Mato Grosso transferiu quase 4.210.000 hectares de terras no norte do estado – mais de um terço delas no município de Barra do Garças – a dezoito empresas privadas com sede principalmente em São Paulo e Paraná (Menezes, 1990, p.121-6). Além dessas empresas colonizadoras, que receberam, cada uma, áreas de duzentos mil hectares ou mais, milhões de hectares foram vendidos a alguns poucos investidores privados.

Correa da Costa argumentou que tais negociações não violavam a proibição constitucional de vender, sem a aprovação do Senado Federal, áreas maiores que dez mil hectares, pois sua administração não havia transferido a terra por completo às empresas, e estas não venderiam lotes maiores que dois mil hectares aos colonos. As empresas, disse o governador, prometeram injetar capital na região e investir em infraestrutura e especialistas. Além disso, insistia Correa da Costa, ao validar e regularizar os títulos de terras, essas empresas protegeriam os compradores contra fraudes, uma vez que Mato Grosso não possuía um cadastro rural (Campos, 1969, p.192).

Na verdade, as negociações de terra foram marcadas por várias irregularidades. O estado do Mato Grosso não realizou leilões para a distribuição de terras; Correa da Costa tratou diretamente com todas as empresas colonizadoras, hospedando diretores de empresas em sua própria residência em Cuiabá (Menezes, 1990, p.137-8). Além do mais, nenhuma medida foi tomada pelas empresas para desenvolver a infraestrutura local. O que os políticos anunciavam como desenvolvimento do Centro-Oeste era apenas especulação de terras, que tornava as comunidades indígenas vulneráveis à usurpa-

154 A LUTA INDÍGENA NO CORAÇÃO DO BRASIL

ção. Milhões de hectares cedidos ou vendidos pelo governo do Mato Grosso eram situados na área proposta para o Parque Nacional do Xingu (Oliveira, apud SPI, Relatório, 1954, p.173-84; Mendes, 1988, p.42). Por exemplo, a Colonizadora Norte de Mato Grosso Ltda., dirigida por Décio Franco de Almeida, adquiriu quatrocentos mil hectares que incluíam terras reservadas para comunidades xavante no projeto ainda não aprovado do Parque Nacional do Xingu (Menezes, 1990, p.156-7). Em 1952, foram divulgados relatórios sobre o enfrentamento entre os agrimensores da empresa de Almeida e uma comunidade de índios xavante "não contatados".[19]

O comércio desenfreado das terras públicas no Mato Grosso, com sua violação indiscriminada dos direitos indígenas, financiou o crescimento econômico do estado. Depois de seis magros anos de déficits estatais, Correa da Costa anunciou uma era de prosperidade. Em 1952, por exemplo, as vendas de terras públicas totalizaram mais de dezesseis milhões de cruzeiros; no ano seguinte, renderam mais de trinta milhões de cruzeiros, pouco menos de 20% de todas as rendas do estado (Campos, 1969, p.197-8, 245). Embora proibidos de se reeleger por dois mandatos consecutivos, os governadores procuravam manter ativas as máquinas políticas e preparar-se para futuras disputas eleitorais.

Como Mato Grosso tinha déficit de indústrias, infraestrutura e obras públicas, os políticos manipulavam as políticas fundiárias para recompensar correligionários e conquistar eleitores.[20] Em 1954, os deputados estaduais que pertenciam ao partido de Correa da

---

[19] *Última Hora*, 21 de outubro de 1952.

[20] Um estudo de 1954 descobriu que, dos 1.244 estabelecimentos industriais do Mato Grosso envolvidos principalmente na produção de alimentos, apenas 275 (22%) empregavam mais que cinco pessoas. A insignificância da indústria era ainda mais evidente em sua mínima contribuição anual (4%) para as rendas do estado. Ver Campanha Nacional de Aperfeiçoamento Pessoal de Nível Superior (CAPES), op. cit., p.80-1.

"GESTOS NOBRES DE INDEPENDÊNCIA E ORGULHO" 155

Costa, a UDN (União Democrática Nacional), solicitaram o apoio do deputado da oposição, Gerson de Oliveira, para nomear um deputado da UDN como líder da Câmara. Em troca, Oliveira recebeu a promessa de que uma empresa colonizadora, à qual ele era ligado, receberia uma área de duzentos mil hectares; como bônus, o próprio Oliveira receberia cinco mil hectares de terras públicas (Lenharo, 1986c, p.55). O clientelismo adaptava-se a um cenário político transformado pelo crescimento dos partidos, eleitores, expansão do estado e desenvolvimento econômico (Hagopian, 1996, p.57). As políticas fundiárias também serviram para conquistar eleitores, uma vez que houve grande expansão do eleitorado, resultante das reformas eleitorais no início da década de 1930 e da conquista do voto feminino em 1934. No fim do Estado Novo, em 1945, o Brasil tinha um registro de 7.306.995 eleitores, comparado aos 1.466.700 para a Assembleia Constituinte de 1933 (Cammack, 1982, p.58-72). Os povos indígenas, todavia, só receberiam o direito de votar em 1966 (mas continuariam com limitada influência eleitoral, em virtude de sua pequena população). O Poder Judiciário, em geral, favorecia os direitos estaduais em detrimento dos federais em questões fundiárias. Assim, os índios tinham poucas possibilidades de ter seus direitos defendidos em um ambiente político em que, nas palavras de um diretor do SPI, "a lei do mais forte, do mais bem armado, do que tem mais apoio político e financeiro, prevalecia sobre os princípios defendidos pelo SPI" (Malcher, 1963).

As políticas racistas

Os interesses econômicos e o clientelismo político não explicam por completo a violação dos direitos indígenas às suas terras. O racismo foi outro fator. As elites mato-grossenses desprezavam

156   A LUTA INDÍGENA NO CORAÇÃO DO BRASIL

os índios, vistos como dissipadores, improdutivos e depravados. Como observou um autor local: "Em Rondonópolis, uma cidade civilizada, sede de um dos mais prósperos municípios do leste de Mato Grosso, os bororos vivem da caridade pública e gastam a maior parte das esmolas comprando cachaça" (Campos, 1969, p.201-2). Com certeza, tais parasitas contribuíam pouco para o bem-estar da região ou mesmo do país. Os índios não eram mais que um "conceito racial e um estágio da civilização" destinados à extinção.[21]

Não é de admirar que as elites do Mato Grosso, impregnadas por racismo e etnocentrismo, vissem a defesa dos direitos das terras indígenas como um gesto benevolente, não uma obrigação constitucional. Em sua visão, apenas o diligente "homem branco" merecia a assistência do Estado para ocupar terras "legalmente" adquiridas.[22] Já era inaceitável que áreas ao norte e nordeste do estado, dominadas pelos índios, permanecessem "praticamente desabitadas" (isto é, por "homens brancos") ainda em 1955 (Galvão e Galvão, 1955, p.28). Agora se sentiam ameaçados pelas reservas indígenas, territórios isentos de impostos imobilizando o mercado de terras. Correa da Costa e seus aliados combatiam a proposta do Parque Nacional do Xingu como "outra enorme área para os aborígenes", que violava a "integridade territorial" do estado.[23] Em uma inteligente – embora não original – manipulação, as elites mato-grossenses inverteram a natureza de seu relacionamento com os índios: os agressores se transformaram em vítimas. Diferentemente do SPI, que enaltecia os indígenas (pelo menos no presente e no futuro imediato) para legitimar o poder,

---

[21]   Desaconselhável a segregação de contingentes silvícolas. *Brasil-Oeste*, v.1, n.2, fevereiro de 1956, p.22.

[22]   Praticamente fora do cartaz o Parque Indígena do Xingu. *Brasil-Oeste*, v.1, n.6, outubro de 1956, p.31.

[23]   Praticamente fora do cartaz o Parque Indígena do Xingu. *Brasil-Oeste*, v.1, n.6, outubro de 1956, p.30-1.

"GESTOS NOBRES DE INDEPENDÊNCIA E ORGULHO" 157

as elites locais buscavam depreciá-los para, assim, contornar as garantias constitucionais dadas aos índios.

Disputas entre as elites mato-grossenses

As políticas agrárias de Correa da Costa enfrentaram a resistência não só dos índios e do SPI, mas também das elites descontentes do Mato Grosso. Por exemplo: o senador federal Filinto Müller, rival do governador e filiado ao PSD (Partido Social Democrático), foi à imprensa denunciar a venda de terras que integrariam o Parque Nacional do Xingu ainda em projeto. Em 1955, ele conseguiu abrir um inquérito parlamentar sobre políticas fundiárias no estado, acusando o governo mato-grossense da venda inconstitucional de terras federais (Oliveira, 1954, p.173-84). Entretanto, essas denúncias não eram feitas com real interesse de sanear as políticas de terras do estado, e sim para desacreditar inimigos políticos.

João Ponce de Arruda, candidato do PSD que em 1955 venceu a eleição para governador do estado do Mato Grosso com maioria esmagadora, por exemplo, tinha denunciado com veemência o "grave dano" que a venda irregular de terras causou à reputação do estado (Menezes, 1990, p.117). Em um discurso de censura aos deputados mato-grossenses, Ponce de Arruda criticou seu predecessor por conceder terras ilegalmente às empresas colonizadoras e rescindiu seus contratos. Para sinalizar a ruptura com os métodos ilegais, Ponce de Arruda fechou o DTC (Departamento de Terras e Colonização do Estado) cuja jurisdição se estendia ao norte do Mato Grosso. O DTC havia sido inundado de tal forma por negociações de terra – 12.253 propostas foram apresentadas apenas em 1952, e 15.529 em 1953 – que o novo governador prometeu reabrir o escritório só depois que metade delas tivessem sido processadas (Campos, 1969, p.198). Ponce de Arruda prometeu também pro-

158   A LUTA INDÍGENA NO CORAÇÃO DO BRASIL

mover vendas a indivíduos, em vez de para empresas, e seguir as orientações constitucionais, além de honrar os direitos territoriais indígenas (Arruda, apud Lenharo, 1986c, p.52). Em dezembro de 1956, Ponce de Arruda assinou uma lei autorizando a criação de uma reserva xavante de mais de um milhão de hectares. A nova lei dava ao SPI, mais uma vez, apenas dois anos para demarcar a terra antes que ela retornasse para o estado do Mato Grosso (prazo que, novamente, o SPI não cumpriu). Apesar dos discursos, Ponce de Arruda não cumpriu suas promessas. Mesmo antes de expirado o prazo de dois anos, o estado do Mato Grosso concedeu a particulares títulos de terras pertencentes à esperada futura reserva indígena (Maybury-Lewis, 1974, p.9). A maior parte do território xavante seria titulado em 1960, ao final de sua administração. Ismael Leitão, chefe do posto de Pimentel Barbosa, descobriu, em 1960, que não apenas as terras xavante haviam sido vendidas pelo governo do Mato Grosso, mas que isso ocorrera com "terras onde por dezenove anos o Posto Indígena de Pimentel Barbosa estivera situado"![24]

A administração de Ponce de Arruda foi marcada pelo compadrio, corrupção e especulação fundiária, o que foi frequentemente denunciado pelos partidos de oposição:

> Depois da "negociata" em todos os canais burocráticos, o preço (trinta cruzeiros por hectare) já havia subido 300%. Alguns políticos e negociantes da região [Cuiabá] já estão começando a andar em seus carros de último tipo desde o início do "boom" de vendas, e aumentaram a frequência de suas visitas aos apartamentos e hotéis de luxo em Copacabana [...] Os hotéis [de Cuiabá] estão lotados de agentes imobiliários vindos de todas as partes do Brasil. Eles ficam

---

[24]   Ismael Leitão ao chefe da 8ª Inspetoria do SPI, 19 de dezembro de 1960, arquivo pessoal de Ismael Leitão.

"GESTOS NOBRES DE INDEPENDÊNCIA E ORGULHO" 159

sentados em suas varandas bebendo cerveja ou cachaça e falam em termos de milhares de hectares. Mapas são desdobrados e limites são traçados para áreas extensas.[25]

Eram realmente nebulosos os acordos que caracterizavam o *boom* especulativo imobiliário durante a gestão de Ponce de Arruda. Uma investigação federal de vendas ilícitas de terras em Mato Grosso em 1964 lança luz sobre como os governantes do estado canibalizavam o patrimônio público e indígena para fortalecer interesses partidários e coalizões políticas. Os políticos mato--grossenses admitiam abertamente a violação dos direitos indígenas e das restrições constitucionais sobre propriedade excessiva de terras, o abuso do cargo público para ganho pessoal e a "divisão do departamento [DTC] entre aliados". Roger Assef Buainain, que por dois anos foi secretário de Agricultura de Ponce de Arruda, confessou que "assinara títulos de áreas reservadas para os índios". Hélio Ponce de Arruda, encarregado de anunciar a venda de terras públicas no *Diário Oficial* do Mato Grosso, confessou que usufruíra de sua posição para adquirir, por procuração, 128.945 hectares para investidores paulistas e nove mil hectares para ele próprio.[26]

O governador Ponce de Arruda alardeou, em 1959, que um reformulado DTC emitira títulos provisórios sobre 1.793.539 hectares e títulos definitivos sobre outros 2.637.142 hectares (Campos, 1969, p.198). As vendas de terra intensificaram-se ao final de seu mandato, sem dúvida em um último esforço para obter fundos e apoios eleitorais, e após a vitória de Correa da Costa na eleição de

---

25 Febre imobiliária atinge Cuiabá. *Brasil-Oeste*, v.4, n.47, abril de 1960, p.22-4.

26 Ministério do Interior, Divisão de Segurança e Informações. Venda ilegal de terras em Mato Grosso, anexo do processo n.4.483/68, v.16, agosto de 1964, Funai, DOC.

160 A LUTA INDÍGENA NO CORAÇÃO DO BRASIL

1960 para governador do Mato Grosso, para uma "garfada" final antes da entrega do poder.[27] Entretanto, Antonio de Arruda Marques, diretor do DTC em 1964, afirmou que, quinze anos depois que o Código de Terras fora instituído, seu escritório ainda não tinha um procedimento-padrão de concessão de títulos, registros adequados e planos cadastrais que "correspondesse à realidade".[28]

Fraude e violência no sertão do Mato Grosso

A rede de grilagem que se apossava do território indígena estendia-se desde os centros de poder político e econômico até o campo. Os agrimensores encarregados de informar ao DTC e ao SPI sobre a ocupação indígena (o que impediria as vendas), muitas vezes falhavam nessa tarefa. Alguns executavam o trabalho negligentemente e deixavam que terceiros enfrentassem as consequências; outros, ainda, recebiam "caixinhas", atuavam como agentes imobiliários e tornavam-se até mesmo grandes proprietários de terras (Menezes, 1990, p.133-4). Em 1952, dois xavante da região do Culuene morreram em uma luta com o agrimensor Wilson Furtado. Quatro anos depois, o próprio Furtado foi registrado como proprietário de terras no estado.[29] Também faziam parte da rede de grilagem

---

[27] Sobre o uso das políticas de terra do estado para propósitos eleitorais, ver Foweraker, J. *The Struggle for Land:* A Political Economy of the Pioneer Frontier in Brazil from 1930 to the Present Day. Cambridge: Cambridge University Press, 1981, p.133; Menezes, M. L. P. *Parque Indígena do Xingu:* a construção de um território estatal. Rio de Janeiro, 1990, p.115. Tese (Mestrado) – Universidade Federal do Rio de Janeiro.

[28] Ministério do Interior, Divisão de Segurança e Informações. Venda ilegal de terras em Mato Grosso. Funai, DOC. Sobre os repetidos fechamentos do DTC, ver Foweraker, J., op. cit., p.191-20.

[29] Benjamin Duarte Monteiro, chefe da 6ª Inspetoria do SPI, Portaria n.12. Cuiabá, 6 de setembro de 1952, MI, Sedoc, filme 234, fot. 1354; Benjamin

"GESTOS NOBRES DE INDEPENDÊNCIA E ORGULHO" **161**

funcionários de cartórios municipais, onde os títulos muitas vezes eram falsificados em troca de pagamento.[30] Além da fraude, a violência era amplamente empregada como caminho para a acumulação de capital e a dominação no sertão do Mato Grosso. Em 1951, um grupo de fazendeiros e seus capangas partiu da cidade de Barra do Garças para atacar os xavante na região entre os rios Couto Magalhães e Culuene. Essa área era habitada por dez diferentes aldeias xavante ainda não contatadas pelo SPI. Na aldeia de Parabubu, os invasores mataram e feriram um grande número de índios e puseram fogo em suas casas.[31] Ao longo dos anos seguintes, os índios de Parabubu foram devastados por uma epidemia, espalhada, ao que parece, por roupas contaminadas que receberam dos fazendeiros. Em 1956, refugiados xavante foram levados por um fazendeiro local a Cuiabá para buscar ajuda do governo e voltaram de mãos vazias (Giaccari, 1972, p.40).

Em 1958, toda a população xavante na região de Couto Magalhães-Culuene havia sido forçada a exilar-se. Algumas das comunidades fugiram para regiões próximas a postos do SPI; outras buscaram abrigo nas missões salesianas (ver Capítulo 5). Arrancados de suas terras, só restaram aos exilados de Couto Magalhães-Culuene lembranças, cicatrizes de ferimentos a bala e a pálida esperança de um dia voltar para casa (ver Capítulo 7).[32]

Duarte Monteiro, chefe da 6ª Inspetoria do SPI à sede do SPI. Cuiabá, 8 de agosto de 1956, MI, Sedoc, filme 235, fot. 960.

30 Para um estudo comparativo sobre a usurpação de terras no Maranhão durante esse período, ver Asselin, V. *Grilagem:* corrupção e violência em terras dos carajás. Petrópolis: Vozes, 1982.

31 Funai. Relato sobre a ocupação xavante de Couto Magalhães. Brasília, junho de 1979, Projeto Estudos sobre Terras Indígenas no Brasil (PETI), Rio de Janeiro, FNF 0228.

32 Benjamin Duarte Monteiro ao diretor do SPI, 23 de abril de 1952, MI, Sedoc, filme 245, fot. 2177-8.

162 A LUTA INDÍGENA NO CORAÇÃO DO BRASIL

O estado do Mato Grosso vendeu grande parte do território xavante na região de Couto Magalhães-Culuene em 1960.[33] Sem dúvida, os xavante de Couto Magalhães-Culuene tentaram conter os invasores, como vinham fazendo há décadas. Dois anos antes do ataque à aldeia de Parabubu, os xavante haviam massacrado um bando de invasores.[34] De forma similar, em 1953, Cláudio Martins, um agrimensor, relatou aos funcionários do SPI que sua equipe também não tivera muita sorte: os xavante que moravam perto do Rio Noidori haviam matado um de seus membros.[35]

De fato, o conflito se instalara entre outro grupo de índios xavante não contatados, os Marãiwatsede, e moradores de São Félix do Araguaia, cidade fundada às margens do Rio Araguaia por Severiano Neves (cunhado de Lúcio da Luz). Em 1950, Neves, agora vice-prefeito, queixou-se de que a "população estava tomada de pânico" porque os xavante estavam "destruindo plantações, levando ferramentas dos pequenos fazendeiros que residem aqui".[36] O posto local do SPI e os moradores de São Félix pediram a fundação de outro posto de "atração" para estabelecer contato pacífico com os índios Marãiwatsede, rivais da facção de Apoena. Esse grupo indígena não queria se mudar para o posto do governo em Pimentel Barbosa, ao sul do estado. Mas o diretor do SPI se opôs à ideia, alegando escassez de verbas.[37]

---

[33] O arquivo histórico da Funai em Brasília possui extensa documentação sobre as transações acerca de terras xavante, compilada a partir dos arquivos do estado do Mato Grosso e de cartórios locais.

[34] Funai. Relato sobre a ocupação xavante de Couto Magalhães, junho de 1979.

[35] Cláudio Martins a Benjamin Duarte Monteiro. Cuiabá, 16 de fevereiro de 1953, MI, Sedoc, filme 234, fot. 1758-61.

[36] Severiano Neves ao governador de Mato Grosso, Arnaldo Estevam de Figueiredo. São Félix, 7 de maio de 1950, MI, Sedoc, filme 256, fot. 135.

[37] Benjamin Duarte Monteiro ao diretor do SPI, José Maria da Gama Malcher. Cuiabá, 25 de janeiro de 1952, MI, Sedoc, filme 245, fot 2189.

"GESTOS NOBRES DE INDEPENDÊNCIA E ORGULHO" 163

Durante a década seguinte, as hostilidades se intensificaram. Em 1951, os xavante realizaram dois ataques, nos quais cinco pessoas foram mortas a bordunadas.[38] Em 1953, um morador de São Félix, Antônio Cardoso de Melo, escreveu a Cândido Rondon e ao diretor do SPI, José Maria da Gama Malcher, denunciando um massacre de índios xavante supostamente conduzido por Neves: "Sou conhecido nas margens do Araguaia há trinta anos, mas nunca vi barbaridades como as que Severiano [Neves] fez com os índios".[39] Cardoso de Melo expressou esperança de que "um dia justiça seja feita para Severiano pela morte dos índios".[40] Isso nunca aconteceu.

O golpe final para os xavante Marãiwatsede viria de investidores paulistas que estabeleceram em seu território uma empresa pecuarista, a fazenda Suiá-Missu. Essa fazenda oferecia, a princípio, comida e bugigangas aos índios em troca de prestação de serviços, como abertura de trilhas e construção de uma pista de pouso. Mas, à medida que as tensões cresceram, os Marãiwatsede foram cercados em 1966, colocados em jatos da Força Aérea brasileira e deportados para a missão salesiana, centenas de quilômetros ao sul (Ferraz e Mampieri, 1993, p.76). Como as comunidades xavante na região de Couto Magalhães-Culuene, os xavante Marãiwatsede foram forçados ao exílio. A subordinação dessa comunidade, último contingente xavante contatado, assinalou a rendição final dos xavante à dominação waradzu.

---

[38] Ismael Silva Leitão ao diretor do SPI, 28 de novembro de 1951, MI, Sedoc, filme 245, fot. 2030-6. Um relato do ataque dos xavante a São Félix pode ser encontrado em Caiado, L. di R. *Dramas do oeste:* história de uma excursão nas regiões da Ilha do Bananal em 1950. São Paulo: Edigraf, 1961, p.113-7.

[39] Antonio Cardoso de Melo a Cândido Mariano da Silva Rondon. Araguacema, 26 de dezembro de 1953, MI, Sedoc, filme 251, fot. 2121.

[40] Antonio Cardoso de Melo ao diretor do SPI, José Maria da Gama Malcher. Araguacema, 26 de dezembro de 1953, MI, Sedoc, filme 251, fot. 2125.

164 A LUTA INDÍGENA NO CORAÇÃO DO BRASIL

Dificuldades do SPI: verbas, clientelismo e corrupção

Desde a Marcha para o Oeste o governo federal planejava delimitar as reservas indígenas como parte de um processo ordenado de colonização. Mas à luz dos mencionados ataques múltiplos aos territórios indígenas, as dificuldades do SPI em demarcar as terras xavante podem ser entendidas. As elites e os funcionários públicos do Mato Grosso violavam os direitos de terra dos xavante; os especuladores abocanhavam o território indígena; as brechas na legislação e a discussão sobre competências enfraqueciam o SPI; e a impunidade protegia os malfeitores. Entretanto, até que ponto o órgão federal de proteção ao índio era assombrado pelos próprios demônios: clientelismo, corrupção, escassez de verbas e a malversação de fundos? Por que o SPI, autorizado pelo governo mato-grossense a demarcar as terras xavante, falhou em duas ocasiões diferentes? Como explicar ainda mais tais deficiências?

Em novembro de 1958, um mês antes de expirar o prazo que Ponce de Arruda dera ao SPI para a demarcação das terras xavante, o coronel José Luis Guedes, diretor da entidade, pediu ao governador uma prorrogação de dois anos no prazo anteriormente dado. O diretor justificou seu apelo pela escassez de verbas e o excesso de responsabilidade, mas teve seu pedido negado.[41] Contudo, o argumento de Guedes era plausível, dadas as desigualdades das políticas públicas que desfavoreciam o setor agrário, a região Centro-Oeste em geral e, especialmente, a política indigenista. O SPI era subordinado ao Ministério da Agricultura, que tinha baixa prioridade em um Estado desenvolvimentista comprometido com a industrialização em substituição às importações. Por

---

[41] José Luiz Guedes a Ponce de Arruda. Rio de Janeiro, 28 de novembro de 1958, MI, Sedoc, filme 265, fot. 1321.

"GESTOS NOBRES DE INDEPENDÊNCIA E ORGULHO" 165

exemplo, a agricultura recebeu apenas 4,7% do total de gastos do governo entre 1956 e 1960, e apenas 2,9% entre 1961 e 1965. De fato, a política de industrialização em substituição às importações, com seus subsídios estatais orientados para as áreas urbanas, prejudicava bastante o setor rural cujas políticas estatais eram marcadamente regionalistas e de classe: a maioria dos recursos era canalizada para modernizar a agricultura de larga escala no Sul e no Sudeste do país, bem como para apoiar esses centros dinâmicos de crescimento industrial (Grindle, 1986, p.48-75; Wood e Carvalho, 1988, p.60).

Dentro do Ministério da Agricultura, reduto de oligarquias regionais, o SPI tinha importância secundária. Em 1960, por exemplo, o orçamento da entidade era de dezessete milhões de cruzeiros. Mesmo se destinadas apenas aos sessenta mil índios sob tutela do SPI – em vez de, digamos, para propósitos administrativos –, essa soma representava um gasto de 283,33 cruzeiros por índio, na época menos do que o preço de um par de calças (SPI, 1960, p.9). Desse total, apenas uma soma de um milhão de cruzeiros fora proposta anualmente para a demarcação de terras indígenas entre 1960 e 1962 (Almeida Netto, apud SPI, Relatório, 1959, p.42). Com mais de uma centena de postos em todo o país, os recursos do SPI eram escassos. Problemas administrativos e financeiros assolavam as inspetorias regionais da entidade, encarregadas de demarcação de reservas, estudos topográficos, construção de postos e manutenção de todas as comunidades indígenas sob sua jurisdição (Lima, 1995, p.235). Os reduzidos fundos destinados ao SPI refletiam o *status* marginal que a proteção ao índio possuía para o Estado.

Considere, então, as dificuldades enfrentadas até pelo mais bem-intencionado dos funcionários do SPI para defender as terras xavante. Como o estado do Mato Grosso não mantinha um cadastro de terras, os funcionários da entidade há muito tempo reclamavam das dificuldades de saber se as terras à venda estavam dentro

166 A LUTA INDÍGENA NO CORAÇÃO DO BRASIL

de território indígena.[42] Para complicar ainda mais, a inspetoria do SPI que supervisionava as comunidades xavante na região do Rio das Mortes também era responsável pelas comunidades carajá, apinajé e craô; além disso, o escritório ficava em Goiânia. Durante a estação chuvosa, era quase impossível fazer a viagem entre os postos xavante e as sedes administrativas de Mato Grosso, pois as pontes eram destruídas pelas águas, as estradas eram inundadas e os veículos não funcionavam. Como relatou a inspetoria sobre as dificuldades em defender as terras indígenas, "os processos legais mais elementares, como citações, convocações de testemunhas etc., por causa dos atrasos – devido às grandes distâncias –, se tornam quase impossíveis" (SPI, Boletim 15, 1966, p.4-5). A hostilidade das comunidades xavante não contatadas representava outro obstáculo para a inspeção e demarcação das terras.

Em uma débil tentativa de impedir a venda de terras indígenas, o SPI enviou um de seus funcionários, José Vieira da Silva, para monitorar as negociações no DTC.[43] Com o mesmo objetivo, em agosto de 1956, o inspetor do SPI em Cuiabá, Octaviano Calmon, implorou ao diretor do DTC que não concedesse títulos a 43 investidores que queriam comprar terras xavante.[44] Além da falta de verbas, os inspetores ainda tinham de enfrentar a má vontade das elites locais. A pouca influência do governo federal no Centro-Oeste impedia o SPI de exercer autoridade sobre as políticas fundiárias.

Além da escassez de verbas, o SPI empregava mal ou de forma inadequada o que lhe era destinado. A corrupção era uma antiga praga dentro da entidade. José Maria da Gama Malcher, diretor

---

[42] Benjamin Monteiro Duarte ao diretor do SPI. Cuiabá, 2 de março de 1953, MI, Sedoc, filme 245, fot. 2330.

[43] Benjamin Monteiro Duarte ao diretor do SPI. Cuiabá, 2 de março de 1953, MI, Sedoc, filme 245, fot. 2330.

[44] Octaviano Calmon ao diretor do DTC, 21 de agosto de 1956, MI, Sedoc, filme 247, fot. 1281-4.

"GESTOS NOBRES DE INDEPENDÊNCIA E ORGULHO" 167

do SPI de 1951 a 1955, presidiu diversas auditorias e investigações internas; ainda assim, apenas um funcionário foi afastado por causa de corrupção.[45] A proclamada defesa de Malcher dos direitos indígenas, segundo reportagens de jornal, levou à sua demissão.[46] Em 1964, um inquérito do Congresso Nacional sobre o SPI revelou que Moacyr Ribeiro Coelho, diretor do SPI de 1961 a 1963, havia se apropriado da renda indígena obtida pela venda de gado.[47]

A má aplicação das verbas se devia, porém, à natureza da distribuição orçamentária federal, que se arrastava nas discussões e negociações do Congresso. As verbas muitas vezes eram entregues ao SPI no final do ano, o que complicava as tentativas de planejamento e alocação racional. Os dirigentes do SPI administravam os recursos sem critérios – deixando de registrar bens, de manter inventários ou de abrir concorrência para os serviços –, com medo de que, se agissem de outra forma, o próximo orçamento fosse cortado.[48]

Os funcionários dos postos, que ocupavam o nível mais baixo na hierarquia administrativa do SPI, mas eram o contato mais próximo das comunidades indígenas, eram especialmente prejudicados pela desordem financeira. Como os salários eram baixos e chegavam com meses de atraso, os chefes dos postos muitas vezes recorriam a procuradores locais, que lhes adiantavam o pagamento em troca de uma taxa. Essa dependência das elites locais, frequentemente hostis à causa indígena, certamente comprometia a lealdade de alguns

---

[45] José Maria da Gama Malcher ao deputado Jânio da Silva Quadros, outubro de 1960, MI, Sedoc.

[46] O inquérito sobre as concessões de terras em Mato Grosso. *Correio da Manhã*, 5 de agosto de 1955.

[47] Brasil, Congresso Nacional, Câmara dos Deputados, Projeto de Resolução n.65-1964. Aprova as conclusões da comissão parlamentar de inquérito para apurar irregularidades no serviço de proteção aos índios.

[48] Almeida Netto. Relatório. Goiânia, 29 de julho de 1964, MI, Sedoc.

168 A LUTA INDÍGENA NO CORAÇÃO DO BRASIL

funcionários.[49] Quando honestos, os encarregados atuavam como defensores dos índios; quando inescrupulosos, eram como a raposa tomando conta do galinheiro. Por meio da cumplicidade ou da negligência, a terra dos índios podia ser usurpada; o gado, vendido; os recursos, apropriados; e seu grito por justiça, abafado (Tavener, 1973, p.450-6). Tal maldade ou delinquência não era universal nem se restringia aos níveis mais baixos da administração do SPI. Um bom número de chefes de postos provavelmente não era nem mocinho nem bandido; na tradição do clientelismo que permeava o serviço público no Brasil, eles apenas não tinham vontade nem mérito.

O clientelismo e o empreguismo também contribuíam para minar a defesa legal das terras indígenas. O "inchaço" no quadro de funcionários da sede do SPI no Rio de Janeiro, longe das comunidades xavante e da maioria dos índios, refletia essa tendência. De 1953 a 1960, o número de empregados no Rio de Janeiro quase triplicou, passando de 12 para 34, enquanto todas as inspetorias regionais, com exceção de uma, se atrofiaram, tendo uma diminuição total de 72 funcionários. Malcher criticou um grupo, segundo ele, composto por

professores semianalfabetos, operadores de rádio que nunca viram um transmissor na vida, e mecânicos na mesma situação, sendo grande o número de funcionários na diretoria sem qualquer função.[50]

O empreguismo não era novo nem se restringia ao SPI. Proliferavam em todo o serviço público brasileiro do pós-guerra,

---

[49] Ver as preocupações da diretoria do SPI relativas ao sistema de procuradoria no Plano diretor de trabalho do SPI, 1961/1965. MI, Sedoc.

[50] Malcher a Quadros, outubro de 1960. Vários anos depois, Malcher denunciou o SPI em um manuscrito não publicado, intitulado *Por que fracassa a Proteção aos Índios?* (1963).

"GESTOS NOBRES DE INDEPENDÊNCIA E ORGULHO" 169

apesar de haver notáveis concentrações setoriais. O crescimento dos gastos do setor público no Brasil dessa época, sob um Estado desenvolvimentista – de 17,7% do PIB em 1947 para 29% em 1960 –, permitiu que os políticos construíssem uma base para o clientelismo em larga escala (Hagopian, 1996, p.92). Além disso, com o crescimento da população, a urbanização e a insuficiência de empregos no setor privado, os empregos no serviço público abrigavam a força de trabalho em expansão no Brasil e davam estabilidade às pessoas durante um tempo de rápidas mudanças econômicas (Graham, 1968, p.92). Em 1940, um em cada 132 trabalhadores ativos no Brasil trabalhava na burocracia federal; em 1960, essa proporção era de um em cada 65 (Schmitter, 1971, p.33).

Durante o Estado Novo, Getúlio Vargas criara o Dasp para forjar um quadro tecnocrático de funcionários públicos para o planejamento e a implementação de políticas estatais. O Dasp classificava os funcionários públicos em três categorias: funcionários permanentes, que deviam ser aprovados em concursos; "interinos", cujo cargo era (supostamente) limitado a um ano; e "extranumerários", empregados de nível inferior apenas parcialmente atendidos pelas provisões da lei do funcionalismo público (Geddes, 1994, p.53). Entretanto, com o fim do Estado Novo e a emergência de um sistema político descentralizado baseado em um eleitorado e em partidos políticos de massa, as reformas administrativas de Vargas (que jamais eliminaram o clientelismo por completo) assumiram um caráter puramente formal (Geddes, 1994, p.32), pois eram incompatíveis com as demandas de um sistema político representativo e competitivo, em que os partidos, divididos em facções regionais, usavam o serviço público para atender a diversos interesses e recompensar seus aliados eleitorais. Embora o Dasp continuasse a elaborar os exames dos concursos públicos e a nomear funcionários públicos de carreira, na Segun-

170 A LUTA INDÍGENA NO CORAÇÃO DO BRASIL

da República (1946-1964), as orientações do departamento eram burladas com frequência: funcionários interinos e extranumerários eram nomeados com base em considerações pessoais ou políticas e efetivados após vários anos de casa (Geddes, 1994, p.55, 123, 187). O Dasp relatou em 1961 que, entre trezentos mil funcionários federais, apenas 15% haviam sido admitidos por meio de concursos públicos (Graham, 1968, p.129).

Durante o mandato de Juscelino Kubitschek (1956-1961), o Ministério da Agricultura, que supervisionava o SPI, tornou-se um nicho para os "pistolões". Kubitschek, assim como Vargas, fomentava o Estado desenvolvimentista e o aumento da competência no serviço público. Entretanto, em razão da estreita margem de sua vitória nas eleições e do frágil apoio, baseado em uma aliança política entre seu próprio partido, o PSD, e o PTB (Partido Trabalhista Brasileiro), Kubitschek também dependia das trocas de favores. Embora o planejamento econômico estatal e as agências de desenvolvimento estivessem relativamente imunes aos pistolões, os ministérios da Agricultura e do Trabalho serviam como reservas estratégicas (Geddes, 1994, p.57-8). Em suas memórias, Darcy Ribeiro atribui o declínio do SPI no final da década de 1950 à divisão do Ministério da Agricultura, efetuada por Kubitschek, entre os aliados políticos do PTB (Ribeiro, 1997, p.197). Sob a administração do presidente João Goulart (1961-1964), cuja base política era ainda mais fraca que a de Kubitschek, a concessão de privilégios prosseguiu.

A corrupção que permeava (de forma desigual) o serviço público brasileiro era particularmente perniciosa para os povos indígenas. Como tutelados do governo federal, os índios dependiam do SPI para defender seus direitos constitucionais. A traição dos funcionários públicos constituía uma ofensa grave. Em 1963, uma CPI (Comissão Parlamentar de Inquérito) do Congresso Nacional sobre o SPI concluiu: "Esse serviço, em vez de servir à proteção

"GESTOS NOBRES DE INDEPENDÊNCIA E ORGULHO" **171**

aos índios, serve à sua perseguição".[51] Tal investigação, contudo, não consertou os problemas estruturais da entidade e resultou em poucas mudanças significativas para os xavante. A timidez da CPI, na qual dois de seus seis membros eram do Mato Grosso, sem dúvida originou-se da relutância em contrariar interesses econômicos e os aliados políticos.[52]

O SPI, as elites mato-grossenses e as terras indígenas

Ao louvar o ideal protecionista da política indigenista brasileira, o antropólogo Darcy Ribeiro postulou uma antinomia entre o esclarecimento urbano e a brutalidade do sertão:

> A população citadina, distanciada não só geograficamente mas historicamente das fronteiras de expansão, e desligada dos interesses que atiçavam os chacinadores de índios, já não podia aceitar o tratamento tradicional do problema indígena a ferro e fogo. Abria-se um abismo entre a mentalidade das cidades e a dos sertões. (Ribeiro, 1970, p.128.)

A maioria dos mato-grossenses tinha opiniões muito negativas sobre os povos indígenas, sem nada do romantismo paternalista expresso por alguns compatriotas metropolitanos. Entretanto, este capítulo sugere que a dicotomia entre a cidade e o campo não deve ser superestimada, nem as *mentalités* abstraídas das realidades estruturais. Com a extensão do capital financeiro e

---

[51] Brasil, Congresso Nacional, Câmara dos Deputados. Relatório da CPI – Resoluções 1963 n.01-10, 1963.

[52] Brasil, Congresso Nacional, Câmara dos Deputados, Projeto de Resolução n.65-1964. Aprova as conclusões da Comissão Parlamentar de Inquérito para apurar irregularidades no Serviço de Proteção aos Índios.

172 A LUTA INDÍGENA NO CORAÇÃO DO BRASIL

corporativo urbano ao interior do Centro-Oeste, os limites entre centro e periferia tornaram-se mais permeáveis, e o "abismo", mais facilmente preenchido.

Além disso, a emergência de um sistema partidário competitivo e a expansão do eleitorado levaram os políticos de todas as esferas a depender quase inteiramente do serviço e dos gastos públicos para construir uma base clientelista de apoio eleitoral. Os mato-grossenses estavam mais intimamente envolvidos com a usurpação das terras xavante por meio da violência e da fraude. A política fundiária no Mato Grosso, que promovia a especulação principalmente com capital extrarregional, fomentara o crescimento econômico do estado no pós-guerra. O racismo legitimava a violação dos direitos indígenas. Entretanto, o SPI, em muitos aspectos, facilitou (e às vezes encorajou) tais delitos, o que levou Darcy Ribeiro a denunciar a corrupção da missão da entidade.

Tanto o governo federal como os estaduais se apropriaram de recursos que, de direito, convinham ou pertenciam aos povos indígenas. Seja no Rio de Janeiro, Cuiabá ou em Barra do Garças, a busca do ganho pessoal e de vantagens políticas passou por cima das garantias constitucionais dos xavante. Como em outros aspectos das políticas públicas, as ambiguidades jurisdicionais, as competências maleáveis e a indecisão jurídica em relação aos direitos territoriais dos índios se juntaram ao compadrio, à corrupção e à impunidade legal para fomentar a barganha política da máquina democrática brasileira entre 1946 e 1964.[53] Em meio ao fogo cruzado entre o governo federal e os governos estaduais – e o compromisso com os interesses da classe que representavam –, o direito dos índios sobre a terra continuou, de modo geral, indefensável, e o destino de suas comunidades, incerto.

---

[53] Para uma discussão sobre a dinâmica política na democracia brasileira do pós-guerra, ver Schmitter, P. C. *Interest Conflict and Political Change in Brazil*. Stanford: Stanford University Press, 1971, p.249.

Fotografia aérea de aldeia xavante. As aldeias xavante eram, em geral, compostas por grandes malocas cobertas de palha dispostas em formato de ferradura. (Acervo do Museu do Índio/Funai – Brasil.)

Guerreiros xavante. Usando de pura força, os guerreiros xavante dominavam os intrusos, mantendo os invasores a distância por quase um século. (Acervo do Museu do Índio/Funai – Brasil.)

Contato entre os xavante e a equipe de atração do SPI. O governo brasileiro celebrou o sucesso do contato pacífico com os xavante, ou "pacificação", no Rio das Mortes, em 1946. Na verdade, o processo de contato com outras aldeias se estenderia por mais duas décadas. (Acervo do Museu do Índio/Funai – Brasil.)

Francisco Meireles e um índio xavante. Chico Meireles foi um dos mais conhecidos sertanistas do Brasil. Sua esposa e filho são vistos à frente. (Acervo do Museu do Índio/Funai – Brasil.)

Índio xavante com faca no Posto de Pimentel Barbosa. Os funcionários do posto recorriam a bens industriais para ganhar a confiança dos xavante, que prezavam as facas e outras ferramentas por seu aspecto utilitário. Entretanto, para sua consternação, tal influência não garantia o sucesso na transformação da sociedade indígena como planejado. (Acervo do Museu do Índio/Funai – Brasil.)

Urubuenã e Walter Velloso no Posto de Capitariquara. A tentativa de Velloso de aculturar os nativos seria prejudicada pelas brigas entre facções xavante e resistência dos índios, assim como pela negligência oficial. (Acervo do Museu do Índio/Funai – Brasil.)

Celestino chegando à sede da Funai em Brasília, 1980. Durante o final da década de 1970 e início da década de 1980, os chefes xavante fizeram várias viagens a Brasília para pressionar os dirigentes da Funai a demarcar suas reservas e prestar assistência às suas comunidades. Para fazer *lobby*, Celestino chega com sua pintura de guerra tradicional e borduna, e também de maleta. A mídia, livre da censura do governo nos anos finais do regime militar, serviu como importante aliado dos povos indígenas na divulgação de suas lutas. (Brasília, 24 maio 1980. "Índios". Cacique xavante Celestino, pintado para a guerra e com uma pasta, deixa a sede da Funai em Brasília. Foto de Orlando Brito/Agência O Globo. Neg.: 80-8204)

5

"Brasilíndios"

Acordo com os waradzu, 1950-1964

Em 1960, o presidente Juscelino Kubitschek inaugurou a nova capital do país, Brasília. O maior símbolo da Marcha para o Oeste desde a Expedição Roncador-Xingu, Brasília prometia o desenvolvimento do Centro-Oeste como solução para a distribuição desigual de terra e riqueza no país (Skidmore, 1986, p.167-8). A rodovia Belém-Brasília, construída em 1960 com fundos do Banco Mundial, estendia-se por 2.230 quilômetros através do interior de Goiás e Pará; até 1971, um milhão de pessoas assentou-se nas proximidades dessa estrada (Joffily, 1977, p.59). Com isso, os preços das terras subiram no nordeste de Mato Grosso e em toda a região do Araguaia.[1]

As comunidades xavante, outrora à margem do desenvolvimento econômico, estavam sendo cada vez mais atingidas pela expansão de capital dos principais centros financeiros e industriais do país e seu futuro era incerto. Na opinião de Anthony Smith, membro de uma equipe de cientistas britânicos convidados no fim

---

[1] *Brasil-Oeste*, v.4, n.41, outubro de 1959, p.6.

174 A LUTA INDÍGENA NO CORAÇÃO DO BRASIL

da década de 1960 pelo governo brasileiro para estudar o impacto ambiental da estrada Xavantina-Cachimbo em construção, havia poucas esperanças para os xavante de Areões. Os xavante que antes confeccionavam colares de garras de onças, ornamentos de penas de arara e usavam o látex das seringueiras, agora vestiam roupas esfarrapadas e pareciam apenas "remanescentes de sua cultura estilhaçada". As terras xavante foram invadidas, sua taxa de natalidade despencou, e a anomia paralisava comunidades antes cheias de vigor. Em Xavantina, a quarenta quilômetros de sua aldeia de duzentas pessoas, uns poucos índios trabalhavam, alguns pediam anzóis de pesca, tabaco e esmolas, e outros vadiavam. Como Smith concluiu sombriamente,

> eles não são nem índios nem brasileiros. São povos vivendo entre dois mundos [...] Eles têm um enclave próprio, mas isso não irá durar muito tempo. (Smith, 1971, p.102.)

As comunidades xavante foram abaladas por mudanças drásticas desde o primeiro contato. Aldeias eram dizimadas pelas guerras inter e intraétnica. O exílio e a perda territorial privavam os índios do acesso a recursos naturais e de suas referências históricas. Epidemias, alta mortalidade infantil e ataques de fazendeiros realmente colocavam em risco a sobrevivência física de muitos grupos. O conflito cultural com os civilizados minava a determinação dos xavante, e a vergonha extraía-lhes a autoconfiança. Anthony Smith estava, sem dúvida, correto: a melancolia permeava as comunidades xavante à medida que as realidades brutais da expansão das fronteiras eram absorvidas.

Embora Smith diagnosticasse corretamente muitos dos males indígenas, ele subestimou as perspectivas de recuperação desse povo. Ele não acreditava na possibilidade de os índios permanecerem xavante e se tornarem brasileiros. Em outras palavras, a

"BRASILÍNDIOS" 175

noção de índio brasileiro era um parodoxo. Como muitos observadores ocidentais, Smith privilegiou a tradição sobre a transição como constitutiva da autenticidade étnica; seu fim significava a extinção étnica.[2] O contato condenava a cultura e a identidade indígenas, porque os xavante que caçavam com menos frequência, usavam roupas ocidentais e viajavam para as cidades não eram mais xavante *reais*. Em seu famoso livro *Tristes trópicos*, Claude Lévi-Strauss lamentava o destino dos indígenas brasileiros, "povo miserável que logo, de qualquer forma, será extinto" (Lévi-Strauss, 1967b, p.374).

Os etnógrafos pessimistas que vinculavam a preservação de distinções culturais ao isolamento geográfico e social subestimaram a capacidade de preservar a diferença étnica mesmo com a integração social, pois, como Fredrik Barth observou, a atribuição e a categorização étnicas não são determinadas pela prática cultural fixa; ao contrário, a etnicidade (autodefinida ou imputada) deriva e depende da manutenção de um limite de diferença (Barth, 1969, p.9-38). Além do mais, ao ver o contato interétnico como uma relação maniqueísta entre povos indígenas e forças dominantes em vez de uma complexa zona intercultural, os observadores deixaram de avaliar o modo como as diferenças são resolvidas por meio de práticas políticas e econômicas. Daí o erro de foco: a "autenticidade" cultural, na verdade, reside nas formas específicas como as sociedades indígenas se adaptam à mudança histórica (Sahlins, 1993, p.3, 33). Muitos xavante, contudo, viriam a entender que

---

[2] Para a etnografia hispano-americana, ver Redfield, R. *The Primitive World and Its Transformations*. Ithaca: Cornell University Press, 1953. Para uma crítica aguda do essencialismo etnográfico, ver Warren. Transforming Memories and Histories: The Meanings of Ethnic Resurgence for Mayan Indians. In: Stepan, A. (Ed.). *Americas:* New Interpretive Essays. New York: Oxford University Press, 1992.

176 A LUTA INDÍGENA NO CORAÇÃO DO BRASIL

a adaptação cultural seletiva lhes oferecia a melhor garantia para defender sua terra e suas comunidades, e para ajustar sua relação com a sociedade dominante.[3] Este capítulo examina a série de mudanças que afetaram as comunidades xavante após o contato: as restrições impostas pelo reassentamento ao redor de missões religiosas e postos do governo; a baixa taxa de natalidade e a alta taxa de mortalidade infantil; o aprendizado sob o sistema capitalista e as aulas de língua portuguesa e civismo. Entretanto, reduzir a experiência xavante pós--contato a uma lista de perdas, aquisições ou mudanças culturais sem explorar as ramificações *políticas* empobrece a análise da história dos povos indígenas e da história brasileira. Isto posto, este capítulo trata também de como as experiências vivenciadas pelos indígenas nas décadas de 1950 e 1960 remodelaram sua consciência política e suas formas de representação e mobilização. De que maneira as novas estruturas impostas pelos waradzu viriam a proscrever, mas também a fornecer perspectivas para as comunidades indígenas de proteger suas comunidades e terras? Esses componentes históricos envolvem partes de um quebra-cabeça maior que eu gostaria de montar: de que modo os A'uwẽ vieram a se representar diante das pessoas de fora, como "xavante" ou como "índios brasileiros"? Como seus líderes conseguiram conciliar os mundos supostamente irreconciliáveis de suas comunidades e o conjunto da sociedade como índios e brasileiros? Em suma, de que modo a política indigenista reconfigurou a política dos indígenas e vice-versa?

---

[3] Para um exame comparativo, ver Turner, T. Representing, Resisting, Rethinking: Historical Transformations of Kayapo Culture and Anthropological Consciousness. In: Stocking JR., G. W. (Ed.). *Colonial Situations: Essays on the Contextualization of Ethnographic Knowledge*. Madison: University of Wisconsin Press, 1991, p.294.

"BRASILÍNDIOS"   177

As comunidades xavante após o contato

Todas as comunidades xavante perderam território e autonomia após o contato; entretanto, a natureza e a extensão dessa perda, como Aracy Lopes da Silva observou, variou de modo significativo (Silva, 1986, p.31-44). As comunidades xavante em Pimentel Barbosa e Areões continuavam a viver na região do Rio das Mortes, sob a tutela do SPI. Todavia, testemunharam a drástica redução de seu domínio territorial e a concomitante mudança sociocultural. Enquanto em 1958 os xavante de Pimentel Barbosa recusaram-se a plantar mandioca porque isso limitaria suas caminhadas, quatro anos depois eles cederam, reconhecendo que a caça e a coleta não podiam mais garantir sua subsistência. Em 1962, a caça não era mais o principal assunto de conversas entre homens adultos na comunidade de Apoena; agora eles discutiam sobre a aquisição de bens e faziam planos de viagens à cidade (Neel et al., 1964, p.57). A comunidade de Areões, visitada por Anthony Smith, tinha um contato ainda mais frequente com pessoas de fora da tribo, dada sua proximidade de Xavantina.

Outras comunidades xavante foram totalmente arrancadas de seu território pré-contato. Algumas fugiram por causa de ataques de fazendeiros e epidemias, ou foram convencidas a se mudar pelos funcionários do governo ou pelos missionários. Uma dessas comunidades se assentara, antes do contato, perto do Rio Culuene; mais tarde, porém, no final da década de 1940, seus membros foram "atraídos" pelo SPI para uma área várias centenas de quilômetros a oeste de suas terras. Lá, junto ao Rio Paranatinga, os xavante de Culuene se dividiram em dois grupos: um se estabeleceu no posto do SPI de Simões Lopes, que já servira aos índios bakairi (que tinham uma história muito mais antiga de contato com a sociedade brasileira), o outro se estabeleceu perto do Rio Batovi (ver Mapa 3). Em Batovi e Simões Lopes, os xavante de Culuene

178 A LUTA INDÍGENA NO CORAÇÃO DO BRASIL

foram convertidos por evangélicos da South American Indian Mission e do Summer Institute of Linguistics, que exploravam a dependência forçada dos nativos para impor-lhes novas crenças e práticas culturais.

Outros exilados xavante fugiram para as missões salesianas. Aproximadamente uma centena de índios xavante da região de Couto Magalhães, obrigados a se retirar após o massacre de Parabubu, epidemias e outras dificuldades, buscaram asilo na missão salesiana de Merure (habitada pelos índios bororo) em 1957. O grupo, liderado pelo chefe Dutsan, mal havia se estabelecido no local – para desconforto dos bororo – quando uma facção rival de Couto Magalhães, composta por quase duzentos índios e liderada por Apoena (não o de Pimentel Barbosa), também chegou lá. O grupo de Apoena, guiado até a missão por um fazendeiro local, escapou por pouco da morte nas mãos de outro fazendeiro que planejara dar carne envenenada aos famintos refugiados (Maybury--Lewis, 1974, p.18). Os salesianos convenceram o grupo de Dutsan a se mudar para sua missão em Sangradouro e fundaram uma nova missão em 1958, em São Marcos, a quarenta quilômetros de Merure, para os xavante remanescentes (Lapa, 1963, p.83) (ver Mapa 3).

Com a subsequente chegada de diferentes facções a São Marcos, a comunidade xavante cresceu sob a proteção dos salesianos. Em 1961 chegou um grupo que migrara de Pimentel Barbosa. Três anos depois, oitenta índios xavante deixaram a região de Batovi para se estabelecer em São Marcos. Por fim, em 1966, após a expulsão dos xavante da fazenda Suiá-Missu, São Marcos abrigou 263 índios da região de Marãiwatsede. Em 1969, São Marcos abrigava 798 índios, ou 37% da população total estimada dos xavante. Sangradouro contribuía com 367 xavante, ou 17% do total. Em outras palavras, mais da metade da população total estimada de 2.160 índios xavante estava vivendo fora de seu território pré-contato (Giaccaria, 1972, p.276). Se o SPI antes reprovava a falta de conhecimento dos mis-

"BRASILÍNDIOS" **179**

sionários sobre a integração indígena, agora admitia sua utilidade na contenção da violência interétnica, na redução dos gastos do próprio SPI e no desenvolvimento econômico do sertão do Mato Grosso.

A saúde dos xavante

É difícil medir com precisão o impacto do contato com o homem branco sobre a saúde dos xavante, dado que os históricos médicos pré-contato são incompletos; mesmo depois, os postos indígenas nem sempre mantinham registros detalhados. Ao realizar exames físicos nos xavante no início da década de 1960, pesquisadores médicos encontraram a população adulta relativamente livre de doenças crônicas ou degenerativas. Os homens eram "de exuberante saúde e vitalidade"; as mulheres, embora saudáveis, mostravam sinais de envelhecimento prematuro, provavelmente decorrente de um estilo de vida mais árduo (Neel, 1964, p.110, 124; Weinstein et al., 1967, p.540). Esses pesquisadores encontraram alta frequência de anticorpos para diversas doenças não endêmicas, como sarampo e coqueluche, assim como agentes endêmicos (salmonela, poliomielite, arbovírus) e uma grande variedade de parasitas intestinais. A presença de anticorpos para doenças introduzidas levou os médicos a suspeitar que surtos epidemiológicos haviam atingido as comunidades xavante em um passado recente ou que essas doenças foram endêmicas entre os xavante e grupos indígenas vizinhos por um considerável período, permitindo sua defesa imunológica.[4]

---

[4] De fato, os geneticistas garantem que os índios sul-americanos vivos hoje representam remanescentes de populações mais antigas, que sobreviveram a epidemias anteriores com base na capacidade hereditária de reagir a surtos infecciosos. Ver Salzano, F. M.; Callegar-Jacques, S. M. *South American Indians:* A Case Study in Evolution. Oxford: Clarendon Press, 1988, p.104.

180   A LUTA INDÍGENA NO CORAÇÃO DO BRASIL

No entanto, ocorreu um aumento da mortalidade infantil, aparentemente causada por doenças não endêmicas durante o final da década de 1950 e início da década de 1960 (Salzano et al., 1967, p.485). Em Simões Lopes, houve um surto de coqueluche e pneumonia em 1960 e de sarampo dois anos depois, com as mortes de 62 crianças registradas entre 1958 e 1963 (Salzano et al., 1967, p.485). Em Pimentel Barbosa, a antropóloga Nancy Flowers descobriu que haviam morrido 67 dos 129 bebês nascidos entre 1957 e 1971, com a morte das meninas superando em muito a dos meninos. Durante a epidemia, especula Flowers, os bebês do sexo masculino podem ter recebido mais atenção, ou as meninas podem ter sido vítimas de infanticídio, embora os xavante neguem tal prática. De modo geral, os xavante mostraram uma taxa de natalidade baixa nesse período. As mulheres xavante falavam em "perda do desejo de ter filhos", uma tendência corroborada por pesquisadores que relacionaram a baixa fertilidade ao estresse (Flowers, 1994a, p.213-42).

As aflições dos xavante sem dúvida contribuíram para que missionários e funcionários do governo fossem bem recebidos pelas comunidades indígenas ao levar assistência médica às crianças. Robert e Helena Crump, da South American Indian Mission em Batovi, relataram como conquistaram seu rebanho. Um dia, em 1959, um casal xavante, vindo de sua aldeia do outro lado do Rio Batovi, que abrigava 250 indígenas, procurara os missionários em busca de assistência médica para seu filho. Os Crumps deram injeções de penicilina e a criança se recuperou. A família, agradecida, passou uma semana com os missionários antes de voltar à aldeia.[5]

Entretanto, se o assentamento em torno de missões e postos do governo dava aos índios refúgio e acesso a tratamento médico, também facilitava o contágio de doenças que, no passado, pode-

---

[5] *O índio no Brasil*, n.97, jan.-mar. de 1959, p.11. A revista foi publicada em Belém pela filial brasileira da Cruzada Evangélica Mundial.

"BRASILÍNDIOS" **181**

riam ter sido evitadas pelas dispersão. Uma epidemia de sarampo espalhou-se entre os xavante que primeiro chegaram a São Marcos, matando um grande número de crianças e também de adultos. Noventa índios xavante de Marãiwatsede, aproximadamente um terço dos refugiados, morreram em decorrência do sarampo logo depois de sua chegada na missão (Lopes, 1988, p.65-8). Seja como for, a alta taxa de mortalidade infantil entre os indígenas contribuiu para aumentar sua dependência em relação aos missionários e ao SPI. Um visitante da missão salesiana em Sangradouro observou: "Quando as crianças ficam doentes, como ocorreu durante o surto de sarampo, elas são mantidas, sempre que possível, nos leitos da missão". E também: "[Os índios] apreciam muito nossos remédios, inclusive a aplicação de injeções, chegando a fingir-se de doentes apenas para tomar injeções" (Lapa, 1963, p.121). Como ocorre com outros aspectos do contato intercultural, todavia, os cuidados médicos podem facilmente gerar brigas e mal-entendidos. James Neel, geneticista que pesquisou os xavante em 1962, conta que, quando um bebê recém-nascido morreu, ele foi acusado de ter posto as mãos no ventre da mãe e ter dado remédios a ela logo antes do parto. Houve dois dias de tensão até que a aldeia deliberasse sobre a continuidade de sua pesquisa. Embora Neel tenha sido finalmente autorizado a continuar examinando os homens xavante, quando se tratava de uma doença grave, ele tinha o cuidado de explicar que espíritos malévolos claramente estavam atuando e que o "pajé" da aldeia também devia ser consultado (Neel, 1994, p.127).

Cotidiano nas missões e nos postos do SPI

A tendência ideológica dos que mais influenciaram a vida dos índios deu tonalidades diferentes às experiências históricas de

182 A LUTA INDÍGENA NO CORAÇÃO DO BRASIL

cada comunidade xavante. Os missionários, mais preocupados com os rituais e o comportamento sexual dos indígenas, procuraram suprimir ou alterar costumes e introduzir novos sistemas de crenças e códigos de comportamento. Além disso, a ênfase dos missionários na consciência individual e na salvação chocava-se com o entendimento cultural dos xavante da pessoa como um produto social coletivo, que fundamentava seu sistema cerimonial comunal.[6] Para os índios, o custo da proteção física seria a violência cultural.

Os missionários aprenderam as línguas indígenas a fim de exercer maior controle social sobre os índios e convertê-los. Evidentemente, eles enfrentaram resistência ao tentar converter os "habitantes do reino de Satã". Thomas Young, da South American Indian Mission, descreveu seus titubeantes esforços entre os xavante em Batovi:

> Tentei utilizar os serviços de um índio civilizado que conhece bem a língua; entretanto, não sendo um crente, ele não estava muito preocupado que os ouvintes entendessem o Evangelho. Temos vocabulário suficiente referente aos bens materiais da vida; contudo, para pregar a Palavra de Deus, precisamos de muito mais que expressões mundanas. Rezem conosco para que não esteja distante o dia em que os xavante ouvirão a mensagem de Deus em sua própria língua. (Young, 1957, p.7.)

Desafio similar foi enfrentado por membros do SIL (Summer Institute of Linguistics), outro grupo missionário com base nos Estados Unidos comprometido com a cristianização de povos nativos no mundo todo por meio da tradução da Bíblia em línguas indígenas. O SIL implantou equipes entre os xavante em Simões

---

[6] Tomei emprestado esse conceito de Turner, T., op. cit., p.287.

"BRASILÍNDIOS" **183**

Lopes e Batovi como parte de sua estratégia de inserção na Amazônia brasileira no final da década de 1950.[7] O governo brasileiro deu a essa instituição carta branca entre a população indígena por diversas razões. O conhecimento linguístico do SIL, sem paralelo na época nas universidades brasileiras, era considerado indispensável para que se registrassem as diversas línguas indígenas presentes no Brasil (antes da "extinção") (Ribeiro, 1997, p.241). O governo provavelmente acreditava que o SIL, muito bem equipado com rede de rádio e frota de aviões, poderia ser um reforço para o SPI, ou mesmo uma forma de controlar a corrupção crescente dentro da entidade (Colby e Dennett, 1995, p.318-9). Em última análise, esse projeto missionário-linguístico complementava o do Estado: embora o SIL criasse um alfabeto escrito para os povos indígenas e oferecesse alfabetização na língua materna dos nativos, tais medidas apenas visavam acelerar a transição para o português e a integração na sociedade nacional. Nem a língua nem a cultura xavante eram valorizadas. As aulas eram dadas por não índios, embora o SIL procurasse treinar monitores indígenas, provavelmente em uma tentativa de legitimar suas atividades. O método educativo bilíngue do SIL seria formalmente adotado pelo governo brasileiro em 1970.

Os missionários pressionaram os xavante a abandonar suas crenças, substituindo a veneração a "espíritos" por ideais monoteístas (Silva, 1986, p.54). Sua presunção em relação à cultura e à religião nativas ressoava em votos para conduzir os xavante "da morte para a vida, da morte de suas crenças e pecados para uma nova

---

[7] Sobre o Summer Institute of Linguistics, ver Stoll, D. *Fishers of Men or Founders of Empire?* The Wycliffe Bible Translators in Latin America. London: Zed Press, 1982; Colby, G.; Dennett, C. *Thy Will Be Done – The Conquest of the Amazon: Nelson Rockefeller and Evangelism in the Age of Oil.* New York: Harper Collins, 1995.

184   A LUTA INDÍGENA NO CORAÇÃO DO BRASIL

vida em Jesus Cristo".[8] Os padrões indígenas de casamento, comportamento sexual, ornamentação corporal e as normas culturais eram repreendidos pelos religiosos. Os missionários reprovavam a poliginia, tradicionalmente praticada por boa parte dos homens. Os casamentos das meninas antes da puberdade – decorrente do costume de homens mais velhos terem diversas esposas, diminuindo a quantidade de mulheres disponíveis para os recém-iniciados – também eram reprovados. As missões salesianas procuravam suprimir o *wai'a*, um rito do qual participava um grupo masculino e envolvia o estupro cerimonial de mulheres (Maybury-Lewis, 1974, p.26). A cerimônia de nomeação das mulheres, que envolvia relações sexuais extraconjugais, foi progressivamente eliminada em todas as comunidades após o contato, com exceção da comunidade de Pimentel Barbosa (Graham, 1995, p.92). Enquanto antes do contato as mulheres xavante andavam nuas e os homens iniciados se cobriam apenas com um protetor para o pênis, os missionários vestiram os índios, procurando inculcar-lhes noções cristãs de pudor. A perfuração do lóbulo da orelha dos homens xavante – rito de passagem para a fase adulta – era desprezada pelos evangélicos como algo não másculo, e por conta disso os homens em Simões Lopes e Batovi deixaram de furar a orelha e usar os adereços de madeira por mais de uma década (Silva, 1986, p.54).

Nas missões de São Marcos e Sangradouro, os esforços dos salesianos para "tornar o índio um homem, no pleno senso da palavra, um cidadão do mundo e membro da Igreja", levaram ao uso de internatos para separar as crianças xavante de suas famílias.[9] Lá, os salesianos buscavam reproduzir seus "êxitos" educacionais com os bororo em Merure. Impedidos de falar a língua materna e de executar rituais ancestrais, os bororo foram "redimidos" pela

---

[8]   *O índio no Brasil*, n.97, jan.-mar. de 1959, p.11.
[9]   *Boletim Salesiano*, 29, n.5, set.-out. de 1979, p.3.

"BRASILÍNDIOS" 185

conversão religiosa e submetidos à arregimentação de seu trabalho, à vida sedentária e à mentalidade cívica.[10] Os pais xavante, desconfiados das intenções dos padres, inicialmente recusaram-se a deixar os salesianos educar seus filhos. A pedagogia indígena, baseada no ensino e na apreensão coletivas de habilidades em amplo panorama social, chocava-se com os métodos waradzu, em que a educação era ministrada em um espaço segregado socialmente por um indivíduo selecionado (e estranho ao grupo) (Meliá, 1979). Por tradição, a sociedade xavante, dividida em conjuntos etários hierárquicos, colocava durante cinco anos todos os meninos entre cerca de sete e dez anos no *hë*, ou "casa dos solteiros", onde eles aprendiam com os mais velhos as habilidades e competências cerimoniais necessárias para a iniciação na fase adulta. Não obstante, provavelmente foram a comida e os remédios oferecidos às crianças xavante que mudaram a opinião dos pais e a percepção de que a educação oferecia uma chave para o poder. Como observou um visitante em Sangradouro, "os pais gostam muito de mandar os filhos [para o internato], pois têm confiança nos padres, principalmente por conta dos remédios que estes lhes dão" (Lapa, 1963, p.98).

Os salesianos convenceram os xavante a instalar o *hë* dentro da missão. Em São Marcos, os meninos eram alimentados na missão, e um dos irmãos leigos dormia na casa dos solteiros para uma "supervisão" mais próxima (Maybury-Lewis, 1974, p.19; Salzano et al., 1967, p.472). Os salesianos não promoviam a educação na língua xavante (Menezes, 1984, p.277). Em 1962, quatro anos depois de os xavante chegarem a São Marcos, os visitantes da missão notaram que os índios sabiam dizer as horas, conversar

---

10 Sobre as políticas salesianas em relação aos bororo e às atividades da missão em Mato Grosso, ver Novaes, S. C. *Jogo de espelhos:* imagens da representação de si através dos outros. São Paulo: Editora da Universidade de São Paulo, 1993, p.137-86.

186 A LUTA INDÍGENA NO CORAÇÃO DO BRASIL

minimamente em português e cantar hinos e canções patrióticas (Maybury-Lewis, 1974, p.19).[11] Os missionários instruíam as jovens xavante no trabalho doméstico e no cultivo agrícola. Os homens jovens aprendiam os ofícios de carpinteiro, vaqueiro, sapateiro, agricultor e maquinista; operavam tratores e caminhões; e trabalhavam nas áreas de construção, hidráulica e na confecção de tijolos para suprir as necessidades de eletricidade da missão (Menezes, 1984, p.382-3).[12] Os padres salesianos supervisionavam os homens, reunidos em grupos etários, assim como as mulheres, em suas tarefas. Os salesianos instituíram um sistema de remuneração em que homens e mulheres xavante recebiam vales de várias cores, correspondentes ao valor dos serviços executados. Com o vale era possível adquirir bens industriais e de consumo: ferramentas, anzóis e equipamento de caça, agulha, fios e tecidos, e produtos alimentícios como sal, açúcar e óleo (Maybury-Lewis, 1974, p.20). O testemunho xavante lamenta o uso de castigos físicos por parte dos missionários para disciplinar as crianças – uma tendência que não era incomum nas escolas religiosas ou públicas no Brasil da época, mas desconhecida pelos xavante – assim como a exploração do trabalho indígena.[13]

As transformações impostas pelos salesianos foram radicais. Como o chefe da 8ª Inspetoria do SPI afirmou, maravilhado, em 1966:

> O trabalho efetuado pelos xavante com a assistência dos missionários é realmente notável: grandes lotes plantados, uma fábrica

---

[11] *O Jornal*, 1º de julho de 1962.

[12] O internato foi fechado em Sangradouro no fim da década de 1970 e, posteriormente, em São Marcos.

[13] Entrevista com Renato Tsiwaradza, reserva indígena de Parabubure, agosto de 1994.

"BRASILÍNDIOS" **187**

de tijolos, várias construções em madeira. Tudo mostra trabalho, ordem e espírito de organização.[14]

Não é preciso dizer que a doutrinação religiosa, o ensino e a disciplina do trabalho inibiam as atividades comunitárias e cerimônias tradicionais mais complexas. Os xavante caçavam com menos frequência, e os jovens educados pelos missionários resistiam aos esforços de seus pais de levá-los às caminhadas (Maybury-Lewis, 1974, p.19).

Em 1971, o padre Bartolomeu Giaccaria, diretor da missão de Sangradouro, louvou a participação "espontânea" dos xavante no regime de trabalho estabelecido pelos salesianos, "com toda a produção agrícola, direta ou indiretamente, utilizada pelos alunos, crianças e mais velhos da aldeia". Não obstante, ele também sugeriu que tal espontaneidade brotava menos da escolha do que da necessidade. Como o padre observou, a terra, para os índios, se tornara cada vez mais "insuficiente para a caça, a pesca e a coleta de frutos".[15] Os índios tornavam-se cada vez mais dependentes dos missionários, pois não tinham poder de compra fora da missão. Os salesianos encarregavam-se até mesmo da venda do artesanato e dos produtos agrícolas gerados pelo trabalho indígena. (Menezes, 1984, p.359-60).

A influência e as proibições dos missionários também contribuíram para novas formas de representação – e talvez até para mudanças na autoimagem. Na missão salesiana, jovens xavante, desfilando em cintos de pele de cobra feitos na cidade e falando algumas frases em português rudimentar, contaram a David Maybury-Lewis que, ao contrário do que acontecia na comunidade

---

[14] I. da S. Leitão. Relatório da viagem de inspeção feita à Missão Salesiana São Marcos. Goiânia, 21 de setembro de 1966, MI, Sedoc, filme 273, fot. 837-9.

[15] Bartolomeu Giaccaria à Funai, 10 de julho de 1971, MI, Sedoc, filme 237, fot. 1294-308.

188 A LUTA INDÍGENA NO CORAÇÃO DO BRASIL

de Pimentel Barbosa, eles não praticavam mais "bruxaria" nem cometiam assassinatos (Maybury-Lewis, 1988, p.234-6). De modo similar, um índio da missão respondeu à zombaria de um lojista de São Félix, declamando: "Xavante não é selvagem [...] Xavante não mata cristãos!" (Maybury-Lewis, 1988, p.205).

Os missionários orgulhavam-se da conversão dos xavante e a arregimentação de seu trabalho. Um relato do SIL em 1967 observou que, "do ponto de vista físico, moral, econômico, educacional e espiritual, em todos os aspectos de sua vida, os xavante estão muito melhor hoje do que no período de sua pacificação, apenas 13 anos atrás". E isso se devia, em sua avaliação, à "grande aceitação da cristandade" por parte dos nativos e ao acesso deles à Bíblia, agora que "diversos xavante podem ler na própria língua e estão começando a ler em português".[16] Da mesma forma, a South American Indian Mission anunciava que 150 xavante haviam sido batizados nas aldeias de Batovi e Paraíso.[17] Nas missões salesianas, o "espírito de religiosidade desses índios" manifestava-se em preces diárias, feitas tanto em português quanto no idioma xavante. Como também era evidente sua lealdade aos salesianos, com os índios "reagindo violentamente contra aqueles que se referem de modo reprovador aos missionários ou que querem interferir em suas vidas" (Ravagnani e Presotto, 1971, p.71-82).

É interessante comparar a experiência dos xavante nas missões com a daqueles sob a administração direta do SPI. Em um livro sobre a política indigenista brasileira, Darcy Ribeiro apregoava seus

---

[16] George Huestis, diretor do SIL em Cuiabá. Relatório: os missionários linguísticos do Summer Institute of Linguistics que trabalham nas tribos sob a jurisdição do SPI, 29 de novembro de 1967, MI, Sedoc, filme 252, fot. 1006-7.

[17] R. Crump. Relatório conciso (1º de junho de 1966-30 de junho de 1967). Rio Batovi, 18 de julho de 1967, MI, Sedoc, filme 252, Fot. 1016.

"BRASILÍNDIOS" **189**

métodos pedagógicos ilustrados, que garantiam "a elevação moral do índio, com base nos valores de sua própria cultura e aceitação dos costumes tribais" (Ribeiro, 1962, p.157). Ribeiro foi um dos que "se referiram de modo reprovador" aos métodos salesianos, atacando o internato por criar "marginais e desajustados". Segregados em escolas missionárias, os jovens índios foram privados da socialização proporcionada pela vida na aldeia e transformados em "índios profissionais", párias sociais dependentes da assistência do SPI (Ribeiro, 1962, p.155-6). De fato, os funcionários do SPI criticavam há muito tempo a educação missionária, cujas "preces e devoções esterilizantes" instilavam nos índios um "espírito enfraquecido", que os privava "do orgulho que os conquistadores não foram capazes de dobrar". A educação nas escolas do SPI, adaptadas à herança indígena e ao respectivo grau de aculturação dos nativos, alimentaria sentimentos de autoestima, amenizando o doloroso processo de integração e produzindo melhores cidadãos a serviço da nação (SPI, Relatório, 1939, p.19).

Embora o SPI impusesse menos restrições ao comportamento social indígena que os missionários, também não tinha intenções totalmente preservacionistas. O próprio Ribeiro considerava "romantismo tolo" imaginar que as práticas culturais de grupos indígenas pudessem ser preservadas após o contato. As escolas do SPI procuravam preparar o índio "para a vida que ele irá levar como trabalhador assalariado". Os meninos deveriam ser treinados em carpintaria, confecção de sapatos e trabalhos em couro, e as meninas, como costureiras – reflexo de uma divisão de trabalho por gêneros mais brasileira que indígena (SPI, Relatório, 1954, p.26). Como nas missões, os postos do SPI dedicavam-se às crianças, vistas como mais influenciáveis, promissoras e dispostas a mudanças.[18]

---

[18] Agapto Silva, chefe do P. I. Xavante (Couto Magalhães), à 7ª Delegacia Regional da Funai, 30 de julho de 1973, MI, Sedoc, filme 294, fot. 1360-1.

190   A LUTA INDÍGENA NO CORAÇÃO DO BRASIL

Por meio da alfabetização em português e das aulas de civismo, o posto esforçava-se por instilar "uma noção mais geral e acurada sobre a nação e a própria tribo" (Ribeiro, 1962, p.156). (Até 1970, o governo rejeitava a alfabetização em língua nativa ou mesmo a educação bilíngue, alegando a impraticabilidade de preparar livros de alfabetização e gramática para as quase duzentas línguas indígenas existentes no Brasil.) (SPI, Relatório, 1954, p.27-8)

Na realidade, nem os representantes do Estado nem os missionários questionavam o objetivo de transformar os xavante.[19] Ambos desconsideravam a economia política desse povo e desprezavam a importância sociocultural da terra, redobrando esforços para converter os índios em agricultores e assalariados. Ambos viam os índios como seres indolentes, atrasados e mentalmente deficientes.[20] Se os missionários interferiam nas práticas indígenas, o SPI usava "meios persuasivos". E se os missionários pregavam a mensagem de Deus, o SPI pregava o evangelho da ordem e progresso e do nacionalismo.[21]

Talvez mais importante que as diferenças de método educacional entre os missionários e o SPI fossem as diferenças em termos de investimento. De modo geral, a educação nunca foi prioridade do governo brasileiro, e as áreas rurais sofriam especialmente o impacto da falta de investimento. A educação também

---

[19]   A respeito do período colonial, Schwartz destacou o grau em que tanto jesuítas quanto colonos compartilhavam seu objetivo básico de europeizar o nativo americano. Ver Schwartz, S. B. Indian Labor and New World Plantations: European Demands and Indian Responses in Northeastern Brazil. *American Historical Review*, n.83, p.50, 1978.

[20]   Sobre a atitude paternalista dos educadores do SPI em relação aos alunos indígenas, ver Santos, S. C. dos. A escola em duas populações tribais. *Revista de Antropologia*, n.14, p.31-5, 1966.

[21]   Argumento similar pode ser visto em Friedlander, J. *Being Indian in Hueyapan: A Study of Forced Identity in Contemporary Mexico*. New York: St. Martin's Press, 1975, p.128-64.

"BRASILÍNDIOS" 191

não era prioridade para o SPI, o que prejudicava a contratação de professores e o fornecimento de recursos pedagógicos, técnicos e materiais.[22] Lamentando o registro irregular de frequência à escola das crianças xavante, o encarregado Agapto Silva observou que seu posto conseguira fornecer alimentação para as crianças apenas por quatro vezes no ano anterior.[23] Realmente, os xavante tinham plena consciência da contradição das mensagens pedagógicas do SPI – tal como a compensação pelo trabalho realizado – e da trajetória da entidade. Em 1965, o encarregado de Pimentel Barbosa, Eurides Radunz, observou que os índios se recusavam a trabalhar para o posto "em troca de conversas ou promessas", exigindo imediato "pagamento em espécie".[24]

A resistência e adaptação cotidianas dos xavante

Como José de Souza Martins observou de forma memorável, os povos indígenas são compelidos a viver "uma vida de duplicidade", protegendo certos elementos de sua cultura e revelando apenas o comportamento aprovado pelos dominadores (Martins, 1993, p.31). Demonstrações de prática religiosa ou anuência social, portanto, não deviam ser tomadas como sinais de total submissão à hegemonia waradzu nem como rejeição categórica às

---

[22] Sobre a educação indígena, ver Assis, E. C. de. Escola indígena: uma "frente ideológica". Brasília, 1981. Tese (Mestrado) – Universidade de Brasília; Ferreira, M. K. L. Da origem dos homens à conquista da escrita: um estudo sobre povos indígenas e educação escolar no Brasil. São Paulo, 1992. Tese (Mestrado) – Universidade de São Paulo.

[23] Agapto Silva, chefe do posto P. I. Xavante (Couto Magalhães), à 7ª Delegacia Regional da Funai, 30 de julho de 1973, MI, Sedoc, filme 294, fot. 1360-1.

[24] Eurides Radunz ao chefe da 8ª Inspetoria. P. I. Pimentel Barbosa, 30 de janeiro de 1956, MI, Sedoc, filme 270, fot. 1892.

192 A LUTA INDÍGENA NO CORAÇÃO DO BRASIL

práticas nativas. As formas dominantes, impostas sobre os índios, mesclavam-se, opunham-se ou sobrepunham-se à prática indígena.

Em um esforço para reproduzir os valores, direitos e obrigações culturais, e os modos de troca que tradicionalmente haviam ordenado suas vidas e definido suas identidades, os xavante conservaram o sistema de conjuntos etários, as metades exógamas, a residência uxorilocal e as instituições comunitárias. Reproduziam seus padrões culturais para tornar a vida significativa em meio às mudanças radicais que os cercavam de modo incontrolável (Turner, 1991, p.293). Como certas cerimônias comunitárias indígenas aparentemente tinham pouca relação com as crenças teísticas dos missionários, não se chocavam abertamente à doutrina das missões, embora ritos específicos que sofressem a condenação clerical fossem executados sob muita tensão (Turner, 1991, p.287).

Como Laura Graham mostrou, os xavante promoviam, por meio de práticas cerimoniais discursivas e expressivas, um sentimento de continuidade em meio a circunstâncias históricas turbulentas. Os pais xavante ainda contavam histórias para seus filhos, mantendo a transmissão oral de seu passado familiar, os mais velhos relatavam suas lembranças aos jovens, promovendo e perpetuando uma identidade cultural como membros da comunidade xavante. A recorrência cíclica dos nomes dos conjuntos etários engendrava uma ideia de continuidade e renovação, uma vez que os jovens xavante estavam ligados a seus ancestrais, assim como os cantos, as cerimônias de nomeações e rituais eram passados dos mais velhos aos mais jovens. Os mortos, vistos como imortais vigiando os vivos, revelavam-se aos homens xavante em sonhos compartilhados e encenados coletivamente. Essa ligação com o passado também ocorria nos cantos e no ciclo de rituais, como o *uiwede*, uma corrida de revezamento carregando troncos de buriti que ocorria durante a estação chuvosa e na qual os membros de uma metade ágama competia contra a outra. Ao manter o vínculo com

"BRASILÍNDIOS" 193

o passado pela narração de mitos e rituais e a celebração do poder de seus ancestrais e criadores, os índios reproduziam as formas culturais, promoviam sentimentos de continuidade e afirmavam uma identidade xavante distintiva (Graham, 1995, p.5-9). Em verdade, quando Maybury-Lewis perguntou sobre o significado de suas cerimônias, um xavante respondeu simplesmente que elas eram *wẽ da*, "para ficar bonito" (Maybury-Lewis, 1974, p.240). Embora os ritos indígenas evocassem antigas tradições, seu conteúdo e significado variavam de acordo com as circunstâncias e a criatividade dos membros da comunidade (Graham, 1995, p.8-9). Como observa Joanne Rappaport, as cerimônias não servem apenas para rememorar os eventos, mas para reapresentá-los, tornando-se um instrumental para a história ao deslocar seu foco do passado para o presente metafísico (Rappaport, 1994, p.152). Além disso, embora os xavante mantivessem um sentido de continuidade com o passado, suas manifestações culturais, mesmo antes do contato, evidentemente não eram imutáveis, mas propensas a conflitos e contestações.

Os xavante tinham de lidar com a relação de dependência forçada e muitas vezes a desafiavam. Recusavam-se a cooperar, fingiam-se de doentes, dissimulavam, protelavam, retiravam-se em protesto e jogavam os missionários e indigenistas uns contra os outros. Embora o uso de mecanismos cotidianos de resistência não esteja entre os objetivos deste livro, diversos incidentes sugerem sua difusão durante os anos que se seguiram ao contato (Scott, 1985). Por exemplo, falharam os esforços para introduzir entre os indígenas a gastronomia "civilizada".[25] Em um encontro no posto de Pimentel Barbosa, o brigadeiro da Força Aérea Aboim horrorizou-

---

[25] Sobre a dieta como marco do "homem civilizado", ver Pagden, A. *The Fall of Natural Man:* The American Indian and the Origins of Comparative Ethnology. Cambridge: Cambridge University Press, 1986, p.87-9.

194 A LUTA INDÍGENA NO CORAÇÃO DO BRASIL

-se ao ver o chefe Apoena deleitar-se com gafanhotos tostados de uma cesta de palha. Com polidez, ele ofereceu a Apoena uma lata de biscoitos salgados. Mordiscando um biscoito com desconfiança, o chefe xavante estremeceu, jogou fora o conteúdo da lata e colocou os gafanhotos em seu novo recipiente (Ribeiro, 1997, p.158). Os missionários enfrentaram desafios similares ao lidar com os costumes sociais dos indígenas. Pesquisadores que estudaram os padrões de casamento em Pimentel Barbosa, Simões Lopes e São Marcos em 1963 e 1964 documentaram a ampla prática da poliginia em todas as três comunidades, com cerca de 40% dos 184 homens estudados casados com mais de uma esposa. Os missionários podem ter sido bem-sucedidos em diminuir os "casamentos com crianças" – quase 30% dos casamentos reconhecidos em Pimentel Barbosa envolviam meninas pré-púberes, enquanto apenas um casamento desse tipo foi relatado em Simões Lopes e nenhum em São Marcos –, mas essa diferença pode ser resultante de uma tentativa de esconder esses casamentos e evitar a censura dos clérigos (Salzano et al., 1967, p.473). Da mesma forma, J. R. Amaral Lapa, visitante em Sangradouro, notou que, apesar dos esforços dos salesianos em vestir os índios, "quando longe dos padres, na vida natural da aldeia, homens e mulheres não se utilizam, em geral, nem de penas para seu resguardo. Conservam-se inteiramente nus" (Lapa, 1963, p.102-3). Com duplicidade ou temeridade, os xavante lutavam para defender certas práticas culturais nativas e não deixar que fossem remodeladas ou eliminadas pelos waradzu.

Para comunidades historicamente seminômades e divididas em facções, a dispersão e o deslocamento (ou a ameaça dele) ofereciam outro recurso para abrandar a dominação externa. Em um excepcional ato de rejeição da intervenção missionária, um grupo de índios xavante, sob a liderança do "chefe" Benedito Loazo, abandonou a missão de Sangradouro no início da década de 1960 e voltou às suas terras pré-contato (agora quase todas com registro

"BRASILÍNDIOS" 195

de propriedade) na região de Couto Magalhães (Lopes, 1988, p.74). O grupo de Loazo recorreria ao SPI e a fazendeiros locais para compensar a falta de assistência antes oferecida pelos missionários. Outras vezes, contudo, os membros da comunidade se adaptavam seletivamente a restrições e oportunidades, ou buscavam aproveitar-se ao máximo das contradições da nova situação. Embora aceitando os bens industriais e de consumo para satisfazer novos gostos e necessidades, os xavante facilmente se esqueciam das recomendações para que não se tornassem "índios profissionais". Com a falta de recursos dos postos, especialmente a carência crônica de suprimentos e funcionários para o atendimento médico, os índios andavam até a inspetoria em busca de doações.[26] Afinal, o diretor do SPI, Tasso Villar de Aquino, em uma visita a Pimentel Barbosa em 1961, não havia discutido com os índios, "principalmente os caciques", o compromisso da entidade com a assistência médica e a produção agrícola da comunidade? (SPI, Boletim 48, 1961, p.14)

Ainda que destaquemos as formas de resistência xavante, precisamos advertir contra uma tendência a superestimar a impermeabilidade cultural ou consciência unitária de grupos subalternos (Guha, 1997, p.XIV-XV). Como outros povos indígenas após o contato, os membros das comunidades xavante exibiram múltiplas reações à sua posição subordinada dentro da sociedade brasileira (Ribeiro, 1970, p.212-3).[27] Apoena, devemos lembrar, deliciava-se com seus gafanhotos, mas claramente preferira a lata como recipiente. Na verdade, a exposição às práticas e aos valores brasileiros envergonhava muitos índios, que buscavam esconder ou descartar

---

[26] Oitava Inspetoria do SPI a Ismael da Silva Leitão, 20 de setembro de 1962, MI, Sedoc, filme 273, fot. 511.

[27] Para uma análise aguda sobre a ambiguidade da resposta do subalterno à dominação, ver Ortner, S. B. Resistance and the Problem of Ethnographic Refusal. *Comparative Studies in Society and History*, n.37, 1995, p.173-93.

196　A LUTA INDÍGENA NO CORAÇÃO DO BRASIL

aspectos da cultura pré-contato. Muitos passaram rapidamente a usar roupas e imitar o corte de cabelo dos brancos para se livrar de traços "selvagens".[28] Em Sangradouro, os xavante não construíam mais suas casas em seu estilo circular tradicional, dispostas em um crescente, mas as dispunham em filas como nas tradicionais vilas brasileiras. Em São Marcos, tanto homens quanto mulheres desenvolveram uma paixão por uma nova forma de recreação: o futebol (Maybury-Lewis, 1974, p.18-23).[29] De fato, a tendência dos índios para a imitação podia ser até reprovada pelos missionários ou funcionários do SPI quando sua ocorrência perturbava as sensibilidades morais dos padres ou o programa de aculturação do governo. Assim, os missionários salesianos insistiram que os xavante em Sangradouro conservassem seus estilos de cabelo, "uma de suas peculiaridades mais bonitas e apreciáveis", combatendo o "instinto imitativo" que "tem levado ao desejo de cortar o cabelo à maneira dos brancos" (Lapa, 1963, p.94).

Não deveria surpreender, dada a segmentação social dos xavante por idade e gênero, que setores diferentes também respondessem de modo diferente à dominação externa.[30] Já vimos como os jovens

---

[28] Para estudos comparativos da vergonha e da autocensura indígena, ver Turner, T., op. cit., p.289; Gould, J. L. *To Die in This Way:* Nicaraguan Indians and the Myth of Mestizaje, 1880-1965. Durham: Duke University Press, 1998, p.205-6.

[29] Sobre o entusiasmo dos xavante pelo futebol, ver Flanzer, V. Índios xavante são loucos por futebol. *A Bola*, outubro de 1994, p.64-7.

[30] Para uma exploração comparativa sobre a segmentação por geração e gêneros dentro das comunidades indígenas, ver Mallon, F. E. *Peasant and Nation:* The Making of Postcolonial Mexico and Peru. Berkeley: University of California Press, 1995, p.63-88; Russ, J. The "Comunidad Revolucionaria Institucional": The Subversion of Native Government in Highland Chiapas, 1936-1968. In: Joseph, G. M.; Nugent, N. (Ed.). *Everyday Forms of State Formation:* Revolution and the Negotiation of Rule in Modern Mexico. Durham: Duke University Press, 1994, p.256-300; Fowler, L. *Shared Symbols,*

"BRASILÍNDIOS" **197**

xavante eram mais propícios ou vulneráveis que os mais velhos às repreensões dos missionários para abandonar a caça. Variações de gênero surgiram também. Embora o *wai'a* pudesse ser um importante ritual masculino – símbolo da hierarquia, virilidade e agressividade masculinas –, para algumas mulheres ele não era, obviamente, motivo de celebração. Como uma elaborada cerimônia executada em conjunção com a iniciação masculina, o *wai'a* culminava com o estupro cerimonial de mulheres selecionadas de cada metade por todos os homens do grupo etário participante do rito. Embora servisse para deter a rivalidade entre os homens, o *wai'a* sem dúvida aterrorizava muitas mulheres. A interferência dos salesianos deu às mulheres meios de defender-se. Na missão salesiana, uma mulher xavante escapou de tal destino ao procurar asilo entre os padres. Nos *wai'a* subsequentes, outras mulheres fugiram. Assim, como resultado da resistência das mulheres e de sua aliança estratégica com os salesianos, os homens xavante se viram pressionados a extinguir o *wai'a* dentro da missão, embora continuassem a executá-lo nas caminhadas (Maybury-Lewis, 1974, p.26, 255-69).

É claro que a adaptação dos xavante aos waradzu não significou necessariamente que dado objeto, símbolo ou modo de comportamento tivesse o mesmo significado ou relevância para os índios. Por exemplo, quando os xavante frequentavam a escola, suas expectativas divergiam nitidamente das de seus professores. Enquanto os educadores forneciam treinamento profissional adequado à subordinação socioeconômica, os índios aspiravam a posições de poder mantidas pelos funcionários públicos, técnicos e profissionais administrativos que encontravam.[31] Uma professora do SPI comentou:

Contested Meanings: Gros-Ventre Culture and History, 1778-1984. Ithaca: Cornell University Press, 1987, p.185-91.

[31] Para discussão a esse respeito, ver Assis, E. Educação indígena no Brasil. *Cadernos do Centro de Filosofia e Ciências Humanas,* UFPA, n.1, p.35-52, 1980.

198 A LUTA INDÍGENA NO CORAÇÃO DO BRASIL

Os índios xavante têm uma ideia errada quanto ao conhecimento que a escola lhes dará. Eles acreditam que em um curto prazo serão capazes de aprender a fazer tratores, carros, aviões ou rádios, e outros objetos cuja confecção é difícil e mesmo nós não sabemos como são fabricados. Ou então eles acreditam que sairão da escola como médicos e aprenderão em um curto período de tempo como a nossa sociedade funciona. Essas ideias são compartilhadas às vezes pelo Chefe da Comunidade, que espera que a escola lhes dê esse conhecimento.[32]

Assim, as escolas se tornaram outra arena de conflito entre os waradzu e os xavante, cada um armado com noções conflitantes sobre as possibilidades e os objetivos da educação indígena. Em última análise, a dependência, embora restringisse a economia política e a expressão cultural dos xavante, não gerou derrotismo. Em vez disso, os índios acreditavam que, por meio do domínio dos códigos sociopolíticos dos waradzu, eles recuperariam sua autonomia *e* teriam acesso aos bens ocidentais. Para os xavante, o preço de se tornar um índio brasileiro acarretava perda territorial, aumento da mortalidade infantil e violência cultural, mas, ao mesmo tempo, havia uma possibilidade de acesso aos direitos indígenas e à cidadania. Com o aprendizado da língua portuguesa e da cultura cívica brasileira, os líderes xavante (subordinados aos clérigos ou aos burocratas) adotariam novas formas de interlocução e identificação política para assegurar controle sobre seu território, sua vida comunitária e ter acesso aos produtos industriais. Um componente-chave nessa estratégia implicava a aplicação de práticas "tradicionais" a serviço da mudança sociocultural.

---

[32] Relato de Marta Maria Lopes, 30 de agosto de 1979, citado em Atuação da Funai na área xavante, Funai, DOC, Relatórios de Avaliação RO/MT.

"BRASILÍNDIOS" **199**

Uma nova linguagem política

A aquisição do português, língua dos Colonizadores, abria, para os xavante, um leque de novas estratégias. Os funcionários do Estado afirmavam que a língua era um marcador e um determinante da nacionalidade brasileira. Assim como Getúlio Vargas fechara escolas de ensino de língua estrangeira e reprimira a circulação de periódicos das comunidades imigrantes durante o Estado Novo, os entusiastas da Marcha para o Oeste notavam o "paradoxo de manter os *verdadeiros brasileiros* falando línguas diferentes da nossa" (Escobar, 1941, p.117-8).[33] As línguas indígenas, então, eram vistas como obstáculo à unidade nacional, enquanto o português era defendido como cimento cultural e anestesia étnica.

Os políticos do Estado Novo valorizavam as línguas indígenas não por seu uso na época, mas por sua contribuição histórica à formação da "língua brasileira" (Neiva, 1940, p.368). Francisco Campos, elaborador da constituição do Estado Novo, afirmava que as influências indígenas e africanas no Brasil haviam convertido o português do material pedante de "livros cobertos de poeira" em uma "língua rebelde e amorosa, pitoresca e cheia de malícia, a língua de nosso povo" (Campos, 1941, p.143-5). Assim, quando Gustavo Capanema, ministro da Educação, propôs, em 1943, o ensino do tupi-guarani na Universidade Federal do Rio de Janeiro, ele ressaltou a importância cultural da língua indígena falada no período colonial em detrimento de seus derivativos usados por vários grupos indígenas contemporâneos.[34] A valorização de uma língua nativa fossilizada se encaixava melhor no projeto nacionalista

---

[33] O destaque (itálico) é do original.
[34] CNPI. Relatório apresentado pelo General Cândido Mariano da Silva Rondon, presidente do Conselho Nacional de Proteção aos Índios, ao Exmo. Sr. ministro da Agricultura, correspondente ao ano de 1944, 1944, MI, Sedoc.

200 A LUTA INDÍGENA NO CORAÇÃO DO BRASIL

que celebrava a mistura racial (hierárquica) e o desaparecimento dos povos indígenas.

As opiniões sobre a questão linguística dos índios eram dicotômicas. Alguns, como Ildefonso Escobar, argumentavam que a conservação de uma língua indígena assinalava a rejeição categórica da sociedade dominante, pois "as tribos, falando diferentes dialetos, procuram evitar contato com os brasileiros". Outros, como Darcy Ribeiro, imaginavam que os índios iriam um dia falar português "sem sotaque", sinal de sua transformação em verdadeiros brasileiros (Escobar, 1941, p.117; Ribeiro, 1962, p.156). Como outros aspectos das relações interétnicas, a prática linguística desafiou tal visão binária. Os xavante esforçavam-se para aprender o português mas, dentro de suas comunidades, continuaram a falar sua língua nativa (embora incorporassem palavras do português ao seu vocabulário). Giaccaria e Heide argumentaram que os xavante consideram a língua uma força geradora e, portanto, pediam que os waradzu lhes ensinassem os segredos de sua língua para que também eles, os índios, pudessem ter seu poder. Negar aos índios a instrução em português – e, inicialmente, até mesmo promover a educação bilíngue – era censurado como obscurantismo (Giaccari, 1972, p.16). Como outros falantes de línguas vernáculas no mundo todo, muitos xavante entendiam que o monolinguismo impedia seus interlocutores de se envolver no mundo que os cercava (Hobsbawm, 1990, p.115-6).

Os esforços dos xavante para aprender português, tanto nas missões quanto nos postos do SPI, lembravam uma estratégia de povos colonizados no mundo todo, que se apropriaram da língua dos imperialistas para dominar seus códigos culturais, muitas vezes para subvertê-los.[35] O português brasileiro, invocado pelas elites

---

[35] Para uma discussão sobre a subversão das línguas europeias por intelectuais africanos, ver Appiah, K. A. *In My Father's House: Africa in the Philosophy of Culture*. New York: Oxford University Press, 1992, p.55-6.

"BRASILÍNDIOS" 201

do Estado Novo para legitimar a unidade pan-brasileira e rejeitar o legado da dominação colonial, seria retrabalhado pelos xavante como um artefato cultural-linguístico de protesto pan-indígena e um desafio ao domínio brasileiro.[36] Com forte sotaque, os líderes indígenas usaram o português para denunciar a violação de seu direito constitucional à terra, bem como para reivindicar seu direito ao bem-estar social e à autonomia.

É claro que a introdução do português teve efeitos múltiplos e desiguais sobre as comunidades xavante, uma vez que a língua e a expressão são constituídas pelo pensamento social e também constituidoras dele.[37] Se os portugueses, por exemplo, tinham uma palavra para mel de abelha, os xavante possuíam várias, o que refletia a importância do mel em suas atividades pré-contato. Se os xavante careciam de números maiores que cinco, o português, articulando uma cultura consumista, proclamava-se infinito (Giaccari, 1972, p.110; Maybury-Lewis, 1974, p.39). Além do mais, a fluência em português falado e escrito, habilidade prezada pela sociedade dominante, alterou a dinâmica do poder dentro das comunidades xavante. A participação política formal era limitada a homens "maduros"; os recém-iniciados no mundo adulto eram impedidos de debater politicamente no warã, ou conselho de idosos, até que tivessem se tornado pais e dominado habilidades oratórias. Entretanto, como os chefes recorriam cada vez mais aos waradzu em busca de auxílio, passaram a depender de assistentes mais

---

[36] Sobre a língua nacional como um artefato cultural e não como a base primordial da consciência nacional, ver Hobsbawm, E. J. *Nations and Nationalism since 1780*: Programme, Myth, Reality. Cambridge, England: Cambridge University Press, 1990, p.110-20.

[37] Para uma discussão sobre o domínio linguístico dos xavante e sua relação com a oratória política, ver Graham, L. Three Modes of Xavante Vocal Expression: Wailing, Collective Singing, and Political Oratory. In: Urban, G.; Sherzer, J. (Ed.). *Native South American Discourse*. Berlin: Mouton de Gruyter, 1986, p.83-118.

202 A LUTA INDÍGENA NO CORAÇÃO DO BRASIL

jovens (mais tarde conhecidos como "secretários"), mais fluentes em português e mais inteirados da cultura política brasileira (Silva, 1986, p.51). A emergência de homens jovens como intermediários políticos poderosos nas negociações com waradzu, se não um indício de conflito hierárquico, representou uma elevação no prestígio do jovem dentro da comunidade. Além disso, os homens xavante tinham mais contato com não índios que as mulheres e adquiriram maior fluência na língua portuguesa, facilitando sua inserção no mundo dos waradzu.

Além do português, os xavante aprendiam novas formas de participação e protesto político nas aulas cívicas ministradas pelos missionários e funcionários do SPI. Nos postos da entidade, a professora (em geral, a esposa do chefe do posto) ensinava aos alunos xavante história, geografia e noções de civismo. Para inspirar os índios a "sempre amar, respeitar e defender nossa nação", Lucy Soares da Silva, professora no posto Simões Lopes em 1960, narrava episódios marcantes, como a "descoberta" do Brasil pelos portugueses, a abolição da escravatura e a fundação de Cuiabá. "Eu os faço cantar o Hino Nacional comigo no início da aula", gabava-se Lucy, e "todos os domingos nós hasteamos a bandeira para ensaiar, porque os xavante necessitam de muito ensaio".[38]

Violeta Tocantins, que lecionou em Simões Lopes em 1965, procurou inspirar nos alunos uma compreensão de seus direitos e responsabilidades como índios e cidadãos brasileiros. Seus alunos aprenderam que

> o Brasil é uma democracia, isto é, uma nação em que todos são iguais perante a lei e onde o governo é eleito pelo povo. Aqueles que nasceram em nossa nação ou sob nossa nacionalidade são cida-

---

[38] Lucy Soares da Silva. Relatório das atividades da Escola Mixta de Posto Colisêvu, 30 de junho de 1960, MI, Sedoc, filme 269, fot. 1345-7.

"BRASILÍNDIOS" 203

dãos brasileiros, e por isso desfrutam dos direitos a eles concedidos em nossa constituição, na qual são encontradas as leis básicas do Brasil.[39]

A aula de Tocantins estava desatualizada: no ano anterior o golpe militar havia posto fim à democracia. Além disso, somente uma decisão do Supremo Tribunal Federal em 1966, no ano seguinte, daria aos povos indígenas o direito de votar (Cunha, 1987, p.30). Não obstante, Violeta Tocantis transmitira aos índios noções acerca dos direitos dos "cidadãos" brasileiros à liberdade, à educação e à segurança, assim como sobre sua responsabilidade de "trabalhar pela grandeza do Brasil".[40] Em Pimentel Barbosa, os funcionários do posto informaram aos xavante sobre seus direitos constitucionais à terra, assegurando-lhes: "Esta terra é de vocês – quando vocês morrerem, será de seus filhos".[41]

Os educadores também ensinaram aos alunos "o" passado indígena. Um exame escolar do terceiro ano, enviado por Tocantins à Inspetoria do SPI, revela seu conteúdo pedagógico. Quando os portugueses chegaram ao Brasil, escreveu o aluno,

os brasilíndios viviam quase nus. Usavam uma tanga de penas na cintura e uma coroa de penas na cabeça. Pintavam o corpo, usavam colares de contas e dentes de animais. Viviam da caça, pesca, frutos, raízes etc. Os brasilíndios não tinham religião, veneravam o sol, a lua e as estrelas e temiam o trovão, a quem chamavam Tupã.

Esse relato histórico, elaborado pelos brancos, apagava as distinções culturais entre os povos indígenas, rotulando a todos

---

[39] Violeta R. Tocantins, Plano de ensino para a escola do P. I. Simões Lopes. Estabelecido para 1º semestre de 1965.

[40] Idem.

[41] Entrevista com Ismael Leitão. Goiânia, agosto de 1994.

204 A LUTA INDÍGENA NO CORAÇÃO DO BRASIL

patrioticamente (e anacronicamente) de "brasilíndios" (Fleury, 1944, p.8).[42] Na realidade, a ênfase curricular na experiência histórica pan-indígena e a integração sociocultural refletiam-se na própria sala de aula: os xavante de Simões Lopes, por exemplo, estudavam com os filhos dos bakairi, bem como com os filhos dos funcionários de postos e moradores locais.

Entretanto, embora os educadores distorcessem e desprezassem a história xavante, eles forneceram a matéria-prima para futuras mobilizações políticas. Como cidadãos aborígenes da nação – "brasilíndios" –, os xavante podiam reivindicar a delimitação de seu território pré-contato. Por meio de apelos pan-indígenas, os índios podiam dirigir-se a outros "irmãos" índios, assim como a simpatizantes não indígenas.

Os postos do SPI reforçaram tanto a mentalidade cívica quanto noções de indianidade por meio de celebrações como o Dia do Índio e o aniversário do nascimento de Cândido Rondon. Sobrepostas às noções tradicionais de tempo dos xavante, essas festividades procuravam transmitir "quão benéfica é a união existente entre civilizados e índios, uma amizade que deve ser encorajada sempre que possível" (SPI, Boletim 26, 1959, p.4). Assim, no posto de Simões Lopes, o Dia do Índio foi comemorado em 1960 por uma multidão de xavante, bakairi e civilizados, que cantaram o Hino Nacional e o Hino à Bandeira brasileira em pé diante de um retrato de Rondon. Dois alunos, um bakairi e um xavante, recitaram poesias, e os xavante entretiveram o grupo com uma dança tradicional. Mas, como a fidelidade às tradições indígenas não era mesmo a ordem do dia – ou a política indigenista do governo, de modo geral –, as

---

[42] Sobre os esforços para corrigir a representação da história indígena no currículo escolar, ver Silva, A. L. da; Grupioni, L. D. B. *A temática indígena na escola*: novos subsídios para professores de 1º e 2º graus. Brasília: MEC/MARI/Unesco, 1995.

"BRASILÍNDIOS" 205

festividades foram encerradas com uma reprise do Hino Nacional.[43] No mesmo espírito, em 1965, na comemoração do centenário de Rondon, cinquenta índios xavante e cinquenta índios bororo, "mostrando sua força física e prestando seu respeito", dançaram em um estádio diante de oito mil espectadores (SPI, Boletim 1, 1965, p.12).

Encenados para plateias de brasileiros, esses espetáculos simbolizavam a aquiescência indígena com o poder do Estado cujos líderes autorizavam – e encorajavam – as "tradições" xavante executadas sobre o palco político brasileiro. A ornamentação corporal, os cantos e as danças eram belos e deviam ser contemplados; "nomadismo", "feitiçaria" e violência deviam ser reprimidos. O "folclore" indígena era interessante; reivindicações de extensos territórios, não. A democracia racial brasileira devia ser exibida, mas a marginalidade socioeconômica dos nativos da nação devia ser escondida. Essas celebrações também refletiam as contradições na política indigenista. Apesar da ênfase oficial na aculturação, os tributos aos indígenas nas comemorações cívicas e nas aulas de história – espetáculos pouco representativos e desprovidos de autenticidade – conservavam, para os brasileiros, uma "identidade indígena" como parte do patrimônio nacional.

Os xavante logo compreenderam o valor simbólico da identidade indígena – endógena, atribuída, ou uma combinação de ambas – como um mecanismo para apresentar reivindicações territoriais e adquirir poder sociopolítico. O discurso dominante sobre os povos indígenas oferecia diversos argumentos para angariar a assistência do Estado (ou dos missionários): o índio como protopatriota, parceiro racial, ameaçado de extinção, criança indefesa ou ser exótico. Evidentemente, a reação dos xavante ao domínio externo não era

---

[43] C. Corrêa. Relação das manifestações em comemoração ao Dia do Índio, 19 de abril, com as seguintes cerimônias, Posto Indígena Colisêvu, 30 de abril de 1960, MI, Sedoc, filme 269, fot. 1353-4.

206 A LUTA INDÍGENA NO CORAÇÃO DO BRASIL

inteiramente improvisada. Os índios não precisavam, por exemplo, que os waradzu lhes ensinassem que seus rituais eram especiais ou "bonitos"; disso a maioria dos xavante estava convencida. Eles também entendiam que suas memórias, narrativas e representações engendravam uma forma de controle sobre a mudança imposta externamente (Graham, 1995, p.24). De fato, a partir da interação com os brancos, os índios aprenderam que seus rituais não só eram "bonitos", mas também *políticos*.[44] Eles invocariam publicamente seus ancestrais não apenas como imortais, mas como "brasilíndios". Essas novas armas ideológicas, de modo bastante similar às bordunas do passado, seriam brandidas para a sociedade dominante na luta por poder e autonomia. Em vez de significar uma volta utópica ao modo ancestral de vida, as "tradições" xavante encarnariam e fortaleceriam modos de adaptação culturalmente específicos (Sahlins, 1993, p.19).

"Brasilíndios"

Após o contato, os xavante experimentaram, com o passar do tempo, uma dolorosa perda do domínio territorial e da autonomia cultural. Várias comunidades sofreram violentos ataques e exílios, e a mortalidade infantil acentuou-se abruptamente. As missões e os postos do SPI ofereciam proteção contra ataques e, em diferentes graus, atendimento médico, educação cívica, ensino do português e acesso às mercadorias brasileiras. Entretanto, esses agentes da sociedade dominante exploravam a vulnerabilidade dos indígenas para extirpar-lhes práticas socioculturais consideradas condenáveis. Além disso, eles atribuíam aos xavante uma identidade legal e cultural como "brasilíndios": ingênuos que precisavam de tutela

---

[44] Para um estudo comparativo, ver Turner, T., op. cit., p.304-5.

"BRASILÍNDIOS" **207**

e disciplina, mas ao mesmo tempo protopatriotas cuja diferença cultural glorificava o patrimônio nacional. A adaptação seletiva foi o meio usado pelos xavante para reagir à dependência forçada. Embora a dominação externa colocasse as comunidades xavante sob grande tensão, os índios lutaram para manter instituições, estruturas e cerimônias comunais que reproduziam os valores culturais que ordenavam suas vidas e identidades. Por meio de práticas discursivas ou expressivas, os índios se ligavam ao passado, como forma de fortalecimento em meio a uma mudança tão avassaladora. Entretanto, o contato também envergonhava os xavante, fazendo-os abandonar ou disfarçar certos modos tradicionais de comportamento, quando motivos de zombaria por parte de não índios. Os indígenas mostraram entusiasmo por bens e formas de recreação brasileiros e quiseram se tornar fluentes em português, bem como atingir posições de poder valorizadas pela sociedade dominante. Evidentemente, nem todos os membros das comunidades xavante, divididas pelas facções e segmentadas por idade e gênero, responderam de modo idêntico à intervenção externa, dado que seus papéis tradicionais e experiências históricas eram diferentes.

Embora a perda territorial e a mudança cultural tenham causado sofrimentos e conflitos entre as comunidades xavante, não gerou desesperança. Ao contrário, os índios sentiram, cada vez mais, que seu envolvimento estratégico na sociedade dominante lhes dava uma perspectiva de recuperação das terras e da autonomia usurpadas, assim como um acesso permanente aos bens de consumo. Das aulas e comemorações cívicas, os xavante deduziram que a "tradição" indígena, endógena ou imputada, proporcionava uma valiosa ferramenta na sua luta por poder. Com as proibições e expectativas dos brancos ditando modos de comportamento em cenários interétnicos, os xavante foram pressionados a expandir seu repertório político, adaptando, retrabalhando ou inventando

208 A LUTA INDÍGENA NO CORAÇÃO DO BRASIL

tradições culturais. A educação cívica e o português, material fornecido pelas elites para cimentar o consenso, seriam transformados pelos líderes xavante em uma língua de protesto contra os abusos de poder do Estado. O povo xavante, que havia incorporado a figura do índio "tradicional", emergiu na arena política brasileira com atos de mobilização e protesto. Para os xavante, tornar-se brasileiro e tornar-se índio significou não só o banimento territorial e a dominação sociocultural, mas também a abertura de um novo campo de luta. Como "brasilíndios", os xavante enfrentaram um clima político transformado pela ditadura militar e uma paisagem natural modificada pelos investimentos corporativos, pela colonização e pela degradação ambiental.

6

"Onde a Terra toca o céu"

Novos horizontes para a política indigenista no início do regime militar, 1964-1973

Em 1964, o presidente João Goulart foi deposto, dando início a 21 anos de regime militar. No governo de Goulart, o país enfrentava inflação alta, estagnação econômica, limitações no processo de industrialização em substituição às importações e uma crescente polarização política.[1] As elites industrial e agrária, que temiam perder o controle das instituições políticas nacionais para uma democracia populista, encorajaram a intervenção militar. Os militares expulsaram os esquerdistas do governo e reprimiram os movimentos camponeses e sindicalistas, mas não devolveram o poder para os civis, como a elite esperava. O projeto militar para estabilizar os mercados financeiros, diminuir os desequilíbrios setoriais e regionais, e proteger a segurança nacional provocou uma significativa reconfiguração da política brasileira.

O governo militar reformulou o projeto de desenvolvimento orientado para o crescimento interno, promovendo e diversificando

---

[1] Para uma revisão sucinta da literatura sobre o colapso da democracia no Brasil em 1964, ver Hagopian, F. *Traditional Politics and Regime Change in Brazil*. New York: Cambridge University Press, 1996, p.66.

210 A LUTA INDÍGENA NO CORAÇÃO DO BRASIL

a exportação de produtos industrializados e agrícolas. Por meio de incentivos fiscais, crédito restrito e arrochos salariais, bem como da infusão de capital externo por meio de empréstimos oficiais e privados e de investimento direto, além do investimento estatal em infraestrutura, os militares visaram estimular a acumulação de capital. A repressão política foi fundamental para a implementação desse modelo desenvolvimentista (Wood e Carvalho, 1988, p.61-2). Diferentemente dos outros regimes autoritários no Cone Sul, a ditadura brasileira não eliminou por completo as instituições representativas. Embora tivessem abolido todos os partidos políticos existentes, os militares fundaram um sistema bipartidário, com a criação de um partido do governo, a Arena (Aliança Renovadora Nacional), e a existência de um partido de oposição, o MDB (Movimento Democrático Brasileiro), com eleições periódicas. Contudo, as restrições eleitorais e a repressão política deixavam claras as intenções dos militares de centralizar o poder e despolitizar a ação política. Por meio de diversos "atos institucionais", "atos complementares" e repressão à oposição, os militares fortaleceram o Poder Executivo e enfraqueceram o Legislativo; ampliaram os poderes do governo central em detrimento dos governos regionais. Projetos de lei e emendas constitucionais propostas pelo Executivo podiam ser aprovados por uma pequena maioria no Congresso Nacional. Logo depois, o Executivo ampliou ainda mais seu poder: passou a instituir decretos-lei, sem aprovação do legislativo (Hagopian, 1996, p.104-11). Restringindo as funções do Poder Legislativo, expulsando esquerdistas e políticos tradicionais, reprimindo a oposição popular e constituindo centenas de novos conselhos e empresas estatais, o regime militar buscou impulsionar os quadros tecnocráticos de economistas, engenheiros, administradores e oficiais militares para formular e executar as políticas de Estado. Para os povos indígenas, sob a tutela do governo federal, a centralização do poder de Estado sob um regime autoritário comprometido com o desenvolvimento do interior representava uma nova era.

"ONDE A TERRA TOCA O CÉU" **211**

O projeto desenvolvimentista do governo militar para a Amazônia Legal, além de território da maioria dos grupos indígenas brasileiros, visava promover a industrialização, a modernização agrícola e a expansão da infraestrutura a fim de sanar o desequilíbrio regional e a questão da "segurança nacional". Estendendo-se por mais de cinco milhões de quilômetros quadrados, a Amazônia Legal cobria quase dois terços do território brasileiro (ver Mapa 5). Com sua população esparsa, infraestrutura precária, tênues ligações com o centro econômico e demográfico do país, e com fronteiras internacionais desprotegidas, a Amazônia Legal era vista pelos militares como vulnerável à apropriação estrangeira e à infiltração comunista. A ideologia da segurança nacional baseava a defesa do Brasil na industrialização, na utilização eficaz dos recursos naturais e na "integração nacional", por meio de extensas redes de transporte e comunicação.[2] Para proteger a Amazônia de "possíveis vias de penetração" e subversão interna, o general Golbery do Couto e Silva, influente teórico geopolítico, defendia o estabelecimento de "nódulos fronteiriços partindo de uma base avançada constituída no Centro-Oeste, em ação coordenada com a progressão leste-oeste segundo o eixo do grande rio" (Gal. Couto e Silva apud Alves, 1988, p.26).

Além disso, para os militares, a criação de um moderno setor de agroexportação era prioridade, pois ajudaria a impulsionar o desempenho econômico e a produção industrial. A "racionalização" da agricultura resolveria a crise de alimentos e os obstáculos econômicos do início da década de 1960, as cidades seriam abastecidas com alimentos mais baratos, seriam criados novos mercados para a indústria, além de diversificar as exportações para sustentar o crescimento econômico. Por meio de um aumento impressionante

---

[2] Sobre a doutrina da segurança nacional, ver Alves, M. H. M. *State and Opposition in Military Brazil*. Austin: University of Texas Press, 1988, p.13-28.

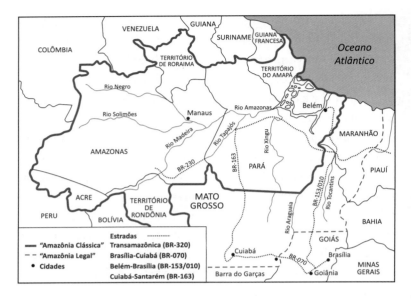

Mapa 5. Amazônia.

no crédito rural subsidiado, incentivos à exportação e redução de tarifas de importação sobre máquinas e outros insumos, os militares procuraram transformar latifúndios em empresas rurais – e um grupo selecionado de pequenos fazendeiros em empresários dinâmicos. A expansão da produção agrícola na Amazônia estimularia ainda mais o crescimento econômico e estancaria a crescente migração rural para as cidades.[3]

---

[3] Sobre o projeto militar de modernização agrícola, ver Grindle, M. S. *State and Countryside*. Baltimore: Johns Hopkins University Press, 1986; Sorj, B. *Estado e classes sociais na agricultura*. Rio de Janeiro: Zahar, 1980; Maybury-Lewis, B. *The Politics of the Possible:* The Brazilian Rural Workers Trade Union Movement, 1964-1985. Philadelphia: Temple University Press, 1994; Pereira, A. *The End of the Peasantry:* The Rural Labor Movement in Northeast Brazil, 1961-1988. Pittsburgh: University of Pittsburgh Press,

"ONDE A TERRA TOCA O CÉU" 213

Os limites da Amazônia Legal, concebidos segundo critérios sociopolíticos, expandiram a jurisdição federal sobre o Centro--Oeste: enquanto a definição "clássica" ou geográfica da Amazônia, empregada historicamente pelo Instituto Brasileiro de Geografia e Estatística, compreendia Amapá, Acre, Roraima, Pará, Amazonas e Rondônia, a Amazônia Legal ampliava a área em mais um terço, incluindo as regiões norte de Mato Grosso e Goiás, além do oeste do Maranhão (Mahar, 1979, p.7) (ver Mapa 5). O território xavante, localizado no norte do Mato Grosso, agora estava sob a jurisdição da Amazônia Legal, sujeito, portanto, ao projeto desenvolvimentista militar para a região.

Desde o início do século, os governos brasileiros empenhavam--se para transformar o interior do Centro-Oeste e do Norte. Esses esforços foram mais concentrados durante o Estado Novo, quando Getúlio Vargas buscara rearticular, na região, as relações entre Estado e sociedade, instituindo a Marcha para o Oeste. Apesar da oposição de oligarcas regionais ao governo central no período pós-guerra, a estrutura legislativa foi mantida. A Constituição de 1946, por exemplo, destinara 3% das rendas de impostos federais totais para o desenvolvimento da Amazônia. Na verdade, os limites da Amazônia Legal foram estabelecidos em 1953, sob o governo democrático de Getúlio Vargas, pela Lei n.1.806, que também criou a SPVEA (Superintendência do Plano de Valorização da Amazônia), órgão federal destinado a promover o desenvolvimento agroindustrial e o crescimento infraestrutural da região. As dificuldades orçamentárias, a fragmentação política e a corrupção paralisaram a SPVEA, embora tenha concluído a construção da rodovia Belém-Brasília, o primeiro grande projeto de construção de estradas na região amazônica (Mahar, 1979, p.6-13). O regime

---

1997; Houtzager, P. State and Unions in the Transformation of the Brazilian Countryside, 1964-1979. *Latin American Research Review*, v.33, n.2, p.103-42, 1998.

214   A LUTA INDÍGENA NO CORAÇÃO DO BRASIL

militar – dotado de maior capacidade tecnológica e fiscal que o Estado Novo – contava com amplos investimentos do capital privado e havia eliminado os limites políticos e jurídicos de seus predecessores. Os militares acelerariam o desenvolvimento da Amazônia e, ao mesmo tempo, reforçariam a presença institucional do Estado na região (e em todo o interior do Brasil).

Para os índios xavante, como será mostrado neste capítulo, as mudanças mais significativas foram provocadas pelo rápido crescimento capitalista promovido pelo Estado no norte do Mato Grosso e pela ampliação da jurisdição federal sobre assuntos indígenas e regionais. Como outros povos indígenas brasileiros, as comunidades xavante foram maciçamente atingidas pelo regime militar, "vítimas do milagre" do desenvolvimento econômico (Davis, 1986). No entanto, um exame mais cuidadoso revela que o "milagre" não foi aceito sem contestação. Ao contrário, a política do Estado foi combatida, negociada, emendada e mesmo acolhida, por vezes, pelos xavante, que tiveram de enfrentar sua natureza multifacetada.

Novas direções no desenvolvimento amazônico: Sudam e "Operação Amazônia"

Os oficiais militares, atribuindo o desenvolvimento tardio da Amazônia à sua economia extrativista, aos fracos mercados de capital e ao compadrio oligárquico, procuraram exterminar todos os males de uma só vez (Mahar, 1979, p.52; Hecht, 1982, p.93-4). A solução implicou uma aliança do Estado com o capital multinacional e doméstico. Para compensar a apreensão do primeiro e a fraqueza do segundo em capitanear o desenvolvimento amazônico, o governo federal assumiu um papel central no planejamento regulatório, na produção, nos empréstimos internacionais e no investimento infraestrutural, assim como na concessão de incentivos fiscais ao capital privado na Amazônia (Alves, 1988, p.27; Hagopian, 1996,

"ONDE A TERRA TOCA O CÉU" 215

p.73).[4] Em 1966, o governo militar substituiu a SPVEA pela Sudam (Superintendência do Desenvolvimento da Amazônia), com o objetivo de planejar e implementar políticas de desenvolvimento regional. Quase dois bilhões de dólares foram destinados nos cinco anos seguintes ao desenvolvimento infraestrutural de redes de transporte e serviços públicos, e à pesquisa e exploração de recursos naturais na região (Davis, 1986, p.38). Para atrair investidores privados, o governo do general Humberto Castelo Branco inaugurou a "Operação Amazônia", um pacote de projetos aprovado no Congresso Nacional entre 1966 e 1967, que oferecia aos interessados generosas isenções de impostos e incentivos fiscais.

A Lei n.5.174, aprovada em outubro de 1966, estipulava que até 50% do valor dos impostos pagos pelas empresas poderiam ser investidos em projetos agrícolas, pecuários ou industriais aprovados pela Sudam na Amazônia Legal. Projetos apoiados pela Sudam também tinham direito a 75% do total dos custos do investimento financiados por fundos de crédito, assim como a empréstimos concedidos pelo Basa (Banco da Amazônia), agente financeiro da Sudam, a juros abaixo do mercado. Para tornar os negócios ainda mais atraentes, todos os empreendimentos aprovados pela Sudam instalados na Amazônia Legal antes de 1972 (prazo posteriormente estendido até 1975) estavam isentos de imposto de renda, e os projetos instalados antes de 1982 gozariam de uma redução de 50%. Os estados e municípios da região ofereciam outros incentivos por meio de deduções fiscais.[5]

---

[4] Para uma análise mais ampla da aliança entre os capitais do Estado, doméstico e multinacional, ver Evans, P. *Dependent Development:* The Alliance of Multinational, State, and Local Capital in Brazil. Princeton: Princeton University Press, 1979.

[5] Sobre os incentivos fiscais do governo brasileiro na Amazônia Legal, ver Mahar, D. J. *Frontier Development Policy in Brazil:* A Study of Amazonia. New York: Praeger, 1979, p.88-92; Cardoso, F. H.; Müller, G. *Amazônia:* expansão do capitalismo. São Paulo: Brasiliense, 1977, p.117-8.

216 A LUTA INDÍGENA NO CORAÇÃO DO BRASIL

A política indigenista no governo militar deve ser analisada à luz das estratégias do governo para centralização política, modernização agrícola, povoamento nas fronteiras e segurança nacional. Para atrair capital para a região amazônica, os militares compreenderam a importância de reservar terras indígenas para salvaguardar os detentores de títulos de reivindicações litigiosas e conflitos.[6] Instituições de crédito, como o Banco Mundial e o Banco Interamericano de Desenvolvimento, que concederam empréstimos para o desenvolvimento agrícola na Amazônia, promoveram a regularização de cadastros rurais e títulos de terra, a fim de estimular futuros investimentos e produção (Linhares, 1989, p.104). Além disso, a violência gerada pelas disputas de terra na Amazônia preocupava os oficiais militares atentos às ameaças à segurança nacional (Martins, 1991, p.474). Uma das divisões do CSN (Conselho de Segurança Nacional) efetuava estudos, elaborava relatórios e formulava políticas sobre questões envolvendo populações indígenas, povoamento da Amazônia e conflitos de terra (Hunter, 1997, p.33, 121). As terras xavante, não demarcadas em sua quase totalidade ao final da década de 1960, eram apenas a ponta do *iceberg*.[7]

Promulgando leis e reforçando a burocracia federal, o regime militar passou a intervir de maneira direta nas relações socioeco-

---

[6] Para uma discussão sobre a importância de regularizar os títulos de terras na Amazônia sob o regime militar, ver Almeida, A. W. B. de. O intransitivo da transição: o Estado, os conflitos agrários e a violência na Amazônia (1965-1989). In: Lena, P.; Oliveira, A. E. de. (Ed.). *Amazônia: a fronteira agrícola 20 anos depois*. Belém: Museu Paraense Emílio Goeldi, 1991, p.259-90.

[7] A única exceção era a Reserva Marechal Rondon, delimitada para os xavante em maio de 1965 pelo governo de Mato Grosso. Com uma área de cinquenta mil hectares, essa reserva abrangia terras pobres. Ver Lopes, M. M. *A resistência do índio ao extermínio: o caso dos Akwẽ-Xavante, 1967-1980*. São Paulo, 1988, p.64. Tese (Mestrado) – Universidade Estadual Paulista Julio de Mesquita Filho.

"ONDE A TERRA TOCA O CÉU" 217

nômicas na Amazônia, inclusive no que dizia respeito a assuntos indígenas. Assumindo controle sobre as terras indígenas, outrora reivindicadas pelos governos estaduais como terras devolutas, o Estado circunscreveu o poder das elites locais. Para promover a acumulação de capital, os militares reduziram ao mínimo a extensão das reservas indígenas, ignorando as reivindicações territoriais dos índios. Mesmo com a centralização política e a repressão, o governo enfrentaria muitos obstáculos a seu projeto desenvolvimentista. A temida "invasão" estrangeira da Amazônia aconteceria – não sob a forma de ataque armado, mas sob a forma de protesto internacional contra a política indigenista. Localmente, a situação também continuou instável. Para os investidores e políticos do Mato Grosso, qualquer reserva indígena seria grande demais. Para os xavante, qualquer reserva seria pequena demais. E nenhum dos lados estava disposto a ceder.

O relatório Figueiredo e suas ramificações

Os militares demonstraram sua intenção de revisar a política indigenista em 1967, quando o procurador-geral da República, Jader Figueiredo, foi encarregado de investigar a corrupção no SPI. Os delitos da entidade não eram segredo – em virtude de um inquérito parlamentar anterior e de uma série de investigações internas –, mas a decisão dos militares de fazer uma limpeza na entidade demonstrava compromisso com a mudança. Embora um "misterioso" incêndio no Ministério da Agricultura tenha atrapalhado a investigação de Figueiredo – destruindo a correspondência do SPI, registros financeiros e relatórios confidenciais –, o procurador-geral prosseguiu com a realização de inquéritos, entrevistas e visitas a postos indígenas. Em março de 1968, ele deu uma entrevista coletiva à imprensa para divulgar as conclusões de seu relatório de vinte volumes e 5.115 páginas.

218 A LUTA INDÍGENA NO CORAÇÃO DO BRASIL

Foram comprovados não apenas atos de corrupção, usurpação de terras e exploração de trabalho, mas também massacres, escravidão, estupro, tortura e ataques biológicos contra as populações indígenas. Os abusos ocorreram com a omissão e, por vezes, a participação de funcionários do SPI. Embora não tenham sido encontradas provas de um esforço sistemático de eliminar os povos indígenas com o apoio do Estado (Davis, 1986, p.10-3), Figueiredo concluiu que, pela falta de assistência, a entidade "perseguira os índios ao ponto de extermínio".[8] Dos setecentos funcionários do SPI, 134 foram acusados de crimes, 33 transferidos e 17 suspensos (Davis, 1986, p.11).[9] Em dezembro de 1967, os militares dissolveram o SPI e criaram a Funai, sob a supervisão do Ministério do Interior.

A investigação do SPI fazia parte do plano dos militares de "racionalizar" a burocracia e eliminar a corrupção, o clientelismo e a "infiltração" esquerdista (Hagopian, 1996, p.106-7; Alves, 1988, p.35-6). O curioso, todavia, foi a decisão militar de divulgar o conteúdo do Relatório Figueiredo, expondo-se, assim, às críticas internacionais. Em parte, a divulgação dos crimes do SPI era uma encenação para legitimar o governo autoritário e expor a corrupção do setor público sob a gestão dos populistas. Os militares aparentemente também apostaram que, divulgando os crimes contra os índios, o Brasil mostraria, no exterior, uma imagem de harmonia racial. Um mês após a divulgação do Relatório Figueiredo, o Ministério do Interior convenceu o Ministério das Relações Exteriores que denunciar essas atrocidades "só podia reforçar no exterior a imagem brasileira com relação à democracia racial", e mostrar que o governo militar era "incompatível, em seu espírito, com o processo de degradação humana".[10]

---

[8] Inquérito administrativo referente à apuração de irregularidades no extinto SPI, v.20, Funai, DOC, processo 4483-68.

[9] *Jornal do Brasil*, Rio de Janeiro, 13 de setembro de 1969.

[10] *Jornal do Brasil*, Rio de Janeiro, 10 de abril de 1968.

"ONDE A TERRA TOCA O CÉU" **219**

A decisão de divulgar o relatório, no entanto, teve efeito contrário. Acusações ao governo de perpetuar o genocídio indígena estamparam-se na imprensa brasileira.[11] Poucos acreditavam que os direitos indígenas, há muito negligenciados, seriam, de repente, protegidos pelo mais improvável dos heróis: um regime militar comprometido com o rápido desenvolvimento da Amazônia. Para a oposição, a controvérsia forneceu uma oportunidade de contestar o regime militar e ganhar apoio internacional. Políticos do MDB ameaçaram fazer um apelo para que as Nações Unidas colocassem os povos indígenas do Brasil sob proteção internacional – uma intervenção temida pelo regime.[12] Para o infortúnio dos militares, as acusações provocaram uma avalanche de críticas no exterior. Em razão das graves denúncias sobre a política indigenista brasileira publicadas na imprensa europeia, o governo brasileiro passaria anos se defendendo de acusações de genocídio.[13] O Ministério das Relações Exteriores tentava socorrer os diplomatas brasileiros, publicando boletins que destacavam medidas oficiais destinadas a salvaguardar os direitos indígenas; a delegação brasileira nas Nações Unidas foi orientada a combater qualquer resolução da Assembleia Geral acusando o governo de genocídio.[14] A imagem de governo genocida recusava-se a desaparecer. Em 1970, a Cruz Vermelha Internacional, a convite

---

[11] *Correio da Manhã*, 17 de setembro de 1967; *Jornal do Brasil*, 24 de abril de 1968.

[12] *Jornal do Brasil*, 20 de abril de 1968.

[13] Talvez o mais notável seja o artigo de Lewis, N. Genocide: From Fire and Sword to Arsenic and Bullets, Civilization Has Sent Six Million Indians to Extinction. *Sunday Times*, Londres, 23 de fevereiro de 1969. Sobre as atrocidades cometidas contra índios brasileiros, ver Bodard, L. *Massacre on the Amazon*. London: Tom Stacey, 1971. O arquivo da Funai contém artigos de jornais da Europa e dos Estados Unidos, o que indica a sensibilidade do governo brasileiro à crítica estrangeira.

[14] *O Globo*, 2 de maio de 1968; *Jornal do Brasil*, 13 de novembro de 1969.

220 A LUTA INDÍGENA NO CORAÇÃO DO BRASIL

do governo brasileiro, participou de uma missão de três meses com vinte grupos indígenas diferentes, inclusive uma comunidade xavante, para investigar essas acusações. Outras delegações estrangeiras se seguiram: em 1972, a Aborigines Protection Society, com sede em Londres, visitou o Brasil e publicou um relatório sobre a situação dos povos indígenas (Aborigines Protection Society of London, 1973).

As pressões interna e externa sobre o governo brasileiro abriram novos horizontes para os povos indígenas em sua luta para defender seu território. O governo militar, irritado com a desaprovação internacional, tentou tudo o que podia para "retirar o problema indígena das manchetes dos jornais brasileiros e estrangeiros". Em julho de 1968 e abril de 1969, o ministro do Interior, Albuquerque Lima, encontrou-se com comunidades xavante, bororo, carajá e comunidades indígenas do Xingu para afirmar a determinação do governo de demarcar reservas e recuperar as terras indígenas.[15] Em julho de 1969, foi a vez do presidente Arthur da Costa e Silva: seguindo os passos de Getúlio Vargas quase trinta anos antes, o presidente militar visitou a Ilha do Bananal, onde se encontrou com uma delegação de índios xavante, carajá, caiapó e camaiurá.

Como na viagem de Vargas em 1940, os índios apresentaram suas canções e danças "tradicionais" para Costa e Silva. Mas a situação não era exatamente a mesma. A apresentação pan-indígena para o presidente revelava quanto a situação mudara desde a Marcha para o Oeste, quando os "ferocíssimos" xavante eram inimigos mortais dos carajá. E também quanto à reação dos xavante, que décadas antes sabiam pouco sobre o Estado-nação, mas agora invocavam o discurso aprendido com os missionários e os funcionários públicos para comover a plateia. Em "nome de toda a tribo xavante", Humberto Waomote, um índio da missão

---

[15] *O Estado de S.Paulo*, 15 de abril de 1969; *O Globo*, 30 de julho de 1968; *Jornal do Brasil*, 13 de novembro de 1969.

"ONDE A TERRA TOCA O CÉU" 221

de São Marcos, agradeceu ao presidente por seus esforços para "melhorar a vida do índio brasileiro".[16] De forma similar, na visita do ministro do Interior, Albuquerque Lima, à missão salesiana de Sangradouro, um xavante declarou: "Todos somos brasileiros. Nós, xavante, chegamos primeiro".[17] Albuquerque Lima, impressionado com os "corajosos" líderes xavante, prometeu devolver-lhes os territórios na região de Couto Magalhães, de onde muitos haviam sido expulsos alguns anos antes.[18] Mas promessas de décadas aos xavante não seriam fáceis de cumprir por conta do projeto desenvolvimentista, da justiça social ou das relações exteriores. O governo federal tinha plena consciência da "oposição sistemática" de detentores de títulos de terras xavante e de políticos mato-grossenses à Funai e aos índios.[19]

A Funai e o Estatuto do Índio: novas promessas e problemas para os índios

Em seus esforços para promover o crescimento capitalista e neutralizar os conflitos sociais por meio da administração burocrática, o governo federal criou diversas entidades. Estas refletiam a crescente hegemonia do governo federal nas áreas rurais. Foram criados órgãos estatais encarregados do desenvolvimento rural,

---

[16] *O Estado de S.Paulo*, 20 de junho de 1969.

[17] Citado em *O Estado de S.Paulo*, 25 de abril de 1969, e republicado in Casaldáliga, P. *Uma igreja da Amazônia em conflito com o latifúndio e a marginalização social*. Mato Grosso: [s.n.], 1971, p.100.

[18] *O Globo*, 30 de julho de 1968, e *O Estado de S.Paulo*, 25 de abril de 1969, e republicado em Casaldáliga, op. cit., p.100.

[19] José de Queirós Campos a Oscar Gerônimo Bandeira de Mello. Brasília, 20 de junho de 1969, Peti, FNH0099. Ver o ataque feroz à Funai e a defesa desta acerca dos "privilégios" indígenas desferido pelo jornal *Estado de Mato Grosso*, 15 de dezembro de 1968.

222 A LUTA INDÍGENA NO CORAÇÃO DO BRASIL

da colonização e da construção de estradas, e também a Funai.[20] Esta tinha mais poder que as entidades anteriores que tratavam da política indigenista – SPI, CNPI e Parque Nacional do Xingu. O governo federal aumentara bastante sua arrecadação ao lançar, em 1966, um pacote de reforma fiscal (mais tarde incorporado à Constituição de 1967) como parte de seu projeto de tirar o controle dos gastos estatais das mãos das oligarquias regionais. Entre 1965 e 1975, o governo federal aumentou a arrecadação proveniente dos serviços públicos de 63,9% para 72,9% (Hagopian, 1996, p.142). Além disso, a Funai desfrutava de uma jurisdição legal mais ampla. A Constituição de 1967, redigida sob o regime militar, designava as terras indígenas como território federal, assegurando aos índios a posse permanente. No tempo do SPI, a demarcação das reservas indígenas dependera, na prática, da separação dos territórios indígenas das terras devolutas pelos governos estaduais, os quais, com frequência, deixavam de fazê-lo, tratando ilegalmente os índios como ocupantes *de facto* de terra devoluta. A constituição do governo militar considerava os índios detentores *de jure* do território federal. Em relação à demarcação das reservas indígenas, porém, o governo federal se mostraria menos submisso aos políticos locais, comprometidos com acordos eleitorais e direitos adquiridos. Uma Emenda Constitucional de 1969 estremeceu os investidores que negociavam terras em território indígena: os títulos privados de terras indígenas (propriedade federal) foram anulados e seus detentores não tiveram direito à indenização.[21]

---

[20] Sobre o órgão federal e os projetos criados pelos militares referentes à Amazônia, ver Cardoso, F. H.; Müller, G., op. cit., p.115-28. Sobre a burocracia como árbitro de conflitos políticos e de classe, ver Foweraker, J. *The Struggle for Land:* A Political Economy of the Pioneer Frontier in Brazil from 1930 to the Present Day. Cambridge: Cambridge University Press, 1981, p.82.

[21] Sobre a história legal dos direitos de terras indígenas no século XX, ver Bastos, A. W. As terras indígenas no direito constitucional brasileiro e na jurisprudência do STF. In: Santos, S. C. dos et al. (Ed.). *Sociedades*

"ONDE A TERRA TOCA O CÉU" 223

Em 1973, foi criado o Estatuto do Índio, que, por um lado, reconhecia o direito indígena à posse e ao usufruto permanente de seu território, um "hábitat" adequado para o autossustento e a manutenção de "costumes e tradições tribais". O estatuto definia como terras indígenas as áreas presente ou historicamente ocupadas pelos índios, ou qualquer região do território nacional assim declarada pelo governo federal. Além disso, determinava o prazo de cinco anos para que a Funai delimitasse todas as terras indígenas, além de dar poderes às Forças Armadas e à Polícia Federal para colaborar com a entidade e de proibir o arrendamento de território indígena, o que era comum nos tempos do SPI.

Por outro lado, o Estatuto do Índio honrava arrendamentos existentes e sancionava a remoção de comunidades indígenas por decreto presidencial em nome do "desenvolvimento nacional". Também aprovava a política da renda indígena nos postos da Funai e permitia que o Estado contratasse terceiros para prospecção ou mineração em terra indígena. Além disso, o estatuto manteve o *status* legal dos índios como tutelados do Estado e o modelo aculturacionista, visando à final extinção ou "emancipação" das comunidades indígenas (Brasil, 1974a, p.5-16). O fato de ser um órgão do Ministério do Interior, cujo objetivo era o desenvolvimento da Amazônia, dizia muito sobre a Funai.

Para os xavante, um Estado fortalecido era uma faca de dois gumes. Ao promover o desenvolvimento da Amazônia por meio da extensão das redes de transporte e infraestrutura, incentivos fiscais e projetos de colonização, os militares intensificaram a ocupação e o desmatamento das terras indígenas. Entretanto, um Estado com mais jurisdição sobre as terras indígenas oferecia novas perspectivas para os xavante em sua luta pelo direito territorial,

---

indígenas e o direito: uma questão de direitos humanos. Florianópolis: Universidade de Santa Catarina, 1985, p.90-5.

224　A LUTA INDÍGENA NO CORAÇÃO DO BRASIL

pois agora eles teriam um Estado para pressionar e a quem dirigir seus apelos. Fazer os novos e ambíguos papéis do jogo político de alguma maneira reverter em benefício para os índios dependia, em grande parte, de sua determinação e criatividade, pois, como a batalha travada durante a década de 1970 mostrou, os xavante tinham projetos diferentes dos do governo e dos investidores sobre o destino de suas terras.

O cerrado transformado em pastagem para o gado

A Amazônia Legal recebeu investimentos de poderosas empresas dos setores industrial e agroindustrial nacionais e multinacionais (estes últimos mais concentrados na mineração que nas fazendas) (Cardoso e Müller, 1977, p.161). Entre 1968 e 1975, 95% de todo o incentivo fiscal na Amazônia Legal estava nas mãos de investidores de fora da região, com empresas de São Paulo contribuindo com 60% (Mahar, 1979, p.92). O capital corporativo pressionou o governo militar a subsidiar a pecuária cujas baixas exigências de trabalho e infraestrutura eram consideradas mais adequadas à região que a agricultura ou a indústria, dada a escassez de população, serviços e redes de transporte.

Diferentemente dos antigos fazendeiros da Amazônia, que chegaram à região em busca de trabalho e terras mais férteis e não possuíam representação política capaz de interferir nas políticas públicas (contando apenas com a polícia local e as autoridades regionais), os empresários exerciam um eficiente sistema *de lobby* sobre as burocracias estatais (Pompermayer, 1984, p.423-5). Como Fernando Henrique Cardoso observou, com o enfraquecimento do Legislativo e dos partidos políticos, instrumentos pelos quais a elite tradicionalmente controlava o poder, a defesa dos interesses políticos passou a depender de alianças com militares e tecnocra-

"ONDE A TERRA TOCA O CÉU" 225

tas (ou "setores burocráticos") que controlavam o aparelho do Estado (Cardoso, 1975, p.206). O clientelismo não foi eliminado pelos militares; apenas assumiu novas formas em um ambiente extremamente regulado.

O porta-voz do capital corporativo na Amazônia Legal era a Associação dos Empresários da Amazônia (AEA), formada em 1968. Com sede em São Paulo, a AEA reunia empresas dedicadas apenas à pecuária até 1976 e tinha um conselho formado por diretores de grandes empresas nacionais e multinacionais. Hermínio Ometto, industrial paulista e primeiro presidente da AEA, foi um "pioneiro" na Amazônia: fundou a fazenda Suiá-Missu, de seiscentos mil hectares, nas terras xavante de Marãiwatsede em 1961, três anos antes do golpe militar.[22] Como presidente da AEA, Ometto pressionou a Sudam a subsidiar a criação de gado e recebeu ministros e autoridades responsáveis pelas políticas na Amazônia em visita à região (Pompermayer, 1984, p.419-29). Até 1968, a maior parte dos incentivos fiscais governamentais era destinada aos empreendimentos industriais e menos de 40% beneficiavam projetos agrícolas ou pecuários (Cardoso e Müller, 1977, p.156). Os empresários exerceram pressão sobre o Estado, que era dependente do capital corporativo, e mudaram os rumos das políticas governamentais para a Amazônia.

Influenciado pela AEA, o Estado endossou a pecuária como a principal atividade para o desenvolvimento amazônico. Os incentivos fiscais concedidos pela Sudam para projetos de criação de gado subiram vertiginosamente, de CR$ 29,8 milhões em 1968 para CR$ 75,7 milhões em 1969, e CR$ 170,1 milhões em 1970, permanecendo nesse patamar durante os quatro anos seguintes (ver

---

[22] Para uma descrição mais detalhada da fazenda Suiá-Missu no final da década de 1960, ver Smith, A. *Mato Grosso:* The Last Virgin Land. New York: Dutton, 1971, p.251-72.

226   A LUTA INDÍGENA NO CORAÇÃO DO BRASIL

Tabela 1). Até 1978, 503 projetos de criação de gado foram aprovados pela Sudam na Amazônia Legal, e aproximadamente US$ 1 bilhão foi investido nessas fazendas. O Banco Mundial e o Banco Interamericano de Desenvolvimento chancelaram as fazendas de gado no Brasil como um ótimo caminho para o desenvolvimento, apoiando à pecuária brasileira, entre o final da década de 1960 e toda a década de 1970, com incentivos diretos que chegaram a US$ 1,3 bilhão. A criação de gado era vista como um meio de diversificar as exportações e aumentar a receita, embora a maior parte do gado da Amazônia acabasse sendo destinada ao consumo interno. Além disso, com o aumento da produção de gado e a resultante queda no preço da carne, os militares conquistavam o apoio da classe operária urbana, setor duramente atingido pelos arrochos salariais do regime militar, pelas políticas de estabilização econômica e pela repressão política (Hecht, 1991, p.366-98; Hecht, 1985, p.663-84).

Com os incentivos fiscais e a construção de estradas, o norte do Mato Grosso atraiu empresas pecuaristas e migrantes em busca de terras, provocando uma onda de invasões em território xavante. Entre 1966 e 1970, a Sudam aprovou 66 projetos de *agribusiness* só nos municípios de Barra do Garças (região habitada pelos xavante) e Luciara, com quase CR$ 300 milhões concedidos em incentivos fiscais (Davis, 1986, p.114). O Banco do Brasil e o Basa abriram filiais na cidade de Barra do Garças e a AEA montou um escritório na região para defender de perto os interesses de seus membros. O investimento desproporcional nos estados do Mato Grosso e Pará, em comparação com o restante da Amazônia Legal (90% do investimento em pecuária concentrou-se nesses estados), revela a desigualdade do crescimento regional (Mahar, 1979).[23]

---

[23]   Para um estudo comparativo de outra região amazônica, Conceição do Araguaia (PA), ver Ianni, O. *A luta pela terra.* Petrópolis: Vozes, 1978.

"ONDE A TERRA TOCA O CÉU" **227**

Tabela 1. Incentivos fiscais da Sudam, 1965-1973 (em CR$)

Ano	Setor agropecuário	Setor industrial	Setor de serviços básicos	Total
1965	—	1.101.418	—	1.101.418
1966	1.170.254	8.249.541	—	9.419.795
1967	10.493.518	20.197.647	53.941	30.745.106
1968	29.890.865	37.474.553	13.044.382	80.409.800
1969	75.724.743	67.963.073	6.336.321	150.024.137
1970	170.130.339	123.242.390	37.570.161	330.942.890
1971	168.269.558	134.947.091	30.406.970	333.623.619
1972	180.304.280	116.869.017	27.774.376	324.947.673
1973	174.198.128	153.713.637	12.464.624	340.376.389
Total	810.181.685	633.240.758	127.650.775	1.601.590.827

Incentivos da Sudam em porcentagem anual

Ano	Setor agropecuário	Setor industrial	Setor de serviços básicos
1965	—	100	—
1966	12,42	87,58	—
1967	34,13	65,69	0,18
1968	37,17	46,60	16,23
1969	50,48	45,30	4,22
1970	51,41	37,24	11,35
1971	50,42	40,48	9,10
1972	55,48	35,97	8,55
1973	50,27	46,51	3,22
Total	50,39	41,50	8,11

Fonte: Cardoso, F. H.; Müller, G., op. cit., p.160.

228   A LUTA INDÍGENA NO CORAÇÃO DO BRASIL

Os gastos públicos com infraestrutura promoveram a acumulação de capital e a migração de mão de obra. O DNER (Departamento Nacional de Estradas de Rodagem), que recebeu um total de US$ 400 milhões em empréstimos entre 1968 e 1972 do Banco Interamericano e do Banco Mundial, supervisionou a construção de uma rodovia federal ligando Brasília a Cuiabá entre 1969 e 1973, e uma estrada ligando a cidade de Barra do Garças a São Félix do Araguaia (Brasil, Ministério do Interior, [s.d.], p.65-6; Davis, 1986, p.64-5).[24] Na verdade, durante o governo militar, os financiamentos para o projeto de desenvolvimento amazônico, assim como outras realizações do "milagre econômico", vinham substancialmente de instituições de empréstimo internacionais e bancos estrangeiros. Em 1972, o Brasil tornou-se o principal beneficiário de empréstimos do Banco de Exportação-Importação e era o maior devedor do Banco Mundial. No ano seguinte a dívida externa atingiria US$ 12,5 bilhões (Davis, 1986, p.39-41; Alves, 1988, p.106).

No município de Barra do Garças, as especulações de terra provocaram nova configuração fundiária ao redimensionar os lotes (Davis, 1986, p.114).[25] Como observou um visitante de Barra do Garças no final da década de 1960: "A venda e revenda de lotes é prodigiosa", apesar de "os nomes do mapa [cadastral] não corresponderem ao de seus verdadeiros donos" (Smith, 1971, p.60). Realmente, em 1971, o cadastro do município de Barra do Garças

---

[24] Para uma crítica "interna" do Banco Mundial ao discutir a decisão de financiar o Polonoroeste, um projeto de construção de estradas na Amazônia com efeitos profundamente negativos sobre as populações indígenas locais, ver Price, D. *Before the Bulldozer: The Nambiquara Indians and the World Bank*. Cabin John: Seven Locks Press, 1989.

[25] Para outras discussões sobre o espetacular crescimento do município de Barra do Garças, resultante dos incentivos fiscais da Sudam, ver Oliveira, L. R. C. de. *Colonização e diferenciação:* os colonos de Canarana. Rio de Janeiro, 1981, p.38-44. Tese (Mestrado) – Universidade Federal do Rio de Janeiro/Museu Nacional.

"ONDE A TERRA TOCA O CÉU" **229**

mostrava que a imensa área, habitada décadas atrás por índios, posseiros e garimpeiros, fora quase completamente subdividida e titulada. A localização do município de Barra do Garças, no leste da Amazônia, com maior acesso a rodovias inter-regionais e aos polos econômicos, sem dúvida favoreceu a entrada do capital, atraído pelo tamanho do município e o preço baixo das terras de pastagem (Varjão, 1980, p.62-3). Os governos locais complementaram as iniciativas federais: em 1971, por exemplo, os municípios do Centro-Oeste empregaram 30,3% dos gastos com serviços públicos em transportes e redes de comunicações (Hagopian, 1996, p.147). Os investidores recebiam, ainda, garantias de apoio dos grupos oligárquicos que controlavam a administração municipal, a força policial e os cartórios (Casaldáliga, 1971, p.28-35).[26]

Em 1970, a população do município de Barra do Garças era de 28.403 habitantes (Mato Grosso, [s.d.], p.6). Entretanto, os dados sobre a distribuição de terras de pastagem no norte do Mato Grosso na década de 1970 são indicativos do desequilíbrio gerado pela expansão da pecuária: 6,7% dos fazendeiros controlavam 85% das terras do setor privado, enquanto quase 70% das fazendas restantes possuíam apenas 6% da área (Hecht, 1985, p.678). Enquanto as fazendas de gado no Sul do Brasil mediam, em geral, entre oitocentos e novecentos hectares, as de Barra do Garças mediam entre vinte mil e trinta mil hectares (Davis, 1986, p.115-7). Além disso, na maioria das fazendas da região a terra era subutilizada. Uma pesquisa efetuada em 1972 pelo Incra (Instituto Nacional de Colonização e Reforma Agrária) classificou 2.028 propriedades no município de Barra do Garças como latifúndios e apenas sessenta propriedades como empresas rurais (ver Tabela 2).

---

[26] Para a denúncia de violência e fraude na região, o bispo Casaldáliga, prelado da cidade de São Félix, recebeu repetidas ameaças de morte e pedidos de deportação para sua terra natal, a Espanha.

230 A LUTA INDÍGENA NO CORAÇÃO DO BRASIL

Tabela 2. Estatísticas cadastrais do município de Barra do Garças, 1972

Tipo da propriedade	Total	Área total (hectares)	Área cultivável	Área não cultivada
Minifúndio	290	71.026	11.216	5.431
Empresa rural	60	143.455	68.867	5.690
Latifúndio por exploração	2.024	9.957.924	6.051.991	3.748.521
Latifúndio por dimensão	4	948.711	519.005	291.700

Fonte: Incra, Sistema Nacional de Cadastro Rural, *Recadastramento*, 1972.

Os altos custos da pecuária na Amazônia e o controle estatal de preços podem ter desencorajado os fazendeiros. É mais provável, contudo, que esses motivos fossem secundários. Os investidores valorizavam a terra por seu valor de troca – o que lhes garantia isenção de impostos e acesso a outros incentivos fiscais –, e não por seu valor produtivo (Hecht, 1985, p.680). Por exemplo, o preço de terras de pastagem em Barra do Garças e outros municípios do norte do Mato Grosso subia a uma taxa média de 65% a 70% ao ano (ou cerca de 38% anualmente em termos reais) entre 1970 e 1975. Um investidor que comprasse terras de pastagem no norte do Mato Grosso em, digamos, 1970, e as vendesse em 1975, sem fazer nenhuma benfeitoria nelas, teria obtido um lucro de 504% sobre o gasto inicial (Mahar, 1979, p.124-6).

Muitas vezes, as fazendas de gado serviam apenas de fachada para a velha prática da especulação de terras em períodos de inflação, que, agora, aliada aos incentivos fiscais federais, geravam alto montante não tributado. Além disso, essas propriedades não geravam empregos em longo prazo: um estudo revelou que, em 46% dos empreendimentos financiados pela Sudam, usava-se mão de obra sazonal e em tempo parcial (Tardin, 1978, p.37).

"ONDE A TERRA TOCA O CÉU" **231**

A especulação e a concentração de terras prejudicavam a economia brasileira e adiavam a velha promessa de reforma agrária.

Foi durante esse período de *boom* fundiário no Mato Grosso que a Fazenda Xavantina, abrangendo mais de cem mil hectares, foi instalada em terras xavante na região de Couto Magalhães- -Culuene (incluindo a antiga aldeia de Parabubu). Entre 1966 e 1968, dois norte-americanos, James Phillips e Edward Harstein, compraram onze propriedades, cada uma medindo pouco menos de dez mil hectares, e as reuniram na Fazenda Xavantina. Desses títulos, dez foram adquiridos do DTC (Departamento de Terras e Colonização de Mato Grosso) entre 1958 e 1960, após a expulsão dos índios xavante da área.[27] Em 1969, os norte-americanos venderam a Fazenda Xavantina a Clovis Ribeiro Cintra, presidente da Amurada Planejamento e Projetos de Engenharia Ltda., empresa brasileira de transportes com sede no Paraná.

Fazendeiros enfrentam "a questão indígena"

Para os investidores, os negócios no norte do Mato Grosso e em outras áreas da Amazônia Legal enfrentavam inúmeras complicações. Os compradores recebiam títulos frequentemente imprecisos, fraudulentos ou contestados por outros. Ainda assim, a regularização do título era exigida para obter crédito bancário (Ferreira, 1986, p.75). Portanto, os proprietários de terras tentaram garantir seus direitos de titulares de terras cujos direitos eram reivindicados por grupos indígenas, posseiros ou mesmo pequenas cidades.[28]

---

[27] Onze títulos que compõem a fazenda Xavantina e dois mapas, [s.d.], Funai, DOC.

[28] Um caso notório foi o da Fazenda Codeara, que adquiriu título sobre uma cidade inteira, Santa Terezinha, há muito tempo ocupada por camponeses e sem-teto. Ver Esterci, N. *Conflito no Araguaia:* Peões e posseiros contra a grande empresa. Petrópolis: Vozes, 1987.

232 A LUTA INDÍGENA NO CORAÇÃO DO BRASIL

Títulos irregulares no norte do Mato Grosso circulavam no mercado imobiliário desde a década de 1950 e início da década de 1960, mas não chegavam a causar transtornos a seus especuladores, que raramente visitavam às terras. Muitos proprietários, não pressionados por instituições de empréstimos, órgãos governamentais ou reinvindicações, conformavam-se com a indefinição. Com o avanço dos investimentos e da colonização durante o governo militar, a corrida para regularizar os títulos intensificou-se, assim como os conflitos, pois, como afirmou o governador do Mato Grosso na década de 1970, para honrar todos os títulos emitidos e atender a todas às reivindicações, "seria necessário invadir os estados vizinhos" (Governador Garcia Neto, apud Ferreira, 1986, p.71). Efetivamente, o estado do Mato Grosso havia encerrado o desacreditado DTC entre 1966 e 1977, delegando aos órgãos federais e a cartórios locais a responsabilidade pela titulação da terra (Governador Garcia Neto, apud Ferreira, 1986, p.69-78). (Em 1976, duas medidas foram tomadas pelo Conselho de Segurança Nacional para tratar do problema de títulos de terra fraudulentos na Amazônia Legal. No interesse de promover o "desenvolvimento" regional, a Medida 005 honrou os títulos existentes de propriedade privada na Amazônia como legais, "ainda que estabelecidos por práticas tortuosas, repreensíveis, constituindo uma violação da lei e da ordem"; a Medida 006 reconheceu as reivindicações dos antigos posseiros da região, garantindo títulos de até três mil hectares a quem tivesse efetivamente ocupado a terra por dez anos (Schmink e Wood, 1992, p.64-5).

A terra indígena tinha um problema especial. Títulos privados de terras indígenas (propriedade federal) eram inválidos e, após a Constituição de 1969, seus detentores não tinham direito à indenização. Além disso, em 1969, a Sudam passou a exigir dos proprietários de títulos que quisessem incentivos fiscais uma certidão negativa emitida pela Funai, ou seja, um documento de-

"ONDE A TERRA TOCA O CÉU" 233

clarando não se tratar de terra indígena. Mais ainda: enquanto a demarcação das reservas indígenas se arrastava, a região permanecia propensa à violência e ao risco financeiro. De fato, já em 1966, uma empresa de São Paulo queixou-se ao SPI que os xavante de Areões haviam destruído quarenta metros da cerca de arame farpado de sua fazenda; os querelantes exigiam a imediata demarcação do território indígena para evitar mais ataques.[29] Entretanto, a criação das reservas indígenas também pendia como uma espada de Dâmocles sobre as cabeças dos fazendeiros, que, conforme a área a ser delimitada, temiam perder o investimento feito. Em contraste com os etnógrafos, os investidores não se preocupavam com o impacto do mercado sobre os índios, mas com o impacto dos índios sobre o mercado (Martins, 1986, p.16). Eles lidavam com a "questão indígena" de modo bastante estratégico.

Os fazendeiros na região xavante, como outros no restante do Brasil, usaram de vários meios para reforçar a autoridade e reprimir os protestos sociais. A violência, quer extralegal, quer apoiada pelo Estado, assegurou brutalmente a subordinação indígena. Apesar disso, os fazendeiros do Mato Grosso também teceram redes paternalistas para atrair os xavante com promessas de emprego, assistência, "favores" e doações. A Fazenda Xavantina ofereceu-se para providenciar remédios e construir uma clínica para o grupo de Benedito Loazo em Couto Magalhães; pagou a 22 índios "o mesmo preço que aos 'civilizados'" para plantar pastagens; e cedeu 38 alqueires para os xavante plantar arroz e milho.[30] De forma similar, Ometto "compensou" a expulsão dos xavante de Marãiwatsede e sua remoção para São Marcos com a doação

---

[29] Chefe do P. I. Areões à 8ª Inspetoria do SPI, 28 de fevereiro de 1966, MI, Sedoc, filme 272, fot. 857-60.

[30] A. Silva, encarregado do P. I. Xavante Couto Magalhães, à 7ª Delegacia Regional da Funai, 6 de maio de 1973, MI, Sedoc, filme 294, fot. 1363.

234 A LUTA INDÍGENA NO CORAÇÃO DO BRASIL

de um trator, além de pagamentos mensais durante um ano para a missão (Casaldáliga, 1971, p.22). Remédios para auxiliar índios xavante doentes; ferramentas e fertilizantes para ajudar na colheita; uma vaca sacrificada para acalmar a fome de uma comunidade; uma carona até uma cidade vizinha para procurar assistência ou comprar e vender mercadorias – tudo era feito para dourar a pílula do poder bruto e da dominação.[31]

Os fazendeiros aproveitaram-se das condições precárias dos postos indígenas para fortalecer a dependência dos nativos. O posto de Couto Magalhães, localizado a 269 quilômetros do centro comercial mais próximo e a mil quilômetros do escritório regional da Funai, dependia da Fazenda Xavantina. A dependência crescente dos homens indígenas do trabalho assalariado para comprar bens e compensar os recursos cada vez mais reduzidos cimentou ainda mais os laços já estabelecidos.[32] Por fim, a cumplicidade de funcionários da Funai e de alguns líderes indígenas mantinha o *status quo*. A "benevolência" da elite ajudava a soldar as tensas relações sociais. O paternalismo levava os fazendeiros a pensar em "seus" índios como complacentes e leais. Para os xavante, amenizava o gosto do remédio amargo que eram forçados a engolir quando suas terras eram invadidas e desmatadas.

Evidentemente, as tensões cresceram nesse período. José Aparecido da Costa, fazendeiro paulista, informou ao Ministério do Interior que, em maio de 1969, um grupo de índios xavante armados ameaçara as vidas de 17 empregados seus, "tomando posse imediatamente da área já desmatada [20 alqueires], impedindo até

---

[31] Ver nota de Agapto Silva à 7ª Delegacia Regional da Funai, 9 de março de 1973, MI, Sedoc, filme 294, fot. 1351-3.

[32] Telegramas do chefe do P.I. Pedro V. de Oliveira, encarregado do P. I. Paraíso (Batovi), à 6ª Inspetoria Regional da Funai, 29 de junho, 31 de julho e 28 de outubro de 1968, MI, Sedoc, filme 217, fot. 553.

"ONDE A TERRA TOCA O CÉU" **235**

hoje meu acesso e o de meus empregados à área em questão".[33] Como solução, a Funai propôs reassentar os xavante de Areões em 35 mil hectares de terras florestais no estado de Minas Gerais, convocando, para tanto, a mediação do padre Pedro Sbardelotto, que anos antes ajudara a negociar a remoção dos xavante de Marãiwatsede para a missão salesiana. Os xavante não acataram a última solicitação de Sbardelotto. Lembrando-se da epidemia que tirara a vida de muitos parentes na última transferência em massa, os índios de Areões "praticamente o expulsaram da aldeia"[34] e a Funai teve de engavetar o plano.

Com o fracasso da Funai em remover os xavante, os fazendeiros apoiaram sua segunda melhor opção: a delimitação de reservas pequenas e inadequadas. O ministro do Interior, general Costa Cavalcanti, não precisou ser fortemente pressionado a isso. Depois de um encontro com representantes da AEA em 1969, afirmou: "os índios precisam ficar com o mínimo necessário" (Cavalcanti, apud Cardoso e Müller, 1977, p.154). Os fazendeiros de Barra do Garças foram tranquilizados por uma carta do Ministério do Interior, afirmando que

a Funai esclarece que, de acordo com a ideia do ministro [do interior], as áreas a ser reservadas para os índios não prejudicarão a propriedade de terceiros, especialmente quando da existência de propriedades agropecuárias e industriais.[35]

---

[33] José Aparecido da Costa ao ministro do Interior, general Costa Cavalcanti. Batatais, São Paulo, 10 de abril de 1970, Funai, DOC.

[34] José de Queirós Campos, presidente da Funai, ao general José Costa Cavalcanti, ministro do Interior. Rio de Janeiro, 20 de junho de 1969, Instituto Socioambiental (ISA), São Paulo, XVD30.

[35] P. D. Veloso, secretário-geral adjunto do Ministério do Interior, a Sílvio Caetano, presidente do Sindicato Rural de Barra do Garças, 10 de dezembro de 1969 (Terra MI/NIA/N.077/73), Funai, DOC.

236 A LUTA INDÍGENA NO CORAÇÃO DO BRASIL

Relegando aos xavante "o mínimo necessário"

Os esforços iniciais para reservar terras xavante seguiram a política do "mínimo necessário", mas continuaram sendo motivo de conflitos. Em setembro de 1969, o presidente criou três reservas para os xavante em Areões, Pimentel Barbosa e Couto Magalhães. O resultado, todavia, não satisfez nem aos fazendeiros nem aos índios. Os xavante protestaram que as áreas reservadas eram insuficientes: a reserva Couto Magalhães, por exemplo, abrangia apenas uma fração do território indígena pré-contato. Além disso, o decreto não contemplava reserva de terras para os xavante das missões de Sangradouro e São Marcos. Muitos índios agora já tinham estabelecidos nas missões seu lar definitivo, enquanto as áreas pré-contato eram vistas principalmente como fonte de identidade e referência simbólica, não um local de retorno.[36] Os fazendeiros também protestavam, alegando que as reservas tomavam terras "produtivas" de honestos detentores de títulos. Menos de um mês depois, o decreto estabelecendo as reservas foi revogado e a Funai prometeu fixar novos limites.

Mas a entidade reagiu ao impasse político com medidas protelatórias. O governo federal só viria a estabelecer novas reservas três anos depois, em setembro de 1972. Na verdade, a "inércia" do governo tinha origem no apoio político à especulação financeira na região de Barra do Garças e em toda a Amazônia Legal (Foweraker,1981, p.124). Isso possivelmente explica a indiscriminada emissão, por parte da Funai, de certidões negativas. Estas deveriam salvaguardar os direitos sobre as terras indígenas, mas, na prática, sua falsificação servia aos clientes do regime militar na Amazônia

---

[36] Sobre os diversos significados de terras "tradicionais" para os povos indígenas, ver Oliveira Filho, J. P. de. *Os poderes e as terras dos índios*. Rio de Janeiro: PPGAS/UFRJ-MN, 1989, p.7.

"ONDE A TERRA TOCA O CÉU" 237

Legal. Em 1971, a Funai emitiu uma certidão negativa para uma fazenda, a Cristalina Agroindustrial Ltda., localizada na região de Couto Magalhães-Culuene, território xavante no período pré--contato.[37] (Em 1970, em apenas cinco meses, a Funai emitiu 150 certidões negativas em toda a Amazônia Legal.)[38] Em depoimento em 1977 à CPI, o presidente da Funai, general Ismarth Araújo de Oliveira, reconheceu as frequentes irregularidades no fornecimento de certidões negativas.[39]

A lentidão na delimitação do território xavante também se deveu a outras razões. Novas reservas exigiam estudos e gastos e, apesar do maior poder financeiro e legal, a Funai não havia superado muitos dos velhos problemas do SPI. As responsabilidades da entidade continuavam amplas e abrangentes: em 1971, o órgão administrava 142 postos indígenas em todo o Brasil; contudo, existiam apenas onze reservas (e, ainda assim, no papel).[40] Além disso, dos CR$ 13,5 milhões destinados a Funai pelo Ministério do Interior em 1970, apenas CR$ 1,6 milhão foi usado na demarcação de terras indígenas.[41] O clientelismo e a corrupção que marcaram o SPI continuaram durante o regime militar (ver capítulos 7 e 8). A tão protelada demarcação das terras xavante só viria a acontecer com a pressão internacional sobre os militares e o aumento da violência na região.

---

[37] J. J. Mancin, engenheiro-agrimensor da Funai. Certidões negativas expedidas na área indígena Parabubure. Brasília, 6 de fevereiro de 1980, Funai, DOC.

[38] Relatório das atividades da Funai durante o exercício de 1970. Brasília, Funai, 1971.

[39] Para depoimento de Ismarth Araújo de Oliveira, ver Brasil. Congresso Nacional, Câmara dos Deputados. *Diário do Congresso Nacional:* projeto de resolução n.172, de 1978 (CPI Reservas Indígenas). Brasília, 17 de junho de 1978.

[40] Funai em números, Funai, julho de 1972.

[41] Relatório das atividades da Funai durante o exercício de 1970, Funai.

238 A LUTA INDÍGENA NO CORAÇÃO DO BRASIL

O novo ímpeto na demarcação das terras xavante

No início da década de 1970, a natureza do envolvimento federal na Amazônia Legal sofreu alterações por conta do aumento das preocupações geopolíticas com a integração nacional e a ocupação territorial. Em 1970, o Decreto-Lei n.1.106 criou o PIN (Plano de Integração Nacional), que destinou mais de um bilhão de dólares entre 1971 e 1974 à construção da Transamazônica, uma rodovia leste-oeste ligando o Nordeste do Brasil à fronteira com o Peru, e uma rodovia norte-sul ligando Cuiabá a Santarém (Mahar, 1979, p.18). O PIN também exigiu a intensa colonização da Amazônia em um projeto estatal que objetivava o deslocamento de mais de cinco milhões de pessoas para lotes ao longo da Transamazônica. O PIN foi uma vitrine do governo do general Emílio Garrastazu Médici (1969-1974), período de endurecimento do regime militar, marcado pela supressão dos direitos civis, tortura de prisioneiros políticos e censura aos meios de comunicação.[42]

Para fortalecer seu poder, o governo Médici recorreu à propaganda política, enfatizando o potencial da expansão a oeste ("O Brasil Grande"), e do crescimento impressionante decorrente do "milagre econômico" do período 1968-1973 (Alves, 1988, p.109). Utilizando temas conhecidos desde a Marcha para o Oeste, o governo Médici ressaltava que a colonização da Amazônia diminuiria o desequilíbrio demográfico e acalmaria as tensões sociais do país, assim como protegeria a região da suposta ameaça de "internacionalização", que havia sido recentemente "detectada" após o Hudson Institute, entidade norte-americana, ter elaborado um projeto de construção de barragens no Rio Amazonas, a fim de fornecer energia elétrica e transporte (Mahar, 1979, p.18).

---

[42] Para uma discussão acerca da repressão sob Médici, ver Skidmore, T. D. *The Politics of Military Rule in Brazil, 1964-85*. New York: Oxford University Press, 1988, p.105-9.

"ONDE A TERRA TOCA O CÉU" **239**

Segundo estimativa da Funai, cinco mil índios, de 29 diferentes grupos, habitavam os entornos de onde passariam as rodovias Transamazônica e Cuiabá-Santarém; doze desses grupos tinham contatos esporádicos com a sociedade brasileira. À medida que faixas de terra em reservas indígenas, ou em regiões habitadas por índios semicontatados ou hostis, eram desmatadas para a passagem da rodovia, a Funai enfrentava novos desafios. Muitos povos indígenas, como os paracanã e os crenacarore (Panará), foram assolados por doenças ou expulsos em consequência das obras (Davis, 1986, p.59-88). O presidente da Funai, Oscar Jerônimo Bandeira de Mello (1970-1974), rebateu as críticas com o discurso de que os índios não eram "cobaias nem propriedade de meia dúzia de oportunistas", e que nada iria deter o curso do desenvolvimento brasileiro (Davis e Menget, 1981, p.49-50).

Apesar dessas farpas, a Funai tentava manter sua imagem pública, especialmente no exterior, de conciliadora de conflitos interétnicos e territoriais. Bandeira de Mello criou um departamento de relações públicas para "divulgar uma imagem correta da Funai no país e no exterior, eliminando distorções disseminadas de propósito por elementos subversivos", e monitorou a cobertura da imprensa sobre os índios e a política indigenista.[43] Os xavante beneficiariam-se da pressão internacional em favor das comunidades indígenas brasileiras.[44]

---

[43] Relatório das atividades da Funai durante o exercício de 1970, Funai. Durante a administração do general Bandeira de Mello, a entidade lançou várias publicações para promover sua imagem pública, como *Funai em números* (1972) e *O que é a Funai?* (1973).

[44] Ver The Politics of Genocide Against the Indians of Brazil, relato de um grupo de antropólogos brasileiros apresentado no 41º Congresso Internacional de Americanistas, na cidade do México, em setembro de 1974, e republicado em *Supysáua: A Documentary Report of the Conditions of Indian Peoples in Brazil*. Berkeley: Indigena and American Friends of Brazil, 1974.

240 A LUTA INDÍGENA NO CORAÇÃO DO BRASIL

No entanto, os xavante mobilizaram-se para a batalha. Ao contrário de remoções anteriores, agora eles se recusavam a migrar para Minas Gerais, revelando sua maior capacidade de resistir às pressões do Estado e o aumento de seu poder político. É claro, a resistência xavante foi bem-sucedida, em última análise, por causa da hesitação do governo na resolução desse conflito em particular. Os militares não titubearam em remover outros grupos indígenas para a construção de estradas, a extração de minérios e outros "megaprojetos", executados em nome do desenvolvimento e da segurança nacional (Arnt et al., 1998; Hébette, 1991; Davis e Matthews, 1976, p.25-49; Ramos, 1998, p.201-15). A análise de Darcy Ribeiro sobre a diversidade de experiências históricas indígenas conforme os padrões regionais de acumulação de capital continua extremamente pertinente (Ribeiro, 1970, p.35-144).

Encorajados pela perspectiva de demarcação de suas terras, os xavante deixaram de lado a submissão e passaram a lutar por justiça. Em 1970, membros das comunidades de Areões saquearam alimentos, baterias, ferramentas e cavalos de uma fazenda vizinha. Sob a mira de um fazendeiro, o chefe indígena Saamri disse que uma expedição de caça de 35 índios "queimaria as fazendas restantes na área e expulsaria seus residentes".[45] Estarrecidos com a insolência, os fazendeiros queixaram-se dos dirigentes da Funai e dos missionários, cuja "má vontade foi a responsável por agravar o relacionamento entre brancos e índios".[46] Entretanto, os fazendeiros confundiram intenção e consequência: a Funai, que nunca visara acirrar as tensões interétnicas ou incentivar o ativismo político indígena, agora era acusada de incitar os xavante a uma ação direta. No que Guha chamou "a prosa da contrainsurgência", os

---

[45] Ismael Leitão, Relatório do sr. Ismael da Silva Leitão referente a incidentes ocorridos no P. I. Xavante, 1970, Funai, DOC.
[46] Aparecido da Costa a Costa Cavalcanti, 10 de abril de 1970, Funai, DOC.

"ONDE A TERRA TOCA O CÉU" **241**

fazendeiros atribuíram a revolta indígena a agentes do Estado e da Igreja, negando a iniciativa dos índios, que, com a perspectiva de maior apoio institucional, tentavam superar seus limites políticos e socioeconômicos (Guha, 1983, p.1-42).

As reservas xavante

Os dirigentes da Funai, alarmados com o "grave problema" do conflito na região dos xavante, apelaram para "uma solução urgente e definitiva que satisfizesse tanto os índios quanto os fazendeiros, estabelecendo os limites da reserva".[47] Em setembro de 1972, mais de 25 anos após a "pacificação" oficial, o governo brasileiro reservou cinco territórios para os xavante. Mas, para os índios, a luta pela posse territorial efetiva ainda estava longe de se encerrar. As reservas só sairiam do papel quando os funcionários da Funai demarcassem fisicamente as áreas e removessem os invasores. Além disso, embora esse decreto delimitasse terras para as comunidades de Sangradouro e São Marcos, as terras eram poucas e de baixa qualidade. Os xavante da reserva Couto Magalhães receberam 23 mil hectares de terras em que era escassa a palmeira buriti, usada para fazer cestas, esteiras e telhados, e cujos troncos faziam parte de seus rituais, como a corrida de toras.[48] Nenhuma reserva foi criada na região do Culuene. A Fazenda Xavantina e outras fazendas estabelecidas em terras que pertenciam aos índios xavante pré-contato continuaram intocadas. Da mesma forma, a Fazenda Suiá-Missu manteve pleno controle territorial, uma vez que o governo não delimitou as terras em Marãiwatsede. O novo decreto reservando as terras xavante, que pretendia atenuar as

---

[47] M. dos S. Pinheiro, chefe da Ajudância Minas-Bahia, ao presidente da Funai. Belo Horizonte, 1º de junho de 1970, Funai, DOC.

[48] C. Romero, Relatório de viagem, fevereiro de 1979, Funai, DOC.

242 A LUTA INDÍGENA NO CORAÇÃO DO BRASIL

reivindicações territoriais dos indígenas, seguia a estratégia do regime militar de legar aos índios "o mínimo possível".

O governo militar tentava abafar as reivindicações de terras e a memória histórica indígena, seduzindo os xavante com as benesses de civilização.[49] Em seu relatório de outubro de 1971, José Carlos Alves, chefe do posto da Funai em Couto Magalhães, elogiou o "processo avançado de assimilação" dos 76 xavante ali residentes sob liderança do chefe Benedito Loazo (que havia levado de volta os primeiros cinco xavante da missão salesiana em 1961). Alves ressaltou a fluência do grupo em português, a devoção ao catolicismo e a paixão pelo futebol. Embora mencionasse que "conflitos armados" haviam surgido recentemente entre os índios ("que dizem que chegaram primeiro ao local") e trabalhadores da vizinha Fazenda Xavantina, ele ignorou as demandas territoriais indígenas. Ainda propôs uma escola vocacional para treinar os homens xavante em mecânica e construção, e a instalação de máquinas de costura para as mulheres. Com um otimismo que visava agradar seus superiores, concluiu: "Esses índios são excepcionais e tudo o que a Funai puder fazer para investir neles será proveitoso e mais uma iniciativa feliz da entidade".[50]

Os xavante não eram avessos à sua participação no mercado ou à aquisição de bens de consumo, mas não os consideravam uma troca justa pelas rendição de suas terras. Para eles, a terra detinha a promessa de maior autonomia socioeconômica e cultural, além de ser fonte de sua memória histórica.[51] Os militares e fazendeiros

---

[49] Costa Cavalcanti, apud *Diário de Brasília*, 9 de agosto de 1972.

[50] J. C. Alves, encarregado do P. I. Xavante Couto Magalhães, ao chefe da 7ª Delegacia Regional. Xavantina, 10 de outubro de 1971, Funai, DOC.

[51] Sobre a terra como um dispositivo mnemônico para a memória histórica e a narrativa indígenas, ver Rappaport, J. *The Politics of Memory:* Native Historical Interpretation in the Colombian Andes. Durham: Duke University Press, 1998, p.163-7.

"ONDE A TERRA TOCA O CÉU" **243**

foram frustrados em suas esperanças de que os xavante se conformassem aos limites legais e territoriais impostos pelo Estado. Em novembro de 1972, 150 índios da missão São Marcos migraram para a reserva Couto Magalhães, apesar dos apelos, por parte de um funcionário da Funai, um missionário salesiano e um líder xavante, para que voltassem. Com a reserva Couto Magalhães sobrecarregada pelo retorno dos exilados, os xavante enfrentaram uma crise de atendimento médico e de suprimento de alimentos.[52] Em dezembro de 1972, o chefe do posto de Couto Magalhães, onde os índios haviam sido elogiados um ano antes, preocupou-se com a insatisfação dos xavante com a nova reserva:

> Os índios, apesar de nossas explicações, reafirmam que suas terras vão até "onde a terra toca o céu", que eles não querem cerrados ou capoeiras que não contenham sua principal fonte de nutrição, a caça animal. Eles exigem terras que tenham arbustos onde possam efetuar sua caça, coleta e, acima de tudo, boas terras para agricultura. Com a proximidade da Fazenda Xavantina, recebemos diariamente queixas de que os índios derrubam cocos, arrancam mandioca, batatas etc., mas o que fazer? Tentar explicar, nós tentamos, mas falta muito para que eles entendam a noção de propriedade. Antigamente todas essas terras eram deles, e para eles isso é o bastante.[53]

Como "todas essas terras eram deles", os índios começaram a pressionar o Estado a ampliar suas reservas. Se antes do contato os xavante defendiam suas terras pela força bruta, agora teriam de

---

[52] Agapto Silva à 7ª Delegacia Regional da Funai, 6 de maio de 1973, MI, Sedoc, filme 294, fot. 1348-50.

[53] Relato do chefe do P. I. Xavante Couto Magalhães à 7ª Delegacia Regional da Funai, 20 de dezembro de 1972, MI, Sedoc, filme 294, fot. 1878-80.

244   A LUTA INDÍGENA NO CORAÇÃO DO BRASIL

diversificar suas estratégias para defender ou reivindicar seus direitos. A violência – uma constante nos conflitos no Brasil rural – continuaria a ser empregada pelos índios, ainda que muitas vezes de forma simbólica. No entanto, após duas décadas de subordinação aos waradzu, os xavante agora entendiam que teriam de usar o próprio sistema político brasileiro – o qual garantia aos índios direitos e privilégios – para assegurar suas terras e seu bem-estar socioeconômico. Não há dúvida de que o aprendizado havia sido penoso, pois os índios foram forçados a adaptar comportamentos adquiridos há muito tempo e aprender novas formas de expressão para resolver problemas tanto velhos quanto novos.

Uma luta indígena pela terra na Amazônia Legal

O poder do Estado expandido na Amazônia Legal sob o regime autoritário catalisou a expansão infraestrutural, o investimento econômico, o crescimento demográfico, a degradação ambiental e a expulsão dos indígenas de suas terras. A reconfiguração da dinâmica política e dos interesses socioeconômicos sob o governo dos militares também habilitou o Estado a delimitar reservas para os xavante e outros grupos indígenas. Em conformidade com o capital privado de grande escala – parceiros-chave e beneficiários do projeto desenvolvimentista do Estado na Amazônia Legal –, o governo militar procurou encurralar os índios em pequenos lotes de terra.

Ao longo da década seguinte, as comunidades xavante lutariam para ampliar suas reservas e expulsar os invasores, enfrentando forte oposição. Os índios entraram na batalha política com sua tradicional coragem e belicosidade, e também com aliados e recursos que seus ancestrais jamais teriam imaginado. Por meio de várias formas de mobilização política – apelos, ações extralegais

"ONDE A TERRA TOCA O CÉU" **245**

e violência simulada –, os índios forçaram o regime autoritário a modificar seu projeto de desenvolvimento. Os xavante enfeitavam seu discurso – e seus corpos – com sinais e símbolos da "tradição" indígena que as elites consagraram como herança cultural da nação. Viajando para a capital do país pelas mesmas estradas construídas para a apropriação de seu território, os líderes indígenas chegaram a confrontar os representantes do governo. Em suma, com a mesma determinação, pompa e a cobertura dos meios de comunicação, os xavante inverteram a peregrinação conduzida por Getúlio Vargas, que lançara sobre eles a atenção nacional. Com destino a Brasília, o "verdadeiro senso de brasilidade" para os xavante estava na Marcha para o Leste.

7

O retorno dos exilados, 1972-1980

Se os xavante de Couto Magalhães acreditavam que suas terras iam até "onde a terra toca o céu", outros insistiam que elas se estendiam por não mais que os 23 mil hectares que o governo lhes reservara em 1972. Em 1974, o general Clóvis Ribeiro Cintra, proprietário da Fazenda Xavantina, enviou uma carta ao Ministério do Interior relembrando o acordo que fizera dois anos antes com o então ministro Costa Cavalcanti e o presidente da Funai, Bandeira de Mello. Segundo Cintra, a fazenda cedera cinco mil de seus 114.922 hectares para ampliar a reserva Couto Magalhães, então em estudo. Em troca, Xavantina recebeu da Funai uma certidão negativa, que lhe permitia o acesso a generosos incentivos fiscais. (Com efeito, entre 1972 e 1977, a Funai emitiu dezenove certidões negativas a detentores de títulos cujas terras ficavam dentro da região xavante pré-contato de Couto Magalhães-Culuene.)[1] Além disso, alegava

---

[1] José Jaime Mancin, engenheiro-agrimensor da Funai, Certidões negativas expedidas na área indígena Parabubure. Brasília, 6 de fevereiro de 1980, Funai, DOC.

248 A LUTA INDÍGENA NO CORAÇÃO DO BRASIL

Cintra, a Funai prometera bloquear futuras migrações de índios xavante para a reserva e congregar os índios já assentados em Couto Magalhães na aldeia do chefe Benedito Loazo.[2] As apreensões dos donos da Fazenda Xavantina refletiam as de outros proprietários na região cujas terras estavam incluídas nas reservas recém-criadas, ou em áreas excluídas pelo decreto e contestadas pelos índios.[3] Uma estratégia para conter as reivindicações de terras por parte dos xavante consistia em apelos a pessoas influentes do governo; outra estratégia era a cooptação de líderes indígenas. A insistência da Fazenda Xavantina em centralizar a liderança em Benedito Loazo, cuja aldeia ficava a doze quilômetros de sua sede, tinha pouco a ver com a preocupação com a harmonia da comunidade. Ao contrário, refletia a tentativa de reforçar a autoridade de Loazo, a quem a fazenda pagava mensalmente uma taxa de "proteção" para dissuadir os índios de atacar o gado ou exigir a anexação de territórios.[4]

Na década de 1970, todavia, a instável acomodação entre índios, fazendeiros e o Estado, no norte do Mato Grosso, ruiu com o realinhamento do poder tanto em nível local quanto nacional. Durante o mandato presidencial do general Ernesto Geisel (1974-1979), o governo militar comandaria um processo de "abertura" política, que visava amansar os linhas-duras, controlar a "subversão" esquerdista

---

2   Clovis Ribeiro Cintra a Orlando de Almeida Albuquerque, chefe de gabinete do ministro do Interior, agosto (?) de 1974, Funai, DOC.
3   Flávio Pinto Soares à Funai. Barra do Garças, 11 de abril de 1973, Funai, DOC.
4   Em sua viagem ao posto de Couto Magalhães em 1977, o delegado regional da Funai, Ivan Baiochi, foi informado pelo empresário de Xavantina, Hélio Stersa, que Loazo recebia mensalmente dinheiro de "proteção" da fazenda e que recentemente pedira um aumento. Ivan Baiochi, Relatório da viagem ao Posto Indígena Couto Magalhães, 7 de abril de 1977, Funai, DOC; A. C. Moura, Parabubure, a nova reserva xavante, nasceu do sangue dos índios massacrados. *Boletim do Cimi*, v.9, n.61, janeiro-fevereiro de 1980, p.8.

O RETORNO DOS EXILADOS, 1972-1980 **249**

e regular a volta do país ao regime democrático. O projeto de Geisel para a liberalização política objetivava fortalecer a legitimidade do governo militar, minada por uma economia instável e pela crescente oposição aos abusos cometidos aos direitos humanos. Os líderes indígenas, ao lado de ativistas dos direitos humanos, movimentos sociais e populares, aproveitariam-se dessa abertura política para testar os limites do regime militar.[5]

Localmente, a luta xavante pela terra ganhou urgência à medida que o crescimento demográfico, a ocupação territorial e o desflorestamento se intensificaram no norte do Mato Grosso. Em setembro de 1974, Geisel lançou o programa Polamazônia, de um bilhão de dólares, em que quinze "polos de desenvolvimento" na Amazônia Legal, inclusive na região de Barra do Garças, foram selecionados para investimento em criação de gado, madeireiras, mineração e outros setores econômicos considerados vantajosos.[6] O II Plano de Desenvolvimento da Amazônia 1975-1979 – reagindo a pressões corporativas contra os assentamentos em pequena escala orientados pelo Estado em decorrência do PIN – promovia projetos de colonização privada (Arruda, 1977; Hecht, 1985, p.672-3). Ao final da década de 1970, mais de dois milhões de hectares em Mato Grosso foram transferidos pelo Incra para empresas privadas, e 24 das 55 colonizações eram empreendimentos localizados no município de Barra do Garças (Ferreira, 1986, p.66-8). A migração espontânea, ou "não oficial", que, de modo característico, ultrapassou em larga margem a colonização formal na Amazônia

---

[5] Sobre o governo Geisel, ver Alves, M. H. M. *State and Opposition in Military Brazil*. Austin: University of Texas Press, 1988, p.141-72; Skidmore, T. D. *The Politics of Military Rule in Brazil, 1964-1985*. New York: Oxford University Press, 1988, p.160-209.

[6] Para outras discussões sobre a Polamazônia, ver Davis, S. H. *Victims of the Miracle: Development and the Indians of Brazil*. Cambridge: Cambridge University Press, 1986, p.112-3.

250 A LUTA INDÍGENA NO CORAÇÃO DO BRASIL

Legal, também contribuiu para o rápido crescimento da região. Entre 1970 e 1978, a população do município de Barra do Garças quintuplicou, passando de 26 mil para 135 mil habitantes (Oliveira, 1981, p.39). Dos estados do Sul – Rio Grande do Sul, Paraná e Santa Catarina – acorreram milhares de pequenos fazendeiros e arrendatários desalojados pela mecanização da agricultura ou relegados ao minifúndio no ímpeto dos militares de promover a modernização do campo.[7] Em 1978, mais de mil famílias do Sul do Brasil foram assentadas em mais de quinhentos mil hectares no município de Barra do Garças, em que o custo médio da terra era um décimo do valor no Rio Grande do Sul (Schwantes, 1989, p.8-10). A maioria dos colonos em Barra do Garças cultivava arroz em lotes de quatrocentos hectares em média, recebendo crédito especial por meio de empréstimos de longo prazo e com juros baixos concedidos pelo Proterra (Programa de Redistribuição de Terras) (Schwantes, 1989, p.43, 87; Siqueira et al., 1990, p.133-4). Três dos projetos de colonização – Canarana, Água Boa e Serra Dourada – ocupavam áreas internas ou adjacentes às contestadas pelos xavante em Pimentel Barbosa, e outro situava-se nas vizinhanças da reserva Couto Magalhães (Lopes, 1988, p.57-62). Os migrantes do Nordeste também chegaram à região em busca de terras, embora com menos capital inicial que muitos dos migrantes provenientes do Sul do país.

---

[7] Sobre a modernização da agricultura no Sul do país, bem como sobre o deslocamento de pequenos fazendeiros e arrendatários e a saída migratória, ver Grindle, M. S. *State and Countryside*. Baltimore: Johns Hopkins University Press, 1986, p.73-4. Segundo os dirigentes do Incra, aproximadamente 120 mil pessoas do Rio Grande do Sul deixaram o campo anualmente nesse período. Ver Arruda, H. P. de. *Os problemas fundiários na estratégia do desenvolvimento e de segurança*. Brasília: Ministério da Agricultura, 1977, p.12.

O RETORNO DOS EXILADOS, 1972-1980   251

Entre as comunidades xavante, o desespero grassava, já que os índios, confinados em pequenas reservas, testemunhavam a sistemática invasão e destruição do meio ambiente. Em virtude do aumento da taxa de natalidade e da redução da mortalidade infantil, em um território reduzido, a perspectiva de autossuficiência enfraqueceu-se. Como comentou um visitante de Couto Magalhães, os xavante

> estão revoltados por assistir, diante deles, do outro lado do rio, que não pertence a eles, a incansável derrubada do que restava da vegetação existente, pelo machado de peões e empregados dos pequenos fazendeiros locais. Enquanto isso, do lado indígena, a cada mês, as dificuldades alimentares se multiplicam, porque não há terras produtivas [...] para a população sempre em crescimento.[8]

O desprezo dos colonos pelos índios, considerados selvagens e parasitas sociais, apenas reforçava a indignação dos nativos (Oliveira, 1981, p.83, 133). Como reclamava Hipru, um xavante de Pimentel Barbosa:

> Nós respeitamos o lugar deles. Por que eles não respeitam nosso território? Eles só pensam em tomar nossas terras. Nós não saímos daqui para tomar a terra deles. Você está vendo: eles pensam que são os únicos que existem no mundo. (Sereburã et al., 1998, p.154.)

Este capítulo examina como Hipru e outros xavante transformaram ofensa moral em ação política. Empregando espetáculos dramáticos, retórica indigenista, apelos políticos e táticas

---

[8] A. Mariz, antropólogo da Funai, Relatório sobre Couto Magalhães. Brasília, 14 de abril de 1978, Funai, DOC.

252 A LUTA INDÍGENA NO CORAÇÃO DO BRASIL

de confronto, os índios pressionaram os dirigentes do Estado a atender às reivindicações de terras e a ampliar as reservas. Nessa batalha, eles lutariam contra fazendeiros e posseiros, autoridades mato-grossenses e federais, mas ganhariam novos aliados entre funcionários do governo e setores da sociedade civil revigorados pela abertura do regime militar. Foi durante esse período de constantes mudanças e incertezas políticas, *boom* e transformações na fronteira, que os fazendeiros do norte do Mato Grosso, como os da Fazenda Xavantina, e o governo militar seriam confrontados pela mobilização xavante.

Começa o retorno a Couto Magalhães-Culuene

Desde o começo, controlar os xavante na reserva Couto Magalhães mostrou-se mais difícil do que os fazendeiros, a Funai e os missionários esperavam. De fato, a carta da Fazenda Xavantina ao ministro do Interior revela a frustração diante do fracasso do Estado em sustentar a proibição à migração xavante. O retorno à reserva Couto Magalhães de 150 exilados xavante da missão de São Marcos, em novembro de 1972, foi apenas o começo.[9] Em dezembro de 1973, vinte anos depois de saírem da região de Culuene, 34 xavante abandonaram sua reserva em Batovi, pela precariedade dos recursos (Marechal Rondon), e se estabeleceram novamente nas imediações do Rio Culuene, perto da fronteira oeste da Fazenda Xavantina (ver Mapa 6).

O governo não reservara terra para os xavante na região de Culuene no decreto de 1972. O retorno dos índios alarmou os dirigentes do Estado, assim como os fazendeiros e posseiros que

---

[9] Agapto Silva, chefe do P. I. Xavante, à 7ª Delegacia Regional da Funai. Xavantina, 6 de maio de 1973, MI, Sedoc, filme 294, fot. 1348-50.

O RETORNO DOS EXILADOS, 1972-1980   253

adquiriram títulos ou se assentaram na região. Pequenos proprietários, como José Candido Ferreira e Célio Mascarenhas, empalideceram quando os índios se apropriaram de colheitas, ameaçaram abater o gado e anunciaram a chegada de mais trezentos parentes em maio próximo.[10] Outros fazendeiros reagiram com ameaças de violência, gabando-se para índios e empregados locais da Funai de terem jagunços trabalhando a seu comando.[11] A Funai repreendeu os índios "inúmeras vezes" quanto à "irregularidade" de sua volta a Culuene.[12] Deixando claro que estavam decididos a ficar, os xavante

> mostraram-se agressivos e ameaçadores. Fomos obrigados a usar de todas as nossas habilidades e conhecimentos adquiridos em nosso treinamento como indigenistas para dominar a impetuosidade dos referidos índios, principalmente o índio Tomaz, que se armou com uma borduna e um rifle, recorrendo à intimidação e perturbando o sucesso de nossa missão. Ele não se intimidou quando nós o aconselhamos a se retirar junto com outros índios para suas reservas de origem.[13]

Os xavante recorreram à ação direta na ocupação de território não reservado. Entretanto, os líderes de Culuene acabaram viajando até a sede da Funai para legitimar sua ação.

---

[10]   A. Silva, Ref. invasões terras situadas entre os rios Couto Magalhães e Culuene, P. I. Xavante, 15 de dezembro de 1973, Funai, DOC.

[11]   Jamiro Arantes, chefe do Posto Culuene, à 5ª Delegacia Regional, 11 de fevereiro de 1926, Funai, DOC; José Carlos Alves, chefe do Posto de Areões, Sobre movimento entre fazendeiros em Barra do Garças, visando eliminar funcionários, ex-funcionários e empreiteiros dessa fundação, P. I. Areões, 8 de novembro de 1975, Funai, DOC.

[12]   5ª Delegacia Regional ao diretor da DGO (Diretoria Geral de Operações da Funai). Cuiabá, 20 de dezembro de 1973, Funai, DOC.

[13]   Idem.

O diretor do Departamento Geral de Operações da Funai, coronel Joel Marcos, procurou uma solução em Culuene. Para tanto, concordou em permitir que os xavante permanecessem na região até o tempo da colheita, em meados de 1974, quando então se ofereceu para transferi-los, mediante o consentimento dos índios, para a reserva xavante em Pimentel Barbosa. O plano nunca se concretizou. Não era apenas que os exilados estavam inextricavelmente ligados a seu território pré-contato. Afinal, nem todos os xavante de Batovi voltaram a Culuene. Ao contrário, a existência de conflitos de longo tempo com a comunidade em Pimentel Barbosa contraindicava esse reassentamento. Ao ceder, o Estado mais uma vez usou de uma moderação com os xavante que negara a outros grupos indígenas que obstruíam a construção de hidrelétricas, de estradas e empreendimentos de mineração considerados indispensáveis à "segurança nacional".

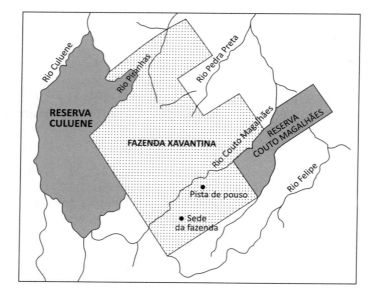

Mapa 6. Reservas Culuene e Couto Magalhães, 1976.

O RETORNO DOS EXILADOS, 1972-1980   **255**

Os reforços dos índios logo chegaram a Culuene. Em março de 1974, quatro famílias xavante do posto Paraíso (Simões Lopes) migraram para Culuene e, logo depois, toda a aldeia Paraíso voltou para sua área pré-contato. No início de 1976, a população indígena de Culuene somava quinhentos índios, e os xavante começaram a pressionar a Funai para criar uma nova reserva.[14]

A luta pela reserva Culuene

As elites do Mato Grosso reagiram diante da perspectiva de outra reserva indígena. Valdon Varjão, prefeito de Barra do Garças, protestou com Geisel que uma nova reserva sufocaria os investimentos na região, dada a desconsideração do governo por títulos "legais".[15] A Câmara de Vereadores de Barra do Garças alertou que o município se arriscava a transformar-se em um grande "parque indígena".[16] As elites tentaram vender a imagem do índio como latifundiário e atiçar a chamada "síndrome de Copacabana": o atendimento das reivindicações de terra indígenas corria o risco de se transformar em uma bola de neve, pois, se os índios outrora ocupavam todo o Brasil, o que os impediria de reivindicar a praia de Copacabana?[17] A imagem de insaciabilidade e revanchismo do índio zombava da história brasileira, assim como da especificidade e da legalidade das reivindicações de terra indígenas – mas essa era, e é, uma tática alarmista eficaz.

---

[14] Arantes à 5ª Delegacia Regional, 11 de fevereiro de 1976, Funai, DOC.
[15] Valdon Varjão a Ernesto Geisel. Barra do Garças, 28 de março de 1975, Funai, DOC.
[16] Senador Saldanha Derzi à Funai, 28 de abril de 1975, Funai, DOC.
[17] Sobre a "síndrome de Copacabana", ver Schwartzman, S. et al. Brazil, The Legal Battle over Indigenous Land Rights. *Nacla Report on the Americas*, v.29, n.5, mar.-abr. de 1996, p.40.

256 A LUTA INDÍGENA NO CORAÇÃO DO BRASIL

Como um recurso final, políticos e proprietários de terras do Mato Grosso desafiaram a intervenção federal em favor dos índios fazendo-se de defensores de trabalhadores sem-terra. Transportando para uma área na região de Culuene oitenta famílias de posseiros, muitas das quais expulsas de fazendas locais, as elites procuraram impedir a criação de uma nova reserva. Como muitos dos sem--terra da Amazônia Legal, várias dessas famílias foram atraídas do Nordeste por *gatos* (contratadores de trabalho) para desmatar áreas para pastagens em fazendas, só para ser expulsas mais tarde. Outros camponeses foram posseiros durante anos, até que os proprietários, com o apoio da polícia militar ou usando jagunços, os expulsaram. Enquanto em 1967 se estimava que 6.640 posseiros ocupavam 1.326 lotes em Mato Grosso, em 1980 os conflitos de terra se multiplicaram, pois a população sem-terra subiu para duzentos mil posseiros ocupando 31.933 lotes de terra.[18] Jogando os posseiros contra os índios, as elites buscavam colher os espólios de uma guerra. Em junho de 1975, 350 posseiros viviam no assentamento de Novo Paraíso cuja miséria e destino desmentiam seu nome.

O mandonismo das elites mato-grossenses em seu "quintal" fora comprometido, de certa forma, por uma intervenção cada vez maior do regime militar na Amazônia. Em julho de 1975, uma comissão conjunta de dirigentes federais da Funai e do Incra (Comissão Mista Funai/Incra) visitou a área e encontrou uma "atmosfera de grande tensão", aconselhando os sem-terra a se retirar.[19] Para provocar a direção da Funai em Brasília, os xavante, com a aquiescência do chefe do posto, destruíram uma ponte de

---

18 As estatísticas são do Incra e da Comissão Pastoral da Terra, citadas em Ferreira, E. C. de. *Posse e propriedade territorial:* a luta pela terra em Mato Grosso. Campinas: Unicamp, 1986, p.88.

19 R. Carvalho et al. Relatório de viagem da Comissão Mista Funai/Incra, período de 6 a 16/7/1976 – Locais: reserva de São Marcos, área xavante de Culuene. Brasília, 18 de julho de 1975, Funai, DOC.

O RETORNO DOS EXILADOS, 1972-1980   257

madeira para Novo Paraíso, barrando o acesso aos caminhos de transporte de comida, álcool e suprimentos. O ataque recebeu ampla cobertura na mídia, o que, sem dúvida alguma, os índios valorizavam como um meio de pressionar o governo. Em uma entrevista à imprensa, o chefe Abraão desempenhou com maestria o papel de índio agressivo, ameaçando massacrar os posseiros em um ataque furtivo à meia-noite.[20] A Comissão Mista Funai/Incra informou aos posseiros que a reserva xavante em estudo abrangeria Novo Paraíso e instou-os a abandonar a área.[21]

Em abril de 1976, a Comissão Mista Funai/Incra mostrou para os xavante sua proposta final para a reserva Culuene. Vendo as fotografias aéreas e o projeto da reserva, os índios foram "tomados de alegria ao identificar todos os seus contornos geográficos, as antigas aldeias localizadas lá, a vegetação etc.". O entusiasmo dos índios, contudo, intrigou os funcionários do governo. Embora certos de que os xavante "não exigiriam a totalidade" de suas antigas terras, a comissão ficou surpresa quando os índios aceitaram uma área ainda menor que a esperada, respeitando "por sua própria iniciativa os limites da Fazenda Xavantina, cuja localização era, para nós, questionável".[22]

Os xavante em Culuene, receosos do cabo de guerra político com a poderosa Fazenda Xavantina, cederam direitos sobre terras ancestrais, engolindo o orgulho para assegurar territórios. Ainda assim, dada a oposição inicial da Funai e dos fazendeiros locais à volta dos índios, o decreto reservando 51 mil hectares em abril de 1976 foi uma conquista importante. A Fazenda Xavantina

---

[20] *O Estado de S.Paulo*, 14 de outubro de 1975.
[21] Presidente da Comissão Mista Funai/Incra ao presidente da Funai. Brasília, 3 de novembro de 1975, ofício n.17/Com. Funai/Incra, Funai, DOC.
[22] R. Carvalho et al. Relatório final da Comissão Mista Funai/Incra, relativo aos seus trabalhos, objetivando a delimitação da área indígena dos xavante do P. I. Culuene. Brasília, 22 de abril de 1976, Funai, DOC.

258 A LUTA INDÍGENA NO CORAÇÃO DO BRASIL

fazia fronteira, agora, com duas reservas xavante: a leste, Couto Magalhães; a oeste, Culuene (ver Mapa 6). A fazenda, contudo, continuou a ocupar cerca de cem mil hectares das terras ancestrais dos xavante, inclusive a antiga aldeia de Parabubu, local do massacre de duas décadas atrás.

Conflito nas reservas

Os desafios dos índios em Culuene e Couto Magalhães – a persistência de invasores dentro de suas reservas, irregularidades na demarcação de seus territórios, territórios inadequados, irresolução por parte do governo – confrontaram todas as comunidades xavante. A espoliação ambiental era outra séria preocupação. Pesquisas no local e imagens de satélite dos municípios de Barra do Garças e Luciara, de junho de 1975 e agosto de 1976, revelaram o desmatamento de 760.358 hectares. Dos 85 projetos financiados pela Sudam na região, os 57 visitados pela equipe contribuíam para o desflorestamento de 289.840 hectares, ou 38% do total. E apenas cerca de metade das terras desmatadas para pastos tinha seu potencial plenamente aproveitado (Tardin et al., 1978, p.38-42). Itamar Silveira do Amaral, funcionário da Funai que visitou três reservas xavante em 1973, relatou que os fazendeiros "levam o gado para pastar lá, devastando as poucas reservas florestais existentes e destruindo campos e cerrados com suas queimadas indiscriminadas".[23] Avaliando o dano ambiental infligido pelas fazendas de gado no norte do Mato Grosso, Susanna Hecht argumentou, de modo convincente, que os investidores, preocupados com o valor de troca em vez de com o valor produtivo, mostravam pouco interesse na administração da terra e na preservação ecológica (Hecht, 1985, p.679-80).

---

23 Itamar Silveira do Amaral à 7ª Delegacia Regional da Funai, 26 de junho de 1973, MI, Sedoc, filme 296, fot. 0057-63.

O RETORNO DOS EXILADOS, 1972-1980   **259**

Os pequenos proprietários também contribuíram para a destruição do meio ambiente. Desanimados com a pobreza do solo da região, muitos dos novos colonos no Mato Grosso compensaram suas perdas por meio da caça excessiva. Como um dos fundadores da empresa de colonização Coopercana, lembrou-se,

> eu queria preservar pelo menos alguns exemplares da fauna extremamente rica que encontramos ao chegar [...] Hoje é difícil encontrar qualquer tipo de animal selvagem. Todos foram abatidos em apenas dez ou quinze anos. (Schwantes, 1989, p.198-9.)

Os posseiros, sem títulos e perseguidos tanto pelos grandes proprietários quanto pelos grileiros, dedicaram-se ao imprevidente cultivo de "corte e queima" como meio de estabelecer domínio legal na região (Hecht, 1985, p.679-80). Um relatório do governo observou que o trato inadequado do solo do cerrado resultou em sua degradação, levando muitos colonos de pequenas e médias propriedades a abandonar suas terras (Brasil, 1982a, p.43).

Diante da devastação ambiental, as comunidades xavante recorreram à ação direta. Com suas bem cultivadas habilidades de caça, os homens indígenas efetuavam ataques pontuais às fazendas. Em Sangradouro, onde os fazendeiros continuavam a levar o gado para pastar dentro da reserva indígena e a Funai deixara de anexar uma área adjacente de caminhada, os xavante atacaram duas fazendas.[24] Da mesma forma, em Pimentel Barbosa, os xavante saquearam comida e outros bens de fazendeiros que se recusaram a abandonar a reserva recém-criada.[25]

---

[24]   Conselho Indigenista Missionário. A luta dos xavante em defesa de seus territórios, [s.d.]. Brasília, BR.MT.XV.4b/26.

[25]   Flávio Pinto Soares à Funai. Barra do Garças, 10 de abril de 1973, Funai, DOC.

260 A LUTA INDÍGENA NO CORAÇÃO DO BRASIL

As ofensivas xavante, contudo, estavam longe de ser atos de violência indiscriminada. Apoena orientou os guerreiros xavante em Pimentel Barbosa a nunca matar ou machucar qualquer waradzu, mas apenas infligir-lhes danos materiais (Sereburã et al., 1998, p.157). Inferiorizados em número e mal equipados, os xavante sabiam que tinham poucas possibilidades de vitória em um combate corpo a corpo. O deputado federal pelo Mato Grosso, Gastão Müller, afirmou que os fazendeiros de Barra do Garças poderiam "resolver tudo com violência" prontamente.[26] Um ataque brutal à reserva bororo em Merure, adjacente à dos xavante em São Marcos, mostrou quanto de verdade havia nisso.

Como nas reservas xavante, os fazendeiros que invadiram a área indígena recém-delimitada em Merure resistiram às pressões da Funai, dos salesianos e dos índios bororo para sair dali. Em julho de 1976, um grupo de fazendeiros chegou em caravana a Merure, assassinou o padre Rodolfo Lunkenbein (diretor da missão, nascido na Alemanha) e um bororo, e feriu diversos índios.[27] Esses assassinatos se somaram a uma alarmante incidência de violentos conflitos de terra no Brasil que tiraram a vida de vários índios e de centenas de camponeses e trabalhadores rurais entre 1970 e 1983, em um reino de terror sancionado pela impunidade legal (Almeida, 1991, p.272; Leme e Pietrafesa, 1987). Embora

---

[26] Müller, apud *Veja*, 5 de setembro de 1973.

[27] Para uma análise mais detalhada do impacto dos assassinatos sobre os bororo e os missionários salesianos, ver Novaes, S. C. *Jogo de espelhos: imagens da representação de si através dos outros*. São Paulo: Editora da Universidade de São Paulo, 1993, p.195-6, 221-54. Para inserir o assassinato de Lunkenbein no contexto da escalada da violência contra os dirigentes da Igreja em meados da década de 1970, ver Mainwaring, S. *The Catholic Church and Politics in Brazil, 1916-1985*. Stanford: Stanford University Press, 1986, p.155. Para a versão dos fazendeiros, ver Miguez, J. M. G. *Chacina do Meruri: a verdade dos fatos*. São Paulo: A Gazeta Maçônica, 1980.

O RETORNO DOS EXILADOS, 1972-1980   261

os xavante de São Marcos tivessem prometido vingar o ataque em Merure, não houve nenhuma represália. O amplo apoio popular em Barra do Garças aos assassinos, que acabaram inocentados em um tribunal local alegando "defesa própria", sem dúvida fez que os xavante pensassem duas vezes.

Os xavante, que outrora se valiam da força bruta como forma de defesa, agora faziam uso de ameaças e provocações. Avaliando os ataques xavante a fazendas e as ameaças de destruir as pontes que levavam a Barra do Garças, Manuel Pereira Brito, líder da Câmara de Vereadores, disse ao governador mato-grossense que os índios "saem por aí dizendo que vão fazer isso e aquilo, de forma que os jornais estrangeiros, por meio de suas manchetes, pressionem o governo brasileiro a resolver o problema da demarcação de suas terras".[28] Na sede e nas administrações regionais da Funai, os líderes xavante cercavam as autoridades com demandas para assegurar ou ampliar suas reservas, com os índios de São Marcos, por exemplo, gastando boa parte do dinheiro ganho com a colheita em viagens a Brasília.[29]

Um problema, contudo, era que os índios não podiam confiar na boa vontade de seus guardiões. Na época da demarcação da reserva de Pimentel Barbosa, em 1975, o cartógrafo da Funai, Valdênio Lopes, em conluio com vários dirigentes importantes da entidade, convenceu os xavante (com o apoio de um de seus líderes) a abandonar a reivindicação de 65 mil hectares. Os funcionários da Funai demarcaram uma área menor, substituindo um rio por outro para servir como limite sul da reserva, e venderam as terras que ficavam fora dos limites. Em troca, os índios receberam um

---

[28] M. P. Brito, presidente da Câmara de Vereadores de Barra do Garças, a José Fragelli, governador de Mato Grosso, outubro de 1973, Funai, DOC.

[29] 7ª Delegacia Regional à DGO. Goiânia, 16 de outubro de 1973, Funai, DOC; *Folha de S. Paulo*, 27 de junho de 1975.

262 A LUTA INDÍGENA NO CORAÇÃO DO BRASIL

caminhão, 25 cabeças de gado e algumas máquinas de costura (Flowers, 1983, p.259, 306-9; Graham, 1995, p.37). Embora uma investigação interna da Funai tenha confirmado a fraude na venda de território federal e patrimônio indígena, nenhum dos criminosos foi processado ou sequer demitido.[30] (Lopes deixou o órgão logo depois, por vontade própria, para dirigir sua fazenda "recém-adquirida".) Apesar da cruzada moralizadora dos militares, a corrupção no serviço público florescia, bem como a flagrante violação da tutela. Os xavante enfrentavam batalhas em muitas frentes.

O governo militar em estado de alerta

O conflito no município de Barra do Garças pode não ter sido "igual ao do Vietnã", nas palavras de Gastão Müller, mas certamente continuava latente, com índios e fazendeiros trocando ameaças de morte.[31] Como relatou um funcionário da Funai que visitou três reservas xavante em 1973,

> pude observar e perceber que a fricção entre os índios e os chamados civilizados é *constante* e que a animosidade é intensa. Assim, a situação pode logo piorar, com grandes danos morais e materiais para a nação.[32]

A violência crescente tirara vidas em Merure cujas vítimas se revelaram um embaraço internacional para o governo. Homens xavante de várias reservas interrompiam o tráfego nas estradas

---

[30] Conselho Indigenista Missionário, Pimentel Barbosa. Brasília, 17 de janeiro de 1979, BR.MT.XV.4b/27.
[31] *Jornal do Brasil*, 30 de agosto de 1973.
[32] Amaral à 7ª Delegacia Regional, 26 de junho de 1973, MI, Sedoc, filme 296, fot. 0057-63 (o destaque é do original).

O RETORNO DOS EXILADOS, 1972-1980   263

próximas para impedir a invasão de suas terras, dramatizar suas agruras e coletar "pedágio" dos passageiros.[33] Os fazendeiros atuaram de forma predatória, exaurindo a caça e os recursos naturais. Para o governo militar, o conflito em Barra do Garças não apenas ameaçava o crescimento econômico dinâmico da região – uma vitrine das políticas do governo para a Amazônia Legal –, mas também aumentava as preocupações com a "segurança nacional". Em 1972, o serviço de inteligência militar descobriu uma pequena operação guerrilheira maoísta liderada pelo Partido Comunista do Brasil, baseada na região do Araguaia, ao sul do Pará. Em diferentes campanhas entre 1972 e 1975, os militares conseguiram sufocar o movimento (Skidmore, 1988, p.122-3). Embora quase mil quilômetros separassem o local do foco, os municípios de Barra do Garças e Luciara, no norte do Mato Grosso, seriam incluídos na rede de suspeitas dos militares, que colocaram toda a região do Araguaia sob vigilância e intervenção estratégica (Dória et al., 1979, p.18; Alves, 1988, p.122-3).

A defesa da segurança nacional provocou maior intervenção do Estado nos conflitos de terra e na federalização do território amazônico, encarado como o calcanhar de aquiles da segurança nacional (Martins, 1991, p.480-1). Uma estratégia foi a adoção de políticas "populistas" na resolução dos conflitos de terra e mineração na Amazônia, assim como a extensão dos benefícios da previdência social aos trabalhadores rurais (Schmink e Wood, 1992, p.72-3; Houtzager, 1998, p.117-8). Nessa linha, o presidente da Funai, Ismarth Araújo de Oliveira, enviou um antropólogo da entidade, Claudio Romero, a todas as reservas xavante em 1976 para dissolver a tensão interétnica, remendar a imagem dilacerada da Funai depois da apropriação de terras em Pimentel Barbosa e

---

[33] Claudio Romero, antropólogo da Funai, Relatório sobre a situação das reservas indígenas xavante. Brasília, [s.d.], Peti, FNA 0211.

264 A LUTA INDÍGENA NO CORAÇÃO DO BRASIL

preparar o terreno para projetos de desenvolvimento das comunidades indígenas (ver Capítulo 8).[34]

Objetivos e reivindicações dos xavante

Os líderes xavante aproveitaram-se das novas atenções dos dirigentes da Funai aos dramas de suas comunidades. Por exemplo, em junho de 1977, depois que os xavante de Sangradouro se pintaram para a guerra contra os fazendeiros que não queriam sair da reserva, Claudio Romero e Odenir Pinto de Oliveira, um indigenista da Funai com longos anos de experiência entre os xavante, chegaram escoltados por dois policiais federais, e levaram os intrusos embora algemados.[35]

A dedicação e determinação de Romero e Pinto de Oliveira animaram os xavante de Sangradouro. Celestino Tsererob'o, chefe de uma aldeia, notou que, ao contrário de outros funcionários da Funai, Claudio Romero

é muito bom para os índios. Ele está ajudando todas as aldeias e expulsando todos os fazendeiros [...] Ele é de confiança, mandado pelo governo, [pelo] presidente da Funai.[36]

Da mesma forma, Babatti (João Evangelista), outro líder xavante de Sangradouro, contou sobre a satisfação da comunidade: "É bom que tenha vindo ajuda para nós. Nosso Odenir – que é o

---

34 F. S. de Castro et al. Enfoque situacional da Fundação Nacional do Índio no município de Barra do Garças-MT. Barra do Garças, [s.d.], ISA, COD XVD04.

35 C. Romero. Relatório sobre a situação das reservas indígenas xavante. Brasília, [s.d.], Peti, FNA 0211.

36 Celestino Tsererob'o, traduzido por Werehite, citado em Boletim do Cimi, v.6, n.43, dezembro de 1977, p.75.

O RETORNO DOS EXILADOS, 1972-1980 265

grande amigo dos índios xavante – veio nos dar força, não? Sozinhos temos pouca força".[37] Comovidos com o apoio desses "grandes amigos", Celestino e outros exilados nas missões salesianas fizeram uma proposta surpreendente: a retomada de Parabubu e de outras terras ancestrais na região de Couto Magalhães-Culuene, ocupadas pela Fazenda Xavantina e por outros fazendeiros.

O desafio dos exilados era formidável. Uma potência econômica, em 1979 a Fazenda Xavantina alardeava possuir dez mil cabeças de gado em 6.750 hectares de pastagens (com mais mil em formação) e produzir uma média de dezesseis mil sacos de arroz por colheita. Onde outrora se ouviam apenas os sons da natureza, ressoavam agora o som de tratores, caminhões, debulhadoras, ceifadeiras e geradores. A mata fora cortada e substituída por prédios administrativos, dormitórios e um restaurante para os empregados, além de olarias, silos, armazéns, serrarias, abrigos e uma pista de pouso. Mais de trezentos quilômetros de uma estrada interna foram construídos e mais de quatrocentos quilômetros de cercas de arame farpado foram instalados. A fazenda empregava, conforme a demanda sazonal, entre cinquenta e duzentos trabalhadores, que moravam no local com suas famílias.[38] Com efeito, a fazenda representava a empresa rural que os planejadores estatais preconizavam para a Amazônia Legal (mas raramente encontravam lá), como seus proprietários não demoraram a lembrar, em defesa própria, aos dirigentes do governo. A fazenda também contava com apoiadores influentes: dizia-se que um membro do Conselho de

---

37 Babatti, citado em *Boletim do Cimi*, v.6, n.43, dezembro de 1977, p.31.

38 Carta de Mario Seara, administrador da Fazenda Xavantina, a Moacir Couto, da Polícia Militar. Barra do Garças, 23 de janeiro de 1979, Funai, DOC; Daniel Macedo et al. Relação das benfeitorias existentes na área das três empresas rurais: Fazenda Xavantina S/A, Fazenda Estrela D'Oeste S/A e Fazenda Capim Branco. Barra do Garças, 16 de março de 1980, Funai/ BSB/3816/81-v.15, Funai, DOC.

266 A LUTA INDÍGENA NO CORAÇÃO DO BRASIL

Diretores da Fazenda Xavantina era Ney Braga, ex-ministro da Agricultura do governo Castelo Branco e governador do Paraná (Carvalho, 1980, p.100).

Apesar disso, em agosto de 1977, Celestino proclamou publicamente a intenção de voltar para a área de Parabubu (referida por seu diminutivo, Parabubure), agora ocupada pela Fazenda Xavantina.

> Em abril [de 1978] eu vou a Parabubure fazer uma nova aldeia. Quando a estação de chuvas tiver acabado, vou voltar a Parabubure [...] [que] é a aldeia de meu avô, de meu pai. Lá eu nasci. Os [norte-] americanos mataram xavante. Queimaram casas, trouxeram sarampo. Então muitos xavante morreram. O resto foi embora. Fui para Sangradouro. Meu avô, meu tio, muitos xavante ficaram e foram enterrados em Parabubure. Então os [norte-] -americanos passaram um trator [sobre o] cemitério xavante e fizeram a sede da fazenda. Agora vou voltar. Em abril eu vou para Parabubure para criar uma nova aldeia perto do cemitério (do) meu avô. A fazenda acabou. Agora, Parabubure de novo.[39]

Da mesma forma, Tserede (Cirilo), outro exilado na missão de Sangradouro, declarou:

> Nós nos lembramos das pessoas mortas naquela mesma aldeia onde fica a Fazenda Xavantina [...] Assim, para os fazendeiros que estão lá, é perigoso. Ele precisa pensar nisso: não cultivar tudo o que pode [...] Ele vai perder o que está plantando.[40]

---

[39] Tsererob'o, apud Moura, A. C. Parabubure, a nova reserva xavante, nasceu do sangue dos índios massacrados. *Boletim do Cimi*, v.9, n.61, janeiro-fevereiro de 1980, p.5.

[40] Tserede (Cirilo), apud *Boletim do Cimi*, v.6, n.43, dezembro de 1977, p.79.

O RETORNO DOS EXILADOS, 1972-1980   267

As narrativas históricas dos xavante precisam ser examinadas com minúcia, pois elas serviram como armas políticas em uma luta pela anexação de terras. As repetidas referências de Celestino a locais onde seus parentes estavam enterrados em suas lembranças de Parabubu transmitem a evocação fúnebre do passado e a dor inconsolável por tal perda (Maybury-Lewis, 1974, p.281-2).[41] Além disso, seu tributo memorial, em tradição ancestral, respeitava o tabu xavante de referir-se aos falecidos pelo nome (Graham, 1995, p.164).

Existem, contudo, ainda mais pontos a ressaltar na narrativa de Celestino, pois, como Joanne Rappaport observa, histórias nativas dirigem-se tanto a necessidades ideológicas internas quanto externas (Rappaport, 1998, p.9). Os cemitérios forneciam evidências históricas do domínio anterior dos xavante, provas da ocupação original, em conformidade com as leis brasileiras para a delimitação de terras indígenas. Por essa razão, a Fazenda Xavantina procurou eliminar esses vestígios. Para um povo seminômade cujas estruturas – as aldeias – eram impermanentes, os cemitérios eram provas materiais fundamentais para autenticar reivindicações sobre terras. Para um povo historicamente analfabeto enfrentar uma sociedade que privilegiava a palavra escrita, os cemitérios proporcionavam títulos de posse. Assim, as leis brasileiras, como suas equivalentes nas Américas, serviram para moldar o conteúdo das narrativas indígenas (Rappaport, 1994, p.125). Para um povo que honrava os ancestrais em narrativas dos sonhos, a adesão de formas tradicionais à luta contemporânea era uma brilhante adaptação cultural (Graham, 1995, p.9).

A atribuição de Celestino a "americanos" do ataque à aldeia Parabubu também é curiosa. Os registros nos arquivos mostram que os primeiros detentores de títulos dos diversos lotes que

---

[41]   David Maybury-Lewis descobriu que os xavante se expressavam em pungentes demonstrações de dor mesmo anos depois da morte de um parente.

268 A LUTA INDÍGENA NO CORAÇÃO DO BRASIL

compunham a Fazenda Xavantina eram todos brasileiros; os norte-americanos só iriam adquirir terras na região mais de uma década depois do massacre. Além disso, embora os proprietários norte-americanos possam ter destruído cemitérios indígenas com tratores, é curioso o fato de Celestino não mencionar que a atual dona da propriedade, uma empresa brasileira, incorrera em práticas similares. É possível que Celestino tenha confundido a ordem dos acontecimentos. É também concebível que, como os velhos indigenistas, ele procurasse despertar a indignação nacionalista clamando que estrangeiros haviam prejudicado os índios. Seja como for, a menção ao massacre de Parabubu mobilizou os xavante para a ação, pois lembranças da violência da acumulação primitiva costumam incentivar a mobilização política (Gould, 1998, p.228-66; Rappaport, 1994, p.143-4).

Não há dúvida de que, ao longo da década de 1970, os líderes xavante reivindicaram os direitos de suas comunidades como índios e cidadãos brasileiros. Como Tserede (Cirilo) proclamou, os xavante "falam a verdade, que nós somos os verdadeiros donos do país. Assim, nós temos o direito de dizer (isso) na presença das autoridades ou de quem quer que seja".[42] Como Aniceto Tsudazawéré e 29 outros representantes xavante disseram ao ministro do Interior, Mário Andreazza, ao protestar contra a corrupção na Funai: "Nós falamos não apenas em nome da nação xavante", mas "em nome de todos os índios".[43] Ou, como Mário Juruna, líder de São Marcos, afirmou para a revista *Veja* ao clamar pela remoção dos invasores de sua reserva: "Nós somos brasileiros mais verdadeiros que os brancos [...] Nossos pais, nossos avós,

---

[42] Cirilo, apud *Boletim do Cimi*, v.6, n.43, dezembro de 1977, p.19.

[43] A. Tsudzawéré, chefe da aldeia de São Marcos, Palavra que nós xavante vamos falar para ministro Andreazza. Brasília, 16 de março de 1979, Cimi, BR.MT.XV.1e/9; *O Estado de S.Paulo*, 17 de março de 1979.

O RETORNO DOS EXILADOS, 1972-1980 **269**

nos dizem exatamente como tudo aconteceu, desde o tempo em que Portugal descobriu o Brasil".[44] Além disso, reconhecendo a importância política da cultura indígena como uma bandeira de mobilização e afirmação dos direitos legais, os líderes xavante afirmavam decididamente sua identidade étnica. Um líder xavante declarou, em 1975:

> Nós não devemos deixá-los interferir na nossa cultura [...] O que importa é nossa vida, nossos costumes. Não podemos abrir mão dessas coisas para assumir o estilo do homem branco. Temos tudo. Não devemos perder isso. Se perdermos nossos costumes, a ruína e a destruição porão fim aos índios. (Branford e Glock, 1985, p.196.)

Os "avós" xavante teriam se orgulhado dessa valorização do costume, reverência aos ancestrais e luta contínua contra a subordinação à sociedade dominante. Entretanto, eles sem dúvida ficariam confusos ao ouvir seus descendentes se autodenominar "brasileiros mais verdadeiros" e emissários de "todos os índios", uma vez que o Estado-nação e o pan-indianismo tinham pouco significado para eles, quando não tinham um significado negativo. Embora a tradição oral continuasse fundamental na transmissão do conhecimento histórico e na formação da identidade xavante, os líderes indígenas também refinaram a narrativa histórica "oficial" do Brasil, transmitida ao longo dos anos por indigenistas, missionários e meios de comunicação. Ao articular elementos do discurso indigenista dominante – reificando a "cultura" indígena, defendendo a unidade pan-indianista e expressando espírito nacionalista –, os líderes xavante buscavam ancorar suas reivindicações

---

[44] Á. Pereira e A. Rollemberg. Entrevista: Dzururan (Mário), cacique/em busca da sobrevivência. *Veja*, 20 de novembro de 1974.

270 A LUTA INDÍGENA NO CORAÇÃO DO BRASIL

à base da política brasileira. De modo seletivo, os líderes indígenas "assumiram o estilo do homem branco", mas a doutrinação concebida para cultivar a aquiescência era agora devolvida sob a forma de protesto político.

A mobilização política dos xavante começou a frutificar aos poucos. Em maio de 1978, o presidente da Funai, Ismarth Araújo de Oliveira, criticou a Fazenda Xavantina por destruir cemitérios indígenas e por se recusar a ceder terras adicionais (aproximadamente quinze mil hectares) aos índios, quando

> [os Xavante] contam, com riqueza de detalhes, os fatos que ocorreram com seu povo. E eles guiam os interessados aos locais onde suas aldeias estavam localizadas e seus mortos foram enterrados. E esses locais estão, hoje, dentro da Fazenda Xavantina.[45]

O desafio de Celestino e seu contexto político

Em dezembro de 1978, com a assistência da Funai, Celestino e sessenta outros índios mudaram-se para a reserva Couto Magalhães, onde se dedicariam à luta contra a Fazenda Xavantina. A insistência de Celestino na rendição incondicional do titã regional representou uma quebra nos padrões anteriores de acordo e cooptação em Couto Magalhães.[46] Enfrentando fazendeiros e oficiais militares, Celestino demonstrou a coragem valorizada em seus líderes por um povo guerreiro. No entanto, sua militância não pode ser somente expli-

---

[45] Ismarth de Araújo Oliveira a Clovis Ribeiro Cintra. Brasília, 31 de março de 1978, Funai, DOC.

[46] Os fazendeiros forneceram "incentivos" a vários líderes indígenas, de acordo com Francisco de Campos Figueiredo, chefe do Posto de Couto Magalhães, Relatório enfocando as atividades de Francisco de Campos Figueiredo do Projeto Xavante, 30 de maio de 1980, Funai, DOC.

O RETORNO DOS EXILADOS, 1972-1980   **271**

cada por tradições ancestrais. Considere, afinal, que nem Benedito Loazo nem os líderes de Culuene na época da criação de sua reserva ousaram enfrentar a Fazenda Xavantina. Por que o desafio xavante emergiu nesse momento histórico em particular? Para entender essa mudança radical de modo mais profundo, precisamos voltar ao cenário político brasileiro da época.

A mobilização indígena no final da década de 1970 floresceu com a revitalização da sociedade civil, ocorrida com a abertura política. Ao lançar-se na abertura, o governo Geisel enfrentou uma crise de legitimação política. O "milagre econômico", que conservara o apoio da classe média no regime Médici, perdeu força com o aumento do déficit comercial e da dívida externa, a espiral da inflação e a deterioração do ambiente econômico internacional, por conta da subida vertiginosa dos preços do petróleo. Os membros da burguesia nacional desafiaram a centralização do poder e exigiram maior participação na formulação de políticas (Alves, 1988, p.154). Em 1978, Geisel reinstituiria o *habeas corpus*; acabaria com a censura prévia a jornais, televisão e rádio; removeria diversos membros da linha-dura do Exército e estabeleceria relações mais amigáveis com a Igreja Católica (Skidmore, 1988, p.160-209). Esses novos limites políticos foram testados e ampliados pela crescente oposição da elite, composta por dirigentes da Igreja Católica, jornalistas e advogados que foram pressionados, presos e torturados pelas forças de segurança do governo Médici e dos linhas-duras do governo Geisel (Alves, 1988, p.153-72). O sucessor de Geisel, o general João Batista Figueiredo (1979-1985), daria prosseguimento ao processo de liberalização política que levaria à transição para o regime democrático.

Nem todas as medidas de Geisel redundaram em favor dos xavante. Por exemplo, um decreto-lei militar de 1977 subdividiu Mato Grosso e transformou a porção sul do estado em um estado independente, o Mato Grosso do Sul. A criação de novos estados, em que os militares acreditavam ter vantagem política, foi uma das

272 A LUTA INDÍGENA NO CORAÇÃO DO BRASIL

diversas manipulações eleitorais diante do fraco desempenho do partido oficial do governo nas eleições parlamentares de 1974, para, dessa forma, garantir o controle do Poder Legislativo sem cancelar o programa de liberalização (Hagopian, 1996, p.150). Com a perda da região sul do estado mato-grossense, a mais desenvolvida, a estrela de Barra do Garças brilhou mais forte, fornecendo 10% das rendas provenientes de impostos totais do estado, e as elites do Mato Grosso opuseram-se com ainda mais força à criação de outra reserva indígena livre de impostos (Schwantes, 1989, p.143-4; Oliveira, 1981, p.46).

Apesar disso, a conquista de maior espaço político por setores da elite da sociedade civil permitiu mais espaço para a mobilização indígena e para outras formas de oposição popular ao regime militar (Alves, 1988, p.174). Os novos movimentos sociais, que brotaram no cenário político da década de 1970 – comunidades eclesiais de base, sindicatos de trabalhadores rurais e urbanos, bem como organizações populares e associações de bairro e grupos feministas –, exigiram justiça social e participação democrática. De fato, a luta indígena emergiu em sintonia com o impressionante crescimento do sindicalismo rural e a mobilização política popular no campo sob o regime militar, que resultaram tanto da repressão do Estado quanto das concessões que visavam promover a modernização agrícola.[47] Além disso, os novos movimentos sociais do final da década de 1970 cultivaram relações horizontais intrincadas e criativas uns com os outros, a fim de exercer maior influência sobre o processo de democratização brasileiro (Stepan, 1989, p.XII).

---

[47] A respeito da sindicalização rural sob o governo militar, ver Maybury--Lewis, B. *The Politics of the Possible:* The Brazilian Rural Workers Trade Union Movement, 1964-1985. Philadelphia: Temple University Press, 1994.

O RETORNO DOS EXILADOS, 1972-1980   273

Vamos voltar, então, à declaração de Celestino de sua intenção de retomar Parabubu. Essa proclamação foi lançada na X Assembleia dos Chefes Indígenas, que ocorreu na aldeia de Tapirapé, em Mato Grosso, e à qual compareceram delegados caingangue, bororo, pareci, tapirapé e xavante, além de missionários, jornalistas e funcionários da Funai. Entre 1974 e 1978 ocorreram onze desses congressos. Apoiadas pela Igreja Católica, a mais importante força de oposição ao regime militar no final da década de 1960 e início da de 1970, as assembleias abriram espaço político para os líderes indígenas dialogar, articular demandas e alcançar renome nacional.[48] Líderes indígenas de todo o Brasil reuniam-se para discutir problemas comuns – invasões de terra, destruição ambiental, repressão e inação por parte do governo – e estratégias de mobilização. Como Babatti (João Evangelista), líder de Sangradouro, observou sobre a assembleia de chefes indígenas:

Se fizéssemos isso sozinhos [...] não daria certo. Ninguém teria escutado, ninguém teria sabido com o que estávamos lidando. Agora o jornalista veio – de bem longe, de São Paulo; ele também escuta. Depois, ele pega nossas palavras, que todos nós falamos, e publica no jornal e isso vai para todos os lugares, pela cidade. Assim, quem estiver na cidade lê o jornal, lê alguma coisa, até chegar ao presidente [...] O presidente da nação, o presidente da Funai vê

---

[48] Para uma análise mais abrangente do papel em evolução da Igreja na Amazônia brasileira e em favor dos direitos indígenas, ver Mainwaring, S. *The Catholic Church and Politics in Brazil, 1916-1985*. Stanford: Stanford University Press, 1986, p.84-94; Gomes, M. P. *Os índios e o Brasil*. Petrópolis: Vozes, 1988, p.195; Suess, P. *A causa indígena na caminhada e a proposta do Cimi: 1972-1989*. Petrópolis: Vozes, 1989; Cava, R. D. The "People's" Church, the Vatican, and *Abertura*. In: Stepan, A. (Ed.). *Democratizing Brazil*: Problems of Transition and Consolidation. New York: Oxford University Press, 1989, p.147.

274 A LUTA INDÍGENA NO CORAÇÃO DO BRASIL

nossas palavras aqui, então ele pensa na gente. Ele pensa em todos os índios, ele pensa em todas as aldeias.[49]

O pan-indigenismo, é claro, era outro legado cultural da conquista para os xavante, que, antes do contato (no século XX), muitas vezes combateram comunidades xavante rivais, sem mencionar outros grupos indígenas. Com sua nova língua comum (o português) e sua nova estrutura organizativa e identidade ("índios"), os líderes xavante procuraram retrabalhar as intervenções culturais dominantes em benefício próprio. Mesmo dentro da sociedade xavante, a identidade podia ser remodelada em nome da conveniência política: David Maybury-Lewis observou que um indivíduo podia mudar de afiliação de linhagem ao se associar a uma facção particular na aldeia (Maybury-Lewis, 1974, p.169-73). Os xavante, contudo, expandiram consideravelmente seu repertório político.

A Igreja Católica e a sociedade civil

Com suas ligações internacionais, infraestrutura nacional e postura humanitária, a Igreja Católica emergiu como uma aliada fundamental dos povos indígenas para pressionar o governo militar. Os projetos da Igreja para os índios vinham de longa data, mas alterações em níveis local, nacional e internacional provocaram mudanças de tática e atitude. O Concílio Vaticano II (1962-1965) clamara por maior compromisso com o bem-estar social, além do respeito pelas religiões não cristãs, e, em 1968, delegados da Celam (Conferência Episcopal Latino-Americana) aprovaram uma "opção preferencial pelos pobres". Os missionários católicos da América Latina, abalados pela Declaração de Barbados de 1971,

---

[49] Babatti apud *Boletim do Cimi*, v.6, n.43, dezembro de 1977, p.24.

O RETORNO DOS EXILADOS, 1972-1980 **275**

um manifesto de antropólogos que defendia a imediata suspensão de todas as atividades missionárias entre populações nativas, queriam se redimir pelos crimes cometidos no passado e, assim, prometiam maior respeito aos povos indígenas.[50] Na linha de frente, os missionários depararam com as demandas indígenas por controle territorial e maior autonomia.

Dentro do Brasil, os missionários católicos estavam alarmados com a violência da expansão das fronteiras sobre as comunidades indígenas e camponesas, e sofreram pressão pessoal por parte das forças de segurança durante o governo Médici (Suess, 1989, p.11-6). Em 1972, os dirigentes da Igreja formaram o Cimi (Conselho Indigenista Missionário), que apoiava os direitos dos povos indígenas à terra e à autodeterminação (Suess, 1989, p.31). Em um manifesto intitulado *Y-Juca-Pirama: o índio, aquele que deve morrer*, lançado em 1973, os dirigentes da Igreja atacaram o projeto desenvolvimentista dos militares e suas tendências aculturacionistas. Valorizando a cultura indígena como "uma negação viva do sistema capitalista, assim como dos 'valores' de uma civilização supostamente cristã", os dirigentes da Igreja igualaram sua suposta simplicidade, espiritualidade e cooperativismo ao da cristandade primitiva.[51] O governo Médici, atribuindo a mobilização indígena à ação da Igreja, tentara, em 1974, proibir todos os missionários católicos de trabalhar com índios (Skidmore, 1988, p.181).

É preciso comentar que as posições ideológicas da ala progressista da Igreja Católica nunca foram aceitas uniformemente por todos os grupos missionários; os salesianos, em particular, eram muitas vezes

---

[50] Para a Declaração de Barbados pela Libertação dos Índios, ver Dostal, W. (Ed.). *The Situation of the Indian in South America*. Geneva: Conselho Mundial das Igrejas, 1972, p.376-81.

[51] Sobre o manifesto *Y-Juca-Pirama*, ver *Supysáua: A Documentary Report on the Condition of the Indian Peoples in Brazil*. Berkeley: Indigena and American Friends of Brazil, 1974.

276 A LUTA INDÍGENA NO CORAÇÃO DO BRASIL

criticados pelo Cimi por ainda conservar métodos autoritários. Além disso, as noções "progressistas" sobre os índios perpetuaram uma velha e danosa tradição de estereotipar e homogeneizar os grupos indígenas. As famílias xavante que lutavam para comercializar produtos agrícolas, os homens que trabalhavam nas fazendas e os chefes que embolsavam "incentivos" provavelmente teriam dado risada de seu retrato como fósseis pré-capitalistas (Flowers, 1983, p.256-7).

Havia, contudo, diferentes implicações quando os missionários concebiam os índios como discípulos que necessitavam de solidariedade clerical em vez de pecadores dignos de reprovação. Com efeito, a pressão de colegas, líderes indígenas e dissidentes internos (o missionário assassinado, Rodolfo Lunkenbein, por exemplo, fora membro da direção do Cimi) levou a missão salesiana em Mato Grosso em 1977 a traçar novas diretrizes para os missionários, promovendo treinamento etnográfico e o fim das práticas paternalistas, bem como a defesa das terras indígenas.[52] Além disso, os povos indígenas, que por muito tempo jogaram um setor da sociedade dominante contra o outro para, assim, exercer maior pressão política, podiam se beneficiar da ofensiva da Igreja contra o governo militar. Em 1979, o Cimi emitiu uma declaração à imprensa reiterando a "solidariedade incondicional" aos xavante em sua luta contra a Fazenda Xavantina.[53]

---

[52] Para uma republicação do Diretório da missão salesiana de Mato Grosso para a atividade missionária nas populações indígenas, ver Menezes, C. *Missionários e índios em Mato Grosso:* os xavante da reserva de São Marcos. São Paulo, 1984, p.630-6. Tese (Doutorado) – Universidade de São Paulo. Para outras discussões sobre divisões dentro do Cimi, ver Fioravanti, M. *Índio-Cimi ou Cimi-Índio?:* a razão crítica de uma "nova" perspectiva interétnica e missionária. São Paulo, 1990. Tese (Mestrado) – Pontifícia Universidade Católica.

[53] Nota do Cimi à opinião pública. Brasília, 21 de dezembro de 1979, Cimi, BR.MT.XV. 6a/8.

O RETORNO DOS EXILADOS, 1972-1980   277

Os xavante também encontraram "grandes amigos" entre antropólogos, jornalistas, funcionários do setor da saúde, acadêmicos, estudantes e advogados.[54] Na década de 1970, diversos grupos de defesa dos índios – Anai (Associação Nacional de Apoio ao Índio), CPI (Comissão Pró-Índio) e CTI (Centro de Trabalho Indigenista) – surgiram em resposta a uma proposta do ministro do Interior, Rangel Reis, em 1978, de "emancipar" os índios da tutela governamental.[55] Tal medida serviria para privar os povos indígenas de seus direitos constitucionais sobre as terras, porque, de acordo com as leis brasileiras, índios "emancipados" eram, por definição, aqueles que não tinham mais direito à proteção do Estado (Ramos, 1998, p.243-8; Cunha, 1987, p.93).[56] Portanto, os direitos indígenas à terra, que derivavam do fato de os índios terem sido seus primeiros ocupantes, não de seu *status* de tutelados do Estado, em teoria não seriam comprometidos; no entanto, as partes interessadas tentariam, sem dúvida, obscurecer ou mesmo repudiar as distinções legais para usurpar territórios indígenas. Em dezembro de 1978, 23 líderes indígenas, inclusive quatro

---

[54] Para uma discussão sobre as organizações brasileiras não governamentais e baseadas na Igreja que surgiram como defensoras dos direitos indígenas durante as últimas duas décadas e meia, ver Operação Anchieta. *Ação indigenista como ação política*. Cuiabá: Opan, 1987.

[55] Para outras discussões, ver Urban, G. Developments in the Situation of the Brazilian Tribal Populations from 1976 to 1982. *Latin American Research Review*, v.20, n.1, 1985, p.7-25.

[56] Pesquisas recentes sugerem que o apelo militar pela emancipação indígena era "fogo de palha". Ao longo da controvérsia, a Funai mostrou um sólido interesse na reserva de terras indígenas: em 1976, a entidade instituiu um Grupo de Trabalho Permanente para discutir questões de terra e, em 1978, emitiu normas para a delimitação de áreas indígenas. Ver Oliveira Filho, J. P. de.; Almeida, A. W. B. de. Demarcação e reafirmação étnica: um ensaio sobre a Funai. In: Oliveira Filho, J. P. de. (Ed.). *Os poderes e as terras dos índios*. Rio de Janeiro: PPGAS/UFRJ-MN, 1989, p.51-2.

278 A LUTA INDÍGENA NO CORAÇÃO DO BRASIL

xavante, viajaram a Brasília levando uma petição a Geisel para se opor à "emancipação".[57] O governo militar acabou engavetando o projeto, mas a rede de apoio aos indígenas permaneceu ativa. Em dezembro de 1979, treze grupos de defesa de São Paulo – inclusive organizações feministas, ambientalistas, indígenas, acadêmicas e de direitos humanos – assinaram uma petição publicada na *Folha de S.Paulo* pedindo ao governo a criação de uma nova reserva para os xavante em Couto Magalhães.[58] Com efeito, a imprensa, desfrutando da liberdade recém-concedida pelos censores do governo, divulgou as lutas dos índios, redescobrindo os corajosos xavante, que, como a fênix, ressurgiram das cinzas após a "pacificação". Portanto, essa era a arena política modificada em que Celestino e outros líderes xavante se mobilizariam para reclamar a terra que lhes fora usurpada pelos fazendeiros e legalizada pelo poder do Estado.

O conflito

Ao longo de 1979, os líderes xavante e a Fazenda Xavantina envolveram-se em uma guerra de nervos em que cada lado testava a determinação do outro enquanto buscava apoio do Estado. A Xavantina relatou que os índios

> solicitavam [-nos] constantemente que fornecêssemos refeições e, em alguns casos, até ameaçavam os alojamentos de nossos empregados. Somos vítimas do abate permanente de animais pelos índios, o que nos obriga a manter o gado sob supervisão e longe dos limites das reservas.[59]

---

[57] *Jornal do Brasil*, 20 de dezembro de 1978.
[58] Trecho de petição publicada na *Folha de S.Paulo*, 21 de dezembro de 1979.
[59] M. Seara a Couto, 23 de janeiro de 1979, Funai, DOC.

O RETORNO DOS EXILADOS, 1972-1980   279

Irritado com essas provocações, Hélio Stersa, um dos administradores da fazenda, ameaçou jogar uma bomba nos índios.[60] Enquanto isso, Celestino viajava até o escritório central da Funai, em Brasília, com outro líder indígena de Couto Magalhães, Martinho, para pressionar a instituição no tocante à anexação territorial e à ajuda para transportar mais índios de Sangradouro.[61] Quando a Fazenda Xavantina reativou uma serraria localizada a aproximadamente um quilômetro de uma aldeia xavante em Couto Magalhães, os índios ameaçaram queimar as máquinas para deter o desmatamento. Em fevereiro, depois que Stersa deu queixa de que o território de sua fazenda fora "invadido" por 28 índios, quinze policiais militares armados para o combate foram colocados de prontidão em Xavantina. Antes de partir para o aeroporto local, os policiais supostamente receberam a promessa de um fazendeiro de que receberiam um prêmio para cada orelha de índio xavante cortada.[62] Enviado às pressas pela Funai para a área, Claudio Romero encontrou os policiais armados com metralhadoras e acocorados atrás de uma barricada improvisada, feita de sacos de arroz, na sede da fazenda, preparados para o ataque. Romero avisou a polícia das repercussões mundiais para o governo brasileiro de um conflito violento e permaneceu em contato com seus superiores em Brasília, que prometeram enviar reforços. No dia seguinte, a Polícia Militar retirou-se da fazenda.[63]

Para o Estado, o impasse ameaçava a estabilidade regional e a reputação internacional. Para os índios e a fazenda, o conflito deveria ser resolvido pelo Estado. Os índios compreendiam sua

---

[60]   Romero, C. Relatório de viagem. Brasília, fevereiro de 1979, Funai, DOC.
[61]   Idem.
[62]   Idem.
[63]   Depoimento gravado de Claudio Romero. Brasília, 1980. Cópia em posse do autor.

280 A LUTA INDÍGENA NO CORAÇÃO DO BRASIL

vulnerabilidade em um combate corpo a corpo, e a estratégia da
Fazenda Xavantina, privilegiando a pressão burocrática em vez da
força, não era incomum entre grandes empresas agrícolas. Em seu
estudo sobre os conflitos de terra na região amazônica entre 1965 e
1989, Alfredo Wagner Berno de Almeida descobriu que o capital
industrial e financeiro da região frequentemente se opunha ao
uso da força extralegal como potencialmente instável e prejudicial
para o "racionalismo econômico", preferindo os canais legais e as
pressões burocráticas para resolver os conflitos (Almeida, 1991,
p.262). É claro que nem os xavante nem a Fazenda Xavantina
relaxaram as pressões sobre os dirigentes do governo.

A Fazenda Xavantina criticou a incapacidade da Funai em
demover os indígenas da agressão. Em abril, quarenta xavante
de Couto Magalhães, principalmente mulheres e crianças, "invadiram" a fazenda para "colher arroz de nossas plantações" sem
autorização.[64] No mês seguinte, os índios voltaram a pegar material
de construção da serraria (a partir de então fechada pela fazenda),
"tirando portas, janelas, tábuas, telas e outros materiais, destruindo casas, barracões e instalações [...] causando grandes danos à
fazenda".[65] Uma expedição de caça, liderada pelo chefe Martinho,

> queimou praticamente todos os nossos pastos nativos, colocando
> em sério risco o gado confinado ali, e obrigando-nos a mobilizar
> vários peões para ajudar a remover o gado. A área ficou impres-
> tável para o uso, tendo sido seriamente danificada pelo fogo
> extemporâneo.[66]

---

[64] M. Seara a Odenir Pinto de Oliveira. Barra do Garças, 10 de abril de 1979,
Funai, DOC.

[65] M. Seara a O. P. de Oliveira. Barra do Garças, 10 de maio de 1979, Funai,
DOC.

[66] M. Seara à Ajabag (Ajudância Autônoma de Barra do Garças). Barra do
Garças, 7 de junho de 1979, Funai, DOC.

O RETORNO DOS EXILADOS, 1972-1980 **281**

Em julho, o grupo de Celestino começou a construir malocas perto da pista de pouso da fazenda e ameaçou abater o gado.[67] A inspetoria regional da Funai, bombardeada pelos protestos da Fazenda Xavantina, considerara exageradas muitas das acusações. As supostas invasões não eram mais que caminhadas para caçar e coletar, e o retrato predatório dos xavante, uma tentativa grosseira de despertar o medo da selvageria indígena.[68] Apesar disso, até mesmo os indigenistas confidenciavam a seus superiores seu fracasso em convencer Celestino a deixar as terras da fazenda, onde seu grupo começara a plantar uma roça.[69] De fato, ao longo de 1979, vários fazendeiros na região de Couto Magalhães acusaram os xavante de invadir suas terras, ameaçar empregados, queimar barracões, pôr fogo nas pastagens e abater gado – uma indicação de que a situação não estava tão calma nem tão controlada como a inspetoria regional da Funai sugeria.[70] O conflito tomou conta de outras áreas xavante quando guerreiros da reserva Pimentel Barbosa saquearam quatro fazendas (algumas pertencentes a antigos empregados), estabelecidas em terras usurpadas por funcionários da Funai.[71]

A tensão na região xavante alarmou os escalões superiores do governo militar. Em julho de 1979, o presidente da Funai, Adhemar Ribeiro da Silva, enviou uma carta ao ministro do Interior, Andreazza, requisitando a colaboração do CSN para resolver a disputa em Couto Magalhães. O envolvimento do CSN complementaria medidas similares tomadas sob o governo Figueiredo para dissolver a violência rural no leste da Amazônia, principalmente no sul do Pará (Schmink e Wood, 1992, p.80).

---

[67] M. Seara à Ajabag. Barra do Garças, 15 de junho de 1979, Funai, DOC.
[68] O. P. de Oliveira a M. Seara. Barra do Garças, 30 de julho de 1979, Funai, DOC.
[69] O. P. de Oliveira ao presidente da Funai, 15 de junho de 1979, Funai, DOC.
[70] Francisco de Campos Figueiredo, chefe do P. I. Couto Magalhães, ao chefe da Ajabag. Couto Magalhães, 2 de julho de 1979, Funai, DOC.
[71] *O Estado de S.Paulo*, 7 de janeiro de 1979.

282 A LUTA INDÍGENA NO CORAÇÃO DO BRASIL

Quando outro grupo de representantes do estado passou por suas aldeias prometendo soluções, a esperança sem dúvida misturou-se ao cinismo entre os índios, que, contudo, falaram com firmeza com a equipe, composta por um membro do CSN e de dois funcionários da Funai, Claudio Romero e Pinto de Oliveira. A equipe observara que a comunidade xavante estava "plenamente consciente de seus direitos legais e da luta que ocorria para recuperar, ao menos parcialmente, os antigos territórios". Além disso, se no passado os chefes das várias comunidades tinham reivindicações conflitantes, eles agora insistiam conjuntamente para que a nova reserva abrangesse a Fazenda Xavantina, inclusive sua sede.[72]

A comissão do governo concluiu que os conflitos frequentes entre os xavante e a população vizinha levaram a Funai e outros órgãos estatais ao "descrédito". Os 1.220 índios, a população somada das duas reservas – 792 de Culuene e 428 de Couto Magalhães –, e a perspectiva da volta futura de outros índios, exigiam a ampliação do território xavante. Instada pelos índios, a equipe aprovou a unificação das reservas Couto Magalhães e Culuene.[73] Quando o decreto presidencial da nova reserva, prometido em meados de novembro, ainda não havia sido emitido no início de dezembro, os índios ameaçaram atacar a fazenda e centenas de homens xavante se pintaram para a guerra.[74] É questionável se um ataque violento realmente aconteceria. Atraídos por essa perspectiva, no entanto, os jornalistas afluíram a Barra do Garças, aumentando, assim, a pressão sobre o governo.[75]

---

[72] Valter Ferreira Mendes ao diretor do Departamento Geral de Patrimônio Indígena da Funai. Brasília, 13 de junho de 1979, Funai, DOC.
[73] Regularização fundiária das terras da reserva indígena Parabubure nos termos das orientações aprovadas pela exposição de motivos n. Minter--MA-MF-SG-CSN/002 de 16/06/80, v.1, folhas 40-6, Funai, DOC.
[74] *Folha de S.Paulo*, 20 de dezembro de 1979.
[75] M. Seara à Ajabag. Barra do Garças, 20 de dezembro de 1979, Funai, DOC.

Em 21 de dezembro de 1979, o presidente João Figueiredo assinou um decreto criando a nova reserva, chamada Parabubure. Embora os índios tivessem reivindicado uma área maior, a nova reserva se estendia muito além dos 23 mil hectares decretados para os índios em Couto Magalhães em 1972. Unindo as reservas Couto Magalhães e Culuene, Parabubure abrangia 89.920 hectares da Fazenda Xavantina (inclusive sua sede), além de outras fazendas e lotes de posseiros, em um total de 224.447 hectares. Do "mínimo necessário" originalmente decretado pelo governo militar para os xavante em Couto Magalhães, os índios conseguiram aumentar quase dez vezes sua área reservada[76] (ver Mapa 7).

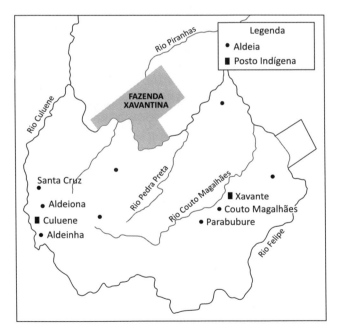

Mapa 7. Reserva Parabubure, 1980.

---

[76] Regularização fundiária das terras da reserva indígena Parabubure, Funai, DOC.

284 A LUTA INDÍGENA NO CORAÇÃO DO BRASIL

Reconstrução

Agora vinha a tarefa de reconstrução em Parabubure. Dentro da nova reserva, mais de sessenta proprietários foram afetados: 35 possuíam lotes de menos de seiscentos hectares; 21 tinham entre seiscentos e três mil hectares; e seis tinham mais de três mil hectares.[77] Embora a indenização tivesse sido negada aos proprietários, eles podiam receber compensações pelas benfeitorias feitas na terra. O valor dos prédios, dos armazéns e da infraestrutura dessas propriedades foi estimado em CR$ 250,2 milhões.[78] Só os investimentos da Fazenda Xavantina foram avaliados em CR$ 141.377.440.[79]

Ao longo do ano seguinte, famílias foram removidas, algumas delas sendo transportadas para um projeto de colonização em outro ponto de Mato Grosso. Os bancos reorganizaram os pagamentos de dívidas para agricultores estarrecidos; a Funai anulou certidões negativas emitidas para detentores de títulos na reserva e empreendeu sua demarcação física. O estado do Mato Grosso e alguns fazendeiros processaram o governo federal, pedindo indenização territorial.

Os xavante participaram plenamente da recuperação de seu território ancestral, ajudando na demarcação física e na remoção de fazendeiros. O material de construção dos prédios abandonados foi retirado para ser reaproveitado, e as ruínas arquitetônicas permaneceram como marcos de um passado histórico roubado e

---

[77] D. Cabrera, executor do PF do Vale do Araguaia a Claudio José Ribeiro, Incra. Barra do Garças, 22 de agosto de 1980, Funai, DOC; Incra, Relação dos posseiros da reserva indígena Parabubure – Área aproximada de culturas. Barra do Garças, 23 de abril de 1980, Funai, DOC.

[78] *Jornal de Brasília*, 1º de julho de 1980.

[79] Daniela Macedo et al. Relação das benfeitorias existentes na área das três empresas rurais. Barra do Garças, 22 de agosto de 1980, Funai/BSB/3816/81-v.15, Funai, DOC. (As três propriedades fizeram parte, em determinado momento, da Fazenda Xavantina, e permaneceram sob o mesmo dono.)

O RETORNO DOS EXILADOS, 1972-1980   285

corrigido, uma inspiração para futuras lutas.[80] Aproximadamente metade dos exilados acabou voltando. Carlos Dumhiwe, que voltou a Parabubure de Sangradouro em 1980, observou sobre os que ficaram nas missões salesianas: "Pedimos a eles que viessem, mas nossos irmãos não quiseram vir. Porque aqui não tem carro, não tem farmácia. Não tem nada". De fato, agora que os "fazendeiros haviam destruído a terra", aqueles que voltaram se preocupavam em como iriam reconstruir suas vidas quando "não havia mais caça, nenhum jeito de plantar".[81] Como marinheiros abatidos pela tempestade, os xavante regressaram ao porto como quem enfrentara uma força muito mais poderosa que eles – exultantes, mas também pesarosos pela destruição.

Sobre a acumulação de capital na fronteira, a formação do Estado e a história indígena

O aumento da colonização e investimentos na região xavante ao longo da década de 1970, estimulado pelo projeto desenvolvimentista dos militares, intensificou o conflito social. Se compararmos o território demarcado – e desflorestado – em Parabubure com os extensos domínios pré-contato, a "vitória" dos xavante parece vazia. Entretanto, embora emoldurada por uma economia política que favoreceu a acumulação de capital, a experiência histórica dos grupos indígenas brasileiros não deve ser empobrecida pelo reducionismo. Os xavante mobilizaram-se para fazer a acumulação de capital na

---

[80] Tomei emprestado essas imagens de Rappaport, J. *Cumbe Reborn: An Andean Ethnography of History.* Chicago: University of Chicago Press, 1994, p.83.

[81] Entrevista com Carlos Dumhiwe, aldeia de Parabubure, reserva indígena de Parabubure, julho de 1994.

286 A LUTA INDÍGENA NO CORAÇÃO DO BRASIL

fronteira recuar, pressionando o governo militar a delimitar reservas maiores. Em parte, o triunfo xavante pode ser explicado pela natureza do conflito na região de Couto Magalhães-Culuene, que arregimentou os índios contra grandes e pequenos fazendeiros, mas não contra "megaprojetos", o que acarretaria uma resposta mais dura do governo. Além disso, o sucesso deveu-se à cultura política dos xavante, que, como a dos caiapó, combinou a agressividade tradicional e a hábil manipulação de práticas culturais dominantes para influenciar a política de Estado.[82] Grupos indígenas como os xavante reconheceram tanto a importância quanto as deficiências da Funai em defender a comunidade nativa e, assim, procuraram reforçar e, ao mesmo tempo, redefinir o poder de Estado na fronteira.

Com efeito, como este capítulo mostrou, os xavante recorreram a medidas tanto legais quanto extralegais para estender os limites territoriais e políticos impostos pelo regime autoritário. Assistidos por funcionários da Funai, líderes da Igreja e setores da sociedade civil, os índios aproveitaram-se da abertura política orquestrada pelo governo Geisel para pressionar o Estado por mais terra. Os apelos dos xavante, adaptados a partir do discurso e da legislação dominantes, mas também inspirados na experiência histórica específica do grupo, defenderam os direitos constitucionais e a inviolabilidade cultural dos "índios". Entretanto, por meio da ação direta, eles retornaram à região de Culuene, atacaram fazendas, abateram gado, intimidaram oponentes e procuraram despertar a consciência doméstica e internacional.

---

[82] Sobre os caiapó, ver Turner, T. Representing, Resisting, Rethinking: Historical Transformations of Kayapo Culture and Anthropological Consciousness. In: Stocking JR., G. W. (Ed.). *Colonial Situations:* Essays on the Contextualization of Ethnographic Knowledge. Madison: University of Wisconsin Press, 1991, p.285-313; Schmink, M.; Wood, C. H. *Contested Frontiers in Amazonia.* New York: Columbia University Press, 1992, p.253-75.

O RETORNO DOS EXILADOS, 1972-1980 **287**

O caso dos xavante sugere, então, a reavaliação do papel da violência e sua relação com a resolução do conflito na fronteira.

Joe Foweraker observa corretamente que, na fronteira brasileira, o Estado empregou violência (bem como administração burocrática e legal, ou sua ausência) para reproduzir o sistema social capitalista. A repressão contra os camponeses, a expulsão dos posseiros e outras formas de violência rural são desculpadas e estão intimamente associadas ao aparelho legal e administrativo do Estado (Foweraker, 1981, p.24-5). A luta pela terra dos xavante, todavia, demonstra como grupos subalternos usaram o espetáculo da força – atacando fazendas, interditando estradas, pintando-se para a guerra – para assegurar o apoio do Estado contra invasores.[83]

A interação entre as políticas de Estado e a mobilização xavante ilustra a alegação de Maria Helena Moreira Alves, de que o Estado militar brasileiro, envolvido em uma relação dialética com movimentos oposicionistas resilientes e multiformes, foi impelido a incorporar algumas dessas demandas (Alves, 1988, p.255). A pressão dos xavante, aplicada sobre um governo preocupado com os conflitos de terra na Amazônia na esteira do movimento guerrilheiro no Araguaia, ajudaria a forçar um acordo. A recuperação de uma extensão maior de terra na região de Couto Magalhães--Culuene, de onde toda a população indígena fora exilada décadas antes, simbolizou intensamente essa negociação estratégica entre os índios e o Estado. Portanto, como resultado da mobilização xavante, o curso da política indigenista e da política dos indígenas foi significativamente alterado.

---

[83] Para um caso semelhante, ver a breve discussão sobre a ação direta tomada pelos índios gavião e apinajé na década de 1980 – obstrução do tráfego em ferrovias e rodovias, ocupação de escritórios da Funai – para pressionar o Estado a remover invasores de suas terras em Hall, A. L. *Developing Amazonia: Deforestation and Social Conflict in Brazil's Carajás Programme*. Manchester: Manchester University Press, 1989, p.222-5.

288 A LUTA INDÍGENA NO CORAÇÃO DO BRASIL

Os xavante em Parabubure valorizam sua conquista. Carlos Dumhiwe, morando a poucos metros da antiga sede da Fazenda Xavantina, ao olhar para os prédios abandonados nas colinas de grama seca, lembra-se de quão poderosa fora a fazenda: "Tinha tudo. Como uma cidade que tem coisas. Uma fortuna, a fazenda [...] Ninguém na missão pensava em voltar para nossa terra".[84] Renato Tsiwaradza, outro morador da aldeia, narra a humilhação que seu povo passou antes da criação da reserva Parabubure:

Naqueles dias, o povo de Culuene não passava lá no meio da sede [da fazenda] se estava indo para a reserva Couto Magalhães. Ninguém passava por lá, era preciso dar a volta, como um cachorro.

Com orgulho, ele acrescenta: "Hoje é Parabubure. Não tem outro nome".[85]

---

[84] Entrevista com Carlos Dumhiwe, aldeia de Parabubure, reserva indígena de Parabubure, julho de 1994.

[85] Entrevista com Renato Tsiwaradza, aldeia de Parabubure, reserva indígena de Parabubure, julho de 1994.

8

O Projeto Xavante, 1978-1988

Embora os xavante de várias reservas celebrassem seu triunfo político ao recuperar seu território, o futuro de suas comunidades permanecia incerto. José Tsorompré, de São Marcos, lamentava que, enquanto seu pai o criara com carne de caça e raízes, ele não podia garantir o mesmo a seu filho.[1] De fato, com a degradação ambiental e a alta taxa de natalidade, como os índios iriam alimentar. suas famílias? De que forma os xavante iriam suportar a mudança para a agricultura intensiva? Como os índios iriam garantir educação e atendimento médico adequados às suas comunidades? De que modo iriam satisfazer sua crescente dependência de bens de consumo? Como seriam retomadas as relações com os fazendeiros? Os xavante venceram a batalha legal para recuperar seu território, mas a ruptura com os vizinhos era uma das sequelas da guerra (ver Tabela 3). Por conta da série de vitórias indígenas, os fazendeiros abandonaram a paternalista "política de boa vizi-

---

[1] Os comentários feitos por Tsorompré foram lembrados por Cláudio Romero em uma reunião gravada com dirigentes da Funai em Brasília, 9 de maio de 1980 (gravação em posse de Arthur Wollman, Incra, Brasília).

290 A LUTA INDÍGENA NO CORAÇÃO DO BRASIL

nhança", que ajudara a sustentar as comunidades necessitadas, e passaram a promover retaliações contra os xavante e a Funai. Em Barra do Garças, os funcionários da instituição eram ridicularizados e ameaçados, e programas de rádio, artigos de jornal e cartazes na região protestavam contra a criação de reservas indígenas. Os comerciantes e profissionais liberais de Barra do Garças, que tinham como clientela os fazendeiros, cerraram fileiras contra os xavante. Hospitais, escolas e estabelecimentos comerciais negavam atendimento aos índios, que eram acusados de ser vagabundos, vândalos e ladrões de gado.[2]

Em um apelo conciliatório, os chefes xavante assinaram um manifesto declarando que estavam apenas buscando "progresso na produção" em suas reservas (ver Mapa 8), embora também devolvessem as acusações que lhes eram feitas:

> Esses vereadores, fazendeiros e políticos querem se livrar dos índios tirando todas as terras dos índios brasileiros. Não é o bastante que nossos ancestrais tenham sido mortos como animais? Vindos de Barra do Garças, os homens brancos foram armados para caçar os índios e destruir o povo dessa nação xavante. Temos sobreviventes desses conflitos que podem ir ao tribunal testemunhar contra esses brancos. Em noventa anos, que justiça foi feita? Ninguém encontra essas pessoas, elas estão escondidas. Os fazendeiros querem fazer o mesmo conosco.[3]

A camaradagem entre índios e brancos, alardeada pelos ideólogos do Estado Novo na Marcha para o Oeste, evadiu-se de Barra do Garças, assim como da maior parte da zona rural brasileira.

---

[2] *Folha de S.Paulo*, 17 de março de 1980.

[3] A respeito do jornal *O pioneiro*, da Nova Xavantina ..., manifesto assinado por quinze caciques xavante e entregue ao coronel João Nobre da Veiga, presidente da Funai, São Marcos, 6 de março de 1980, ISA, VXD03; *Jornal de Brasília*, 13 de março de 1980.

O PROJETO XAVANTE, 1978-1988   **291**

Isolados por um mar de hostilidade, os índios procuraram a Funai em busca de ajuda. Esta, por sua vez, apostou muito no "produtivo" uso de recursos pelos xavante para rebater acusações de que muita terra fora reservada para poucos índios.[4] Suspeitas mútuas, todavia, geravam parceiros desconfiados. Os índios tinham más lembranças das infidelidades anteriores da Funai, e esta estremecia ao pensar no próximo golpe dos xavante. Além disso, nenhum dos lados estava inteiramente convencido da harmonia de sua união. Alguns líderes xavante criticavam a intervenção da entidade em assuntos indígenas. E quando funcionários da inspetoria da Funai em Barra do Garças incentivaram as comunidades indígenas a exercer maior autonomia, os dirigentes em Brasília reclamaram da perda de controle.

Não é de admirar que, em um momento crítico como esse, todos os olhos se voltassem ansiosamente para o Plano de Desenvolvimento para a Nação Xavante, mais conhecido como Projeto Xavante. Elaborado em 1978 por dois antropólogos da Funai, Cláudio Romero e José Claudinei Lombardi, esse projeto de desenvolvimento comunitário visava gerar autossuficiência para as comunidades indígenas por meio da produção mecanizada de arroz e da criação de gado, além de programas educacionais e de saúde nas reservas xavante. A Funai enviou uma equipe de técnicos, agrônomos, educadores e profissionais de saúde para a área, a fim de treinar os índios como agricultores, operadores de máquinas, atendentes de saúde e monitores de ensino bilíngue. A entidade, sob a administração do general Ismarth Araújo de Oliveira, inicialmente destinou CR$ 8.635.207 para o Projeto Xavante e estabeleceu uma unidade especial de coordenação em

---

[4]   Fernando Schiavini de Castro, Relatório geral referente ao Projeto Xavante – Posto indígena Pimentel Barbosa – Ajabag, P. I. Pimentel Barbosa, 28 de maio de 1980, Funai, DOC.

292 A LUTA INDÍGENA NO CORAÇÃO DO BRASIL

Barra do Garças, a Ajabag (Ajudância Autônoma de Barra do Garças; sede regional da Funai estabelecida na cidade).[5] O Projeto Xavante agradava aos planos do governo como uma receita para a modernização agrícola e a autossuficiência indígena, assim como um meio de consolidar o poder do Estado na Amazônia Legal. Baseado no que James Scott chamou de "ideologia de alto modernismo", o projeto de cultivo mecanizado de arroz exigia uma fé acrítica e absoluta na ciência, no progresso técnico e no planejamento abrangente para controlar a produção e a natureza (inclusive a natureza humana) (Scott, 1998, p.3-6, 262-306). O Projeto Xavante privilegiava a monocultura de larga escala, comercial, mecanizada, excluía a contribuição e o conhecimento dos xavante e fazia concessões superficiais à ordem social indígena vigente e à paisagem local. Elaborado sob um governo autoritário, o projeto foi implantado entre comunidades xavante com limitada capacidade de desafiar o poder do Estado em termos legais, econômicos e políticos.

Tabela 3. Reservas xavante por área e população, 1990

Reserva	Área (hectares)	População
Areões	218.515	594
Marechal Rondon	98.500	245
Parabubure	224.447	2.697
Pimentel Barbosa	328.966	694
Sangradouro	100.260	635
São Marcos	188.478	1.368

Fonte: Centro Ecumênico de Documentação e Informação. *Povos indígenas no Brasil – 1987/1988/1989/1990*. São Paulo: Cedi, 1991, p.503.

---

[5] Assessoria de Planejamento e Coordenação, Plano de desenvolvimento para a nação xavante, 1978, Funai, DOC.

O PROJETO XAVANTE, 1978-1988   **293**

O projeto também foi calculado para enfraquecer a militância indígena, acalmar os fazendeiros e ampliar a legitimidade do regime sob o clima liberalizante de abertura (Hagopian, 1996, p.151-61). Como Cláudio Romero afirmou em 1978:

> A Funai só pensou em elaborar um projeto para a comunidade xavante [de São Marcos] porque aqueles índios eram um problema, e um problema sério. O principal objetivo daquele projeto era político, porque buscava acalmar os índios, que sempre davam entrevistas criticando a entidade.[6]

Com efeito, depois do repúdio da população revelado nas eleições de 1974, o governo militar envolveu-se em políticas clientelistas em grande escala em todos os níveis do Estado para assegurar apoio eleitoral e combater a percepção crescente de que o partido oficial dos militares, a Arena, representava apenas os ricos (Hagopian, 1996, p.140-77). Embora a repressão e a manipulação eleitoral continuassem sendo empregadas durante a abertura, os militares dependiam do apadrinhamento e do clientelismo para recompensar as elites tradicionais, assim como para cortejar setores desprivilegiados da sociedade. Como o governo militar dependia do Projeto Xavante para cooptar lideranças indígenas e neutralizar reivindicações territoriais, a Funai e os chefes xavante entraram em uma relação patrono-cliente.

Este capítulo sonda as origens e a evolução do programa de desenvolvimento patrocinado pelo Estado entre as comunidades xavante. Ao examinar o Projeto Xavante no contexto das políticas de Estado, procuro ligar a análise política do governo militar e da transição democrática ao trabalho etnográfico de Laura Graham, que ressalta o papel da ação dos xavante na mediação da tumultuada

---

[6] Cláudio Romero ao diretor do DGO. Brasília, novembro de 1978, Funai, DOC.

294　A LUTA INDÍGENA NO CORAÇÃO DO BRASIL

mudança socioeconômica.[7] Os objetivos aqui são dois: ampliar a compreensão dos mecanismos empregados pelos militares para consolidar o poder no campo e controlar o processo de transição democrática; e destacar os padrões xavante de acomodação, dependência e resistência, dependência e desafio, padrões estes que constituíram o complexo envolvimento dos indígenas com o poder de Estado. Um modelo dualista de Estado *versus* subalterno, ressaltado nas obras que tratam dos "novos movimentos sociais" sob o regime militar, é problematizado aqui, bem como a persistente herança do clientelismo no Brasil pós-autoritário (Alves, 1988; Alvarez, 1990; Corradi et al., 1992).[8]

Um projeto de desenvolvimento comunitário é criado

Os projetos de desenvolvimento, quer se tratasse da construção de uma estrada, quer dissesse respeito a programas comunitários,

---

[7] Sobre o governo militar e a transição democrática, ver Hagopian, F. *Traditional Politics and Regime Change in Brazil*. New York: Cambridge University Press, 1996; Linz, J. J.; Stepan, A. *Problems of Democratic Transition and Consolidation*. Baltimore: Johns Hopkins University Press, 1996, p.150-230; Stepan, A. *Democratizing Brazil*: Problems of Transition and Consolidation. New York: Oxford University Press, 1989. Para a discussão de Laura Graham sobre o Projeto Xavante, ver Graham, L. *Performing Dreams*: Discourses of Immortality among the Xavante of Central Brazil. Austin: University of Texas Press, 1995, p.44-63.

[8] Sobre os "novos movimentos sociais" apenas como antagonistas em um campo disputado por projetos políticos e alternativas ideológicas, ver Burdick, J. Rethinking the Study of Social Movements: The Case of Christian Base Communities in Urban Brazil. In: Escobar, A.; Alvarez, S. E. (Ed.). *The Making of Social Movements in Latin America*. Boulder: Westview Press, 1992, p.171-84. Sobre as respostas variadas dos trabalhadores rurais às iniciativas do governo militar, ver Maybury-Lewis, B. *The Politics of the Possible:* The Brazilian Rural Workers Trade Union Movement, 1964-1985. Philadelphia: Temple University Press, 1994.

O PROJETO XAVANTE, 1978-1988 **295**

conformavam-se ao planejamento econômico centralizado dos governos militares de Médici, Geisel e Figueiredo.[9] Básico para esse modelo era a própria conceitualização de "desenvolvimento" como inovação tecnológica e participação no mercado, não como mudança estrutural, bem como a subordinação da iniciativa e do conhecimento locais ao planejamento do Estado (Ammann, 1987).

Os projetos de desenvolvimento de comunidades rurais serviam principalmente como mecanismos para modernizar a produção agrícola, promover o crescimento capitalista e expandir o poder do Estado no campo, assegurando a adesão da população local. Na busca por modernizar a produção agrícola, com especial atenção aos "problemas" da Amazônia, os estrategistas militares colocaram os povos indígenas sob sua mira. Como o ministro do Interior, Rangel Reis, afirmou em 1974: "O índio não é um ser diferente para viver segregado em reservas [...] precisa participar do esforço do desenvolvimento nacional". Alimentado pelo sistema supostamente "cooperativo" dos nativos, os projetos de desenvolvimento das comunidades apenas reforçariam a fibra moral e o poder econômico das aldeias indígenas.[10] Como resultado surgiria o "índio melhor" que os estadistas há muito sonhavam fabricar: pequeno agricultor, trabalhador disciplinado e cidadão leal.

Os projetos de desenvolvimento comunitário da Funai durante a administração de Araújo de Oliveira passaram, na verdade, por duas fases distintas. Os programas iniciais, mais modestos em escopo, foram elaborados por antropólogos tanto brasileiros quanto estrangeiros, especialistas em seus respectivos grupos indígenas. Assim,

---

9 Sobre os grandes projetos desenvolvimentistas dos militares, ver Schneider, B. R. *Politics within the State:* Elite Bureaucrats and Industrial Policy in Brazil. Pittsburgh: University of Pittsburgh Press, 1991.

10 Discurso de Maurício Rangel Reis republicado em Brasil. Ministério do Interior. *Política indigenista* – Governo do presidente Ernesto Geisel. Brasília, 1974.

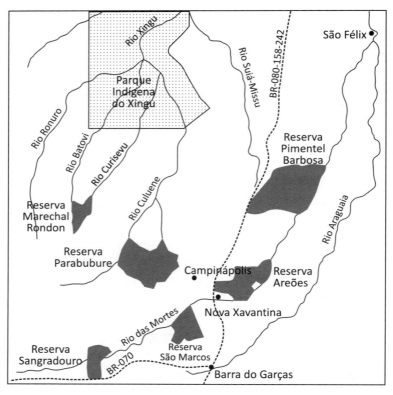

Mapa 8. Reservas xavante, 1986.

para os xavante, uma proposta de comunidade foi elaborada por Aracy Lopes da Silva, que na época fazia pesquisas de campo para a obtenção de seu doutorado. George Zarur, diretor do Departamento Geral de Planejamento Comunitário da Funai, observou em 1975 que o sucesso econômico do projeto não deveria ser medido apenas pelo desempenho no mercado, mas pela criação de "seres humanos melhores, cuja humanidade seja reconhecida na sociedade em que vivem" (Brasil, 1975, p.26). Mas, em uma súbita reviravolta, os dirigentes da Funai redefiniram os projetos de desenvolvimento comunitário e tomaram para si o controle dos

O PROJETO XAVANTE, 1978-1988   **297**

acadêmicos, que foram acusados de subversivos ou espiões e, em muitos casos, acabaram sendo expulsos da região.[11] O Projeto Xavante, grandioso em escopo, representava uma tarefa de Sísifo, tanto para os índios quanto para a Funai. Mesmo em condições ótimas, a agricultura mecanizada em larga escala no cerrado do Mato Grosso enfrentava uma horda de inimigos: os solos altamente ácidos requeriam extensas calcificação e fertilização; as chuvas irregulares causavam devastações; enchentes, quedas de pontes e estradas esburacadas prejudicavam o transporte de mercadorias; as máquinas precisavam de combustível, manutenção e reparo.[12] De fato, tais fatores prejudicaram muitos colonos e pequenos agricultores na região (Oliveira, 1981, p.278-9). Para os xavante, a ênfase na monocultura, historicamente evitada como garantia contra riscos ambientais, representou uma mudança dramática e arriscada em seus padrões de subsistência. Além disso, a inexperiência dos índios com a agricultura de alto rendimento e a ultradependência de investimento e apoio técnico do governo brasileiro eram um mau sinal para um projeto alardeado como a panaceia para a autossuficiência indígena. Na verdade, desde o início, os formuladores do projeto estavam plenamente conscientes das armadilhas que a agricultura mecanizada de larga escala poderia trazer às comunidades xavante.

Entre 1975 e 1977, a Funai implementou um projeto piloto na reserva Areões para o cultivo mecanizado de arroz que provou que nem as maravilhas tecnológicas nem a virtude indígena eram impecáveis, e que a união de ambas poderia produzir mutações. A instrução técnica prometida pela Funai nunca foi fornecida, e os xavante foram relegados a coadjuvantes enquanto os funcionários dos postos realizavam a maioria das

---

11 Declaração pessoal de Aracy Lopes da Silva, julho de 1993.
12 Sobre a dificuldade de transportar bens ao mercado, ver David da Rocha, Relatório, P. I. Areões, 11 de outubro de 1976, Funai, DOC.

298 A LUTA INDÍGENA NO CORAÇÃO DO BRASIL

tarefas.[13] Quando os funcionários insistiam para que os índios cultivassem manualmente os lotes, eles faziam troça: por que iriam se preocupar em capinar se o encarregado podia usar um trator? Desanimados e ociosos, os membros da comunidade ficavam perambulando pela cidade de Xavantina. Como resultado, Areões ganhou a dúbia distinção de ser a única reserva xavante com um sério problema de alcoolismo.[14] Na verdade, a maioria dos problemas que afligiam Areões assolava as outras 36 áreas indígenas em que a Funai implementara projetos de desenvolvimento comunitário. Em 1977, um inquérito do Congresso Nacional criticou tais projetos por excluir os índios de todos os aspectos de tomada de decisão e produção, provocando "alterações desastrosas" na divisão de trabalho e distribuição de bens (Brasil, Congresso Nacional, 1978, p.15).

Os formuladores do Projeto Xavante, que queriam abranger todas as reservas indígenas, procuraram corrigir esses problemas. Para reduzir a marginalização dos índios, Romero e Lombardi propuseram que as cooperativas assegurassem ampla participação destes e tomada de decisão com base em consultas coletivas. Eles avisaram explicitamente à Funai dos perigos de compactuar com os chefes, observando que, como "a liderança entre os xavante é transitória", qualquer política clientelística "causaria consequências imprevisíveis". Para conter rivalidades entre as aldeias e protestos de favoritismo, o projeto deveria beneficiar igualmente todas as comunidades.[15] Na prática, todavia,

---

[13] Ivan Baiochi, Relatório final sobre o projeto Areões que Ivan Baiochi, delegado da 7ª Delegacia Regional, submete ao superior julgamento do DGO, 25 de outubro de 1977, Funai, DOC; João Carlos Alves, chefe do Posto Areões, Relatório, 29 de outubro de 1975, Funai, DOC.

[14] Cláudio Romero ao diretor do DGO da Funai. Brasília, novembro de 1978, Funai, DOC.

[15] Asplan (Assessoria de Planejamento e Coordenação), Plano de desenvolvimento para a nação xavante, 1978, Funai, DOC.

O PROJETO XAVANTE, 1978-1988   299

tais orientações eram difíceis de ser seguidas, e acabaram por ser desprezadas.

Um projeto de desenvolvimento comunitário é adaptado

Os índios reagiram ao Projeto Xavante com cinismo e entusiasmo ao mesmo tempo. Com efeito, a implantação de tal projeto ressaltou sua tênue e ambígua posição como tutelados do Estado. Embora este lhes garantisse direitos de usufruto permanentes sobre a terra, era a Funai que ditava o curso do desenvolvimento econômico das aldeias e gerenciava a utilização dos recursos naturais. Os xavante não tinham voz na elaboração do projeto, concebido em Brasília por planejadores mais preocupados com a transformação esquemática e organizada das comunidades locais que com sua realidade diária, lutas, aspirações e limitações. Assim, por exemplo, em áreas em que os conflitos de terra continuavam a grassar, alguns xavante se recusavam a levar o projeto adiante quando seus territórios eram invadidos ou inadequadamente demarcados.

Outros xavante, contudo, saudaram o projeto, tanto pelo que prometia quanto por seu simbolismo. Durante décadas, o Estado falhou em fornecer aos índios assistência técnica adequada, bem como atendimento médico e educação, abandonando-os à própria sorte, até essa súbita mudança. Durante anos os índios invejaram os fazendeiros, pois, enquanto eles possuíam máquinas que lhes economizavam trabalho, os índios cortavam e queimavam a vegetação e cultivavam seus lotes manualmente (Flowers, 1983, p.312). Agora, porém, os índios provariam a seus detratores que eles também podiam se sair bem quando recebiam uma oportunidade decente.[16]

---

[16] Fernando Schiavini de Castro, Relatório geral de atividades – Exercício de 1979 – Pimentel Barbosa – Ajabag, [s.d.], Funai, DOC.

300 A LUTA INDÍGENA NO CORAÇÃO DO BRASIL

Como um líder xavante de São Marcos declarou, em 1980: "Nós queremos que nossos filhos e netos aprendam tudo o que podem para ter profissões, para se tornarem advogados, dirigentes, por seu próprios méritos".[17] A esperança brilhou para comunidades famintas cujas terras haviam sido devastadas. A perseverança proporcionara aos xavante seu lugar ao sol. Não admira que muitos índios encarassem o Projeto Xavante – como muitos encararam a "pacificação" – como uma conquista *deles* (Silva, 1992, p.377). Os xavante esforçaram-se para seguir as orientações do projeto, que exigiam uma remodelação dos seus meios tradicionais de subsistência. Até recentemente, a caça e a coleta tinham maior importância que a produção agrícola, que era efetuada em nível familiar. Além disso, o cultivo e a distribuição de produtos agrícolas de subsistência eram, tradicionalmente, responsabilidade das mulheres xavante. Apesar disso, os índios procuraram adaptar ao projeto sua divisão de trabalho baseada em gênero e idade. Em São Marcos, por exemplo, as mulheres trabalhavam na limpeza de raízes e galhos e na colheita do arroz. Além disso, cada conjunto etário masculino cultivava uma área de arroz específica. O rendimento de cada área era dividido entre o conjunto etário correspondente, sendo uma parte consumida pelas famílias e o restante comercializado. Os homens mais jovens tendiam a ter mais lucros, já que os lotes por eles cultivados tinham o dobro do tamanho dos lotes dos mais velhos. Quando apenas algumas sacas de arroz eram produzidas, os índios viajavam sozinhos à cidade para vender a produção. Já as transações maiores eram supervisionadas pelos funcionários da Funai, para garantir a justa distribuição dos rendimentos (Menezes, 1982, p.81-2).

O Projeto Xavante revelou tanto potencial produtivo quanto força disruptiva. A reserva São Marcos produziu 10.494 sacas de arroz na colheita de 1979-1980.[18] Entre 1981 e 1982, de acordo

---

[17] Aniceto, apud *O Estado de Mato Grosso*, 20 de abril de 1980.
[18] *Jornal do Comércio*, 2 de abril de 1981.

O PROJETO XAVANTE, 1978-1988   **301**

com estatísticas da Funai, 2.762 hectares de arroz foram colhidos nas reservas xavante, e entre 1982 e 1983, 3.161 hectares.[19] Em 1982, quase toda a aldeia de Pimentel Barbosa se deslocaria cerca de sessenta quilômetros de sua base para trabalhar na colheita de arroz (Graham, 1995, p.44-7).

Apesar disso, com sua ênfase na monocultura e pesada injeção de capital, o projeto de cultivo mecanizado de arroz criou novos problemas. Com seus esforços voltados ao cultivo de arroz, os índios perderam o interesse pelas caminhadas e por seus lotes de terra de corte e queima. As refeições, outrora uma variedade de caça, tubérculos, frutos selvagens e nozes, agora consistiam, muitas vezes, em apenas um prato de arroz. Com efeito, os nutricionistas avisaram que o excesso de amido e a falta de proteína na dieta xavante poderiam contribuir para o surgimento de diabetes, bócio, deficiência de vitaminas e outros males.[20] Além disso, a agricultura intensiva degradou a qualidade do solo do cerrado, pobre por natureza. Altamente dependentes da Funai para insumos e comercialização, os índios sofriam com o desamparo da entidade. Como a Funai não fornecia combustível suficiente para as máquinas, em 1980, 50% da colheita de arroz nas áreas xavante (cerca de 2.400 hectares) foi perdida.[21]

A Funai descobriu que os xavante tinham outras ideias em mente. De fato, a mera noção de projeto de desenvolvimento comunitário elaborado por pessoas de fora adquiriu um novo significado em uma sociedade indígena em que os termos "comunidade" orbitava ao redor de rivalidades de facções; "desenvolvimento" assumia

---

[19] DAI (Diretoria de Assistência), Projeto integrado da área xavante-MT, [s.d.], Funai, DOC; Funai/Asplan, Atuação da Funai na área xavante, 1986, Funai, DOC.

[20] João Paulo Botelho Vieira Filho, Problemas da aculturação alimentar dos xavantes e bororo, *Revista de Antropologia*, n.24, 1981, p.37-9.

[21] *Correio Braziliense*, 6 de maio de 1980.

302 A LUTA INDÍGENA NO CORAÇÃO DO BRASIL

diferentes configurações; e "projeto" tinha um escopo imediato em vez de no longo prazo. Ao lidar com os modos de produção e as dinâmicas de poder indígenas, o projeto levaria à reconfiguração tanto das políticas xavante quanto das políticas de Estado. Em linha com sua longa busca de autonomia e domínio territorial, as comunidades xavante discutiram incessantemente com a Funai, assim como entre elas, sobre o controle do maquinário. Embora o equipamento pertencesse à Funai, os xavante o encaravam como seu – a não ser quando necessitava de reparos. Os índios pegavam os tratores para realizar expedições de caça e como meio de transporte até a cidade; quando repreendidos por funcionários do posto, eles replicavam, dizendo que o equipamento lhes fora "dado por sua Excelência, o ministro do Interior, e que eles, como seus donos, podiam fazer o que quisessem com as máquinas".[22] As aldeias prezavam "seu" equipamento como um símbolo de *status*. Segundo um chefe de posto: "Todas as vezes que é preciso enviar o equipamento agrícola a uma determinada área, eles quase iniciam uma guerra".[23] Assim, quando o encarregado Francisco Magalhães insistiu para que as comunidades na reserva Parabubure guardassem as máquinas no abrigo do posto para evitar que enferrujassem, encontrou oposição a tal "rendição" simbólica. Quando o encarregado contrariou a vontade de Benedito Loazo, foi amarrado e espancado.[24]

---

[22] Alves, Relatório, fevereiro de 1976, Funai, DOC.

[23] Francisco dos Santos Magalhães, Relatório de ocorrência em 17-10-81, [s.d.], Funai, DOC; Luis Carlos Mattos Rodrigues, Relatório analítico do 3º e 4º trimestres/82, referente implantação do Projeto Agrícola Xavante/bororo, [s.d.], Funai, DOC. Para mais discussões sobre a rivalidade entre aldeias, ver Garfield, S. *"Civilized" but Discontent:* The Xavante Indians and Government Policy in Brazil, 1937-1988. Yale, 1996, cap. 9. Tese (Doutorado) – Yale University.

[24] Magalhães, Relatório de ocorrência em 17-10-81, [s.d.], Funai, DOC.

O PROJETO XAVANTE, 1978-1988   303

Nas aldeias, o Projeto Xavante enfrentou a dinâmica de poder local. Os esforços da Funai para treinar indígenas como futuros administradores do projeto por meio das tarefas de monitores de escola bilíngues, atendentes de saúde e trabalhadores qualificados naufragaram quando os chefes xavante nomearam homens de suas facções para essas posições remuneradas, independentemente da qualificação. Os educadores empregados pela Funai ficaram consternados ao saber que muitos dos monitores de educação bilíngue, por exemplo, careciam de conhecimentos básicos de português.[25] Além disso, os índios incluídos na lista de pagamento da Funai viam-se, antes de mais nada, como empregados da entidade, não como garantidores do bem-estar da comunidade. Quando o pagamento chegava tarde (como muitas vezes acontecia), os xavante abandonavam o trabalho, deixando tratores ociosos ou a enfermaria inoperante.[26] (Porém, muitas vezes faltava remédio nas enfermarias da Funai, ou os remédios estavam vencidos.) (Graham, 1995, p.9). A corrupção veio à tona, com o "secretário" de Pimentel Barbosa acusado de desviar rendas da venda de arroz da comunidade para contas pessoais em bancos em Barra do Garças e em Goiânia.[27] Ocorria também, no dia a dia, de os veículos e recursos da Funai muitas vezes serem utilizados pelos chefes indígenas para uso pessoal.

As relações de idade e gênero dentro das aldeias também foram reconfiguradas. Na corrida às portas da Funai, muitos velhos líderes menos fluentes em português, e menos hábeis em extrair

---

[25] DGO, Projeto de Idelva Nadir Kern e Lucia Magaly Ramos Sendeski referente ao curso de treinamento de monitores bilíngues xavante para o ano de 1982, [s.d.], Funai, DOC.

[26] Luiz Otávio Pinheiro da Cunha, Criação de nova aldeia xavante na reserva Parabubure. Aragarças, 24 de maio de 1983, Funai, DOC.

[27] José Carlos Alves, da 7ª Delegacia Regional da Funai, ao diretor do DGO, Relatório de viagem de Emi de Paula de Souza, 16 de março de 1983, Funai, DOC.

304 A LUTA INDÍGENA NO CORAÇÃO DO BRASIL

recursos da entidade, eram passados para trás ou deixados de lado por seus "secretários". Nas missões salesianas em particular, surgiam líderes xavante mais jovens e menos versados nos costumes tradicionais de seu povo por causa da pouca idade e por terem sido criados entre os missionários. De fato, os funcionários da Ajabag observaram a marginalização dos membros do warã, o conselho de idosos, no tocante à tomada de decisões sobre a comunidade.[28] Os papéis de gênero adquiriam novas configurações à medida que os homens xavante ganhavam acesso à assistência do governo, ampliavam redes políticas e circulavam nos meios urbanos onde expandiam os contatos sociais, enquanto as mulheres permaneciam confinadas ao lar.[29]

Muitos xavante encaravam como o prêmio maior os recursos do projeto, não a promessa de autossuficiência. Em 1979, todos os dias, uma média de sessenta a oitenta xavante iam à Ajabag em busca de comida, roupas, sapatos e outras doações, perpetuando o mesmo ciclo de dependência que o projeto procurava erradicar.[30] Ao dispor livremente dos recursos e das máquinas do Estado, muitos índios sem dúvida acreditavam que *estavam* sendo autossuficientes.

Odenir Pinto de Oliveira, chefe da Ajabag, convocava reuniões de líderes xavante para resolver esses problemas. Em um encontro ocorrido em Merure, em junho de 1979, ao qual compareceu o presidente da Funai, Adhemar Ribeiro da Silva, dirigentes da entidade e líderes indígenas de várias reservas concordaram que, para estancar o desperdício, cada posto deveria, dali em diante,

---

[28] Castro, Relatório geral de atividades – Exercício de 1979, Funai, DOC.

[29] Tomei emprestada essa ideia em Cadena, M. de la. Women are More Indian: Gender and Ethnicity in Cuzco. In: Larson, B. et al. (Ed.). *Ethnicity, Markets and Migration in the Andes:* At the Crossroads of History and Anthropology. Durham: Duke University Press, 1995, p.329-48.

[30] Odenir Pinto de Oliveira ao diretor do DGO. Barra do Garças, 16 de abril de 1979, Funai, DOC.

O PROJETO XAVANTE, 1978-1988   305

administrar os próprios fundos.[31] Além disso, para desencorajar viagens frequentes a Barra do Garças, a entidade suspendeu todos os pedidos de alimentos, moradia e transporte feitos pelos xavante, e informou aos donos de hotéis e comerciantes locais que a Funai não mais pagaria as despesas dos índios.

Durante os meses seguintes, segundo o chefe do posto da Funai em Culuene, a participação dos índios no Projeto Xavante foi mais constante: as tarefas eram executadas, os xavante saíam com menos frequência das reservas e, no início de 1980, duas mil sacas de arroz foram colhidas. Além disso, os índios concordaram em usar metade dos lucros para adquirir bens de consumo, um quarto para continuar financiando o projeto e o restante para a próxima colheita.[32] Prevendo o futuro do projeto, outro chefe de posto arriscou:

> O projeto pode ser uma faca de dois gumes. Se bem orientado, o aspecto indigenista pode dar frutos. Porém, pode levar mais rapidamente à individualização, dependência, vícios dos "brancos", consumo incontrolado e fútil, e desintegração tribal.[33]

Ao longo de 1980, tornou-se cada vez mais claro que o Projeto Xavante seria uma ferramenta não para a autossuficiência, mas para a fragmentação. O pacto de Merure foi violado por causa da competição e da desconfiança dos índios. Quando os xavante de São Marcos e de Sangradouro retomaram suas viagens a Barra do Garças e Brasília, índios de outras comunidades acharam que seus rivais inescrupulosos ficariam com todos os fundos do projeto. O acordo para manter os postos responsáveis pelos gastos finan-

---

[31] Castro, Relatório geral de atividades – Exercício de 1979, Funai, DOC.

[32] Izanoel Sodré, Relatório sobre a situação do Projeto Xavante na área do P. I. Culuene. Barra do Garças, 26 de maio de 1980, Funai, DOC.

[33] Castro, Relatório geral de atividades – Exercício de 1979, Funai, DOC.

306 A LUTA INDÍGENA NO CORAÇÃO DO BRASIL

ceiros do projeto foi abandonado quando dirigentes da Funai desviaram fundos da inspetoria local.[34] Mas o golpe final sobre a integridade do projeto veio quando o governo militar começou a distribuir os recursos da Funai para conter o protesto indígena, e os líderes xavante participaram da distribuição.

Oposição em múltiplos níveis à política indígena dos militares

A degeneração do Projeto Xavante seguiu-se a um conflito em abril/maio de 1980 entre os xavante e a Funai, em particular sobre o futuro da reserva Pimentel Barbosa, e o poder do Estado sobre as comunidades indígenas em geral. Os xavante de Pimentel Barbosa estavam envolvidos em uma disputa com a Funai sobre os limites da reserva, acusando a entidade de tentar excluir da demarcação sessenta mil hectares ocupados por várias fazendas extensas. Dois meses antes, pouco depois da criação da reserva Parabubure, homens xavante de Pimentel Barbosa realizaram uma série de ataques às fazendas, atraindo a atenção nacional (Cedi, 1981-85, p.18). Em abril de 1980, em um memorável encontro em Pimentel Barbosa que reuniu líderes xavante de várias reservas, um ultimato foi lançado: se a Funai não demarcasse os limites corretos, os índios o fariam por conta própria. Quando a Funai procrastinou, os xavante foram em frente e demarcaram uma faixa de 25 quilômetros. A Polícia Federal acorreu a Pimentel Barbosa para deter os índios, e Pinto de Oliveira foi ameaçado de prisão por incitar e armar os xavante (Cedi, 1981-85, p.19).

Os líderes indígenas exigiram um encontro imediato com o presidente da Funai, João Carlos Nobre da Veiga, na reserva. Seu

---

[34] Declaração pessoal de Odenir Pinto de Oliveira, maio de 1994.

O PROJETO XAVANTE, 1978-1988   307

consentimento era improvável. Nobre da Veiga, coronel aposentado da Força Aérea Brasileira, foi nomeado em 1979, depois que seu antecessor, Adhemar Ribeiro da Silva, fora removido do cargo pelo ministro do Interior; dizia-se que o Ministério sofrera intensa pressão por parte de fazendeiros da região e de políticos do Mato Grosso, que protestavam contra o "expansionismo" xavante e a criação de outras reservas indígenas (alcançando cerca de 12% do território do estado), e clamavam por maior apoio institucional (Williams, 1983, p.154-5).[35] Nobre da Veiga era inexperiente em assuntos indígenas, tinha pouca simpatia pelas reivindicações territoriais dos xavante e forte desdém pelas políticas étnicas. Durante sua gestão (1979-1981), a Funai se envolveria em um exercício racista de elaborar "critérios de indianidade" com base em uma perversa mistura de características culturais, biológicas, psicológicas e sociais; aqueles que não passassem nesse teste étnico seriam privados da tutela e, aparentemente, dos direitos à terra. (Bombardeados pelos protestos de povos indígenas, missionários, jornalistas, acadêmicos e advogados, a Funai engavetaria essa iniciativa.) (Ramos, 1998, p.249-52).

Desprezados pelo presidente da Funai, 31 "chefes" xavante seguiram no início de maio para a sede da entidade em Brasília, acompanhados de três parlamentares federais do partido de oposição. Abrindo caminho a cotoveladas pelo prédio da Funai (com repórteres a seu lado), os índios apresentaram sua lista de reivindicações: demarcação correta da reserva Pimentel Barbosa; demissão de Nobre da Veiga (a quem eles ameaçaram defenestrar) e de outros principais dirigentes do órgão, e apoio a Pinto de Oliveira e à equipe da Ajabag.[36]

---

[35] Ver também o ataque arrasador sobre a Funai feito pelo secretário da Justiça de Mato Grosso, Domingos Sávio Brandão, citado no jornal *Correio Braziliense*, 1º de maio de 1980.

[36] *Jornal do Brasil*, 6 de maio de 1980.

308 A LUTA INDÍGENA NO CORAÇÃO DO BRASIL

Os dirigentes da Funai responderam chamando a polícia, que prontamente cercou o prédio. Insultados, os índios ameaçaram violência se a polícia não se retirasse do local. Nobre da Veiga concordou.[37] A percepção dos líderes xavante de seus próprios direitos e do que consideravam traição fica evidente em uma carta subsequente dos nove chefes indígenas ao ministro do Interior:

> Ficamos muito tristes e revoltados, porque viemos aqui não para brigar, mas para tratar de nossos direitos, e fomos recebidos pelo presidente da FUNAI como BANDIDOS.
> Nunca recebemos em nossas aldeias qualquer presidente da FUNAI, nem mesmo o coronel Veiga, com guerreiros armados.
> Dessa forma, ele violou nossos direitos. Não respeitou nossa condição de Chefes de uma Aldeia, nem nossos costumes, como escritos no Estatuto [do Índio].[38]

As demandas dos xavante inquietaram setores do governo em Brasília. Em um encontro subsequente, um dirigente do governo disse a Romero:

> Da perspectiva deles como caçadores e coletores, a terra não é suficiente para manter seu estilo de vida. Nossa preocupação é esta: nós sabemos que os xavante são uma nação orgulhosa, guerreira, com tendência expansionista.[39]

---

[37] Ibidem.

[38] Nós, CACIQUES e representantes da TRIBO XAVANTE, queremos apresentar ao Senhor a seguinte carta ao ministro do Interior, Mário David Andreazza, assinada por nove caciques xavante. Brasília, 6 de maio de 1980, ISA, XVDII (maiúsculas como no original). Ver também *Correio Braziliense*, 8 de maio de 1980.

[39] Declaração de dirigente anônimo do governo em fita gravada no encontro envolvendo lideranças da Funai em Brasília, 9 de maio de 1980 (gravação em posse de Arthur Wollman, Incra, Brasília).

O PROJETO XAVANTE, 1978-1988   309

Os frutos do projeto deveriam saciar a fome dos índios por mais terras, mas seria o bastante à luz das iniciativas dos xavante em Parabubure e Pimentel Barbosa? Além disso, os golpes publicitários dos índios embaraçavam a Funai. Ao lançar o Projeto Xavante, um dos objetivos da entidade era silenciar as denúncias feitas à imprensa. Agora, em decorrência do conflito na sede do órgão, os jornais de todas as tendências políticas criticavam a instituição por sua reação equivocada.[40] De fato, ao longo de 1980, a Funai era um órgão em crise.

O movimento indígena e seus apoiadores criticavam ferozmente o autoritarismo e a corrupção sob a administração de Nobre da Veiga e o abuso da tutela para reprimir as iniciativas indígenas. Em abril, um grupo de estudantes terena, xavante, bororo, pataxó e tuxá, que estudavam em Brasília, formaram a União das Nações Indígenas, a primeira organização pan-indígena brasileira. Logo depois, outro grupo pan-indígena com o mesmo nome foi fundado no Mato Grosso para promover a autodeterminação, fazer reivindicações territoriais e defender os direitos legais dos índios. As duas organizações logo se fundiram. Os agentes do serviço de inteligência militar ficaram especialmente irritados com o uso do termo "nações indígenas", por conta de sua conotação de soberania política (Cedi, 1981-85, p.38-9; Ramos, 1998, p.168-94).

Em novembro de 1980, a tutela caiu sob fogo internacional em um incidente envolvendo Mário Juruna, líder xavante da reserva São Marcos. Juruna fora convidado pelo IV Tribunal Bertrand Russell (entidade mundial que julgava simbolicamente abusos de direitos humanos contra nativos americanos), na Holanda, para ouvir acusações contra o governo brasileiro.[41] Juruna, analfabeto e falando um por-

---

[40]   *Jornal de Brasília*, 9 de maio de 1980; *O Estado de S.Paulo*, 13 de maio de 1980.

[41]   Para uma análise penetrante acerca da controvérsia sobre Juruna, ver Ramos, A. R. *Indigenism:* Ethnic Politics in Brazil. Madison: University of Wisconsin Press, 1998, p.104-18.

310 A LUTA INDÍGENA NO CORAÇÃO DO BRASIL

tuguês apenas razoável, atingira a fama no início da década de 1970, na luta pela demarcação de terras, quando usava um gravador para revelar as mentiras do governo. Com a imprensa, a Funai, de modo interessante, ajudara a promover Juruna, admirando-se com seu inteligente pulo da cultura "primitiva" analfabeta para as maravilhas eletrônicas na defesa de sua comunidade (Carvalho, 1978, p.9-11). A mensagem era clara: o índio podia usar tecnologia como qualquer outra pessoa, e para causas mais nobres. (A antipatia de Juruna pelos salesianos em São Marcos sem dúvida também o tornou querido de alguns funcionários da Funai.) Mas, quando as manias extravagantes de Juruna se transformaram em denúncias potencialmente perigosas na arena mundial, os dirigentes do Estado correram para desligá-lo da tomada. O Ministério do Interior negou-lhe autorização para a viagem, considerando Juruna um tutelado do Estado, desqualificado para deliberar em nome de outros grupos indígenas diante de um tribunal que não era reconhecido pelo governo brasileiro.

A controvérsia gerou protestos domésticos. No Brasil, Juruna tornou-se um símbolo da resistência ao governo autoritário, e seus apoiadores prometeram desafiar a proibição à viagem nos tribunais.[42] Ao final, o Tribunal Federal de Recursos decidiu que Juruna tinha o direito de viajar para a Holanda. Em novembro de 1980, em uma inversão simbólica do paradigma colonial, um índio xavante tomava assento na Europa como presidente honorário de um tribunal para julgar os crimes do governo brasileiro. (Dois anos depois, sob a proteção do inveterado populista Leonel Brizola, Juruna seria eleito deputado federal pelo Rio de Janeiro, em outro protesto simbólico contra o governo militar.)

---

[42] Para mais informações sobre a controvérsia envolvendo Juruna e com um retrato altamente romantizado do líder xavante, ver Juruna, M. et al. *O gravador do Juruna*. Porto Alegre: Mercado Alberto, 1982. Sobre o simbolismo de Juruna, ver Conklin, B. A.; Graham, L. R. The Shifting Middle Ground: Amazonian Indians and Eco-Politics. *American Anthropologist*, n.97, p.699, 1995.

O PROJETO XAVANTE, 1978-1988   **311**

Os chefes de postos e outros indigenistas censuraram a violação da tutela e dos direitos indígenas por parte do Estado. Em fevereiro de 1980, oitenta empregados da Funai, criticando as políticas do órgão, fundaram a SBI (Sociedade Brasileira dos Indigenistas), com Pinto de Oliveira como vice-presidente.[43] Após o confronto em Pimentel Barbosa e na sede da Funai, a SBI e outros grupos de defesa dos índios assinaram um manifesto reprovando a reação brutal da diretoria às demandas dos xavante.[44]

O método da Funai

A liderança da Funai respondia aos movimentos oposicionistas com uma dose mista de clientelismo e repressão. Depois do confronto na sede da entidade em Brasília, Nobre da Veiga encontrou-se com líderes xavante e insistiu que ele, não os dirigentes locais, é que queria o melhor para os xavante; sendo assim, prometeu destinar fundos diretamente aos líderes indígenas. Para demonstrar sua boa vontade, enviou os chefes ao Departamento de Planejamento da Funai para registrar os pedidos. Warodi, chefe da reserva Pimentel Barbosa, denunciou publicamente a oferta do presidente da Funai como suborno.[45] Enquanto isso, outros líderes abriram as comportas: pediram picapes, tratores, caminhões e até um avião.[46]

---

[43] *Jornal de Brasília*, 12 de abril de 1980.

[44] Os últimos conflitos entre os xavante e a direção da Fundação Nacional do Índio..., manifesto assinado por SBI (Sociedade Brasileira de Indigenistas), Cimi (Conselho Indigenista Missionário), CTI (Centro de Trabalho Indigenista) e Anai (Associação Nacional de Apoio ao Índio). Comissão Pró-Índio, São Paulo, [s.d.], Cimi, BR.MT.XV.6b/7.

[45] *Correio Braziliense*, 9 de maio de 1980.

[46] Francisco de Campos Figueiredo, Relatório enfocando as atividades do indigenista Francisco de Campos Figueiredo no Projeto Xavante, P. I. Couto Magalhães, 30 de maio de 1980, Funai, DOC.

312   A LUTA INDÍGENA NO CORAÇÃO DO BRASIL

Em troca da oferta da Funai de um trator e um empréstimo do Banco do Brasil, um chefe de Sangradouro voltou atrás em suas reivindicações de terras (Williams, 1983, p.158). Para a diretoria da Funai, desarmar as reivindicações de terra por parte dos índios e assegurar o poder do Estado era muito mais importante que eliminar a dependência deles do governo central (Williams, 1983, p.153).[47] Para os líderes indígenas, o acesso privilegiado à assistência da Funai era uma oportunidade extraordinária, que não devia ser desperdiçada, a despeito de sua integridade ideológica ou filiação partidária – uma estratégia política que, é claro, não se restringia aos xavante (Hagopian, 1996, p.152-5).

Os chefes de postos indígenas que haviam observado os xavante entrar belicosamente no ringue em Brasília ficaram surpresos quando os próprios chefes desses postos é que saíram nocauteados. Os xavante repreenderam, por exemplo, o encarregado em Culuene, Izanoel Sodré, dizendo

> que os chefes dos postos não fazem nada além de roubar dos índios, tirando vantagem da confiança que os índios depositam neles [...] Que, como prova de que ele, o presidente, está do lado deles, ele iria resolver todos os problemas diretamente com os índios, sem qualquer interferência do chefe de posto ou da Ajudância [Ajabag], e que, no momento, a Funai estava disposta a gastar 30 (trinta) milhões de cruzeiros na área xavante e que os próprios líderes fariam o projeto e as demandas que acreditassem necessárias.[48]

---

[47]   O caso xavante estava bem longe de ser o único. Nobre da Veiga, por exemplo, pagaria aos tupiniquim do Espírito Santo para silenciarem suas reivindicações pelas terras que lhes foram tomadas por uma empresa de celulose.

[48]   Izanoel dos Santos Sodré, Relatório sobre a atuação do Projeto Xavante na área do P. I. Culuene. Barra do Garças, 26 de maio de 1980, Funai, DOC.

O PROJETO XAVANTE, 1978-1988   313

Com o sinal verde de Brasília, os líderes xavante de Culuene informaram ao chefe do posto que não iriam mais armazenar reservas de arroz para colheitas futuras, como o projeto recomendava, mas que, em vez disso, planejavam vendê-las no mercado e contavam com a Funai para o caso de falta de estoque.[49] Enquanto isso, o chefe do posto de Couto Magalhães queixou-se de que os xavante exigiam

autonomia completa para usar as máquinas e o combustível destinados à implantação do projeto agrícola para constantes viagens de caça e pesca, sem prestar contas ao chefe, aos empregados ou mesmo aos técnicos agrícolas [do posto].[50]

Da mesma forma, um relatório de São Marcos informou que os líderes indígenas "parecem dispostos a proceder como bem entenderem em relação aos recursos financeiros e à implantação do projeto agropecuário", não obstante sua incapacidade de consertar as máquinas ou de tratar de questões contábeis.[51]

Entretanto, os líderes xavante também estavam claramente sintonizados com as maquinações de Nobre da Veiga. Quando questionados pelo encarregado Sodré sobre se eles acreditavam na palavra do presidente da Funai, os xavante em Culuene disseram que

iriam fazer o presidente acreditar que eles acreditavam em tudo e, quando o dinheiro acabasse em Brasília, reuniriam representantes

---

[49] Ibidem.

[50] Magalhães, Relatório de ocorrência em 17-10-81, [s.d.], Funai, DOC.

[51] Antônio Vicente et al. Da Comissão de Serviço, comunicação n.114/81, de 09/04/81, ao senhor chefe da Ajudância Autônoma de Barra do Garças, MT. Barra do Garças, 27 de abril de 1981, Funai, DOC.

314 A LUTA INDÍGENA NO CORAÇÃO DO BRASIL

das 22 aldeias e chutariam o presidente para fora da Funai, porque ele não entendia nada de índios.[52]

Em uma ofensiva posterior, a diretoria da Funai, sob a administração de Nobre da Veiga, tomou atitudes agressivas contra subordinados que causavam problemas. Depois de doze anos de trabalho com os xavante, Pinto de Oliveira foi forçado a transferir-se para um novo departamento. Em protesto, pediu demissão. Ele seria um dos 43 experientes indigenistas e antropólogos que renunciaram a seus cargos ou foram demitidos em 1980 durante a reestruturação do órgão. Entre os demitidos – no que foi chamado "castração simbólica" da Funai – estavam José Porfírio de Carvalho, presidente da SBI; Cláudio Romero, coordenador do Projeto Xavante; e diversos chefes de postos e educadores que trabalhavam entre os índios.[53] Nobre da Veiga provavelmente trabalhava com os agentes do SNI (Serviço Nacional de Informações), instalados pelo governo militar em todas as empresas e órgãos estatais para reunir dossiês sobre funcionários e rever nomeações (Schneider, 1991, p.89).

Com a expulsão de membros-chave do projeto original, Nobre da Veiga nomeou o coronel Anael Gonçalves como interventor na Ajabag para reforçar os laços entre a Funai e as elites locais. Em um encontro com líderes xavante em Pimentel Barbosa, Gonçalves ameaçou com sentenças de prisão os índios que saíssem de suas reservas, atacassem fazendas vizinhas ou sitiassem a entidade. Quando alguns xavante tentaram agredir Gonçalves, o coronel mandou prender dois índios (Cedi, 1981-85, p.20).

---

[52] Sodré, Relatório sobre a atuação do Projeto Xavante, 26 de maio de 1980, Funai, DOC.

[53] Carta da Sociedade Brasileira de Indigenistas ao ministro do Interior (arquivo pessoal de Odenir Pinto de Oliveira em Brasília). Brasília, 16 de junho de 1980. Para mais discussões sobre a reformulação na Funai, ver Gomes, M. P. *Os índios e o Brasil*. Petrópolis: Vozes, 1988, p.200-2.

O PROJETO XAVANTE, 1978-1988 315

Entre 1979 e 1984, a Funai passou por um período de instabilidade institucional e militarização crescente. Quatro dos seis presidentes que chefiaram a instituição durante esse período eram coronéis das Forças Armadas, e o órgão trabalhou intimamente com o CSN e o SNI (Cedi, 1987a, p.27-8). Em agosto de 1980, um decreto presidencial demarcou os limites da reserva Pimentel Barbosa da forma como os índios haviam pedido. E, no ano seguinte, Nobre da Veiga foi removido do órgão, diante de acusações de suborno pessoal e uso de influência (Cedi, 1981-85, p.14). Entretanto, em meio a tal turbulência, a Funai manteve as políticas clientelistas em relação aos xavante como uma forma de controle político.

O jogo dos xavante

Ao jogar o jogo da Funai, os líderes xavante tentaram se valer de sua posição privilegiada dentro do órgão para obter ajuda até que "o dinheiro acabasse". Mas quando o "dinheiro acabou" para o Projeto Xavante, as reservas indígenas haviam sido balcanizadas. Enquanto em 1980 havia 22 aldeias, em 1987 eram mais de cinquenta. A explosão demográfica contribuiu, em parte, para essa transformação: entre 1980 e 1984, a Funai estimou que a população xavante cresceu de 3.405 índios para 4.834. Não obstante, nem o crescimento demográfico nem as velhas disputas entre facções, ou as estratégias de dispersão das aldeias, que visavam proteger as reservas recém-demarcadas, explicam essa fragmentação. Como Laura Graham mostrou, o clientelismo da Funai combinou-se às manobras políticas dos xavante para fragmentar as comunidades de modo violento.[54]

Os funcionários dos postos denunciaram a política assistencialista de Nobre da Veiga, advertindo que as comunidades se dividi-

---

[54] Para uma discussão sobre a divisão entre as aldeias xavante ao longo de 1980, ver Graham, L., op. cit., p.50-5.

316 A LUTA INDÍGENA NO CORAÇÃO DO BRASIL

riam para permitir que líderes das facções mais fracas ganhassem acesso direto aos recursos do Estado.[55] Embora a diretoria da Funai possa não ter planejado inicialmente dividir as comunidades xavante, as consequências de seu apadrinhamento foram, com certeza, inconfundíveis. A crescente implicação da entidade em rivalidades entre facções xavante era evidente nas reservas.

Na principal aldeia de São Marcos, a Funai envolveu-se em uma luta de poder entre Orestes, filho do velho líder Apoena (não o líder de Pimentel Barbosa), e Aniceto, cunhado de Apoena. Na luta pela demarcação das terras e implementação do Projeto Xavante, Aniceto, como outros índios mais jovens, educados na missão, ganhara destaque local e nacional em razão de seu domínio do português, maior familiaridade com o sistema político brasileiro e apoio dos salesianos. Em um movimento surpreendente, Apoena decidiu apoiar Aniceto em vez do próprio filho, que saíra de São Marcos por quase quatro anos para morar em Brasília e São Paulo.

Ao final de 1980, todavia, Apoena reconsiderou sua decisão. Aniceto mostrou habilidade ao obter um trator, uma camionete, uma debulhadora e uma ceifeira da Funai, mas os recursos do projeto foram distribuídos de maneira desigual.[56] Aniceto recompensou seus parentes com posições remuneradas dentro da aldeia, como peão e motorista de trator, enquanto os parentes de Apoena acabaram excluídos. O irmão de Aniceto, Fernando, foi acusado de vender gado que pertencia à comunidade.[57] Apoena começou a opor-se a Aniceto, provavelmente na tentativa de promover Orestes, que retornara a São Marcos. Ambos os lados da disputa recorreram à Ajabag em busca de apoio.

---

[55] Sodré, Relatório sobre a atuação do Projeto Xavante, Funai, DOC.
[56] Izanoel Sodré, Relatório do indigenista Izanoel Sodré sobre a viagem a São Marcos em cumprimento à comunicação de serviço n.182/80/Ajabag, 13/10/80. Barra do Garças, 20 de outubro de 1980, Funai, DOC.
[57] Ibidem.

O PROJETO XAVANTE, 1978-1988   317

Esse tipo de acontecimento era cada vez mais comum. Em uma pequena aldeia na reserva São Marcos, São José, dois xavante disputando a liderança do grupo, João Nunes Xavante e Eduardo Xavante, apelaram individualmente à Funai em busca de apoio. Havia muito em jogo, pois a entidade dava salários, assim como credenciais de identificação oficial, aos chefes e a seus "secretários".[58] Outro aspirante político, certo Josué Gericó Xavante, se ofereceu para resolver o conflito – mas não era só bolos de milho que ele distribuía como oferenda de paz. Em uma carta à Funai, Josué pediu que fosse emitida uma credencial com seu autoatribuído título de "conselheiro pacificador da tribo xavante". Ele também aproveitou a oportunidade para pedir um empréstimo pessoal à Funai.[59]

Para mediar a luta de poder entre Apoena e Aniceto, a nova equipe da Ajabag, empossada após o expurgo administrativo, organizou um encontro em setembro de 1980. Rodolfo Valentini, chefe da Ajabag, expressou sua antipatia por Aniceto, que "precisa enfrentar a Funai para obter prestígio na sua comunidade".[60] Na verdade, alegavam outros funcionários do órgão, a Ajabag fomentou ativamente a briga para afastar Aniceto, que, sob pressão, concordou em renunciar e deixar a reserva por vários meses.[61] Em uma reviravolta súbita, contudo, Aniceto, com o apoio de muitos

---

[58]   Dilce Claudino da Silva, Relatório da reunião. Barra do Garças, 14 de agosto de 1980, Funai, DOC. Em agosto de 1983, sob a administração de Octávio Ferreira Lima, a Funai cancelou a prática de emitir credenciais formais para líderes indígenas, afirmando que isso era um problema interno às comunidades nativas. Atos da Presidência, Portaria n.835, 1º de agosto de 1983, Funai, DOC.

[59]   Rodolfo Valentini, chefe da Ajabag, a José Antônio Silveira, Barra do Garças, 13 de abril de 1981, Funai, DOC.

[60]   Rodolfo Valentini ao diretor do DGO. Barra do Garças, 29 de outubro de 1980, Funai, DOC.

[61]   Luiz Otávio Pinheiro da Cunha, Sobre a "aldeia" Buriti Alegre. Aragarças, 2 de setembro de 1983, Funai, DOC.

318 A LUTA INDÍGENA NO CORAÇÃO DO BRASIL

jovens xavante e dos salesianos, lutou para retomar o poder. Em um procedimento inédito, a comunidade resolveu convocar uma "eleição", a qual Aniceto venceu.[62] Como oferta de paz, a comunidade deu quase sessenta cabeças de gado a Orestes, que se mudou para outra área da reserva com sua família.

Orestes prometeu ir a Brasília em busca de apoio para "participar do Projeto [Xavante]".[63] Embora não tenha mostrado competência na liderança nem, aliás, em cuidar do gado (em pouco mais de um ano havia menos da metade do rebanho original), a Funai insistiu em incentivar sua carreira como líder de aldeia. No início de 1982, o chefe da Ajabag, sob recomendação do presidente da Funai, aprovou a aquisição de um rebanho de gado para Orestes, que se apresentou como chefe da aldeia de Buriti Alegre. Na verdade, a "aldeia" consistia apenas em Orestes e sua família nuclear. Apesar disso, a Funai forneceu-lhe vinte cabeças de gado. Um ano mais tarde, todos os animais haviam sido vendidos.

Em outras reservas, a Funai também encorajou a criação de aldeias separadas (e muitas vezes fantasmas). Em 1983, na região de Culuene, em Parabubure, membros de várias comunidades resolveram se dividir sob a liderança de certo Honorato para formar uma nova aldeia. Luiz Otávio Pinheiro da Cunha, antropólogo da entidade trabalhando na área, relatou a Brasília que a desavença surgira de uma disputa sobre a distribuição dos recursos do projeto e que a ruptura parecia inevitável. Pinheiro da Cunha alertou a sede da Funai para não intervir nos assuntos xavante: se Honorato e seu grupo desejavam fundar uma nova aldeia, a instituição devia fornecer apenas assistência médica básica. Pinheiro da Cunha

---

[62] Anael Gonçalves, Ajudância de Barra do Garças, situação geral, período de 8 a 17/out/80. Brasília, 20 de outubro de 1980, Funai, DOC.

[63] Dilce Claudino da Silva, Relatório da reunião; Padre Gino Favaro, diretor da Colônia Indígena S. Marcos, a Otávio Ferreira Lima, presidente da Funai, São Marcos, 11 de julho de 1983, Funai, DOC.

O PROJETO XAVANTE, 1978-1988   319

observou que, vários anos antes, duas aldeias xavante que haviam se separado na região de Culuene suportaram a transição porque a Funai, a conselho do chefe do posto local, limitara sua assistência ao atendimento médico dos índios. Essa não intervenção levou a dois importantes resultados: as comunidades eram mais autossuficientes (plantavam o que consumiam e construíam as próprias escolas) e a legitimação da liderança política vinha da tomada de decisões da aldeia, não do apoio da Funai.[64] No entanto, a diretoria da entidade desconsiderou as sugestões do antropólogo, enchendo Honorato de recursos. Logo depois, os dirigentes descobriram que o dinheiro que Honorato pedira para o combustível de sua futura "aldeia" fora gasto em roupas para ele próprio e sua família.[65]

A lógica do Projeto Xavante

A diretoria da Funai e os líderes xavante estavam envolvidos em uma relação clientelista, uma ligação cheia de desconfianças e riscos na tensa e desigual partilha de poder. Os líderes indígenas exploravam sua reputação agressiva, destaque na mídia, relativa proximidade de Brasília e seu peso político para assegurar *status* privilegiado dentro da entidade, bem como para arrancar recursos do órgão e disputar o poder dentro de suas comunidades. O *lobby* xavante na Funai, aperfeiçoado na década de 1970 na luta pela demarcação das reservas, conservava estratégias que o tempo provara serem eficazes: a mostra simbólica de força ou deferência clientelista, a ostentação "tradicional" e o uso inteligente da imprensa. Com efeito, do total de 176 milhões de cruzeiros destinados em

---

[64]   Cunha, Criação de nova aldeia xavante na reserva Parabubure. Aragarças, 24 de maio de 1983, Funai, DOC.
[65]   José Carlos Alves ao diretor do DGO. Aragarças, 6 de outubro de 1983, Funai, DOC.

320 A LUTA INDÍGENA NO CORAÇÃO DO BRASIL

1981 a projetos de desenvolvimento comunitário indígenas em todo o Brasil, os xavante receberam a maior parcela, 57 milhões, enquanto a Funai separou 50 milhões de cruzeiros para ser distribuídos entre dezoito postos da instituição, e apenas 9,9 milhões para outros sete postos no Rio Grande do Sul (Williams, 1983, p.157). Como observou Sherry Ortner, em uma relação de poder, os povos subordinados muitas vezes mostram ambivalência em relação aos grupos dominantes, porque estes, com frequência, têm "algo a oferecer e, às vezes, muito (embora sempre, é claro, ao custo de sua permanência no poder)" (Ortner, 1995, p.175). Para os xavante, tais ganhos eram substanciais, se comparados aos registros anteriores do Estado, suas políticas em relação a outros grupos indígenas ou mesmo, aliás, à maioria dos indigentes no Brasil. O privilégio dos xavante em relação a outros grupos indígenas reflete a "etnicidade segmentária", ou a hierarquia de identidades étnicas, produzida pela articulação entre sociedade dominante e ordens sociais locais diversas, que resulta em estruturas de múltiplos níveis de desigualdade (Comaroff e Comaroff, 1992, p.58). O envolvimento político permitiu aos xavante subir dentro das fileiras inferiores da divisão de trabalho a expensas de outros grupos indígenas, apesar da manutenção das desigualdades estruturais maiores.

Se a Funai se intrometia nas disputas da comunidade, os líderes xavante também buscavam influenciar os assuntos da entidade (Cedi, 1987a, p.344-5). Como outros grupos de interesse no Brasil autoritário, os índios procuravam assegurar apoiadores nos órgãos e na administração das empresas estatais.[66] Por exemplo, quando acusações de corrupção afastaram da administração da Funai o coronel Paulo Leal, sucessor e herdeiro ideológico do antigo presidente da instituição, Nobre da Veiga, Celestino e seu "secretário", Carlos Dumhiwe, viajaram de Parabubure a Brasília para defender

---

[66] Sobre a manobra de grupos de interesse para assegurar nomeados leais na administração das empresas estatais, ver Schneider, B. R., op. cit., p.85.

O PROJETO XAVANTE, 1978-1988 321

seu benfeitor. Em uma declaração à imprensa, Celestino disse: "Ninguém pode dizer ao presidente da Funai para ir embora".[67] Em 1985, com uma crise de sucessão na entidade, os xavante irromperam em cena para apoiar Gerson Alves, representante da Funai que trabalhara no Mato Grosso. Durante as negociações na sede da entidade a respeito da nomeação do novo presidente, os xavante apareceram com bordunas e pinturas de guerra, ameaçando os funcionários (Cedi, 1987a, p.344-5). Quando Alves tomou posse, os líderes xavante o adornaram cerimonialmente com um cocar de penas, mas logo depois exigiram retribuição. Um grupo de chefes indígenas disse à imprensa que não sairia de Brasília enquanto o novo presidente não entregasse os recursos prometidos. O cacique da aldeia de Santa Cruz escreveu a Alves que, em troca de seu apoio, ele esperava uma picape Toyota e noventa cabeças de gado para sua comunidade.[68]

A "extorsão" xavante à Funai também não diminuiu com o retorno do governo civil ao Brasil, em 1985. Em março de 1986, os funcionários da entidade em Barra do Garças sentiram-se compelidos a se encontrar com oitenta chefes e "secretários" xavante em um quartel do Exército próximo, em vez de na Ajabag, porque "havia indicações de tumulto, uma vez que certos caciques exigiam mais recursos do que a Funai estava fornecendo".[69] Nos meses finais de 1986, quase toda a população masculina xavante afluiu a Barra do Garças em busca de donativos da Funai (Graham, 1987, p.348-50; Graham, 1995, p.57-8). Com a transição para o governo

---

[67] Celestino, citado em Carlos Dumhiwe, Nota para imprensa, [s.d.], Cimi, BR.MT.XV1e/44.

[68] *Jornal de Brasília*, 23 de maio de 1985.

[69] José Carlos Barbosa, Delegado da 7ª Delegacia Regional, Declaração do Delegado – Ministério do Interior, Fundação Nacional do Índio, 7ª Delegacia Regional, republicado em Xavantaço ou funaiaço. In: Cedi. *Povos indígenas no Brasil 1985/1986*. São Paulo: Cedi, 1987, p.347.

322 A LUTA INDÍGENA NO CORAÇÃO DO BRASIL

democrático, as políticas assistencialistas com relação aos xavante continuaram, já que tanto o Estado quanto os líderes indígenas dependiam do clientelismo como eixo de legitimidade política. De sua parte, a Funai alcançou vários de seus objetivos por meio das políticas clientelistas: o órgão abafou as demandas por territórios adicionais por parte dos xavante, consolidou sua posição dentro das comunidades indígenas e protegeu um aparelho administrativo que beneficiava burocratas e os mais amplos interesses de classe a que servia. Uma investigação do TCU (Tribunal de Contas da União) sobre os gastos orçamentários da Funai entre 1983 e 1985 lança luz sobre essa questão.

O TCU, examinando o fracasso da Funai em demarcar todos os territórios indígenas como mandava o Estatuto do Índio, apesar de suas amplas verbas, procurou por "buracos negros" fiscais. Os auditores descobriram que, do orçamento da Funai de 12,28 bilhões de cruzeiros, mais de 4,2 bilhões (mais de 34% das verbas) não foram destinados a fins específicos. O principal infrator era o Suprimento de Fundos, um fundo de reservas que, entre janeiro e novembro de 1983, por exemplo, distribuiu bilhões de cruzeiros com "inúmeras irregularidades", dos quais cerca de um terço não foram contabilizados de modo algum. Em geral os "suprimentos" beneficiavam individualmente índios que iam a Brasília em busca de doações – de alimentos, utensílios, remédios e roupas, até equipamentos eletrônicos e agrícolas – em detrimento das comunidades. De fato, entre junho e dezembro de 1985, cerca de 1.755 índios se hospedaram em hotéis em Brasília, além dos estimados cem que permaneciam diariamente na residência oficial do órgão, a Casa do Índio.[70] Em 1987, a fim de induzir os índios a voltar para casa,

---

[70] Tribunal de Contas da União, Relatório e voto do ministro Adhemar Ghisi, cujas conclusões foram acolhidas pelo Tribunal na Sessão Extraordinária realizada em 30 de julho de 1987, ao deliberar, conforme figura no contexto desta ata, sobre as contas da Fundação Nacional do

O PROJETO XAVANTE, 1978-1988   323

a Funai pagou "suprimentos" a 33 líderes xavante no valor médio de sessenta mil cruzeiros (Graham, 1995, p.57). O TCU pediu uma reestruturação da entidade, inclusive a suspensão imediata do desembolso indiscriminado do Suprimento de Fundos, a fim de garantir a adequada aplicação do dinheiro público.

Entretanto, apesar de tais "irregularidades", os índios ainda recebiam uma fatia pequena do bolo, pois a investigação do TCU revelou que tais concessões eram migalhas diante dos gastos gerais do órgão. Em 1983, por exemplo, embora o orçamento da Funai tenha totalizado mais de doze bilhões de cruzeiros, apenas aproximadamente 1,8 bilhão foi destinado aos povos indígenas. Além disso, nesse mesmo ano, a Funai gastou apenas 531 milhões de cruzeiros em assistência direta aos povos indígenas; 420 milhões na demarcação de reservas; cem milhões em desenvolvimento comunitário; e onze milhões na melhoria de postos indígenas. Porém, a Funai gastou em torno de 6,2 bilhões de cruzeiros em "administração geral". Em outras palavras, para cada cruzeiro destinado aos índios, três iam para a equipe da entidade. Embora um serviço público decentemente remunerado seja essencial para o funcionamento de um bom governo, a estrutura e o funcionamento administrativos da Funai sugeriam o mau uso das verbas do órgão. Só em Brasília, a instituição tinha cerca de quinhentos empregados permanentes em sua folha de pagamento, sinal de que o empreguismo da época do SPI continuava vivo. Além disso, o TCU descobriu que mais de 25 milhões de cruzeiros das verbas da Funai foram apropriados, desviados ou aplicados inadequadamente em 1983. Os presentes da Funai aos xavante eram, então, apenas um elo na cadeia das políticas do Estado: uma cadeia projetada

---

Índio-Funai, exercícios de 1983 (Proc. n.010 028/86-2), examinadas em conjunto com processos de denúncia (Procs. n.006 262/84-9 e 013 437/84-4) e com os resultados da Inspeção Extraordinária *in loco* (Proc. n.018 683/85-1), *Diário Oficial*, Seção 1, 20 de agosto de 1987, p.13273-8.

324 A LUTA INDÍGENA NO CORAÇÃO DO BRASIL

para restringir as reivindicações indígenas sobre a terra ao mesmo tempo que reforçava a presença do Estado nas zonas rurais como agente da acumulação de capital e mediador de conflitos sociais; uma cadeia de clientelismo e corrupção ancorada em Brasília e que se estendia às demais regiões do país.

O projeto fracassa

Em meados de 1980, a paralisante dívida externa, o vagaroso crescimento do PIB, a inflação em espiral e as medidas de austeridade econômica desaceleraram o desenvolvimentismo liderado pelo Estado e o crescimento baseado em dívidas. Depois de uma segunda crise do petróleo em 1979 e do aumento da taxa de juros em 1980-1981, desencadeado pela Reserva Federal dos Estados Unidos, a dívida externa brasileira cresceu exponencialmente e os bancos estrangeiros recusaram-se a continuar financiando os déficits de seu balanço de pagamentos. Os pagamentos por conta de juros da dívida externa, que somavam menos que 0,5% do PIB na década de 1970, chegaram a 3,5% do PIB em 1989. O Brasil passou de importador a exportador de capital (Dupas, 1993, p.9-30).

A crise econômica limitou cada vez mais os serviços estatais sob o novo governo democrático. Em 1986, o presidente da Funai, Apoena Meireles (filho de Chico), recusou o pagamento dos gastos com comida e alojamento de índios em Brasília e propôs o fechamento da inspetoria regional de Barra do Garças (Graham, 1987, p.348-50). Os xavante não apreciaram a dissolução unilateral da parceria por parte da entidade. Em abril de 1986, eles chegaram furiosos a Brasília, exigindo mais verbas, veículos, tratores e roupas, mas não receberam nada além de promessas. No caminho de volta para casa, os índios tomaram o motorista e um empregado da Funai como reféns. Como resgate, exigiram a renúncia do pre-

O PROJETO XAVANTE, 1978-1988 **325**

sidente do órgão. Os reféns acabaram sendo soltos, apesar de a exigência não ser atendida.[71] A situação nas reservas xavante era tumultuada. Com máquinas ociosas pela falta de reparos ou de combustível, a produção de arroz empacou. Como a Funai não consertou a ceifeira em Pimentel Barbosa, os índios foram forçados, em 1986, a contratar um fazendeiro local, pagando em troca mais da metade de sua produção. Na estação de plantio de novembro-dezembro, com a Funai desembolsando apenas metade das verbas para o diesel, a área cultivada na reserva diminuiu, passando de 110 para 35 hectares. Na colheita seguinte, os xavante de Pimentel Barbosa tiveram de vender o gado para obter assistência externa. Em Sangradouro, onde seiscentos hectares de arroz foram plantados, toda a aldeia fez a colheita à mão (Graham, 1995, p.59-61).

Como em um divórcio litigioso, a relação tempestuosa dos xavante com a Funai desenrolou-se em meio a acusações violentas. Em 1987, quando o presidente da entidade, Romero Jucá, temeu que os xavante estivessem planejando sua destituição, ele acusou publicamente a liderança indígena de contrabandear os recursos do governo e arrendar terras das reservas. Em Brasília, Jucá afirmou, os chefes xavante pressionavam a diretoria por caminhões, bicicletas, máquinas de costura, gravadores e rifles; frequentavam shopping centers e cinemas de filmes pornográficos em suas horas livres, e extorquiam dinheiro da Funai para voltar para casa.[72] Os chefes xavante de todas as seis reservas repudiaram as acusações de Jucá em uma carta ao presidente José Sarney, em que afirmavam ser uma tática para encobrir a corrupção no órgão.[73] (Jucá acabou

---

[71] *Correio Braziliense*, 15 de abril de 1986.
[72] Xavante: os índios privilegiados têm '*lobby*' para presidir a Funai, [s.d.], Funai, DOC.
[73] Ao Excelentíssimo Senhor Presidente da República Federativa do Brasil, Dr. José Sarney, carta assinada por chefes xavante de várias reservas. Brasília, 7 de setembro de 1987, Cedi, BR.MT.XV6b10.

326   A LUTA INDÍGENA NO CORAÇÃO DO BRASIL

sendo demitido, implicado na venda ilegal de madeira proveniente de reservas indígenas. Como governador de Roraima, ele presidiria uma impressionante corrida do ouro em território ianomâmi.) Para os xavante, a era de "fartura" estava claramente chegando ao fim. Em julho de 1987, a Funai destinou trezentos mil cruzados para cada chefe para a aquisição de diversos bens, como roupas, sabão e óleo de cozinha. Por recomendação de um administrador especial nomeado pela instituição para avaliar o Projeto Xavante, não haveria mais investimentos em 1988 (Graham, 1995, p.61).

Nas reservas xavante, as máquinas estavam desativadas, uma triste lembrança de como tudo continuava a se deteriorar desde o contato. Mas o próprio local de despejo, território reconstruído por meio de sofrimento e luta, também testemunhava a resistência dos xavante. Muitas famílias voltaram para seus lotes de subsistência. A comunidade de Pimentel Barbosa recorreu a organizações não governamentais e a governos estrangeiros para ter seus projetos de desenvolvimento sustentável financiados (Graham, 1995, p.61-3). Entretanto, outros continuaram apelando à Funai, bem como a missionários e pessoas de fora, pedindo-lhes camionetes, máquinas agrícolas e bens de consumo, ou, na linguagem dos xavante, um novo *projeto*.

A mediação do Estado nas mudanças socioeconômicas rurais: o caso do Projeto Xavante

Como observa Partha Chatterjee, o planejamento do Estado pós--colonial procurou promover o desenvolvimento nacional atrelando em um único todo interligado sujeitos de poder distintos, sujeitos que os planejadores reduziam a objetos de um único corpo de conhecimento. Além disso, ao localizar o planejamento fora do processo político, os dirigentes do Estado buscaram resolver o

O PROJETO XAVANTE, 1978-1988 **327**

conflito social ao mesmo tempo que asseguravam a acumulação de capital. Entretanto, esse foi um exercício de autoilusão, pois o Estado, na verdade, serve como um *locus* de interação, aliança e disputa social entre os sujeitos do poder no processo político. As próprias autoridades planejadoras tornaram-se objetos da configuração de poder em que outros são sujeitos. Como Chatterjee conclui:

mesmo os melhores esforços para assegurar "informação adequada" deixam atrás de si um resíduo não avaliado, que funciona imperceptivelmente e muitas vezes de maneira perversa para perturbar a implementação dos planos. Esse resíduo, como o irredutível, negativo e sempre presente "além" do planejamento, é o que podemos chamar, em seu senso mais geral, de política. (Chatterjee, 1993, p.207-8.)

O Projeto Xavante, elaborado por tecnocratas em Brasília, visava promover a modernização agrícola e a autossuficiência, além de abafar os protestos indígenas. Procurou estabelecer a primazia do Estado na zona rural do Mato Grosso como árbitro social e agente do assistencialismo. Para as comunidades xavante que lidavam com um território reduzido e desmatado, com a demanda crescente por bens de consumo e a inimizade dos vizinhos, o apoio do Estado proporcionava-lhes um raio de esperança. A adesão indígena ao projeto significou o reconhecimento da mediação do Estado das relações socioeconômicas.

Em vez de promover a autossuficiência dos xavante, todavia, as políticas distribucionistas do Estado engendraram uma perniciosa dependência. Na melhor das circunstâncias, o projeto de cultivo mecanizado de arroz em larga escala e em ritmo acelerado era um empreendimento arriscado em uma região inóspita e entre uma população socialmente complexa e tecnologicamente inexperiente. A estrutura autoritária e o improviso operacional certamente não

328   A LUTA INDÍGENA NO CORAÇÃO DO BRASIL

contribuíram para o sucesso. Mas o problema era mais amplo. Em um esforço para neutralizar as reivindicações indígenas por terra, silenciar os protestos políticos e deter a "migração" rural para as cidades, a diretoria da Funai redistribuiu as verbas públicas para cooptar líderes e formar uma clientela leal (embora turbulenta). Os críticos dentro da entidade foram expulsos pelo governo militar. Os líderes xavante, seduzidos e fortalecidos pela generosidade do Estado, encaixaram-se bem no esquema. Empregando estratégias políticas aprimoradas na época das lutas por terra, os índios alcançaram uma posição privilegiada nos corredores do poder e se aproveitaram dela. As comunidades indígenas subdividiram-se à medida que os líderes de facções se esforçavam por obter recursos do Estado, envolvendo-se em engenhosos *lobbies* na Funai e utilizando os meios de comunicação para lutar por seus interesses. Além disso, os índios procuraram driblar o controle dos chefes de postos e missionários nos assuntos das comunidades, questionando o uso das máquinas e pedindo recursos diretamente à Funai. As políticas assistencialistas esgotaram-se à medida que os líderes xavante enfrentavam agressivamente a diretoria da Funai. Um projeto centralizado, organizado e "racional" para a modernização agrícola e o desenvolvimento comunitário degenerou em uma relação clientelista difusa, tumultuada e improvisada.

Como clientes, contudo, os xavante dependiam, em última instância, da boa vontade da Funai. Mesmo no auge do Projeto Xavante, o desenvolvimento comunitário e a assistência "suplementar" a grupos indígenas representavam uma fração dos gastos da Funai. Quando medidas de austeridade econômica, realinhamentos políticos e desordem local levaram o Estado a eliminar o projeto, os índios ficaram desamparados. Todas os sistemas políticos contêm um misto de cooptação e representação, mas, quando a cooptação predomina, os grupos sociais tornam-se desorganizados, dependentes e hierarquicamente controlados (Schwartzman, 1982, p.23).

O PROJETO XAVANTE, 1978-1988   **329**

Depois de meio século de história, os estadistas brasileiros podiam avaliar o legado da expansão das fronteiras e da política indigenista desde a Marcha para o Oeste. A acumulação de capital prosperou no Centro-Oeste, a integração nacional foi alcançada e os xavante foram "pacificados", confinados a reservas, transformados do modo mais completo em agricultores e subordinados ao poder do Estado. Entretanto, uma narrativa triunfalista desconsidera os múltiplos pontos de contestação, negociação e acordos que, na verdade, tingiram o processo e deram contorno à forma de expansão das fronteiras. Desconsidera também a emergência de um xavante diferente – politicamente hábil, etnicamente distinto e economicamente dependente – para confundir, cobrar e complementar os planos do Estado. A coreografia da Marcha para o Oeste, sistematicamente sujeita aos ritmos indígenas, nunca seguiu de modo exato a batida que o Estado brasileiro tentou impor.

Conclusão

Em 1987, Aniceto Tsudazawéré e Cosme Constantino Waioré, líderes xavante de São Marcos, enviaram uma carta à Assembleia Constituinte, convocada na época para redigir uma nova Constituição para o governo democrático. Uma denúncia da injustiça histórica contra os xavante, a carta afirmava seus direitos sociais e de cidadania:

> Não somos invasores do território brasileiro, nem estrangeiros, porque somos a origem dos brasileiros. Entretanto, mesmo sendo a origem, ou melhor dizendo, as raízes da terra brasileira, não temos recursos nem mesmo o legado de nossos avós, que foram mortos pelos brancos [...] Estamos morrendo sem nada e deixando uma herança de ainda menos recursos para nossos netos e filhos; morrendo de pobreza, porque não aprendemos a sobreviver como o branco para aperfeiçoar nosso país. Além disso, quero pedir aos deputados e senadores mais educação para os índios. Precisamos seguir os outros para aprendermos a caminhar juntos.[1]

---

[1] Aos Excelentíssimos Deputados e Senadores, carta de Aniceto Tsudazawéré e Cosme Constantino Waioré aos membros da Assembleia Nacional Constituinte. Brasília, 26 de janeiro de 1987, Cedi, BR.MT.XV.1e/11.

332 A LUTA INDÍGENA NO CORAÇÃO DO BRASIL

A Marcha para o Oeste havia roubado dos xavante muito de sua "herança" territorial, mas a linguagem da carta revela que os índios tinham adquirido um novo "recurso": os meios para dialogar com a sociedade dominante em seus próprios termos na esperança de "caminhar juntos".

Os povos indígenas alcançaram vitórias importantes com a Constituição de 1988, que rompeu com o autoritarismo do Estado e a ideologia evolucionista na política indigenista. Enquanto as constituições anteriores, influenciadas por conceitos históricos de propriedade, definiram as terras indígenas em termos de ocupação física, a nova Constituição especificava todas as áreas ecológicas indispensáveis à sobrevivência física e cultural dos povos indígenas. Os índios também receberam garantia de educação em português, assim como o direito à educação bilíngue. O Estado não detinha mais jurisdição legal sobre a "incorporação do índio à comunidade nacional", mas apenas o direito de "legislar" em seu favor. A nova Constituição reconheceu oficialmente as "manifestações de culturas populares, indígenas e afro-brasileiras e de outros grupos de participação" na formação do patrimônio histórico da nação. Finalmente, em uma erosão da tutela, os povos indígenas ganharam o direito à autorrepresentação em disputas civis, podendo recorrer ao Ministério Público.[2]

A reforma constitucional, negociada dentro dos limites espaciais e temporais do Congresso, tinha origens muito mais amplas. Os avanços nos direitos indígenas resultaram das novas formas como os legisladores passaram a considerar – ou foram forçados a reconsiderar – o mundo ao seu redor. Essas modificações se originaram das novas relações entre o Estado e a sociedade, precipitadas

---

[2] Sobre os direitos indígenas na Constituição de 1988, ver Santos, S. C. dos. *Os povos indígenas e a Constituinte*. Florianópolis: Universidade Federal de Santa Catarina/Movimento, 1989, p.69-71; Allen, E. Brazil: Indians and the New Constituition. *Third World Quarterly*, v.10, n.4, 1989, p.148-65.

CONCLUSÃO **333**

pela transição política para o governo democrático e a crise econômica da década de 1980. A "década perdida" de 1980 – marcada pela dívida externa, bem como por baixas taxas de crescimento econômico, alta inflação, declínio dos investimentos externos e fuga de capital – enfraqueceu o Estado desenvolvimentista e os laços que o ligavam à sociedade desde a era Vargas. As inovações constitucionais derivaram também da colisão e fusão de novas e velhas ideias, tanto nacionais quanto estrangeiras, e da negociação entre a elite e o povo no projeto de construção da nação. A política internacional desempenhou um papel importante na remodelação da política indigenista brasileira. A vulnerabilidade do Brasil diante da aguda crise econômica e das políticas ambientais mundiais desencadeou uma nova valorização dos povos indígenas como guardiões do meio ambiente. À medida que a crise econômica se agravava ao longo da década de 1980, o Estado brasileiro precisava melhorar sua imagem perante instituições estrangeiras, como o Banco Mundial e o Banco Interamericano de Desenvolvimento, que condicionavam os empréstimos à proteção ambiental e à demarcação das reservas indígenas. Demonstrar compromisso com essas metas era uma forma de garantir financiamento, comércio e tecnologia. O presidente José Sarney realizou esforços para que o Rio de Janeiro sediasse a Conferência das Nações Unidas sobre o Desenvolvimento e o Meio Ambiente em 1992 (Hunter, 1997, p.126-7). Nessa ocasião, os índios apareceram com destaque na imprensa como guardiões da floresta e defensores do patrimônio da terra, embora um contra-ataque conservador tenha acusado os estrangeiros de interferir nas políticas ambientais e indigenistas brasileiras como estratégia para conter o desenvolvimento nacional e "internacionalizar" a Amazônia.[3]

---

[3] Para saber mais sobre essa discussão, ver O'Connor, G. *Amazon Journal:* Dispatches from a Vanishing Frontier. New York: Penguin, 1998, p.297-306.

334 A LUTA INDÍGENA NO CORAÇÃO DO BRASIL

Nenhum desses temas era novo. Como esta obra mostrou, há muito tempo, para os brasileiros o índio era um modelo a ser enaltecido em comemorações cívicas e, ao mesmo tempo, sinônimo de atraso cultural e econômico. A atribuição aos índios do papel de ecologistas inatos, todavia, era uma criativa invenção ideológica, sustentada pelos interesses de diversos grupos: políticos brasileiros tentando reabilitar a reputação mundial da nação; ambientalistas internacionais procurando parceiros simbólicos locais; e povos indígenas buscando aliados em sua luta pela autodeterminação e controle de recursos.[4]

O repúdio da Constituição a um modelo aculturacionista para a integração indígena refletiu outras tendências internacionais. A Convenção 107 da Organização Internacional do Trabalho de 1957, atacada durante muitos anos por seu etnocentrismo, seria substituída em 1989 por um documento que enfatizava o respeito pela organização socioeconômica, cultura e identidade indígenas (Organização Internacional do Trabalho, 1992).[5] A tendência mundial de "política étnica" e "multiculturalismo" chegara à política brasileira.

A reforma legislativa referente aos povos indígenas originou--se não apenas das pressões externas e do interesse das elites, mas

---

[4] Sobre a aliança estratégica e a problemática entre índios brasileiros e ambientalistas, ver Conklin, B. A.; Graham, L. R. The Shifting Middle Ground: Amazonian Indians and Eco-Politics. *American Anthropologist*, n.97, p.695-710, 1995; Brysk, A. Acting Globally: Indian Rights and International Politics in Latin America. In: Van Cott, D. L. (Ed.). *Indigenous Peoples and Democracy in Latin America*. New York: St. Martin's Press, 1994, p.29-54.

[5] O Brasil absteve-se de votar na Convenção 169, objetando ao seu projeto de concessão aos índios do direito de propriedade de suas terras, em vez da posse permanente. Para outra discussão, ver Cordeiro, E. *Política indigenista brasileira e promoção internacional dos direitos das populações indígenas*. Manuscrito. Brasília: Ministério das Relações Exteriores, 1993, p.100-19.

CONCLUSÃO 335

também de lutas históricas dos povos nativos, como os xavante, para mudar a política brasileira. Como visto aqui, desde o estabelecimento do contato, os xavante negociaram habilmente as complexidades do poder do Estado. Os índios desafiaram políticas que visavam à reorganização e subordinação socioeconômica, ainda que aceitassem mercadorias, bem-estar social e intervenções políticas. Ao mesmo tempo que sustentavam a legitimidade do Estado brasileiro, eles insistiam na redefinição do território indígena, cobravam a distribuição de recursos do governo e exigiam respeito por sua cultura. Alternando entre a insurgência e a obediência, entre ações cotidianas e espetaculares, os xavante contribuíram para remodelar as relações entre índios e Estado.

Com efeito, como parte de sua luta por maior poder, os grupos indígenas conseguiram se mobilizar para influenciar diretamente os resultados da Assembleia Constituinte. Índios de todo o Brasil afluíram à capital do país vestindo seus trajes "tradicionais", fizeram apresentações públicas, deram entrevistas e lotaram as galerias da Assembleia para pressionar políticos a proteger as terras indígenas, garantir direitos sociais e respeitar as diferenças étnicas (Ramos, 1998, p.257). Oito candidatos índios, inclusive dois xavante, concorreram à eleição para a Constituinte, mas foram derrotados (Santos, 1989, p.46-7).

No entanto, a cultura política muitas vezes impede a reforma socioeconômica e o respeito aos direitos constitucionais. A lei mal aplicada, a violência, a impunidade, a corrupção e a discriminação racial ameaçam os avanços constitucionais, tendo historicamente desvirtuado os princípios da lei brasileira. A instituição do governo democrático e da descentralização política, depois de décadas de governo autoritário, não garantem por si só os direitos indígenas, como pode ser verificado na análise da política do Mato Grosso durante o pós-guerra. De fato, a transição democrática tem sido marcada pela manutenção das elites tradicionais, assim como

336 A LUTA INDÍGENA NO CORAÇÃO DO BRASIL

pelo clientelismo, um sistema partidário instável, e pela corrupção (Hagopian, 1996, p.211-52). Assim, embora a Constituição de 1988 tenha especificado um prazo de cinco anos para a demarcação de todos os territórios indígenas, no dia da expiração do prazo, mais de um terço ainda não havia sido demarcado. (Até 1993, a Funai não havia reservado territórios para os xavante na região de Marãiwatsede, de onde eles haviam sido expulsos quase três décadas antes.) (Ferraz e Mampieri, 1993, p.75-84) Além disso, a invasão das terras indígenas muitas vezes persiste *de facto* após a demarcação legal: talvez 80% das áreas indígenas reconhecidas no Brasil sofram de algum tipo de invasão por madeireiras, fazendas, garimpos e posseiros, ou por estradas, hidrelétricas, linhas elétricas e estradas de ferro (Schwartzman et al., 1996, p.40). A democratização também não garante o acesso à educação e ao bem-estar social, como mostrou o apelo dos líderes xavante. Em suma, a Constituição de 1988 não mudou as realidades dos índios, mas fixou novos termos para a negociação e a luta.

Reflexões sobre as relações entre índios e Estado no Brasil

A política indigenista brasileira surgiu da disputa entre vários grupos sociais para determinar o alcance do poder do Estado, a acumulação de capital e a autonomia indígena, um cabo de guerra com oponentes dotados de diferentes níveis de força. As divergências políticas e ideológicas dentro do Estado (tanto horizontal quanto vertical), a pressão do capital privado, da Igreja, dos setores da sociedade civil, da comunidade internacional e da mobilização indígena redesenhariam constantemente os contornos das políticas estatais. Os esforços do Estado para consolidar o poder sobre os assuntos indígenas prosseguiriam intermitentemente enquanto o

CONCLUSÃO **337**

órgão oficial de proteção permanecia enfraquecido ou disputado por interesses conflitantes. Embora reconheça no papel do Estado brasileiro de estimular a acumulação de capital no Centro-Oeste, este trabalho enfatiza as mudanças na capacidade, tanto dos regimes políticos quanto da organização de classes (assim como os grupos étnicos), para compreender a política indigenista no século XX.[6] Se este livro descentraliza a análise tradicional da história política brasileira, nele sobressai o envolvimento indígena no contexto da formação do Estado e da construção da nação brasileira. Atenção especial foi dedicada ao papel dos povos indígenas ao abraçar, contestar e remodelar políticas de amplo impacto sobre suas vidas. No contexto da expansão a Oeste e da apropriação de lucro, os esforços do Estado para confinar os xavante em lotes minúsculos de terras, criar agricultores orientados para o mercado e formar cidadãos dóceis teve um sucesso apenas parcial. Os xavante foram subordinados ao poder do Estado, mas não se transformaram nos cidadãos comuns, agricultores acomodados e trabalhadores disciplinados que o governo esperava. Eles se tornaram um grupo étnico politicamente mobilizado entre as multidões de pobres no Brasil, bem informados sobre seus direitos e simbolismo cultural. Eles permaneceram A'uwẽ e se tornaram índios brasileiros.

As evidências históricas, então, não confirmam a irreconciliável dicotomia postulada entre os índios e o Estado-nação, reavivada em uma declaração bastante divulgada do cientista político Hélio

---

[6] Para um argumento ressaltando a falta de importância relativa da mudança do regime, ver Foweraker, J. *The Struggle for Land:* A Political Economy of the Pioneer Frontrier in Brazil from 1930 to the Present Day. Cambridge: Cambridge University Press, 1981, p.12. Para uma crítica do reducionismo marxista, ver Skocpol, T. Bringing the State Back In: Strategies of Analysis in Current Research. In: Evans, P. et al. (Ed.). *Bringing the State Back In.* Cambridge: Cambridge University Press, 1985, p.25.

338 A LUTA INDÍGENA NO CORAÇÃO DO BRASIL

Jaguaribe em 1994, de que "a unidade nacional poderá ficar ameaçada se for mantido o subdesenvolvimento brasileiro, ou seja, se os índios permanecerem índios" (Jaguaribe, apud Ramos, 1998, p.189). Como este livro e a pesquisa histórica em outros lugares da América Latina revelaram, os povos indígenas têm buscado negociar os termos da incorporação social e da adaptação de projetos nacionalistas da elite. Apesar disso, têm sido retratados como relíquias folclóricas e "outros" exóticos, ou, alternativamente, como índios "inautênticos" (Mallon, 1995; Thurner, 1997; Rappaport, 1994; Méndez, 1996, p.197-225). A unidade nacional e o desenvolvimento brasileiros são "ameaçados" pela distribuição desigual de terra e riqueza e pela discriminação social – padrões que foram reproduzidos em vez de serem retificados pela expansão das fronteiras.

Os índios brasileiros de fato usaram sua imagem "exótica", bem como outras formas de comportamento e comunicação, impostos pela sociedade dominante, como armas para assegurar maior poder dentro da hierarquia socioeconômica da nação. Espera-se que pesquisas históricas comparativas lancem luz sobre o relacionamento entre outros grupos indígenas e o Estado brasileiro.[7] O que se sabe é que, concomitantemente à perturbadora invasão e devastação ambiental de áreas indígenas, ao longo das últimas três décadas houve o rápido crescimento das reservas: se em 1967,

---

[7] A literatura sobre os caiapó já é abundante. Para tanto, ver Turner, T. Representing, Resisting, Rethinking: Historical Transformations of Kayapo Culture and Anthropological Consciousness. In: Stocking JR., G. W. (Ed.). *Colonial Situations:* Essays on the Contextualization of Ethnographic Knowledge. Madison: University of Wisconsin Press, 1991; Schmink, M.; Wood, C. H. *Contested Frontiers in Amazonia.* New York: Columbia University Press, 1992; Rabben, L. *Unnatural Selection:* The Yanomami, the Kayapó and the Onslaught of Civilization. Seattle: University of Washington Press, 1998.

CONCLUSÃO 339

sob a administração do SPI, menos de 10% das terras indígenas, mesmo em uma estimativa generosa, foram delimitadas, em 1996, 205 áreas indígenas, cobrindo 106 milhões de acres (43 milhões de hectares) de terra, foram oficialmente registradas (representando cerca de 12% do território nacional) (Schwartzman et al., 1996, p.39). As lutas políticas para criação de outras reservas indígenas – que redefiniram os limites de jurisdição federal na zona rural, configurações do poder indígena e da natureza "política étnica" no Brasil do século XX — aguardam a descrição de sua história.

No futuro, um dos maiores desafios a ser enfrentados pelas populações indígenas (e não indígenas) do Brasil na luta por justiça social é a redefinição das relações do Estado com a sociedade civil. Desde a década de 1980, o Estado latino-americano foi criticado pelos órgãos financeiros internacionais e economistas neoclássicos por dificultar o crescimento econômico intervindo excessivamente no mercado. Uma história de políticas autoritárias e falta de sensibilidade diante das necessidades públicas manchou ainda mais a reputação do Estado. Com o neoliberalismo, o Estado latino-americano passou a enfrentar a fragmentação e a crise de identidade, com graves consequências para os povos indígenas – implicações estranhamente ignoradas (ou talvez festejadas) por alguns observadores.

A política de autoritarismo e assistencialismo do Estado em relação às comunidades indígenas, amplamente documentada aqui, clama por mudança. Entretanto, a diminuição da intervenção e sua substituição por ONGs e iniciativa privada não trazem soluções em si. As organizações não governamentais não estão sujeitas a mecanismos democráticos; elas respondem apenas à sua diretoria e a seus contribuintes. Embora percebidas como mais eficientes, imparciais e engajadas que o Estado, as ONGs também desconsideraram as preocupações indígenas, divulgaram imagens estereotipadas dos índios como nobres selvagens e confiaram a indivíduos específicos

340 A LUTA INDÍGENA NO CORAÇÃO DO BRASIL

a mediação entre suas comunidades e o mundo exterior (Conklin e Graham, 1995; Ramos, 1998, p.267-83). Embora as ONGs sejam eficientes na divulgação de informações, no reforço da sociedade civil e em pressionar o Estado por meio da internacionalização da luta política, a privatização da responsabilidade sobre o bem-estar social vai contra a tomada de decisões democráticas e a manutenção, em longo prazo, de políticas bem-sucedidas para os povos indígenas (Keck, 1994, p.91-107). A sociedade civil tem um papel importante na melhoria do governo, mas sua participação não é uma garantia, da mesma forma que um bom governo também não o é. A verdade é que, embora critique a ineficiência burocrática e a corrupção, a opinião pública na América Latina continua a valorizar a importância do Estado como promotor do bem-estar social e do crescimento econômico (Garretón, 1994, p.244).

A descentralização também não fornece uma panaceia para a reforma política do Estado.[8] A centralização do poder e recursos no SPI, e mais tarde da Funai, certamente tiveram um efeito deletério sobre a formulação e execução de políticas, assim como a desconsideração histórica pelas aspirações, iniciativas e capacidades dos índios. Apesar disso, este livro também ressaltou as baixas que as comunidades indígenas sofreram por conta dos interesses regionais. O desempenho dos governos locais e das inspetorias regionais do órgão de proteção aos índios não valida a hipótese de que uma política descentralizada garanta em si o bem-estar social das comunidades nativas. Nem mesmo, aliás, a devolução da tomada de decisão aos líderes indígenas resolve questões de representatividade, alocação de recursos e prestação de contas. Ao contrário, a melhoria na política indigenista depende

---

[8] Para uma crítica profunda acerca da descentralização política como panaceia para a melhora dos serviços sociais, ver Tendler, J. *Good Government in the Tropics*. Baltimore: Johns Hopkins University Press, 1997, p.142-50.

CONCLUSÃO **341**

de uma relação dinâmica e interativa entre a sociedade civil e um Estado reestruturado, relação construída sobre uma coalizão de interesses e uma visão compartilhada de futuro.

Diversos analistas reconhecem que a capacidade do Estado (não seu tamanho) e a qualidade da intervenção (não seu grau) são fatores básicos para garantir o crescimento econômico e o bem-estar social de um país (Grindle, 1996, p.5). A reforma do sistema tributário para reforçar a capacidade do Estado e do Poder Judiciário de recuperar a legitimidade pública é indispensável. A modernização administrativa da Funai e de outros ramos do serviço público precisa ser aperfeiçoada por meio de contratações por mérito, bem como de melhor treinamento e incentivos para promover a dedicação e a produtividade do funcionário público. De fato, Judith Tendler observa a tendência dos planos de desenvolvimento de preocupar-se com os usuários em vez dos funcionários na resolução das dificuldades de prestação de serviços públicos. Ela descobriu que o "bom governo" no interior do Ceará devia- -se, em parte, a um setor dinâmico do Estado que estimulava os empregados por meio de campanhas publicitárias e programas de orientação inspiradores, assim como atenção administrativa e recompensas pelo desempenho no trabalho, e que educava o público sobre seu direito a um governo melhor (Tendler, 1997, p.13-20, 42-5).

Uma redefinição das políticas de assistência do Estado em relação aos povos indígenas também se faz necessária. Os estados precisam exercer sua autonomia para implementar políticas de modo eficiente, mas isso não significa que precisem isolar a formu- lação de políticas da deliberação democrática e da contribuição das comunidades locais (Keck, 1994, p.106). Ao consultar os diversos líderes indígenas, os representantes do Estado devem, todavia, mostrar sensibilidade para lutas de poder internas, faccionalismos e questões de representatividade. As comunidades indígenas,

342 A LUTA INDÍGENA NO CORAÇÃO DO BRASIL

como outros setores desprivilegiados da sociedade civil, precisam se concentrar na qualidade, não na quantidade dos serviços, para garantir equidade – como demarcação de terras, educação e atendimento médico (Garretón, 1994, p.247). Tais reformas são necessárias para forjar uma cultura política baseada nos direitos e obrigações dos cidadãos e na lei, em vez de no clientelismo e na dependência (Grindle, 1996, p.7). Como em qualquer reforma política, a oposição inevitavelmente virá de interesses arraigados.

A história importa não porque se repete (ela nunca o faz), mas porque sua narração pode liberar os demônios que atormentam os oprimidos; chocar os complacentes e intransigentes, e, assim, levá-los à autorreflexão; e inspirar a perseverança e a vontade humanas. A democracia racial celebrada na ideologia brasileira desmorona diante do registro da usurpação territorial indígena, da subordinação econômica e do preconceito persistente. A "indianidade", em vez de uma qualidade essencialista, emerge como uma ferramenta de dominação historicamente construída, assim como uma forma de empoderamento comprometido para situar os povos aborígenes na distribuição desigual de riqueza e poder no país. Os triunfos e fracassos do Estado ao defender a ordem legal e a justiça social vêm à tona, assim como a efemeridade do assistencialismo para os povos indígenas. As iniciativas indígenas resultaram em vítimas, assim como agentes ora resistentes, ora colaboradores. O reconhecimento das justiças e injustiças – de uma história de coerção, contestação, colaboração e acordo – pode ajudar a estabelecer a base para a reconstrução das relações entre os indígenas e o Estado. O desafio de reestruturar esse relacionamento pode parecer quixotesco, mas a Marcha para o Oeste também o parecia.

Referências

Arquivos públicos

Arquivo Nacional (AN), Rio de Janeiro, Fundo Secretaria da Presidência da República (SPE).

Fundação Nacional do Índio (Funai), Brasília, Departamento de Documentação (DOC).

Museu do Índio (MI), Rio de Janeiro, Setor de Documentação (Sedoc).

Arquivos de organizações não governamentais

Instituto Socioambiental (ISA), São Paulo.

Conselho Indigenista Missionário (CIMI), Brasília.

Projeto Estudo sobre Terras Indígenas no Brasil (PETI), Rio de Janeiro.

Arquivos Particulares

Arquivo de Ismael Leitão, Goiânia.

Arquivo de Odenir Pinto de Oliveira, Brasília.

Entrevistas

CUNHA, Luis Otávio Pinheiro da. Brasília, maio 1994.

DUMHIWE, Carlos. Reserva Indígena Parabubure, Mato Grosso, jul. 1994.

344 A LUTA INDÍGENA NO CORAÇÃO DO BRASIL

GOMES, João. Nova Xavantina, Mato Grosso, jul. 1994.

LEITÃO, Ismael. Goiânia, ago. 1994.

MATTOS, Jaime. Brasília, maio 1994.

OLIVEIRA, Odenir Pinto de. Brasília, maio 1994.

ROMERO, Cláudio. Brasília, maio 1994.

TSIWARADZA, Renato. Reserva Indígena Parabubure, Mato Grosso, jul. 1994.

Periódicos

Amazônia (São Paulo); *Boletim do CIMI* (Brasília); *Boletim Salesiano* (São Paulo); *Brasil-Oeste* (São Paulo); *Correio Braziliense* (Brasília); *Correio da Fronteira* (Barra do Garças); *Correio da Manhã* (Rio de Janeiro); *O Dia* (Rio de Janeiro); *Diário Carioca* (Rio de Janeiro); *Diário de Brasília* (Brasília); *Diário de Cuiabá* (Cuiabá); *Diário de São Paulo* (São Paulo); *O Estado de Mato Grosso* (Cuiabá); *O Estado de S.Paulo* (São Paulo); *Folha da Manhã* (São Paulo); *Folha de Goiás* (Goiânia); *Folha de S.Paulo* (São Paulo); *Gazeta* (Barra do Garças); *Gazeta de Notícias* (Rio de Janeiro); *A Gazeta de São Paulo* (São Paulo); *O Globo* (Rio de Janeiro); *O Índio do Brasil* (Belém); *O Jornal* (Rio de Janeiro); *Jornal de Brasília* (Brasília); *A Manhã* (Rio de Janeiro); *A Noite* (Rio de Janeiro); *A Notícia* (Rio de Janeiro); *O Radical* (Rio de Janeiro); *Revista Agroeste* (Barra do Garças); *Tribuna da Imprensa* (Rio de Janeiro); *Última Hora* (Rio de Janeiro); *Veja* (São Paulo)

Documentos públicos

BRASIL. Ministério da Guerra, Serviço de Proteção aos Índios. *Relatório Referente ao ano de 1934*, 1934.

_____. Departamento Administrativo do Serviço Público. *Revista do Serviço Público*. 1939-1943.

_____. Ministério da Agricultura. *Marcha para o Oeste* (Conferências Culturais 1939-1943).

_____. Ministério da Agricultura. *Relatório: As atividades da agricultura*. 1942-1943.

REFERÊNCIAS **345**

_____. Ministério da Agricultura. *Decreto-Lei n.6155*. 30 dez. 1943.

_____. Ministério da Agricultura. Conselho Nacional de Proteção aos Índios. *Relatório*. 1944.

_____. Ministério da Agricultura. Conselho Nacional de Proteção aos Índios. *19 de abril: O Dia do Índio — As comemorações realizadas em 1944 e 45*. 1946.

_____. Congresso Nacional, Câmara dos Deputados. *Relatório da CPI – Resoluções 1-10*. Brasília, 1963.

_____. Superintendência de Desenvolvimento da Amazônia. *Biblioteca da Sudam informa*. Belém, 1969.

_____. Ministério do Interior. Fundação Nacional do Índio. *Relatório de atividades da Funai durante o exercício de 1970*. Brasília, 1971.

_____. Instituto Nacional de Colonização e Reforma Agrária. Sistema de Cadastro Rural. *Recadastramento*, 1972a.

_____. Superintendência de Desenvolvimento da Amazônia [Sudam]. *A Amazônia e o novo Brasil*. Belém, 1972b.

_____. Superintendência de Desenvolvimento da Amazônia. *Isto é Amazônia*. Belém, 1972c.

_____. Ministério do Interior. Fundação Nacional do Índio. *O que é a Funai?* Brasília, 1973.

_____. Ministério do Interior. *Relatório de atividades*. 1969-1973.

_____. Ministério do Interior. Fundação Nacional do Índio. *Boletim Informativo Funai*. Brasília: Funai, 1972-1974.

_____. Ministério do Interior. Fundação Nacional do Índio. *Legislação*. Brasília, 1974a.

_____. Ministério do Interior. *Linhas de ação do Ministério do Interior no Governo do Presidente Ernesto Geisel*. Brasília, 1974b.

_____. Ministério do Interior. *Política indigenista — Governo do Presidente Ernesto Geisel*. Brasília, 1974c.

_____. Ministério do Interior. Fundação Nacional do Índio. *Política e ação indigenista brasileira*. Brasília, 1975.

_____. Congresso Nacional, Câmara dos Deputados. *Diário do Congresso Nacional*: Projeto de resolução n.172, de 1978 (CPI – Reservas Indígenas). Brasília, 17 jun. 1978.

346 A LUTA INDÍGENA NO CORAÇÃO DO BRASIL

_____. Superintendência de Desenvolvimento do Centro-Oeste. *Diagnóstico geossocioeconômico da região Centro-Oeste do Brasil*. Brasília, 1978.

_____. Ministério do Interior. Fundação Nacional do Índio. *Revista de atualidade indígena*. Brasília, 1976-1979.

_____. Superintendência de Desenvolvimento do Centro-Oeste. *The Brazilian Center-West*. Brasília, 1981.

_____. Ministério do Interior. Projeto de Desenvolvimento Integrado da Bacia do Araguaia-Tocantins. *Diagnóstico da Bacia do Araguaia--Tocantins*. Brasília, 1982a.

_____. Presidência da República. Secretaria de Imprensa e Divulgação. *Estatuto do Índio*. Brasília, 1982b.

_____. Ministério do Interior. Fundação Nacional do Índio. *Política e programas de ação da Funai*. Brasília, 1988.

_____. Departamento de Imprensa e Propaganda. *Rumo ao Oeste*. Casa Almeida Marques, [s.d.].

_____. Ministério do Interior. Secretaria Geral. *Relatório de atividades 69/73*. Brasília, [s.d.].

SERVIÇO DE PROTEÇÃO AOS ÍNDIOS [SPI], Brasil, Ministério da Agricultura. *Boletins* 1939-1966.

_____. *Relatórios*. 1939-1960.

Obras gerais

ABERCROMBIE, Thomas A. To Be Indian, to Be Bolivian: "Ethnic" and "National" Discourses of Identity. In: URBAN, Greg; SHERZER, Joel (Ed.). *Nation-States and Indians in Latin America*. Austin: University of Texas Press, 1991. p.95-130.

_____. *Pathways of Memory and Power:* Ethnography and History among an Andean People. Madison: University of Wisconsin Press, 1998.

ABORIGINES PROTECTION SOCIETY OF LONDON. *The Tribes of the Amazon Basin in Brazil, 1972*. London: C. Knight, 1973.

ABRAMS, Philip. Notes on the Difficulty of Studying the State, *Journal of Historical Sociology*. v.1, p.58-89, 1988.

ABREU, João Capistrano de. *Chapters of Brazil's Colonial History, 1500-1800*, Trad. Arthur Brakel. New York: Oxford University Press, 1997.

REFERÊNCIAS **347**

ALLEN, Elizabeth. Brazil: Indians and the New Constitution. *Third World Quarterly*. v.10, n.4, p.148-65, 1989.

ALMEIDA, Alfredo Wagner Berno de. O intransitivo da transição: o Estado, os conflitos agrários e a violência na Amazônia (1965-1989). In: LENA, Philippe; OLIVEIRA, Adélia Engracia de (Ed.). *Amazônia:* a fronteira agrícola 20 anos depois. Belém: Museu Paraense Emilio Goeldi, 1991.

ALMEIDA, Geraldo Gustavo de. *Heróis indígenas do Brasil.* Rio de Janeiro: Cátedra, 1988.

ALONSO, Ana María. *Thread of Blood:* Colonialism, Revolution and Gender on Mexico's Northern Frontier. Tucson: University of Arizona Press, 1995.

ALVA, J. Jorge Klor de. The Postcolonialization of the (Latin) American Experience: A Reconsideration of "Colonialism", "Postcolonialism" and "Mestizaje". In: PRAKASH, Gyan (Ed.). *After Colonialism: Imperial Histories and Postcolonial Displacements.* Princeton: Princeton University Press, 1995. p.241-75.

ALVAREZ, Sonia. *Engendering Democracy in Brazil.* Princeton, NJ: Princeton University Press, 1990.

ALVES, Maria Helena Moreira. *State and Opposition in Military Brazil.* Austin: University of Texas Press, 1988.

AMARANTE, Elizabeth Aracy Rondon (Ed.). *Precisamos um chão:* depoimentos indígenas. São Paulo: Ed. Loyola, 1981.

AMES, Barry. *Political Survival:* Politicians and Public Policy in Latin America. Berkeley: University of California Press, 1987.

AMMANN, Safira Bezerra. *Ideologia do desenvolvimento de comunidade no Brasil.* São Paulo: Cortez, 1987.

ANDERSON, Benedict. *Imagined Communities:* Reflections on the Origin and Spread of Nationalism. London: Verso, 1991.

APPIAH, Kwame Anthony. *In My Father's House:* Africa in the Philosophy of Culture. New York: Oxford University Press, 1992.

ARNAUD, Expedito. *Aspectos da legislação sobre os índios do Brasil.* Belém: Museu Goeldi, 1973.

ARNT, Ricardo et al. *Panará:* a volta dos índios gigantes. São Paulo: Instituto Socioambiental, 1998.

348 A LUTA INDÍGENA NO CORAÇÃO DO BRASIL

ARRUDA, Hélio Ponce de. *Os problemas fundiários na estratégia do desenvolvimento e de segurança.* Brasília: Ministério da Agricultura, 1977.

ARTIAGA, Zoroastro. *Dos índios do Brasil Central.* Uberaba: Departamento Estadual de Cultura, [s.d.].

ASSELIN, Victor. *Grilagem:* corrupção e violência em terras do Carajás. Petrópolis: Vozes, 1982.

ASSIS, Eneida Corrêa de. Educação indígena no Brasil. *Cadernos do Centro de Filosofia e Ciências Humanas.* UFPA, v.1, p.35-52, 1980.

_____. *Escola indígena:* uma "frente ideológica". Brasília, 1981. Tese (Mestrado) Universidade de Brasília.

AUDRIM, José M. *Entre sertanejos e índios do Norte.* Instituto Histórico e Geográfico de Belém do Pará, [s.d.].

AURELI, Willy. *Roncador.* São Paulo: Edições Cultura Brasileira, 1939.

BAER, Werner. *The Brazilian Economy:* Growth and Development, 3.ed. New York: Praeger, 1989.

BALDUS, Hebert. *Ensaios de etnologia brasileira.* São Paulo: Editora Nacional, 1937.

_____. Tribos da bacia do Araguaia e Serviço de Proteção aos Índios. *Revista do Museu Paulista.* v.2, p.154-68, 1948.

_____. É belicoso o xavante? *Revista do Arquivo Municipal.* v.142, p.125-29, 1951.

BANCO DA AMAZÔNIA S.A. *Investimentos privilegiados na Amazônia,* [s.d.].

BARETTA, Silvio R. Duncan; MARKOFF, John. Civilization and Barbarism: Cattle Frontiers in Latin America. *Comparative Studies in Society and History.* v.20, p.587-620, 1978.

BARICKMAN, B. J. "Tame Indians", "Wild Heathens", and Settlers in Southern Bahia in the Late Eighteenth and Early Nineteenth Centuries. *The Americas.* v.51, p.325-68, 1995.

BARROS, João Alberto Lins de. *Memórias de um revolucionário.* Rio de Janeiro: Civilização Brasileira, 1953.

BARROS, Olegário Moreira de. Rondon e o índio. *Revista do Instituto Histórico de Mato Grosso.* v.22, n.43-4, p.15-26, 1940.

BARROS, Paula. A contribuição do índio à civilização. *Instituto Histórico e Geográfico do Brasil,* n.4, p.529-40, 1949.

REFERÊNCIAS   **349**

BARTH, Fredrik (Ed.). *Ethnic Groups and Boundaries:* The Social Organization of Cultural Difference. Boston: Little Brown, 1969.

BASTOS, Aurélio Wander. As terras indígenas no direito constitucional brasileiro e na jurisprudência do STF. In: SANTOS, Sílvio Coelho dos et al (Ed.) *Sociedades indígenas e o direito:* uma questão de direitos humanos. Florianópolis: Universidade de Santa Catarina, 1985.

BELTRÃO, Luiz. *O índio, um mito brasileiro.* Petrópolis: Vozes, 1977.

BENNETT, Gordon. Aboriginal Rights in International Law. *Survival International.* Occasional Paper 37. London: Royal Anthropological Institute for Great Britain and Ireland, 1978.

BERKHOFER, Robert F., Jr. *The White Man's Indian:* Images of the American Indian from Columbus to the Present. New York: Knopf, 1978.

BLOMBERG, Rolf. *Chavante: An Expedition to the Tribes of the Mato Grosso.* New York: Taplinger, 1961.

BODARD, Lucien. *Massacre on the Amazon.* London: Tom Stacey, 1971.

BODLEY, John H. *Victims of Progress.* Menlo Park: Benjamin/Cummings, 1982.

BONFIL BATALLA, Guillermo. *Utopia y revolución:* el pensamiento político contemporáneo de los indios en América Latina. México: Editorial Nueva Imagen, 1981.

———— (Ed.). *América Latina, etnodesarrollo y etnocidio.* San José: FLACSO, 1982.

BORGES, Dain. Brazilian Social Thought of the 1930s. *Luso-Brazilian Review,* n.31, p.137-49, 1994.

BORGES, Durval Rosa Sarmento. *Rio Araguaia, corpo e alma.* São Paulo: USP, 1987.

BOURDIEU, Pierre. *Outline of a Theory of Practice.* Trad. Richard Nice. Cambridge, England: Cambridge University Press, 1977.

BRADFORD JR, Colin (Ed.). *Redefining the State in Latin America.* Paris: OECD, 1994.

BRANFORD, Sue; GLOCK, Oriel. *The Last Frontier:* Fighting over Land in the Amazon. London: Zed Books, 1985.

BRASILEIRO, Francisco. *Na Serra do Roncador.* São Paulo: Nacional, 1938.

350 A LUTA INDÍGENA NO CORAÇÃO DO BRASIL

BRAZIL, Themístocles Paes de Souza. *Íncolas selvícolas.* Rio de Janeiro: Ministério de Relações Exteriores, 1937.

BROOKS, Edwin et al. *Tribes of the Amazon Basin in Brazil 1972.* London: Charles Knight & Co., 1973.

BROOKSHAW, David. *Paradise Betrayed:* Brazilian Literature of the Indian. Amsterdam: CEDLA, 1988.

BRUNEAU, Thomas C. *The Political Transformation of the Brazilian Catholic Church.* Cambridge, England: Cambridge University Press, 1974.

BRYSK, Alison. Acting Globally: Indian Rights and International Politics in Latin America. In: VAN COTT, Donna Lee (Ed.). *Indigenous Peoples and Democracy in Latin America.* New York: St. Martin's Press, 1994.

BUNKER, Stephen. *Underdeveloping the Amazon:* Extraction, Unequal Exchange and the Failure of the Modern State. Urbana: University of Illinois Press, 1985.

BURDICK, John. Rethinking the Study of Social Movements: The Case of Christian Base Communities in Urban Brazil. In: ESCOBAR, Arturo; ALVAREZ, Sonia E. (Ed.). *The Making of Social Movements in Latin America.* Boulder, CO: Westview Press, 1992.

CAIADO, Leolídio di Ramos. *Dramas do Oeste:* história de uma excursão nas regiões da Ilha do Bananal em 1950. São Paulo: Edigraf, 1961.

CAMARGO, Aspasia et al. *O golpe silencioso:* as origens da república corporativa. Rio de Janeiro: Rio Fundo, 1989.

CAMARGO JR., S. P. *Problemas do Oeste.* Rio de Janeiro: A Noite, 1948.

CAMMACK, Paul. Clientelism and Military Government in Brazil. In: CLAPHAM, Christopher (Ed.). *Private Patronage and Public Power.* New York: St. Martin's Press, 1982.

CAMPANHA NACIONAL DE APERFEIÇOAMENTO PESSOAL DE NIVEL SUPERIOR [CAPES]. *Estudos de Desenvolvimento Regional (Mato Grosso).* Rio de Janeiro: EDCAPES, 1958.

CAMPOS, Fausto Vieira de. *Retrato de Mato Grosso.* São Paulo: Brasil--Oeste, 1969.

CAMPOS, Francisco. *Educação e cultura.* Rio de Janeiro: José Olympio, 1941.

REFERÊNCIAS 351

CARDOSO, Fernando Henrique. *Autoritarismo e democratização.* Rio de Janeiro: Paz e Terra, 1975.

_____.; MÜLLER, Geraldo. *Amazônia: expansão do capitalismo.* São Paulo: Brasiliense, 1977.

CARLETTI, Ernesto. *Lembrança dos Missionários Salesianos Pe. Pedro Sacilotti e Pe. João Fuchs trucidados pelos Índios Chavantes no Rio das Mortes.* São Paulo: Escolas Profissionais Salesianas, 1935.

CARNEIRO, Maria Esperança Fernandes. *A revolta camponesa de Formoso e Trombas.* Goiânia: Editora da Universidade Federal de Goiás, 1986.

CARONE, Edgard. *O Estado Novo (1937-1945).* Rio de Janeiro: DIFEL, 1977.

CARVALHO, Afonso Ligório Pires de. Juruna, o índio que aprisiona a memória dos brancos. *Revista de atualidade indígena.* v.2, n.9, p.9-11, mar./abr. 1978.

CARVALHO, José Murillo de. Armed Forces and Politics in Brazil, 1930-45. *Hispanic American Historical Review.* v.62, p.193-223, 1982.

_____. *A formação das almas:* o imaginário da República no Brasil. São Paulo: Companhia das Letras, 1990.

CARVALHO, J. R. de Sá. *Brazilian El Dorado.* London: Blackie and Son, 1938.

CARVALHO, Murilo. *Sangue da terra.* São Paulo: Ed. Brasil Debates, 1980.

CASALDÁLIGA, Pedro. *Uma igreja da Amazônia em conflito com o latifúndio e a marginalização social.* Mato Grosso: [s.n.], 1971. (manuscrito)

_____. *I Believe in Justice and Hope.* Notre Dame, Fides/Claretian, 1978.

CASCUDO, Luiz da Câmara. *Montaigne e o índio brasileiro.* São Paulo: Cadernos da Hora Presente, 1940.

CAVALCANTI, Mário de Barros. *Da SPVEA à SUDAM (1964-1967).* Belém: 1967.

CEHELSKY, Marta. *Land Reform in Brazil:* The Management of Social Change. Boulder, CO: Westview, 1979.

CELSO, Conde de Affonso. *Direito de Goyaz no litígio contra Matto-Grosso.* Rio de Janeiro: Imprensa Nacional, 1921.

352 A LUTA INDÍGENA NO CORAÇÃO DO BRASIL

CENTRO ECUMÊNICO DE DOCUMENTAÇÃO E INFORMA-
ÇÃO [CEDI]. *Aconteceu especial:* povos indígenas no Brasil/80, 83
e 84. São Paulo: Ed. Sagarana, 1981-85.

_____. *Povos indígenas no Brasil 1985/1986.* São Paulo: CEDI, 1987a.

_____. *Terras indígenas no Brasil.* São Paulo: CEDI/Museu Nacional,
1987b.

_____. *Povos indígenas no Brasil 1987/88/89/90.* São Paulo: CEDI, 1991.

CHAGNON, Napoleon A. *Yanomamö:* The Fierce People, 3.ed. New
York: Holt, Rinehart and Winston, 1983.

CHATTERJEE, Partha. *The Nation and Its Fragments:* Colonial and
Postcolonial Histories. Princeton: Princeton University Press, 1993.

CHOVELON, Hipólito et al. *Do primeiro encontro com os xavante à
demarcação de suas reservas.* Campo Grande: Editorial Dom Bosco,
1996.

CLIFFORD, James. *The Predicament of Culture.* Cambridge, MA:
Harvard University Press, 1988.

COLBACCHINI, R. Antônio. *A luz do Cruzeiro do Sul.* São Paulo:
Escolas Profissionais Salesianas, 1939.

COLBY, Gerard; DENNETT, Charlotte. *Thy Will Be Done – The
Conquest of the Amazon:* Nelson Rockefeller and Evangelism in the
Age of Oil. New York: Harper Collins, 1995.

COMAROFF, John; COMAROFF, Jean. *Ethnography and the Historical
Imagination.* Boulder, CO: Westview Press, 1992.

COMISSÃO PRÓ-ÍNDIO/SP. *A questão da emancipação.* São Paulo:
Global, 1979.

_____. *A questão da educação indígena.* São Paulo: Brasiliense, 1981a.

_____. *A questão da terra indígena.* São Paulo: Global, 1981b.

_____. *Índios: direitos históricos.* São Paulo: Comissão Pró-Índio, 1982.

_____. *O índio e a cidadania.* São Paulo: Brasiliense, 1983.

_____. *A questão da mineração em terra indígena.* São Paulo: Comissão
Pró-Índio, 1985.

COMITÉ INTERNATIONAL DE LA CROIX ROUGE. *Report of the
International Red Cross Committee Medical Mission to the Brazilian
Amazon Region.* Geneva, 1970.

REFERÊNCIAS **353**

CONCA, Ken. *Manufacturing Insecurity:* The Rise and Fall of Brazil's Military-Industrial Complex. Boulder, CO: Westview, 1997.

CONKLIN, Beth A.; GRAHAM, Laura R. The Shifting Middle Ground: Amazonian Indians and Eco-Politics. *American Anthropologist.* v.97, p.695-710, 1995.

CONSELHO INDIGENISTA MISSIONÁRIO. *Os povos indígenas e a Nova República.* São Paulo: Edições Paulinas, 1986.

CONSELHO NACIONAL DE PROTEÇÃO AOS ÍNDIOS [CNPI]. *19 de Abril: O Dia do Índio* — as comemorações realizadas em 1944 e 45. Rio de Janeiro: Imprensa Nacional, 1946.

CORDEIRO, Enio. *Política indigenista brasileira e promoção internacional dos direitos das populações indígenas.* Brasília: Ministério das Relações Exteriores, 1993. (manuscrito)

CORRADI, Juan E. et al. (Ed.). *Fear at the Edge:* State Terror and Resistance in Latin America. Berkeley: University of California Press, 1992.

CORREA, Valmir Batista. *Coronéis e bandidos em Mato Grosso (1889-1943).* São Paulo, 1981. Dissertação (Doutorado) Universidade de São Paulo.

CORREA FILHO, Virgílio. *Mato Grosso.* Rio de Janeiro: Brasílica, 1939.

_____. *História de Mato Grosso.* Rio de Janeiro: Instituto Nacional do Livro, Ministério da Educação, 1969.

CORRIGAN, Philip; SAYER, Derek. *The Great Arch: English State Formation as Cultural Revolution.* Oxford: Basil Blackwell, 1985.

COSTA, Angyone. *Indiologia.* Rio de Janeiro: Zenio Valverde Editora, 1943.

COSTA, Emilia Viotti da. *The Brazilian Empire:* Myths and Histories. Chicago: University of Chicago Press, 1985.

COSTA, João Cruz. *A History of Ideas in Brazil.* Berkeley: University of California Press, 1964.

COURTEVILLE, Roger. *Mato Grosso:* Terre inconnue. Paris: La Colombe, 1954.

COUTINHO, Edilberto. *Rondon e a integração amazônica.* São Paulo: Arquimedes, 1968. .

354 A LUTA INDÍGENA NO CORAÇÃO DO BRASIL

_____. *Rondon*, o civilizador da última fronteira. Rio de Janeiro: Olive, 1969.

_____. *Rondon e a política indigenista brasileira no século vinte*. Rio de Janeiro: PUC, 1978.

COWELL, Adrian. *The Decade of Destruction*. New York: Anchor, 1990.

CUNHA, Ayres Câmara. *Entre os índios do Xingu: a verdadeira história de Diacuí*. São Paulo: Exposição do Livro, 1960.

_____. *Além de Mato Grosso*. São Paulo: Clube do Livro, 1974.

CUNHA, Boaventura Ribeiro da. *Educação para os selvícolas*. Rio de Janeiro: Ministério da Agricultura/CNPI, 1946 (?).

CUNHA, Manuela Carneiro da. *Antropologia do Brasil:* mito, história e etnicidade. São Paulo: Brasiliense/EDUSP, 1986.

_____. *Os direitos do índio*. São Paulo: Brasiliense, 1987.

_____ (Ed.). *História dos índios no Brasil*. São Paulo: Companhia das Letras / Fundação de Amparo à Pesquisa no Estado de São Paulo, Secretaria Municipal de Cultura, 1992a.

_____ (Ed.). *Legislação indigenista no século XIX:* uma compilação, 1808-1889. São Paulo: Comissão Pró-Índio de São Paulo, Editora da Universidade de São Paulo, 1992b.

DAVIDSON, David M. How the Brazilian West Was Won: Freelance and State on the Mato Grosso Frontier, 1737-1752. In: ALDEN, Dauril (Ed.). *Colonial Roots of Modern Brazil*. Berkeley: University of California Press, 1973. p.61-106.

DAVIS, Shelton H. *Victims of the Miracle:* Development and the Indians of Brazil. Cambridge, England: Cambridge University Press, 1986.

DAVIS, Shelton H.; MATTHEWS, Robert O. *The Geological Imperative:* Anthropology and Development in the Amazon Basin of South America. Cambridge, MA: Anthropology Resource Center, 1976.

DAVIS, Shelton; MENGET, Patrick. Povos primitivos e ideologia civilizada no Brasil. In: JUNQUEIRA, Carmen; CARVALHO, Edgard de A. (Ed.). *Antropologia e indigenismo na América Latina*. São Paulo: Cortez, 1981.

DEAN, Warren. *With Broadax and Firebrand:* The Destruction of the Brazilian Atlantic Forest. Berkeley: University of California Press, 1995.

REFERÊNCIAS **355**

DE LA CADENA, Marisol. Women Are More Indian: Gender and Ethnicity in Cuzco. In: LARSON, Brooke; HARRIS, Olivia; TANDETER, Enrique (Ed.). *Ethnicity, Markets and Migration in the Andes:* At the Crossroads of History and Anthropology. Durham, NC: Duke University Press, 1995. p.319-28.

DEMARQUET, Sonia de Almeida. *A questão indígena*. Rio de Janeiro: Vigília, 1986.

DÓRIA, Palmério et al. *A guerrilha do Araguaia*. São Paulo: Alfa-Omega, 1979.

DOSTAL, W. (Ed.). *The Situation of the Indian in South America*. Geneva, Switzerland: World Council of Churches, 1972.

DUARTE, Bandeira. *Rondon: O bandeirante do século XX*. Rio de Janeiro: N.S. de Fátima Editora, 1957.

DUPAS, Gilberto. Competitive Integration and Recovery of Growth. In: BAER, Werner; TULCHIN, Joseph C. (Ed.). *Brazil and the Challenge of Economic Reform*. Washington, DC: Woodrow Wilson Center, 1993.

DURHAM, Eunice Ribeiro. O lugar do índio. In: COMISSÃO PRÓ-ÍNDIO/SP (Ed.). *O índio e a cidadania*. São Paulo: Brasiliense, 1983.

DYOTT, Georges Miller. *Man Hunting in the Jungle*, Being the Story of a Search for Three Explorers Lost in the Brazilian Wilds. Indianapolis: Bobbs-Merrill, 1930.

ERTHAL, Regina Maria de Carvalho. *Atrair e pacificar*: a estratégia da conquista. Rio de Janeiro, 1992. Tese (Mestrado) Universidade Federal do Rio de Janeiro.

ESCOBAR, Ildefonso. *A Marcha para o Oeste:* Couto Magalhães e Getúlio Vargas. Rio de Janeiro: A Noite, 1941.

ESTERCI, Neide. *O mito da democracia no país das bandeiras*. Rio de Janeiro, 1972. Tese (Mestrado) Universidade Federal do Rio de Janeiro.

_____. *Conflito no Araguaia*. Petrópolis: Vozes, 1987.

EVANS, Peter. *Dependent Development:* The Alliance of Multinational, State, and Local Capital in Brazil. Princeton, NJ: Princeton University Press, 1979.

356 A LUTA INDÍGENA NO CORAÇÃO DO BRASIL

FABRE, D. G. *Beyond the River of the Dead*. London: R. Hall, 1963.

FARAGE, Nádia. *As muralhas dos sertões:* os povos indígenas no Rio Branco e colonização. Rio de Janeiro: Paz e Terra, Anpocs, 1991.

FAUSTO, Boris. *A revolução de 1930:* historiografia e história. 13.ed. São Paulo: Brasiliense, 1991.

FERGUSON, R. Brian. Explaining War. In: HAAS, Jonathan (Ed.). *The Anthropology of War*. Cambridge, England: Cambridge University Press, 1990.

_____. *Yanomami Warfare:* A Political History. Santa Fe, NM: School of American Research, 1995.

FERRAZ, Iara; MAMPIERI, Mariano. Suiá-Missu: um mito refeito. *Cartas: Falas, reflexões, memórias/informe de distribuição restrita do senador Darcy Ribeiro*. v.4, n.9 p.75-84, 1993.

FERREIRA, Eudson Castro de. *Posse e propriedade territorial:* a luta pela terra em Mato Grosso. Campinas: UNICAMP, 1986.

FERREIRA, Manoel Rodrigues. *Nos sertões do lendário Rio das Mortes*. Rio de Janeiro: Editora do Brasil, 1946.

FERREIRA, Mariana Kawall Leal. *Da origem dos homens à conquista da escrita*: um estudo sobre povos indígenas e educação escolar no Brasil. São Paulo, 1992. Tese (Mestrado) Universidade de São Paulo.

FIELD, Les W. Who Are the Indians? Reconceptualizing Indigenous Identity, Resistance, and the Role of Social Science in Latin America. *Latin American Research Review*. v.29, n.3 p.237-56, 1994.

FIGUEIREDO, José de Lima. *Índios do Brasil*. São Paulo: Nacional, 1939.

_____. *Terras de Matto-Grosso e da Amazônia*. Rio de Janeiro: A Noite, 1935.

FIGUEIREDO, Paulo de. *Aspectos ideológicos do Estado Novo*. Brasília: Senado Federal Centro Gráfico, 1983.

FIORAVANTI, Mário. *Índio-CIMI ou CIMI-Índio?* A razão crítica de uma "nova" perspectiva interétnica e missionária. São Paulo, 1990. Tese (Mestrado) Pontifícia Universidade Católica/PUC-SP.

FISHLOW, Albert. Origins and Consequences of Import Substitution in Brazil. In: DI MARCO, L. (Ed.). *International Economics and*

REFERÊNCIAS 357

Development: Essays in Honor of Raul Prebisch. New York: Academic Press, 1972.

FLANZER, Vivian. Índios Xavante são loucos por futebol. *A Bola,* out. 1994, p.64-67.

FLEMING, Peter. *Brazilian Adventure.* New York: The Press of the Reader Club, 1942.

FLEURY, Renato Sêneca. *Pátria brasileira.* São Paulo: Melhoramentos, 1944.

FLOWERS, Nancy. *Forager-Farmers:* The Xavante Indians of Central Brazil. Ph.D. diss., City University of New York, 1983.

_____. Crise e recuperação demográfica: Os Xavante de Pimentel Barbosa, Mato Grosso. In: SANTOS, Ricardo V.; COIMBRA JR., Carlos E. A. (Ed.) *Saúde e povos indígenas.* Rio de Janeiro: FIOCRUZ, 1994a, p.213-42.

_____. Subsistence Strategy, Social Organization, and Warfare in Central Brazil in the Context of European Penetration. In: ROOSEVELT, Anna (Ed.). *Amazonian Indians from Prehistory to the Present.* Tucson: University of Arizona Press, 1994b.

FONSECA, Sylvio da. *Frente a frente com os Xavantes.* Rio de Janeiro: Pongetti, 1948.

FONTAINE, Pierre-Michel (Ed.). *Race, Class and Power in Brazil.* Los Angeles: Center for Afro-American Studies, University of California-Los Angeles, 1985.

FOWERAKER, Joe. *The Struggle for Land:* A Political Economy of the Pioneer Frontier in Brazil from 1930 to the Present Day. Cambridge, England: Cambridge University Press, 1981.

FOWLER, Loretta. *Shared Symbols, Contested Meanings:* Gros Ventre Culture and History, 1778-1984. Ithaca, NY: Cornell University Press, 1987.

FRANCO, Affonso Arinos de Mello. *O índio brasileiro e a revolução francesa.* Rio de Janeiro: José Olympio, 1937.

FREIRE, Carlos Augusto da Rocha. *Indigenismo e antropologia: O Conselho Nacional de Proteção aos Índios na gestão Rondon, 1939-1955.* Rio de Janeiro, 1990. Tese (Mestrado) Universidade Federal do Rio de Janeiro.

358 A LUTA INDÍGENA NO CORAÇÃO DO BRASIL

FRENCH, John D. *The Brazilian Workers' ABC: Class Conflict and Alliance in Modern São Paulo.* Chapel Hill: University of North Carolina Press, 1992.

FREYRE, Gilberto. *New World in the Tropics:* The Culture of Modern Brazil. New York: Knopf, 1971.

————. *The Masters and the Slaves.* 2.ed.rev. Trad. Samuel Putnam. Berkeley: University of California Press, 1986.

FRIEDLANDER, Judith. *Being Indian in Hueyapan:* A Study of Forced Identity in Contemporary Mexico. New York: St. Martin's Press, 1975.

FUERST, Rene. *Bibliography of the Indigenous Problem and Policy of the Brazilian Amazon Region (1957-1972).* Geneva: AMAZIND, 1972.

FURTADO, Celso. *Economic Development of Latin America.* 2.ed. Trad. Suzette Macedo, Cambridge, England: Cambridge University Press, 1976.

GAGLIARDI, José Mauro. *O indígena e a República.* São Paulo: Hucitec, 1989.

GAIGER, Julio M. G. *Direitos indígenas na Constituição Brasileira de 1988.* Brasília: CIMI, 1989.

GAIGER, Julio; ALVES, Wilmar; LEÃO, Eduardo. *A verdadeira conspiração contra os povos indígenas, a Igreja, e o Brasil.* Brasília: CNBB/CIMI, 1987.

GALEY, John H. *The Politics of Development in the Brazilian Amazon, 1940-1950.* Tese (Doutorado), Stanford University, 1977.

GALLAIS, Etienne Marie. *Uma catequese entre os índios do Araguaia.* Salvador: Progresso, 1954.

GALVÃO, Eduardo. *Encontro de sociedades:* índios e brancos no Brasil. Rio de Janeiro: Paz e Terra, 1979.

GALVÃO, Marília; GALVÃO, Roberto. *Áreas amazônicas de Mato Grosso, Goiás, e Maranhão.* Belém: Superintendência do Plano de Valorização Econômica da Amazônia, 1955.

GAMIO, Manuel. *Actividades del Instituto Indigenista Interamericano.* Mexico City: Ediciones del Instituto Indigenista Interamericano, 1944.

REFERÊNCIAS **359**

GARFIELD, Seth. *"Civilized" but Discontent:* The Xavante Indians and Government Policy in Brazil, 1937-1988. Tese (Doutorado), Yale University, 1996.

_____. "The Roots of a Plant That Today is Brazil": Indians and the Nation-State under the Brazilian Estado Novo. *Journal of Latin American Studies.* v.29, p.747-68, 1997.

GARRETÓN, Manuel Antonio. New State-Society Relations in Latin America. In: BRADFORD JR, Colin I (Ed.). *Redefining the State in Latin America.* Paris: OECD, 1994.

GEDDES, Barbara. *Politician's Dilemma:* Building State Capacity in Latin America. Berkeley: University of California Press, 1994.

GIACCARIA, Bartolomeu. *Xavante (A'uwẽ Uptabi: Povo Autêntico).* 2.ed. São Paulo: Dom Bosco, 1972.

_____. *Pe. João Fuchs, Pe. Pedro Sacilotti:* duas vidas em busca dos xavante. 1984. (manuscrito)

GIACCARIA, Bartolomeu; HEIDE, Adalberto. *Jerônimo Xavante conta.* Campo Grande: Casa da Cultura, 1975a.

_____. *Xavante, reserva de brasilidade.* São Paulo: Dom Bosco, 1975b.

GITA, Ana (Ed.). *Atas indigenistas.* Brasília: Oriente, 1988.

GOMES, Angela de Castro. *A invenção do trabalhismo.* 2.ed. Rio de Janeiro: Relume Dumará, 1994.

GOMES, Mércio Pereira. *Os índios e o Brasil.* Petrópolis: Vozes, 1988.

GONÇALVES, José Reginaldo Santos. *A luta pela identidade social:* o caso das relações entre índios e brancos no Brasil Central. Rio de Janeiro, 1981. Tese (Mestrado) Universidade Federal do Rio de Janeiro.

GONZALEZ, Mike; TREECE, David. *The Gathering of Voices:* The Twentieth-Century Poetry of Latin America. London: Verso, 1992.

GOULD, Jeffrey L. *To Die in This Way:* Nicaraguan Indians and the Myth of Mestizaje, 1880-1965. Durham, NC: Duke University Press, 1998.

GRAHAM, Laura. Three modes of Xavante Vocal Expression: Wailing, Collective Singing, and Public Oratory. In: SHERZER, Joel; URBAN, Greg (Ed.). *Native South American Discourse.* Berlin: Mouton de Gruyter, 1986.

360   A LUTA INDÍGENA NO CORAÇÃO DO BRASIL

_____. Uma aldeia por um "projeto". In: CEDI. *Povos indígenas no Brasil — 1985/1986*. São Paulo: CEDI, 1987.

_____. *Performing Dreams:* Discourses of Immortality among the Xavante of Central Brazil. Austin: University of Texas Press, 1995.

GRAHAM, Lawrence S. *Civil Service Reform in Brazil:* Principles versus Practice. Austin: University of Texas Press, 1968.

GRAMSCI, Antonio. *Selections from the Prison Notebooks*. Ed. e trad. Quintin Hoare e Geoffrey Nowell Smith. New York: International Publishers, 1971.

GRANDIN, Greg. *The Blood of Guatemala:* The Making of Race and Nation, 1750-1954. Durham, NC: Duke University Press, 2000.

GREENBLATT, Stephen. *Marvelous Possessions:* The Wonder of the New World. Oxford: Oxford University Press, 1991.

GREGÓRIO, Irmão José. *Contribuição indígena ao Brasil*. 3v. Belo Horizonte: União Brasileira de Educação e Ensino, 1980.

GRINDLE, Merilee S. *State and Countryside*. Baltimore: Johns Hopkins University Press, 1986.

_____. *Challenging the State:* Crisis and Innovation in Latin America and Africa. Cambridge: Cambridge University Press, 1996.

GROSS, Daniel et al. Ecology and Acculturation among Native Peoples of Central Brazil. *Science*. v.206, p.234, set. 1979.

GUARIGLIA, Guglielmo. *Gli Xavante in Fase Acculturativa*. Milan: Vita e Pensiero, 1973.

GUERRA, Flávio. *Rondon o sertanista*. Rio de Janeiro: Record, [s.d.].

GUHA, Ranajit. The Prose of Counter-Insurgency. In GUHA (Ed.). *Subaltern Studies*. New Delhi: Oxford University Press, v.2, p.1-42, 1983.

_____. (Ed.). *A Subaltern Studies Reader, 1986-1995*. Minneapolis: University of Minnesota Press, 1997.

GUY, Donna J.; SHERIDAN, Thomas E. (Ed.). *Contested Ground:* Comparative Frontiers on the Northern and Southern Edges of the Spanish Empire. Tucson University of Arizona Press, 1998.

HABERLY, David. *Three Sad Races:* Racial Identity and National Consciousness in Brazilian Literature. Cambridge, England: Cambridge University Press, 1983.

REFERÊNCIAS **361**

HAGOPIAN, Frances. *Traditional Politics and Regime Change in Brazil.* New York: Cambridge University Press, 1996.

HALE, Charles R. *Resistance and Contradiction:* Miskitu Indians and the Nicaraguan State, 1894-1987. Stanford: Stanford University Press, 1994.

HALL, Anthony L. *Developing Amazonia:* Deforestation and Social Conflict in Brazil's Carajás Programme. Manchester, England: Manchester University Press, 1989.

HANBURY-TENISON, Robin. *A Question of Survival for the Indians of Brazil.* New York: Scribner's, 1973.

HAY, Alex Rattray. *Saints and Savages:* Brazil's Indian Problem. London: Hodder and Sloughton, 1920.

HÉBETTE, Jean (Ed.). *O cerco está se fechando.* Petrópolis: Vozes, 1991.

HECHT, Susanna B. *Cattle Ranching in the Easter Amazon:* Evaluation of a Development Policy. Tese (Doutorado), University of California, Berkeley, 1982.

_____. Environment, Development and Politics: Capital Accumulation and the Livestock Sector in Eastern Amazonia. *World Development.* v.13, p.663-84, 1985.

_____. Cattle Ranching in Amazonia: Political and Ecological Considerations. In SCHMINK, Marianne; WOOD, Charles (Ed.). *Frontier Expansion in Amazonia.* Gainesville: University of Florida Press, 1991. p.366-98.

HECHT, Susanna B.; COCKBURN, Alexander. *The Fate of the Forest: Developers, Destroyers, and Defenders of the Amazon.* London: Verso, 1989.

HEMMING, John. *Red Gold:* The Conquest of the Brazilian Indians. Cambridge, MA: Harvard University Press, 1978.

_____. *Amazon Frontier: The Defeat of the Brazilian Indians.* London: Macmillan, 1987.

_____. Indians and the Frontier. In: BETHELL, Leslie (Ed.). *Colonial Brazil.* Cambridge, England: Cambridge University Press, 1991, p.145-89.

HERTZBERG, Hazel. *The Search for an American Indian Identity:* Modern Pan-Indian Movements. Syracuse University Press, 1971.

362 A LUTA INDÍGENA NO CORAÇÃO DO BRASIL

HEWITT DE ALCÁNTARA, Cynthia. *Anthropological Perspectives on Rural Mexico*. London: Routledge and Kegan Paul, 1984.

HILL, Jonathan D. (Ed.). *Rethinking History and Myth:* Indigenous South American Perspectives on the Past. Urbana: University of Illinois Press, 1988.

HILTON, Stanley E. Military Influence on Brazilian Economic Policy, 1930-1945: A Different View. *Hispanic American Historical Review*. v.53, p.71-94, 1973.

HINDNESS, B.; HIRST, P. Q. *Pre-Capitalist Modes of Production*. London: Routledge and Kegan Paul, 1975.

HOBSBAWM, E. J. *Nations and Nationalism since 1780:* Programme, Myth, Reality. Cambridge: Cambridge University Press, 1990.

HOBSBAWM, Eric; RANGER, Terence (Ed.). *The Invention of Tradition*. Cambridge: Cambridge University Press, 1983.

HOLANDA, Sérgio Buarque de. *Raízes do Brasil*. 1936. Rio de Janeiro: José Olympio, 1989.

_____. *Caminhos e fronteiras*. São Paulo: Companhia das Letras, 1994.

HOLSTON, James. The Misrule of Law: Land and Usurpation in Brazil. *Comparative Studies in Society and History*. v.33, p.695-725, 1991.

HOPPER, Janice H. (Ed.). *Indians of Brazil in the Twentieth Century*. Washington, DC: Institute for Cross Cultural Research, 1967.

HORTA BARBOSA, Luiz Bueno. *O problema indígena do Brasil*. Rio de Janeiro: Imprensa Nacional, 1947.

HOUTZAGER, Peter. State and Unions in the Transformation of the Brazilian Countryside, 1964-1979. *Latin American Research Review*. v.33, n.2, p.103-42, 1998.

HU-DEHART, Evelyn. *Yaqui Resistance and Survival:* The Struggle for Land and Autonomy, 1821-1910. Madison: University of Wisconsin Press, 1984.

HUNTER, Wendy. *Eroding Military Influence in Brazil:* Politicians against Soldiers. Chapel Hill: University of North Carolina Press, 1997.

IANNI, Octavio. *A luta pela terra*. Petrópolis: Vozes, 1978.

_____. *Colonização e contra-reforma agrária na Amazônia*. Petrópolis: Vozes, 1979.

REFERÊNCIAS **363**

INSTITUTO BRASILEIRO DE GEOGRAFIA E ESTATÍSTICA. *Goiânia*. Rio de Janeiro: IBGE, 1942.

_____. *Enciclopédia dos Municípios Brasileiros*. Rio de Janeiro: IBGE, 1958.

_____. *Geografia do Brasil: Região Centro-Oeste*. Rio de Janeiro: IBGE, 1989.

_____. *Sinopse Preliminar do Censo Demográfico: 1991*. Rio de Janeiro: IBGE, 1991.

JACKSON, Jean E. Being and Becoming an Indian in the Vaupés. In: URBAN, Greg; SHERZER, Joel (Ed.). *Nation-States and Indians in Latin America*. Austin: University of Texas Press, 1991. p.131-55.

JACKSON, K. David. *A prosa vanguardista na literatura brasileira:* Oswald de Andrade. São Paulo: Perspectiva, 1978.

JOBIN, Danton. *O problema do índio e a acusação de genocídio*. Brasília: Ministério da Justiça, 1970.

JOFFILY, Geraldo Ireneo. *Brasília e sua ideologia*. Brasília: Thesaurus, 1977.

JOHNSON, John J. *The Military and Society in Latin America*. Stanford, CA: Stanford University Press, 1964.

JOHNSON, Randal. The Dynamics of the Brazilian Literary Field, 1930-1945. *Luso-Brazilian Review*. v.31, p.11-13, 1994.

JOSEPH, Gilbert M.; NUGENT, Daniel (Ed.). *Everyday Forms of State Formation:* Revolution and the Negotiation of Rule in Modern Mexico. Durham, NC: Duke University Press, 1994.

JUNQUEIRA, Carmen. *The Brazilian Indigenous Problem and Policy:* The Example of the Xingu National Park. AMAZIND/IWGIA Doc.n.13. Copenhagen, 1976.

JUNQUEIRA, Carmen; CARVALHO, E. de A. (Ed.). *Antropologia e indigenismo na América Latina*. São Paulo: Cortez Editora, 1981.

JURUNA, Mário. *Discursos de liberdade, 1983-86*. Brasília: Câmara dos Deputados, 1986.

JURUNA, Mário; HOHLFELDT, Antonio; HOFFMANN, Assis. *O gravador do Juruna*. Porto Alegre: Mercado Aberto, 1982.

KANE, Joe. *Savages*. New York: Vintage, 1996.

364 A LUTA INDÍGENA NO CORAÇÃO DO BRASIL

KARASCH, Mary. Catequese e cativeiro, política indigenista em Goiás: 1780-1889. In: CUNHA, Manuela Carneiro (Ed.). *História dos índios no Brasil*. São Paulo: Companhia das Letras/Fundação de Amparo à Pesquisa no Estado de São Paulo/Secretaria Municipal de Cultura, 1992. p.397-412.

_____. Interethnic Conflict and Resistance on the Brazilian Frontier of Goiás, 1750-1890. In: GUY, Donna J.; SHERIDAN, Thomas E. (Ed.). *Contested Ground:* Comparative Frontiers on the Northern and Southern Edges of the Spanish Empire. Tucson: University of Arizona Press, 1998. p.115-34.

KATZMAN, Martin T. The Brazilian Frontier in Comparative Perspective. *Comparative Studies in Society and History*. v.17, p.266-85, 1975.

KECK, Margaret E. Sustainable Development and Environmental Politics in Latin America. In: BRADFORD JR, Colin I. (Ed.). *Redefining the State in Latin America*. Paris: OECD, 1994.

KIEMEN, Mathias C. *The Indian Policy of Portugal in the Amazon Region, 1614-1693*. New York: Farrar, Straus and Giroux, 1973.

KNIGHT, Alan. Racism, Revolution and *Indigenismo*: Mexico, 1910-1940. In: GRAHAM, Richard (Ed.). *The Idea of Race in Latin America, 1870-1940*. Austin: University of Texas, 1990. p.71-113.

KRECH III, Shepard. *The Ecological Indian:* Myth and History. New York: Norton, 1999.

KRISTAL, Efrain. *The Andes Viewed from the City:* Literary and Political Discourse on the Indian in Peru, 1848-1930. New York: Peter Lang, 1987.

LANGFUR, Hal. Myths of Pacification: Brazilian Frontier Settlement and the Subjugation of the Bororo Indians. *Journal of Social History*. v.32, p.879-905, 1999.

LAPA, J. R. do Amaral. *Missão do Sangradouro*. São Paulo: Coleção Saraiva, 1963.

LAUERHASS JR., Ludwig. *Getúlio Vargas e o triunfo do nacionalismo brasileiro*. Belo Horizonte: Itatiaia, São Paulo: Editora da Universidade de São Paulo, 1986.

LAVENÉRE-WANDERLEY, Nelson Freire. *História da Força Aérea Brasileira*. Rio de Janeiro, 1975. (manuscrito)

REFERÊNCIAS 365

LEA, Vanessa R. *Parque Indígena do Xingu: Laudo antropológico.* Campinas: UNICAMP/Instituto de Filosofia e Ciências Humanas, 1997.

LEAL, Victor Nunes. *Coronelismo:* The Municipality and Representative Government in Brazil. Trad. June Henfrey. New York: Cambridge University Press, 1977.

LEITE, Dante Moreira. *O caráter nacional brasileiro:* história de uma ideologia. São Paulo: Ática, 1992.

LEME, Maria Cristina Vanuchi; PIETRAFESA, Vânia Maria de Araújo. *Assassinatos no campo:* crime e impunidade, 1964-86. São Paulo: Global Ed., 1987.

LENHARO, Alcir. A civilização vai ao campo. *Anais do Museu Paulista.* v.34, p.7-19, 1985.

_____. *Colonização e trabalho no Brasil: Amazônia, Nordeste e Centro--Oeste — Os anos 30.* Campinas: Unicamp, 1986a.

_____. *Sacralização da política.* Campinas: Papirus, 1986b.

_____. A terra para quem nela não trabalha. *Revista Brasileira de História.* v.6, n.12, p.47-64, 1986c.

LESSER, Jeffrey. *Welcoming the Undesirables:* Brazil and the Jewish Question. Berkeley: University of California Press, 1995.

LÉVI-STRAUSS, Claude. The Social and Psychological Aspects of Chieftainship in a Primitive Tribe: The Nambikuara of Northwestern Mato Grosso. In: COHEN, Ronald; MIDDLETON, John (Ed.). *Comparative Political Systems:* Studies in the Politics of Pre-Industrial Societies. Garden City, NY: Natural History Press, 1967a.

_____. *Tristes Tropiques.* New York: Atheneum, 1967b.

LEVINE, Robert M. *The Vargas Regime:* The Critical Years, 1934-1938. New York: Columbia University Press, 1970.

_____. *Father of the Poor?* Vargas and His Era. Cambridge: Cambridge University Press, 1998.

LIMA, Antonio Carlos de Souza. A identificação como categoria histórica. In: OLIVEIRA FILHO, João Pacheco de (Ed.). *Os poderes e as terras dos índios.* Rio de Janeiro: PPGAS, 1989.

_____. O governo dos índios sob a gestão do SPI. In: CUNHA, Manuela Carneiro da (Ed.). *História dos índios no Brasil.* São Paulo:

366 A LUTA INDÍGENA NO CORAÇÃO DO BRASIL

Companhia das Letras/Fundação de Amparo à Pesquisa no Estado de São Paulo/Secretaria Municipal de Cultura, 1992.

_____. *Um grande cerco de paz:* poder tutelar, indianidade e formação do Estado no Brasil. Petrópolis: Vozes, 1995.

LIMA, Arquimedes Pereira. *Problemas matogrossenses.* Cuiabá: [s.n.], 1941.

LIMA, Nísia Trindade; HOCHMAN, Gilberto. Condenado pela raça, absolvido pela medicina: o Brasil descoberto pelo movimento sanitarista da Primeira República. In: MAIO, Marcos Chor; SANTOS, Ricardo Ventura (Ed.). *Raça, ciência e sociedade.* Rio de Janeiro: FIOCRUZ, 1996. p.23-40.

LINHARES, Lucy P. A ação discriminatória: terras indígenas como terras públicas. In: OLIVEIRA FILHO, João Pacheco de (Ed.). *Os poderes e as terras do índios.* Rio de Janeiro: PPGAS, 1989.

LINZ, Juan J.; STEPAN, Alfred. *Problems of Democratic Transition and Consolidation.* Baltimore: Johns Hopkins University Press, 1996.

LOEWENSTEIN, Kurt. *Brazil under Vargas.* New York: Macmillan, 1942.

LOMBARDI, J. C. O *Xavante e a política indigenista no Brasil nos séculos XVIII e XIX.* São Paulo, 1985. Tese (Mestrado) Universidade de São Paulo.

LOMBARDI, Mary. The Frontier in Brazilian History: An Historiographical Essay. *Pacific Historical Review.* v.44, p.437-57, 1975.

LOPES, Marta Maria. A *resistência do índio ao extermínio: O caso dos Akwe-Xavante, 1967-1980.* São Paulo, 1988. Tese (Mestrado) Universidade Estadual Paulista Julio de Mesquita Filho.

LORENZ, Francisco Vladomiro. A *mentalidade ameríndia.* São Paulo: O Pensamento, 1938.

LYRA, João. Raça, educação e desporto. *Estudos e Conferências* v.14, p.41-67, dez. 1941.

MACAULAY, Neill. *The Prestes Column: Revolution in Brazil.* New York: New Viewpoints, 1974.

MACEDO, Agenor F.; VASCONCELLOS, Eduardo P. C. de. O *índio brasileiro.* Rio de Janeiro: Ferreira de Mattos, 1935.

REFERÊNCIAS **367**

MACINTYRE, Archie. *Down the Araguaya: Travels in the Heart of Brazil*. London: Religious Tract Society, 1924 (?).

MACLACHLAN, Colin M. The Indian Labor Structure in the Portuguese Amazon. In: ALDEN, Dauril (Ed.). *Colonial Roots of Modern Brazil*. Berkeley: University of California Press, 1973. p.199-230.

MAGALHÃES, Agenor Couto de. *Encantos do Oeste*. Rio de Janeiro: Imprensa Nacional, 1945.

MAGALHÃES, Amilcar Botelho de. *Índios do Brasil*. Mexico City: Instituto Indigenista Interamericano, 1947.

_____. A pacificação dos índios chavante. *América Indígena*. v.7, n.3, p.333-39, jan. 1947b.

_____. *A obra ciclópica do General Rondon*. Rio de Janeiro: Biblioteca do Exército, 1956.

MAGALHÃES, Basílio de. *Em defesa dos Brasilíndios*. Rio de Janeiro: Imprensa Nacional, 1946.

MAHAR, Dennis J. *Frontier Development Policy in Brazil: A Study of Amazonia*. New York: Praeger, 1979.

MAINWARING, Scott. *The Catholic Church and Politics in Brazil, 1916-1985*. Stanford: Stanford University Press, 1986.

MAIO, Marcos Chor; SANTOS, Ricardo Ventura (Ed.). *Raça, ciência, sociedade*. Rio de Janeiro: FIOCRUZ, 1996.

MALCHER, José Maria da Gama. *Índios: grau de integração na comunidade nacional*. Rio de Janeiro: CNPI, 1963.

_____. *Por que fracassa a Proteção aos Índios?* [S.l.]: [s.n.], 1963. (manuscrito não publicado)

MALLON, Florencia E. *Peasant and Nation: The Making of Postcolonial Mexico and Peru*. Berkeley: University of California Press, 1995.

MARÇAL, Heitor. *Moral ameríndia*. Rio de Janeiro: Ministério de Educação e Saúde, 1946.

MARCIGAGLIA, Luiz. *Os Salesianos no Brasil*. São Paulo: Escolas Profissionais Salesianas, 1955.

MARGOLIS, Maxine; CARTER, William E. (Ed.). *Brazil: Anthropological Perspectives*. New York: Columbia University Press, 1979.

MARQUES, José de Oliveira. Colonização e povoamento. *Revista de Imigração e Colonização*. v.1, n.2, p.205-10, abr. 1940.

368 A LUTA INDÍGENA NO CORAÇÃO DO BRASIL

MARTINS, Edilson. *Nós do Araguaia*. Rio de Janeiro: Graal, 1974.

MARTINS, José de Souza. *Expropriação e violência: A questão política no campo*. São Paulo: Hucitec, 1980.

_____. *Não há terra para plantar neste verão*. Petrópolis: Vozes, 1986.

_____. *The State and the Militarization of the Agrarian Question in Brazil*. In: SCHMINK, Marianne; WOOD, Charles H. (Ed.). *Frontier Expansion in Amazonia*. Gainesville: University of Florida Press, 1991.

_____. *A chegada do estranho*. São Paulo: Hucitec, 1993.

MASSEY, Doreen. *Space, Place, and Gender*. Minneapolis: University of Minnesota Press, 1994.

MATO GROSSO. Secretaria de Planejamento e Coordenação Geral. *Mato Grosso é assim*. Rio de Janeiro: Secretaria de Planejamento e Coordenação Geral, [s.d.].

MATTHEWS, Kenneth. *Brazilian Interior*. London: Peter Davies, 1957.

MAUFRAIS, Raymond. *Aventuras em Mato Grosso*. São Paulo: Edições Melhoramentos, 1960.

MAYBURY-LEWIS, Biorn. *The Politics of the Possible:* The Brazilian Rural Workers Trade Union Movement, *1964-1985*. Philadelphia: Temple University Press, 1994.

MAYBURY-LEWIS, David. Some Crucial Distinctions in Central Brazilian Ethnology. *Anthropos*. v.60, p.340-58, 1965.

_____. *Akwë-Shavante Society*. 2.ed. New York: Oxford University Press, 1974.

_____ (Ed.). *Dialectical Societies: The Ge and Bororo of Central Brazil*. Cambridge, MA: Harvard University Press, 1979.

_____ (Ed.). *The Prospects for Plural Societies*. Washington D.C.: American Ethnological Society, 1982.

_____. *The Savage and the Innocent*. 2.ed. Boston: Beacon Press, 1988.

MEIRELES, Silo. *Brasil Central:* notas e impressões. Rio de Janeiro: Biblioteca do Exército, 1960.

MELATTI, Julio Cezar. *Índios do Brasil*. São Paulo: Hucitec, 1987.

MELIÁ, Bartolomeu. *Educação indígena e alfabetização*. São Paulo: Loyola, 1979.

REFERÊNCIAS **369**

MELLO, Darcy S. Bandeira de. *Entre Índios e revoluções*. São Paulo: Soma Ltda., 1982.

MELLO, Raul Silveira de. *Aos Guaicurus deve o Brasil o Sul de Mato Grosso*. Rio de Janeiro: Imprensa do Exército, 1957.

MENDES, Gilmar Ferreira. *Domínio da União sobre as terras indígenas:* o Parque Nacional do Xingu. Brasília: Ministério Público Federal, 1988.

MÉNDEZ, Cecilia. Incas Sí, Indios No: Notes on Peruvian Creole Nationalism and Its Contemporary Crisis. *Journal of Latin American Studies*. v.28, p.197-225, 1996.

MENDONÇA, Rubens de. *História de Mato Grosso*. São Paulo, 1970.

MENEZES, Cláudia. Os Xavantes e o movimento de fronteira no leste matogrossense. *Revista de antropologia* v.25, p.63-87, 1982.

_____. *Missionários e índios em Mato Grosso:* os Xavante da Reserva de São Marcos. São Paulo, 1984. Dissertação (Doutorado) Universidade de São Paulo.

MENEZES, Maria Lúcia Pires. *Parque Indígena do Xingu:* a construção de um território estatal. Rio de Janeiro, 1990. Tese (Mestrado) Universidade Federal do Rio de Janeiro.

MESQUITA, José de. Espírito mato-grossense. *Cultura Política* v.3, n.28, p.89-93, jun. 1943.

METCALF, Alida C. *Family and Frontier in Colonial Brazil:* Santana de Parnaíba. Berkeley: University of California Press, 1992.

_____. Millenarian Slaves? The Santidade de Jaguaripe and Slave Resistance in the Americas. *American Historical Review*. v.104, p.1531-59, 1999.

MICELI, Sérgio. *Intelectuais e classe dirigente no Brasil (1920-45)*. São Paulo: DIFEL, 1979.

MIGUEZ, José Maria Guedes. *Chacina do Meruri:* a verdade dos fatos. São Paulo: Gazeta Maçônica, 1980.

MIRACLE JR., A. W. (Ed.) *Bilingualism: Social Issues and Policy Implications*. Athens: University of Georgia Press, 1983.

MONTEIRO, John Manuel. *Negros da terra:* índios e bandeirantes nas origens de São Paulo. São Paulo: Companhia das Letras, 1994.

370 A LUTA INDÍGENA NO CORAÇÃO DO BRASIL

_____. As "raças" indígenas no pensamento brasileiro do Império. In: MAIO, Marcos Chor; SANTOS, Ricardo Ventura (Ed.). *Raça, ciência e sociedade*. Rio de Janeiro: FIOCRUZ, 1996. p.15-21.

MOOG, Clodomir Vianna. *Bandeirantes and Pioneers*. Trad. L. L. Barrett. New York: George Braziller, 1964.

MORAN, Emilio F. *Through Amazonian Eyes:* The Human Ecology of Amazonian Population. Iowa City: University of Iowa Press, 1993.

MORSE, Richard M. (Ed.). *The Bandeirantes*. New York: Knopf, 1965.

NASSER, David; MANZON, Jean. *Mergulho na aventura*. Rio de Janeiro: O Cruzeiro, 1945.

NEEDELL, Jeffrey D. History, Race, and the State in the Thought of Oliveira Viana. *Hispanic American Historical Review*. v.75, p.1-30, 1995.

NEEL, James V. *Physician to the Gene Pool*. New York: Wiley, 1994.

NEEL, J. V. et al. Studies on the Xavante Indians of the Brazilian Mato Grosso. *American Journal of Human Genetics*. v.16, p.52-140, mar. 1964.

NEIVA, Arthur. *Estudos da língua nacional*. São Paulo: Editora Nacional, 1940.

NEVES, Maria Manuela Renha de Novis. *Elites políticas:* competição e dinâmica partidário-eleitoral (caso de Mato Grosso). Rio de Janeiro: IUPERJ, 1988.

NORMANO, J. F. *Brazil: A Study of Economic Types*. Chapel Hill: University of North Carolina Press, 1935.

NOVAES, Sylvia Caiuby. *Jogo de espelhos:* imagens da representação de si através dos outros. São Paulo: Editora da Universidade de São Paulo, 1993.

O'BRIEN, Jay; ROSEBERRY, William (Ed.) *Golden Ages, Dark Ages: Imagining the Past in Anthropology and History*. Berkeley: University of California Press, 1991.

O'CONNOR, Geoffrey. *Amazon Journal: Dispatches from a Vanishing Frontier*. New York: Penguin, 1998.

OLIVEIRA, Acary de Passos. *Roncador-Xingu:* roteiro de uma Expedição. Goiânia: 1976 (?). (manuscrito)

REFERÊNCIAS **371**

OLIVEIRA, Haroldo Cândido de. *Índios e sertanejos do Araguaia*. São Paulo: Edições Melhoramentos, [s.d.].

OLIVEIRA, Ismarth Araujo de. *Funai: dez anos de política indigenista unificada*. Brasília: Funai, [s.d.].

OLIVEIRA, Lúcia Lippi. *Elite intelectual e debate político nos anos 30*. Rio de Janeiro: Fundação Getúlio Vargas, 1980.

_____ et al. *Estado Novo: ideologia e poder*. Rio de Janeiro: Fundação Getúlio Vargas, 1982.

OLIVEIRA, Luís R. Cardoso de. *Colonização e diferenciação: Os colonos de Canarana*. Rio de Janeiro, 1981. Tese (Mestrado) Universidade Federal do Rio de Janeiro.

OLIVEIRA, Plínio Correa. *Tribalismo indígena: ideal comuno-missionário para o Brasil*. São Paulo: Vera Cruz, 1978.

OLIVEIRA, Roberto Cardoso de. Relatório de uma investigação sobre terras em Mato Grosso. In: SPI. *Relatório*. [s.l.], 1954. p.173-84.

_____. *A sociologia do Brasil indígena*. Rio de Janeiro: Tempo Brasileiro, 1972.

_____. *Do índio ao bugre: o processo de assimilação dos Terena*. Rio de Janeiro: F. Alves, 1977.

OLIVEIRA FILHO, João Pacheco de. (Ed.). *Sociedades indígenas e indigenismo no Brasil*. Rio de Janeiro: Marco Zero, 1987.

_____. *"O nosso governo": os Ticuna e o regime militar*. São Paulo: Marco Zero, 1988.

_____ (Ed.). *Os poderes e as terras dos índios*. Rio de Janeiro: PPGAS/ UFRJ-MN, 1989.

_____. *Pardos, mestiços ou caboclos: os índios nos censos nacionais no Brasil (1872-1980)*. *Horizontes Antropológicos*. v.3, n.6, p.60-83, out. 1997.

OPERAÇÃO ANCHIETA. *Ação indigenista como ação política*. Cuiabá: OPAN, 1987.

OPERAÇÃO ANCHIETA E CONSELHO INDIGENISTA MISSIONÁRIO. *Dossiê índios em Mato Grosso*. Cuiabá: CIMI, 1987.

ORGANIZAÇÃO INTERNACIONAL DO TRABALHO. *Convenção (169) sobre Povos Indígenas e Tribais em Países Independentes*

372 A LUTA INDÍGENA NO CORAÇÃO DO BRASIL

e *Resolução sobre a Ação da OIT concernente aos Povos Indígenas e Tribais*. Brasília, 1992. (manuscrito)

ORTNER, Sherry B. Resistance and the Problem of Ethnographic Refusal. *Comparative Studies in Society and History*, v.37, p173-93, 1995.

OTÁVIO, Rodrigo. *Os selvagens americanos perante o direito*. São Paulo: Nacional, 1946.

PADILHA, Leão. *O Brasil na posse de si mesmo*. Rio de Janeiro: Olímpica, 1941.

PADILLA, Ezequiel. *O homem livre na América*. Trad. Fernando Tudé de Souza. Rio de Janeiro: O Cruzeiro, 1943.

PAGDEN, Anthony. *The Fall of Natural Man: The American Indian and the Origins of Comparative Ethnology*. Cambridge, England: Cambridge University Press, 1986.

PAULA, José Maria de. *Terras dos índios*. Rio de Janeiro: Ministério da Agricultura/SPI, 1944.

PEREIRA, Anthony. *The End of the Peasantry: The Rural Labor Movement in Northeast Brazil, 1961-1988*. Pittsburgh: University of Pittsburgh Press, 1997.

PEREIRA, Armando de Arruda. *Diário de viagem de São Paulo a Belém do Pará Descendo o Araguaya*. São Paulo: Graphica Paulista, 1935.

POMPERMAYER, Malori José. *The State and the Frontier in Brazil*: A Case Study of the Amazon. Tese (Doutorado), Stanford University, 1979.

_____. Strategies of Private Capital in the Brazilian Amazon. In: SCHIMINK, Mariannei; WOOD. Charles H. (Eds.). *Frontier Expansion Amazonia*. Gainsville: University of Florida Press, 1984.

POSEY, Darrell A.; BALÉE, William (Ed.). *Resource Management in Amazonia: Indigenous and Folk Strategies*. Bronx: New York Botanical Garden, 1989.

POVOAS, Lenine. *História de Mato Grosso*. São Paulo: Resenha, 1992.

PRADO, Eduardo Barros. *Matto Grosso: El infierno junto al paraíso*. Buenos Aires: Ediciones Peuser, 1968.

PRATT, Mary Louise. *Imperial Eyes: Travel Writing and Transculturation*. New York: Routledge, 1992.

REFERÊNCIAS 373

PRICE, David. *Before the Bulldozer:* The Nhambiquara Indians and the World Bank. Cabin John, MD: Seven Locks Press, 1989.

PRICE, Richard. *First Time:* The Historical Vision of an Afro-American People. Baltimore: Johns Hopkins University Press, 1983.

PRIMITIVE PEOPLE'S FUND/SURVIVAL INTERNATIONAL. *Report of a Visit to the Indians of Brazil.* London, 1971.

RABBEN, Linda. *Unnatural Selection:* The Yanomami, the Kayapó and the Onslaught of Civilisation. Seattle: University of Washington Press, 1998.

RAMOS, Alcida Rita. *Indigenism:* Ethnic Politics in Brazil. Madison: University of Wisconsin Press, 1998.

RAPPAPORT, Joanne. *Cumbe Reborn:* An Andean Ethnography of History. Chicago: University of Chicago Press, 1994.

_____. *The Politics of Memory.* Durham, NC: Duke University Press, 1998.

RAVAGNANI, Oswaldo Martins. *A experiência Xavante com o mundo dos brancos.* São Paulo, 1978. Dissertação (Doutorado) Fundação Escola de Sociologia e Política de São Paulo.

RAVAGNANI, Oswaldo Martins, PRESOTTO, Zélia Maria. Processo aculturativo dos índios Xavante. *Logos,* v.3, n.3, p.71-82, 1971.

REDFIELD, Robert. *The Primitive World and Its Transformations.* Ithaca, NY: Cornell University Press, 1953.

RIBEIRO, Darcy. *A política indigenista brasileira.* Rio de Janeiro: Ministério da Agricultura, 1962.

_____. *Os índios e a civilização.* Rio de Janeiro: Civilização Brasileira, 1970.

_____. *Confissões.* São Paulo: Companhia das Letras, 1997.

RIBEIRO, Lélia Rita E. de Figueiredo. *O homem e a terra.* [s.d.]. (manuscrito)

RICARDO, Cassiano. *Marcha para o Oeste:* a influência da "bandeira" na formação social e política do Brasil. 1940. Rio de Janeiro: José Olympio, 1959.

_____. *O indianismo de Gonçalves Dias.* São Paulo: Edição do Conselho Estadual de Cultura, 1964.

374 A LUTA INDÍGENA NO CORAÇÃO DO BRASIL

_____. *The Rights of Indigenous Peoples*. Geneva: Centre for Human Rights, 1990.

ROCHA, Leandro Mendes. A Marcha para o Oeste e os índios do Xingu. *Índios do Brasil*. Funai, v.2, p.3-25, jun. 1992.

RONDON, Cândido Mariano da Silva. José Bonifácio e o problema indígena. *Instituto Histórico e Geográfico Brasileiro*. v.174, p.867-93, 1939.

_____. *Rumo ao Oeste: Conferência realizada pelo General Rondon no D.I.P. em 3-xi-40 e discursos do Dr. Ivan Lins e do General Rondon, pronunciados na Associação Brasileira de Educação*. Rio de Janeiro: Laemmert, 1942.

_____. *Matto-Grosso: O que elle nos offerece e o que espera de nós*. [s.l.], [s.d.].

RONDON, Cândido Mariano da Silva; VIVEIROS, Esther de. *Rondon conta sua vida*. Rio de Janeiro: São José, 1958.

RONDON, Frederico. *Colonização nacional, o magno problema brasileiro*. Rio de Janeiro: IBGE, 1948.

RONDON, Joaquim. *O índio como sentinela das nossas fronteiras*. Rio de Janeiro: Departamento de Imprensa Nacional, 1949.

RONDON, José Lucídio Nunes. *Geografia e história de Mato Grosso*. São Paulo: Gráfica Urupês, 1970.

_____. *Recursos econômicos de Mato Grosso*. São Paulo: Gráfica Urupês, 1972.

ROQUETTE-PINTO, Edgar. Contribuição à antropologia do Brasil. *Revista de Imigração e Colonização*. v.1, n.3, p.437-54, jul. 1940.

ROSALDO, Renato. *Culture and Truth*. Boston: Beacon Press, 1993.

ROSEBERRY, William. *Anthropologies and Histories: Essays in Culture, History, and Political Economy*. New Brunswick, NJ: Rutgers University Press, 1989.

_____. Hegemony and the Language of Contention. In: JOSEPH, Gilbert M.; NUGENT, Daniel (Ed.). *Everyday Forms of State Formation: Revolution and the Negotiation of Rule in Modern Mexico*. Durham, NC: Duke University Press, 1994. p.355-66.

RUBIM, Rezende. *Reservas de brasilidade*. São Paulo: Editora Nacional, 1939.

REFERÊNCIAS **375**

RUSSELL TRIBUNAL IV ON THE RIGHTS OF THE INDIANS OF THE AMERICAS. *Report of the Fourth Russell Tribunal on the Rights of the Indians of the Americas*. Amsterdam: Workgroup Indian Project, 1980.

SÁ, Cassio Veiga de. *Memórias de um cuiabano honorário, 1939-45*. São Paulo: Resenha Tributária, [s.d.].

SÁ, Cristina. *Aldeia de São Marcos: Transformações na habitação de uma comunidade Xavante*. São Paulo, 1982. Tese (Mestrado) Universidade de São Paulo.

SAHLINS, Marshall. Goodbye to *Tristes Tropes*: Ethnography in the Context of Modern World History. *Journal of Modern History*. v.65, p.1-25, 1993.

SALZANO, Francisco M., CALLEGARI-JACQUES, Sidia M. *South American Indians:* A Case Study in Evolution. Oxford: Clarendon Press, 1988.

SALZANO, Francisco M. et al. Further Studies on the Xavante Indians – Demographic Data on Two Additional Villages: Genetic Structure of the Tribe. *American Journal of Human Genetics*. v.19, p.463-89, jul. 1967.

SANTILLI, Juliana. *Os direitos indígenas e a constituição*. Porto Alegre: Núcleo de Direitos Indígenas/Sérgio Antonio Fabris Editor, 1993.

SANTOS, Sílvio Coelho dos. A escola em duas populações tribais. *Revista de antropologia*. v.14, p.31-35, 1966.

_____. *A integração do índio na sociedade regional:* a função dos postos indígenas em Santa Catarina. Florianópolis: Universidade Federal de Santa Catarina, 1970.

_____. *Índios e brancos no Sul do Brasil:* a dramática experiência dos Xokleng. Florianópolis: Edeme, 1973.

_____. *Educação e Sociedade Tribais*. Porto Alegre: Movimento, 1975.

_____ (Ed.). *O índio perante o direito*. Florianópolis: Universidade Federal de Santa Catarina, 1982.

_____. *Os povos indígenas e a Constituinte*. Florianópolis: UFSC/ Movimento, 1989.

376 A LUTA INDÍGENA NO CORAÇÃO DO BRASIL

SANTOS, Sílvio Coelho dos et al. *Sociedades indígenas e o direito:* uma questão de direitos humanos. Florianópolis: Universidade Federal de Santa Catarina, 1985.

SCHMINK, Marianne; WOOD, Charles H. (Ed.). *Frontier Expansion in Amazonia.* Gainesville: University of Florida Press, 1984.

_____. *Contested Frontiers in Amazonia.* New York: Columbia University Press, 1992.

SCHMITTER, Philippe C. *Interest Conflict and Political Change in Brazil.* Stanford: Stanford University Press, 1971.

SCHNEIDER, Ben Ross. *Politics within the State:* Elite Bureaucrats and Industrial Policy in Brazil. Pittsburgh: University of Pittsburg Press, 1991.

SCHWANTES, Norberto. *Uma cruz em Terranova.* São Paulo: Scritta Oficina Editorial, 1989.

SCHWARCZ, Lilia Moritz. *The Spectacle of the Races:* Scientists, Institutions, and the Race Question in Brazil, 1870-1930. Trad. Leland Guyer. New York: Hill and Wang, 1999.

SCHWARTZ, Stuart B. Indian Labor and New World Plantations: European Demands and Indian Responses in Northeastern Brazil. *American Historical Review.* v.83, p.43-79, 1978.

SCHWARTZMAN, Simon. *Bases do Autoritarismo Brasileiro,* 2.ed. Rio de Janeiro: Campus, 1982.

SCHWARTZMAN, Simon et al. *Tempos de Capanema.* Rio de Janeiro: Paz e Terra, 1984.

SCHWARTZMAN, Stephan et al. Brazil: The Legal Battle over Indigenous Land Rights. *NACLA Report on the Americas.* v.29, n.5, p.36-43, mar./abr. 1996.

SCHWARZ, Roberto. *Misplaced Ideas:* Essays on Brazilian Culture. London: Verso, 1992.

SCOBIE, James R. *Argentina: A City and a Nation.* New York: Oxford University Press, 1971.

SCOTT, James C. *Weapons of the Weak:* Everyday Forms of Peasant Resistance. New Haven: Yale University Press, 1985.

_____. *Domination and the Arts of Resistance:* Hidden Transcripts. New Haven: Yale University Press, 1990.

REFERÊNCIAS **377**

_____. *Seeing Like a State:* How Certain Schemes to Improve the Human Condition Have Failed. New Haven: Yale University Press, 1998.

SEED, Patricia. *Ceremonies of Possession in Europe's Conquest of the New World, 1492-1640.* Cambridge: Cambridge University Press, 1995.

SEEGER, Anthony. *Os índios e nós.* Rio de Janeiro: Campus, 1980.

SEREBURÃ et al., *Wamrêmé za'ra-Nossa palavra: Mito e história do povo Xavante.* Trad. Paulo Supretaprã Xavante e Jurandir Siridiwê Xavante. São Paulo: SENAC, 1998.

SERVIÇO DE PROTEÇÃO AOS ÍNDIOS [SPI]. Memória sobre as causas determinantes da diminuição das populações indígenas do Brasil. In: 9.° CONGRESSO BRASILEIRO DE GEOGRAFIA. [s.l.], 29 jul. 1940.

SETH (pseud. Álvaro Marins). *O Brasil pela imagem: Quadros expressivos da formação e do progresso da pátria brasileira.* Rio de Janeiro: Indústria do Livro, 1943.

SHANIN, Teodor (Ed.). *Peasants and Peasant Societies.* Hammondsworth, England: Penguin, 1971.

SIDER, Gerald. When Parrots Learn to Talk, and Why They Can't: Domination, Deception, and Self-Deception in Indian-White Relations. *Comparative Studies in Society and History.* v.29, p.3-23, 1987.

SILVA, Aracy Lopes da. *Nomes e amigos:* da prática Xavante a uma reflexão sobre os Jê. São Paulo: Universidade de São Paulo, 1986.

_____. Social Practice and Ontology in Akwẽ-Xavante Naming and Myth. *Ethnology.* v.28, n.4, p.331-42, out. 1989.

_____. Dois séculos e meio de história Xavante. In: CUNHA, Manuela Carneiro da (Ed.). *História dos índios no Brasil.* São Paulo: Companhia das Letras/Fundação de Amparo à Pesquisa no Estado de São Paulo/Secretaria Municipal de Cultura, 1992.

_____. GRUPIONI, Luís Donisete Benzi. *A temática indígena na escola:* novos subsídios para professores de 1°. e 2°. graus. Brasília: MEC/MARI/NIVESCO, 1995.

SILVA, Hermano Ribeiro da. *Nos sertões do Araguaia.* São Paulo: J. Fagundes, 1936.

378 A LUTA INDÍGENA NO CORAÇÃO DO BRASIL

SIMONIAN, Lígia. *"Terra de posseiros"*: um estudo sobre as políticas de terras indígenas. Rio de Janeiro, 1981. Tese (Mestrado) Universidade Federal do Rio de Janeiro.

SIQUEIRA, Deoclécio Lima de. *Caminhada com Eduardo Gomes*. Rio de Janeiro: Novas Direções, 1989.

SIQUEIRA, Elizabeth Madureira et al. *O processo histórico de Mato Grosso*. Cuiabá: Universidade Federal de Mato Grosso, 1990.

SKIDMORE, Thomas E. *Politics in Brazil, 1930-1964*. New York: Oxford University Press, 1986.

———. *The Politics of Military Rule in Brazil, 1964-1985*. New York: Oxford University Press, 1988.

———. *Black into White:* Race and Nationality in Brazilian Thought. Durham, NC: Duke University Press, 1993.

———. *Brazil: Five Centuries of Change*. New York: Oxford University Press, 1999.

SKOCPOL, Theda. Bringing the State Back In: Strategies of Analysis in Current Research. In: EVANS, Peter; RUESCHMEYER Dietrich; SKOCPOL, Theda (Ed.). *Bringing the State Back In*. Cambridge, England: Cambridge University Press, 1985. p.3-37.

SMITH, Anthony. *Mato Grosso:* The Last Virgin Land. New York: Dutton, 1971.

SODRÉ, Nelson Werneck. Oeste. *Revista Militar Brasileira*. v.41, n.1-2, p.83-98, 1944.

SORJ, Bernardo. *Estado e classes sociais na agricultura*. Rio de Janeiro: Zahar, 1980.

SOUZA, Lincoln de. *Entre os Xavantes do Roncador*. Rio de Janeiro: Ministério da Educação e Saúde, 1952.

———. *Os Xavantes e a civilização*. Rio de Janeiro: Instituto Brasileiro de Geografia e Estatística, 1953.

SOUZA, Márcio et al. *Os índios vão à luta*. Rio de Janeiro: Marco Zero, 1981.

SPIVAK, Gayatri Chakravorty. Can the Subaltern Speak? In: NELSON, Cary; GROSSBERG, Lawrence (Ed.). *Marxism in the Interpretation of Culture*. Urbana: University of Illinois Press, 1988. p.271-313.

REFERÊNCIAS 379

STAUFFER, David Hall. *The Origin and Establishment of Brazil's Indian Service, 1889-1910*. Tese (Doutorado), University of Texas at Austin, 1955.

STEPAN, Alfred (Ed.). *Democratizing Brazil: Problems of Transition and Consolidation*. New York: Oxford University Press, 1989.

STEPAN, Nancy Leys. *"The Hour of Eugenics"*: Race, Gender and Nation in Latin America. Ithaca, NY: Cornell University Press, 1991.

STEWARD, Julian (Ed.). *Handbook of South American Indians*. Washington, DC: Smithsonian Institution, 1946.

STOLL, David. *Fishers of Men or Founders of Empire?* The Wycliffe Bible Translators in Latin America. London: Zed Press, 1982.

SUESS, Paulo. *Em defesa dos povos indígenas:* documentos e legislação. Petrópolis: Vozes, 1980.

_____. *Culturas indígenas e evangelização*. Petrópolis: Vozes, 1981.

_____. *A causa indígena na caminhada e a proposta do CIMI: 1972-1989*. Petrópolis: Vozes, 1989.

SUMMERHILL, William. Transport Improvements and Economic Growth in Brazil and Mexico. In: HABER, Stephen (Ed.). *How Latin America Fell Behind*. Stanford: Stanford University Press, 1997. p.93-117.

SUPYSÁUA: A Documentary Report on the Conditions of Indian Peoples in Brazil. Berkeley: Indígena and American Friends of Brazil, 1974.

SUPYSÁUA: O índio brasileiro. Rio de Janeiro: Vecchi, 1970.

TARDIN, Antônio Tebaldi et al. Projetos agropecuários da Amazônia: Desmatamento e fiscalização – Relatório. *A Amazônia Brasileira em Foco*. v.12, p.7-45, 1978.

TAVENER, Christopher J. The Karajá and the Brazilian Frontier. In: GROSS, Daniel R. (Ed.). *Peoples and Cultures of Native South America*. Garden City, New York: Doubleday, 1973.

TELLES, Carlos. *História secreta da Fundação Brasil Central*. Rio de Janeiro: Chavantes, 1946.

TENDLER, Judith. *Good Government in the Tropics*. Baltimore: Johns Hopkins University Press, 1997.

380 A LUTA INDÍGENA NO CORAÇÃO DO BRASIL

THOMPSON, Paul. *The Voice of the Past:* Oral History. New York: Oxford University Press, 1988.

THURNER, Mark. *From Two Republics to One Divided.* Durham, NC: Duke University Press, 1997.

TOPIK, Steven. *The Political Economy of the Brazilian State, 1889-1930.* Austin: University of Texas Press, 1987.

TRAVASSOS, Mário. *Projeção continental do Brasil.* São Paulo: Companhia Editora Nacional, 1938.

TUCCI CARNEIRO, Maria Luiza. *O anti-semitismo na era Vargas.* São Paulo: Brasiliense, 1988.

TURNER, Terence. The Gê and Bororo Societies as Dialectical Systems: A General Model. In: MAYBURY-LEWIS, David (Ed.). *Dialectical Societies: The Gê and Bororo of Central Brazil.* Cambridge, MA: Harvard University Press, 1979.

_____. Representing, Resisting, Rethinking: Historical Transformations of Kayapo Culture and Anthropological Consciousness. In: STOCKING JR, George W. (Ed.). *Colonial Situations: Essays on the Contextualization of Ethnographic Knowledge.* Madison: University of Wisconsin Press, 1991. p.285-313.

TYLER, S. Lyman. *The Indian Cause in Contemporary Brazilian Law.* Salt Lake City: University of Utah Press, 1981.

URBAN, Greg. Developments in the Situation of Brazilian Tribal Populations from 1976 to 1982. *Latin American Research Review.* v.20, n.1, p.7-25, 1985.

URBAN, Greg; SHERZER, Joel (Ed.). *Nation-States and Indians in Latin America.* Austin: University of Texas Press, 1991.

VAINFAS, Ronaldo. *A heresia dos índios: catolicismo e rebeldia no Brasil colonial.* São Paulo: Companhia das Letras, 1995.

VARESE, Stefano. *Indianidad y descolonización en América Latina: Documentos de la Segunda Reunión de Barbados.* Mexico: Editorial Nueva Imagen, 1979.

VARGAS, Getúlio. *A nova política do Brasil.* Rio de Janeiro: José Olympio, 1938.

_____. *Diário.* São Paulo: Siciliano; Rio de Janeiro: Fundação Getúlio Vargas, 1995.

REFERÊNCIAS 381

VARJÃO, Valdon. *Barra do Garças no passado*. Brasília: Senado Federal – Centro Gráfico, 1980.

_____. *Barra do Garças:* migalhas de sua história. Brasília: Senado Federal – Centro Gráfico, 1985.

_____. *Aragarças: Portal da Marcha para o Oeste*. Brasília: Senado Federal – Centro Gráfico, 1989.

VASCONCELLOS, Gilberto. *A ideologia Curupira:* análise do discurso integralista. São Paulo: Brasiliense, 1979.

VELHO, Otávio Guilherme. *Capitalismo autoritário e campesinato*. Rio de Janeiro: DIFEL, 1976.

VELLOSO, Nilo Oliveira. *Rumo ao desconhecido*. Rio de Janeiro: [s.d.]. (manuscrito)

VIDA e idéias de Meireles. *Revista de atualidade indígena*. v.21, p.54-59, jul./ago. 1981.

VIEIRA FILHO, J. P. B. Problemas de aculturação alimentar dos Xavante e Bororo. *Revista de antropologia*. v.24, p.37-40, 1981.

VILLAS BÔAS, Orlando; VILLAS BÔAS, Claudio. *A Marcha para o Oeste*. São Paulo: Globo, 1994.

_____. *Almanaque do sertão:* histórias e visitantes, sertanejos e índios. São Paulo: Globo, 1997.

WADE, Peter. *Blackness and Race Mixture:* The Dynamics of Racial Identity in Colombia. Baltimore: Johns Hopkins University Press, 1995.

WAGLEY, Charles. *Welcome of Tears:* The Tapirapé Indians of Central Brazil. New York: Oxford University Press, 1977.

WARREN, Kay B. Transforming Memories and Histories: The Meanings of Ethnic Resurgence for Mayan Indians. In: STEPAN, Alfred (Ed.). *Americas: New Interpretive Essays*. New York: Oxford University Press, 1992. p.189-219.

WEBER, David J.; RAUSCH, Jane M. (Ed.). *Where Cultures Meet: Frontiers in Latin American History*. Wilmington, DE: Scholarly Resources, 1994.

WEINSTEIN, E. David et al. Further Studies on the Xavante Indians: The Physical Status of the Xavantes of Simões Lopes. *American Journal of Human Genetics*. v.19, p.532-42, jul. 1967.

382 A LUTA INDÍGENA NO CORAÇÃO DO BRASIL

WELCH, Cliff. *The Seed Was Planted:* The São Paulo Roots of Brazil's Rural Labor Movement, 1924-1964. University Park, PA: The Pennsylvania State University Press, 1999.

WEYER JR, Edward. *Jungle Quest.* New York: Harper and Brothers, 1955.

WHITE, Hayden. *Tropics of Discourse: Essays in Cultural Criticism.* Baltimore: Johns Hopkins University Press, 1985.

WHITE, Richard. Frederick Jackson Turner and Buffalo Bill. In: GROSSMAN, James R. (Ed.). *The Frontier in American Culture.* Berkeley: University of California Press, 1994.

_____. *The Middle Ground:* Indians, Empires, and Republics in the Great Lakes Region, 1650-1815. New York: Cambridge University Press, 1995.

WILLIAMS, Daryle. *Ad perpetuam rei memoriam:* The Vargas Regime and Brazil's National Historical Patrimony, 1930-1945. *Luso-Brazilian Review.* v.31, p.45-75, 1994.

WILLIAMS, Suzanne. Land Rights and the Manipulation of Identity: Official Indian Policy in Brazil. *Journal of Latin American Studies.* v.15, p.137-61, 1983.

WIRTH, John D. Tenentismo in the Brazilian Revolution of 1930. *Hispanic American Historical Review.* v.44, p.161-79, 1964.

WOLF, Eric. *Europe and the People without History.* Berkeley: University of California Press, 1982.

WOOD, Charles H.; CARVALHO, José Alberto Magno de. *The Demography of Inequality in Brazil.* Cambridge, England: Cambridge University Press, 1988.

WRIGHT, Robin; ISMAELILLO (Ed.). *Native Peoples in Struggle.* New York: E.R.I.N. Publications, 1982.

YOUNG, Thomas. Avante ao Chavante. *O índio do Brasil.* v.90, p.7-8, abr./jun. 1957.

Índice remissivo

Abertura. *Ver* Regime Militar
Abreu, João Capistrano de, 4n.1
Aeronáutica: a expansão para o Oeste, 71. *Ver também* Força Aérea Brasileira
Ajudância Autônoma de Barra do Garças (Ajabag), 280n.66, 292, 313n.51
Aldeias, 5, 6, 9, 26, 30, 32, 50, 66n.41, 92, 96, 111, 112, 113, 117-120, 121, 127, 130n.21, 132, 139, 152, 161, 174, 188, 257, 264, 267, 270, 274, 282, 295, 298, 299, 302, 303, 308, 314, 315, 318, 319
Alencar, José de, 36
Amazônia. *Ver* Amazônia Legal
Amazônia Legal, 31, 211, 213, 215, 224, 225, 226, 231, 232, 236, 237, 238, 244-5, 249, 256, 263, 265, 292
degradação ambiental, 244
mapa, 212
recebeu investimento de poderosas empresas, 224
Ambientalistas, 278, 334
Andrade, Oswald de, 56
Aniceto, 268, 300n.17, 316, 317, 318, 331
Antropólogos, 10, 81, 239n.44, 275, 277, 291, 295, 314
Apoena, 94, 95, 96, 98, 112n.6, 122, 123, 129, 130, 131, 132, 133, 137, 139,

162, 177, 178, 194, 195, 260, 316, 317, 324
Apropriação de terras. *Ver* Grilagem
Aragarças, 73, 91, 303n.26, 317n.61, 319n.64
Araguaia, guerrilheiro no, 287
Araguaia, Rio, 5, 7, 35, 73, 79, 96, 162
região do, 79, 130, 173, 263
Araújo de Oliveira, Ismarth, 237, 263, 270, 291, 295
Areões. *Ver* Xavante: comunidades: areões
Armas, 7, 25, 31, 123, 206, 267, 338
Associação dos Empresários da Amazônia (AEA), 225, 226, 235
A'uwe͂,106, 176, 337

Babatti (João Evangelista), 264, 265n.37, 273, 274n.49
Baldus, Herbert, 99
Bananal, Ilha do, 35, 46, 74, 80, 163n.38, 220
Banco da Amazônia (Basa), 215
Banco Mundial, 173, 216, 226, 228, 333
Bandeira de Mello, Oscar Jerônimo, 221n.19, 239, 247
Bandeirantes. *Ver* Bandeiras
Bandeiras
dos estados brasileiros, 38

384 A LUTA INDÍGENA NO CORAÇÃO DO BRASIL

etnicamente mistas, 51
Filha das, 146
Barra do Garças
    cidade de, 161, 226, 228
    fazendeiros de, 235, 260
    mapa do município, 147
    município de, 147, 149, 152, 153,
      226, 228, 229, 230, 249, 250, 258,
      262, 263, 264n.34
    região de, 236, 249
    visitante de, 228
Batovi, Rio, 177, 180, 188n.17. *Ver
também* Posto Simões Lopes
Bororo, 8, 11n.6, 36, 8, 84, 156, 178,
    184, 185n.10, 205, 220, 260, 273,
    301n.20, 302n.23, 309
Branqueamento. *Ver* Mistura racial
Brasil Central, 3, 4, 14, 35, 48, 71, 72,
    73, 74, 83n.16, 93n.33, 94n.37, 100,
    111, 120, 135
    Amazônia pelo, 71
    cartografia do, 73
    índios do, 94n.37
    liderança indígenas ano, 120n.12
    povos indígenas do, 111, 120
    região do, 4, 14, 100
Brasília, 12, 32, 59n.30, 162n.33, 173,
    213, 228, 245, 256, 261, 277, 279,
    291, 299, 305, 307, 308, 309, 311,
    312, 313, 316, 318, 319, 320, 321,
    322, 323, 324, 325, 327
Butler, Robert, 125, 136

Caboclo, 36
Caça. *Ver* Xavante: economia política
Caciques, 122, 195, 321
Caiapó, 4, 6, 136, 220, 286, 338n.7
Capitariquara, 125, 126-33, 133-6, 137
Carajá, 4, 7, 8, 35, 36, 67, 74, 161n.30,
    166, 220, 287n.83
Casaldáliga, Pedro, 229n.26
Castelo Branco, Humberto, 215
Celestino, 264, 265, 266, 267, 268, 270-
    4, 278, 279, 281, 320, 321
Centro-Oeste. *Ver* Brasil Central
Cerimônias cívicas
    e discursos públicos, 25

Cerrado, 1, 8, 74, 91, 109, 110-4, 115,
    122-5, 224-31, 232, 243, 258, 259,
    297, 301
Chatterjee, Partha, 15, 326, 327
Chefe da comunidade, 125, 198
Chefes. *Ver* Xavante: lideranças
Chefes de postos do SPI
    as missões e os, 206
    cotidiano nas missões e nos, 181-91
    regiões próximas a, 161
Chovelon, Hipólito, 84, 85, 87, 88
Cirilo (Tserede), 266, 268
Código Civil de 1916, 36, 63
Coleta. *Ver* Xavante: economia política
Conselho de Segurança Nacional (CSN),
    216, 232
Conselho Indigenista Missionário
    (Cimi), 259n.24, 262n.30, 275,
    311n.44. *Ver também* Igreja
    Católica
Conselho Nacional de Proteção aos
    Índios (CNPI), 50, 86n.21, 106n.2,
    199n.34
Constituição de 1988, 32, 332, 336
Coroa portuguesa, 4, 5, 51, 82
Coronelismo, 148n.11
Correa da Costa, Fernando, 153, 154,
    156, 157, 159
Costa, Angyone, 54, 59
Couto Magalhães, Rio, 96
Couto Magalhães. *Ver* Xavante:
    comunidades: Couto Magalhães
Criação de gado, 127, 149, 225, 226,
    249, 291
    crescimento demográfico e
      econômico, 149
    foram aprovados pela Sudam, 226
    não praticada pelos xavantes, 127
    produção mecanizada da, 291
    selecionados para investimento em,
      249
    Subam para projetos de, 225
Cuiabá, 145, 149, 150, 153, 158, 161,
    166, 172, 202, 228, 238, 239
Culuene, Rio, 177, 152
Culuene. *Ver* Xavante: comunidades:
    Culuene

ÍNDICE REMISSIVO   385

DASP. *Ver* Departamento
Administrativo do Serviço Público
Democracia racial, 11, 57, 101, 205, 218, 342
Departamento Administrativo do Serviço Público (Dasp), 38
Departamento de Imprensa e Propaganda (DIP), 35, 36, 38. *Ver também* Estado Novo.
Departamento de Terras e Colonização (DTC), 157, 231. *Ver também* Mato Grosso: políticas fundiárias
Desenvolvimentismo, 15, 324
Dívida Externa, 228, 271, 324, 333
Dumhiwe, Carlos, 285, 288, 320, 321n.67

Encarregados. *Ver* Chefes de postos do SPI; Fundação Nacional do Índio
Epidemias, 6, 8, 23, 174, 177, 178, 179n.4. *Ver também* Xavante: comunidades saúde
Estado Novo
autoritário e nacionalista, 18
constituição do, 199
construção do índio sob o, 28
de Getúlio Vargas, 12
dirigentes do, 68
discurso racial do, 60
esforço do, 39
estatal brasileiro, 15
exibia a "benevolência", 53
fim do, 151, 155, 169
ideológicos e intelectuais do, 58
impulso do, 44
instituição do, 43
liderado pelo Estado, 324
meta geral do, 48
nacionalista, 15
os índios e o, 35-69
partidários do, 52
políticos e intelectuais do, 53
porta-voz do, 60
programas do, 40
projeto político do, 50
propaganda do, 100
razão da ênfase do, 61
transformações forjadas pelo, 95

Estatuto do Índio, 221-4, 322
Etnicidade, 10, 12-20, 22, 24, 28, 68, 175, 320
autodefinida ou imputada, 175
e construção das nações pós--coloniais, 28
era um marcador político, 24
noções essencialistas de, 22
raça e, 12-20
raiz da, 19
segmentária, 320
Expedição Roncador-Xingu. *Ver* Roncador-Xingu

Fazenda Xavantina, 231, 233, 234, 241, 242, 243, 247, 248, 252, 257, 265, 266, 267, 268, 270, 271, 276, 278, 279, 280, 281, 282, 283, 284, 288
Fazendeiros, 2, 4, 29, 78, 80, 124, 161, 162, 174, 177, 195, 212, 224, 229, 230, 231-5, 236, 240, 241, 248, 250, 251, 252, 253, 257, 258, 259, 260, 262, 263, 264, 265, 270, 278, 281, 284, 285, 286, 289, 290, 293, 299, 307
Feitiçaria, 118, 125, 205
Figueiredo, Arnaldo de, 152
Figueiredo, João Batista, 271
Figueiredo, relatório, 217-21. *Ver também* Genocídio
Flowers, Nancy, 112n.6, 180
Força Aérea Brasileira (FAB), 71, 163, 307
Formação do Estado
brasileiro, 8, 26
e a história indígena, 285-8
e da construção da nação brasileira, 337
e da expansão, 9
expansão de fronteiras, 12-20
no Brasil, 10, 50n.17, 76n.7
Foweraker, Joe, 14, 287
Freyre, Gilberto, 49n.15, 57
Fronteiras
como "zonas de contato", 13n.7
de desenvolvimento e identidade étnica, 20
disputa de, 46

386 A LUTA INDÍGENA NO CORAÇÃO DO BRASIL

e construção da nação, 27, 61
e segurança nacional, 216
expansão de, 12-20, 82, 171, 174,
  329, 338
"indefesas", 47
internacionais, 150, 211
no Brasil, 12
proteger as, 40
sobre as comunidades indígenas e
  camponesas, 275
Fundação Brasil Central (FBC), 72
Fundação Nacional do Índio (Funai)
antropólogos da, 291
arquivo histórico da, 162n.33
ataque feroz à, 221
cartógrafo da, 261
castração simbólica da, 314
certidão negativa emitida pela, 232,
  237
clientelismo da, 315
Comissão Mista, 257
corrupção na, 268
criaram a, 218
deficiências da, 286
dirigentes da, 240, 241, 264, 289,
  296, 305, 308
e aos índios, 221
e o Estatuto do Índio, 221-4
e os missionários, 252
engenhosos lobbies na, 328
escritório regional da, 234
esforços da, 303
estatísticas da, 301
"extorsão" xavante à, 321
fracasso da, 235, 322
imagem correta da, 239
imagem dilacerada da, 263
incapacidade da, 280
indigenista da, 264
inspetoria regional da, 281
investigação interna da, 262
jogo da, 315
liderança da, 311
lobby xavante na, 319
método, 311-5
na área xavante, 198n.32
postos da, 223, 242, 305

presidente da, 237, 239, 241n.47,
  247, 263, 264, 270, 273, 281,
  290n.3, 304, 306, 307, 308, 313,
  318, 321, 323, 324
pressões da, 260
representantes da, 32
reserva indígena e a, 259
sede regional da, 2, 292
xavantes e a, 290, 306
Futebol, 3, 9, 105, 196, 242

Garimpeiros, 73, 79, 80, 128, 229
Geisel, Ernesto, 248, 249, 255n.15, 271,
  278, 286, 295n.10
Genocídio, 23, 219
Giaccaria, Bartolomeu, 187
Goiás, 4, 6n.2, 7, 8, 40, 42, 45, 46, 55,
  72, 74, 78n.9, 79, 86, 98, 152, 173, 213
Goulart, João, 170, 209
Graham, Laura, 96n.40, 192, 293,
  294n.7, 315
Grilagem, 160
Guha, Ranajit, 23, 240

Hecht, Susanna, 258
Hegemonia, 13, 14, 20-6, 33, 43, 191, 221
Hobsbawm, Eric, 16, 52

Igreja Católica
ala progressista da, 275
apoiadas pela, 273
dirigentes da, 271
e a sociedade civil, 274-8
Indianidade, 15, 17, 22n.13, 25, 50n.17,
  53-8, 68, 76n.7, 204, 307, 342. Ver
  também Etnicidade
Indigenismo, 45n.10, 54, 68n.44, 98,
  102n.48
dividido, 98
mexicano e o brasileiro, 54n.22
Industrialização, 14, 15, 43, 44, 47, 52,
  164, 165, 209, 211
Inspetores, 166
Instituto Nacional de Colonização e
  Reforma Agrária (INCRA), 229, 249,
  250n.7, 256, 257, 284n.77
Interior. Ver Brasil Central; Fronteiras

ÍNDICE REMISSIVO 387

Jê
 família linguística, 102, 106
 grupos, 114
 língua, 1
Jucá, Romero, 325
Juruna, Mário, 268, 309

Kubitschek, Juscelino, 12, 170, 173

Latifundiários. *Ver* Fazendeiros
Lei brasileira, 85, 335
 princípios da, 335
Leitão, Ismael, 129, 130, 131, 132, 135,
 141n.2, 158, 163n.38, 195n.26,
 203n.41, 240n.45
Lenharo, Alcir, 35n.1, 47
Lévi-Strauss, Claude, 175
Línguas indígenas
 diversas, 183
 existentes no Brasil, 190
 tradução da Bíblia em, 182
Lins de Barros, João Alberto, 72, 76n.6
Loazo, Benedito, 194, 233, 242, 248,
 270, 302
Lopes da Silva, Aracy, 96n.40, 177, 296,
 297n.11
Lunkenbein, Rodolfo, 260, 276
Luz, Lúcio da, 80, 162

Malcher, José Maria da Gama, 102,
 162n.37, 163, 166, 167n.45
Marãiwatsede. *Ver* Xavante:
 comunidades
Marcha para o Oeste
 contexto da, 29, 114
 contribuição para a, 85
 coreografia da, 329
 crítica aguda da, 48n.13
 é a nossa salvação, 150
 enfrenta a barricada xavante, 90-3
 Estado novo na, 290
 e suas consequências, 150-5
 foi exagerada, 68
 impacto sociocultural da, 77
 João Pessoa aplaudiu a, 47
 marchinha carnavalesca de 1939, 48
 nova, 51
 objetivo da, 98

 ponto central da, 71
 popularizar a, 40, 49
 publicada em 1940, 49
 promover a, 67
 propaganda da, 111
 simboliza o impulso do Estado
 Novo, 44
 símbolos da, 124
Mato Grosso
 acumulação de capital em, 8
 Araguaia para o, 8
 Assembleia Legislativa de, 151
 boom fundiário no, 231
 cerrado do, 74, 122-5, 297
 céu estrelado do, 1
 contra indígenas e não indígenas, 3
 Diário Oficial do, 159
 elites de, 30, 156, 255, 272
 estados de, 46, 85, 152, 162, 165
 governo do, 83, 139, 151, 152, 153,
 154
 interior do, 30
 interior pouco povoado de, 24
 missão salesiana em, 276
 "mundo selvagem" de, 7
 o gigante que desperta, 144-50
 política fundiária em, 30, 141-72
 presença militar em, 47
 reservas no estado de, 9
 sedes administrativas de, 166
 sertão do, 77-81, 88, 103, 106, 109,
 128, 160-3, 179
 terras públicas em, 154
 vida dos xavantes no interior do, 12
Maybury-Lewis, David, 7n.3, 113, 125,
 130, 136, 187, 267n.41, 274
Médici, Emílio Garrastazu, 238
Meios de comunicação de massa, 24, 32
Meireles, Francisco ("Chico"), 90, 94,
 102, 105, 106, 324
Memória histórica, 242
Merure, 80, 84, 178, 184, 260, 261, 262,
 304, 305. *Ver também* Missionários
 salesianos
Mestiçagem. *Ver* Mistura racial
Mineração, 4, 5, 41, 223, 224, 249, 254,
 263
Mineradores. *Ver* Garimpeiros

388 A LUTA INDÍGENA NO CORAÇÃO DO BRASIL

Ministério da Agricultura, 45, 46, 63, 164, 165, 170, 217
Ministério do Interior, 159n.26, 160n.28, 218, 223, 234, 235, 237, 247, 310, 321n.69
Missionários salesianos
  observações dos, 125
  presença dos, 86
Missionários
  apoio dos, 88
  assistentes dos, 84
  católicos, 274n.49, 275
  colonos e, 77
  concorrência dos, 30
  criadores de problemas, 81
  do Summer Institute of Linguistics, 33
  e da resistência indígena, 69
  e funcionários, 82, 180
  e líderes da Igreja, 21
  ênfase dos, 182
  estrangeiros, 87
  e visitante, 9
  e xavante, 126
  garimpeiros e, 80
  protestantes, 138
  representantes do governo e, 25
  rivalidade com os, 78
  sinceridade dos, 86
  sofrimento dos, 86
Mistura racial, 19, 20, 50, 68, 200
Mortes, Rio das, 36, 72, 73, 74, 84, 85, 88, 90, 91, 96, 97, 122, 125, 127n.15, 128n.17, 133n.24, 134n.26, 136n.29, 152, 166, 177
Müller, Júlio, 150
Museu do Índio, 53, 61n.35, 89n.27

Nacionalismo. Ver Brasil Central; Estado Novo; Povos Indígenas
Nobre da Veiga, João Carlos, 306
Nobre selvagem. Ver Povos indígenas

Oeste. Ver Brasil Central; Fronteiras; Goiás; Mato Grosso
Oliveira, Odenir Pinto de, 264, 280n.64, 304, 306n.34, 314n.53

Organização Internacional do Trabalho das Nações Unidas, 128, 334
Organizações não governamentais (ONGs), 128, 334, 339, 340
Ortner, Sherry, 110, 320

Pacificação
  arte da, 77
  contexto histórico da, 76
  delicada tarefa de, 76
  dos índios, 82
  dos xavantes, 71-104
  dos yaqui, 78
  equipe de, 91
  filmagens da, 94
  "gloriosa vitória" da, 95
  oficial, 132, 241
  postos de, 150
  problema angustiante da, 74
  processo de, 103, 139
  processo oficial de, 88
  representava uma arte viril, 82
  táticas de, 91
Pan-indianismo, 269
Parabubu. Ver Parabubure
Parabubure, 1, 186n.13, 237n.37, 247n.1, 248n.4, 266, 282n.73, 283, 284, 285, 288, 292, 302, 303n.26, 306, 309, 318, 319n.64, 320
  mapa, 283
Paraíso. Ver Batovi, Rio; Posto Simões Lopes
Paula, José Maria de, 66, 143
Pimentel Barbosa, comunidade. Ver Xavante: comunidades
Pimentel Barbosa, Genésio, 88
Pimentel Barbosa, posto, 130n.21
Plano de Desenvolvimento para a Nação Xavante. Ver Xavante: projeto
Plano de Integração Nacional (PIN), 238
Polamazônia, 249
Políticas indígenas, 306-11
Polonoroeste, 228n.24
Ponce de Arruda, João, 157
População indígena
  brasileira, 11, 28
  carta branca entre a, 183

ÍNDICE REMISSIVO 389

de Culuene, 255
do Brasil, 57
fora exilada, 287
Português
    alfabetização em, 190
    aprender, 200
    conhecimentos básicos, 303
    domínio, 5
    domínio colonial, 7
    e a integração na sociedade
      nacional, 183
    educação cívica e o, 208
    educação em, 332
    ensinando, 21
    expansionismo, 3
    índios falavam, 133
    instrução em, 200
    regime colonial, 4
    rudimentar, 187
    "sem sotaque", 200
    sistema mercantilista, 41
Positivismo, 10, 64
Posseiros, 21, 48, 80, 229, 231, 232, 252,
    256, 257, 259, 283, 284n.77, 287, 336
Povos indígenas
    assistência direta aos, 323
    compreensão etnográfica dos, 54
    desaparecimento dos, 200
    diferentes, 28
    direitos dos, 142, 275
    direitos e obrigações como, 24
    discurso dominante sobre os, 205
    e Estado no Brasil, 9-11
    em um campo de poder, 18
    estudo de, 22
    fim real dos, 11
    hegemonia sobre os, 14
    homenagem a, 124
    incorporação dos, 9
    lutaram na guerra, 51
    objeções dos, 27
    outros, 4, 36, 111, 117, 214
    pronunciamentos sobre os, 17
    reação variada dos, 89
    relação maniqueísta entre, 175
    relações entre, 11
    respeito dos, 10n.4, 275

valorização dos, 333
Projeto de desenvolvimento comunitário.
    Ver Xavante: projeto

Raça. *Ver* Etnicidade
Racismo
    científico, 58, 60
    e etnocentrismo, 156
    foi outro fator, 155
    legitimava a violação dos direitos
      indígenas, 172
    manifesto contra o, 59
Rappaport, Joanne, 193, 267
Regime militar
    abertura do, 252
    arrochos salariais do, 226
    comprometido com o rápido
      desenvolvimento da Amazônia,
      219
    Constituição de 1967 redigida
      sob o, 222
    estratégia do, 242
    limites do, 249
    na Amazônia, 236, 256
    no final da década de 1960, 273
    "novos movimentos sociais"
      sob o, 294
    oportunidade de contestar o, 219
    oposição popular ao, 272
    período de endurecimento do, 238
    política indigenista no início do,
      209-45
    política popular no campo sob o, 272
Ribeiro, Darcy, 39n.8, 89n.27, 143, 170,
    171, 172, 188, 200, 240
Ribeiro da Silva, Adhemar, 281, 304, 307
Ricardo, Cassiano, 49, 52n.20, 56, 57
Romero, Cláudio, 263, 264, 279, 282,
    289n.1, 291, 293, 298n.14, 314
Roncador-Xingu
    Expedição, 71, 72, 73, 91, 92, 93,
      124, 173
    mapa, 75
Rondon, Cândido Mariano da Silva, 44,
    163n.39, 199n.34
Rosaldo, Renato, 100
Roseberry, William, 33

390 A LUTA INDÍGENA NO CORAÇÃO DO BRASIL

Sahlins, Marshall, 22
Sangradouro. *Ver* Missionários
salesianos; Xavante: comunidades
Santa Teresinha. *Ver* Missionários
salesianos; Xavante: comunidades
São Domingos, 84, 88, 90. *Ver também*
Posto Pimentel Barbosa
São Félix do Araguaia, 162, 228
São Marcos. *Ver* Missionários salesianos;
Xavante: comunidades
Sarney, José, 325, 333
Saúde. *Ver* Xavante: comunidades
Savana. *Ver* Cerrado
Sbardelotto, Pedro, 137, 235
Scott, James, 17, 27, 292
Segunda Guerra Mundial, 52, 71, 93,
151n.16
Serra do Roncador, 72, 73, 74, 88, 100
Sertanistas, 82, 92, 101, 107
Sertão, 4, 39, 49, 52, 66, 77-81, 82, 88,
90, 98, 99, 103, 106, 109, 128, 160-3,
171, 179. *Ver também* Brasil
Central; Fronteiras
Serviço de Proteção aos Índios (SPI)
apurar irregularidades no, 167n.47,
171n.52
história institucional do, 26
origens e ideais do, 22n.13
Serviço Nacional de Informações (SNI),
314, 315
Sider, Gerald, 19, 68
Simões Lopes, posto, 202
Sociedade Brasileira de Indigenistas
(SBI), 311, 314
Suiá-Missu, fazenda, 163, 178, 225, 241
Summer Institute of Linguistics (SIL),
33, 178, 182, 183n.7, 188n.16
Superintendência do Desenvolvimento
da Amazônia (Sudam), 214-7, 225,
226, 227, 228n.25, 230, 232, 258

Terra devoluta, 142, 222
Terras indígenas
apropriação de, 57
com as habilidades no presente, 143
conceber as, 102
defesa dos direitos das, 156

delimitação de, 267
demarcação de, 139, 142, 165, 237
desmatamento das, 223
e a subordinação sociocultural, 57
elites mato-grossenses e as, 171-2
importância de reservar, 216
invasão de, 67, 336
mercantilização das, 76
regular o direito constitucional às,
143
títulos privados de, 222, 232
usurpar as, 80, 220
Terras públicas. *Ver* Terra devoluta
Tsererob'o, Celestino. *Ver* Celestino
Tsudazawéré, Aniceto. *Ver* Aniceto
Turner, Terence, 136
Tutela
do Estado, 29
do SPI, 165, 177
erosão da, 332
governamental, 277
questões das origens da, 36
sistema de, 67
sobre os índios, 36
violação da, 262, 311

União das Nações Indígenas (UNI), 191
Urubuenã, 107, 108, 109, 122, 123, 124,
125, 127, 133, 134, 135, 136, 137, 138

Vargas, Getúlio, 12, 35, 43, 78, 105, 145,
148, 150, 151, 169, 199, 213, 220, 245
Velloso, Walter, 108, 126, 127, 128, 129,
132, 133, 134, 135, 136
Villas Bôas, Orlando, 92, 101, 138

Wai'a: *Ver* Xavante: tradições culturais
Waradzu, 96, 106, 107, 110, 120, 127,
133, 163, 173-208, 244, 260
Wolf, Eric, 122

Xavante: comunidades
Areões, 125, 134, 135, 136, 137,
138, 174, 177, 233, 234, 235, 236,
240, 292, 297, 298
Couto Magalhães, 133, 161,
162n.34, 163, 178, 189n.18,
191n.23, 221, 231, 233, 234, 236,
237, 242, 243

ÍNDICE REMISSIVO 391

Culuene, 97, 100, 160, 161, 177,
241, 252, 253, 254, 255, 256, 257,
258, 271, 282, 283, 286, 288, 305,
312, 313, 318, 319
faccionalismo, 118, 341
Marãiwatsede, 96, 97, 119, 162,
163, 178, 181, 225, 233, 235, 241,
336
mortalidade infantil, 174, 176, 180,
181, 198, 206, 251
Pimentel Barbosa, 88, 90, 98, 119,
123, 129, 162, 177, 178, 184, 188,
191, 194, 203, 236, 250, 251, 254,
260, 261, 263, 281, 292, 301, 306,
309, 314, 325, 326
Sangradouro, 84, 137, 178, 181,
184, 185, 186n.12, 187, 194, 196,
221, 236, 241, 259, 264, 266, 273,
279, 285, 292, 305, 312, 325
Santa Teresinha, 125, 137
São Marcos, 137, 178, 181, 184,
185, 194, 196, 221, 233, 236, 241,
243, 252, 260, 261, 268, 289, 292,
300, 305, 309, 310, 313, 316, 317,
331
saúde, 79, 130, 131, 136, 179-81,
291, 303
Simões Lopes, 177, 180, 184, 194,
202, 204, 255
Xavante: economia política
modo de produção ordenado por
parentesco, 115-7
sistemas de troca, 116, 132
Xavante: guerras
ataques do, 80, 133
conflitos intraétnicos, 120
Xavante: histórias orais: 3, 6, 58, 75, 77,
122-3, 126, 175, 184, 186
Xavante: lideranças: 16, 21, 116, 129-32,
162, 175, 183, 187-8, 197-8
clientelismo político, 155
Xavante: migrações
mapa, 97
Xavante: mobilização política
Assembleia Constituinte, 155, 331,
335
manipulação do discurso

indigenista, 32
narrativas históricas, 10, 11, 267
oficiais militares, 6, 210, 214, 216,
270
Xavante: população
indígena, 11, 28, 39, 57, 144, 183,
255, 287
Xavante: Projeto, 270n.46, 289-329
caso do, 326-9
criação de gado, 127, 149, 225,
226, 249, 291
fracassa, 324-6
jogo dos xavantes, 315-9
lógica do, 319-24
método Funai, 311-5
oposição em múltiplos níveis,
306-11
projeto de desenvolvimento
comunitário é adaptado, 299-306
projeto de desenvolvimento
comunitário é criado, 294-9
Xavante: reservas: 1, 6, 88, 165, 187-8,
211
área, 198n.32, 301n.19, 312
Culuene, 255-8
mapa, 296
Xavante: terras
ancestrais, 65, 117, 258, 265
ao norte do Mato Grosso, 141
apropriação das, 48, 57
Código de, 151, 152, 160
demarcação de, 143, 166, 316
desmatamento, 121, 123, 131, 223,
258, 279
devolutas, 222
de pastagem, 144, 230
e identidades indígenas, 21
indígenas, 67, 76, 80, 87, 88, 102,
139, 142, 143, 149, 156, 165, 166,
168, 171-2, 216, 217, 220, 222,
223, 232, 236, 237, 267, 276, 332,
335, 336, 339
no Planalto Central, 44
opulentas, 144, 230
públicas, 42, 84, 143, 151, 152,
153, 154, 155

392 A LUTA INDÍGENA NO CORAÇÃO DO BRASIL

Xavante: tradições culturais
   pelos missionários, 202
   validação arbitrária, 129
   wai'a, 184, 197
Xavantina, 74, 91, 109, 124, 125, 133,
   135, 137, 138, 174, 177, 231, 233,
   234, 241, 242, 243, 247, 248, 252,
   257, 265, 266, 267, 268, 270, 271,

276, 278, 279, 280, 281, 282, 283,
   284, 288, 298
Xerente, 7, 88, 91
Xingu
   Parque Nacional do, 101n.46, 102,
   103, 154, 156, 157, 222

Zé Tropeiro, 125, 133, 134, 135, 136, 137

SOBRE O LIVRO

Formato: 14 x 21 cm
Mancha: 23,7 x 42,6 paicas
Tipologia: Horley Old Style 10,5/15
Papel: Offset 75 g/m² (miolo)
Cartão Supremo 250 g/m² (capa)
1ª edição: 2011
416 páginas

EQUIPE DE REALIZAÇÃO

Edição de textos
José Luiz de Campos Salles e Alexandra Costa (Copidesque)
Pryscila Bilato Grosschädl e Renata Siqueira Campos (Preparação de Original)
Maria Alice da Costa e Jean Xavier (Revisão)

Capa
Michaella Pivetti

Editoração Eletrônica
Eduardo Seiji Seki (Diagramação)

impressão acabamento

rua 1822 n° 341
04216-000 são paulo sp
T 55 11 3385 8500
F 55 11 2063 4275
www.loyola.com.br